华章文渊 管理学系列

第6版

供应链管理

Supply Chain Management

马士华 林 勇 等编著

机械工业出版社
China Machine Press

图书在版编目（CIP）数据

供应链管理 / 马士华等编著 . —6 版 . —北京：机械工业出版社，2020.6（2024.11 重印）
（华章文渊 · 管理学系列）

ISBN 978-7-111-65749-1

I. 供… II. 马… III. 供应链管理 - 高等学校 - 教材 IV. F252.1

中国版本图书馆 CIP 数据核字（2020）第 091621 号

本书首先分析了当今全球市场环境竞争的主要特征，然后系统地介绍了供应链管理产生和发展的历史背景、供应链管理的含义及重要性。本书重点阐述了供应链管理的基本概念与基本理论、供应链管理的核心理念、供应链管理模型及关键要素、供应链企业间的协调运作与激励机制、影响供应链竞争力的资源属性和管理属性、供应链体系构建模型、供应链管理环境下的物流管理和库存管理及生产计划与控制等内容，还详细地介绍了供应链组织结构设计与职能设置、供应链运行管理与绩效评价以及供应链风险管理等内容。

本书可用作高等院校物流管理、物流工程、工商管理、市场营销、电子商务、工业工程等相关专业本科生和研究生的教材。

出版发行：机械工业出版社（北京市西城区百万庄大街 22 号 邮政编码：100037）

责任编辑：邵淑君	责任校对：殷 虹
印 刷：中煤（北京）印务有限公司	版 次：2024 年 11 月第 6 版第 17 次印刷
开 本：185mm × 260mm 1/16	印 张：19 插 页：2
书 号：ISBN 978-7-111-65749-1	定 价：45.00 元

客服电话：（010）88361066 68326294

华章文渊

管理学系列

师道文宗

笔墨渊海

文渊阁 位于故宫东华门内文华殿后，是故宫中贮藏图书的地方，中国古代最大的文化工程《四库全书》曾经藏在这里，阁内悬有乾隆御书“汇流澄鉴”四字匾。

华章文渊

管理学系列

作者简介

马士华

华中科技大学管理学院教授，博士生导师。加拿大多伦多大学、美国宾夕法尼亚州立大学等高校访问学者，享受国务院政府特殊津贴。华中科技大学管理学院物流与供应链管理研究所所长，中国物流学会副会长，湖北省物流协会荣誉会长，曾任教育部高等学校管理科学与工程类学科专业教学指导委员会委员、华中科技大学管理学院副院长等。长期从事生产运作管理、供应链与物流管理领域的研究和教学工作。作为负责人，主持过国家自然科学基金面上项目 4 项、国家自然科学基金专项课题 2 项、国家高技术 863/CIMS 课题 4 项，以及数十项企业及地方政府委托的供应链管理和物流管理咨询项目，在国内外重要学术期刊和学术会议上发表论文 100 余篇。负责的“生产运作管理”课程被评为国家级精品课程，承担的国家 863/CIMS 课题“集成化供应链管理模式与运作方法研究”获湖北省科技进步奖二等奖，出版的国内第一本《供应链管理》获全国首届“宝供物流理论创新奖”二等奖。2018 年被中国物流与采购联合会授予“改革开放 40 年物流行业专家代表性人物”（全国共 30 人入选）荣誉称号。

林勇

英国格林威治大学商学院副教授，EMBA 项目主管、物流管理专业主管、国际合作主管，英国皇家物流协会皇家认证会员，华中科技大学管理学博士。先后在华中科技大学、香港科技大学、英国剑桥大学等知名院校从事物流管理与制造战略的学习和研究工作，曾任华中科技大学管理学院副教授。主要从事供应链与物流管理、生产与运作管理、生产计划与库存控制等领域的研究和教学工作，主持及参与国家自然科学基金项目、国家 863/CIMS 课题多项，主持和参与企业合作项目 20 余项。在 *International Journal of Production Economics*、*International Journal of Technology Management*、*Industrial Management & Data Systems*、*International Journal of Physical Distribution & Logistics Management*、*Journal of Business & Industrial Marketing*、*International Journal of Logistics Management* 等国内外期刊上发表论文 60 余篇，出版国内第一本《供应链管理》（第二作者）。曾获湖北省科技进步奖二等奖（第二负责人）、“湖北省优秀博士论文”等。

前　言

如今，我国的供应链管理理论与实践已经进入了一个非常好的发展时期。

习近平总书记在党的十九大报告中指出："加快建设制造强国，加快发展先进制造业，推动互联网、大数据、人工智能和实体经济深度融合，在中高端消费、创新引领、绿色低碳、共享经济、现代供应链、人力资本服务等领域培育新增长点、形成新动能。"现代供应链成为培育新增长点、形成新动能的重要抓手，这为供应链赋予了新的使命。2017年10月13日，国务院办公厅发布了《关于积极推进供应链创新与应用的指导意见》(国办发〔2017〕84号)，将供应链创新与应用作为经济转型升级的重要抓手。2018年，为将84号文件落地生根，商务部、工业和信息化部、生态环境部、农业农村部、人民银行、国家市场监督管理总局、中国银行保险监督管理委员会和中国物流与采购联合会发布了《商务部等8部门关于开展供应链创新与应用试点的通知》(商建函〔2018〕142号)，并选择了55个城市和266家企业分别作为供应链创新与应用的试点城市及试点企业，供应链管理的理念正在逐步转化成企业的竞争力。这些大事件推动了我国企业供应链体系的建设，激发了全国各行业企业推进供应链的积极性，使供应链管理迈向新高地，具有重要的战略意义。

本书自2000年首版问世以来，一直致力于凝练和推广供应链管理的核心理念。为进一步落实好党的二十大报告提出的"着力提升产业链供应链韧性和安全水平"的各项任务，本书也在不断地改进和完善，尽可能及时融入供应链管理的新理念、新方法、新使命等。

为做好新版的修订工作，机械工业出版社征集了全国众多读者的意见，很多读者尤其是担任"供应链管理"课程教学的老师们，他们毫无保留地提出了修改意见和建议，为本次修订工作打下了很好的基础。

在吸取广大读者意见的基础上，本次修订工作对第5版做出了较大幅度的调整，增加了新的内容。

第一，在结构上，将原来的11章整合为10章，将第5版中第5章的内容分别并入其他各章中，既避免了重复和遗漏，同时也使各章的内容更趋合理。

第二，对各章的结构和内容做了重构。本书删除了一些不合时宜的内容，同时增加了很多当今供应链管理的重要议题，重新确定了各章的重点。其中，各章比较显著的修订之处如下。

第 1 章聚焦于供应链管理思想的产生，以帮助读者准确理解供应链管理的创新和本质特征；增加了供应链体系构成及分类框架，有助于加深读者对供应链管理的系统性认知；从两个角度来解读供应链发展的新内容：一是供应链上升为经济建设的宏观战略，二是出现了细分的新业态——供应链管理服务。

第 2 章从理解供应链竞争力来源的角度，增加了供应链竞争力双属性说——资源属性和管理属性，比较系统地论述了供应链竞争力的来源，为后续各章的展开奠定了基础；补充了常见的供应链管理模型；从供应链竞争力提升的角度探讨集成化供应链管理问题。

第 3 章聚焦于对供应链体系构建的论述，将第 5 版其他章节中与之相关的内容都整合到本章中，细化了供应链构建中产品与供应链功能的匹配等内容，逻辑更加清晰。

第 4 章补充说明了双重边际效应的含义，以便于初学者学习和理解。

第 5 章在供应链管理环境下讨论物流管理问题，删减了第 5 版中有关物流管理发展历史及物流操作层面的某些内容，同时增加了智能物流方面的内容。

第 6 章重新整理了供应链库存管理的逻辑，突出了供应链管理环境下的库存管理体系，以帮助读者更好地理解 VMI、JMI、多级库存等内容，同时增加了 VOI 的内容以及对新兴技术的讨论。

第 7 章做了大幅度的修改，增加了采购管理的过程，突出了供应链管理环境下的采购管理；扩充了供应商选择与评估、供应商关系管理等内容。

第 8 章修正了第 5 版中的表述不当之处。

第 9 章增加了供应链管理组织结构的内容，补充了供应链管理岗位设置、主管领导及供应链管理职能等新内容。

第 10 章更新了供应链风险管理的基础理论和方法，补充了新的内容。

第三，补充、调整了大部分思考与练习、各章末的讨论案例，使之更契合相应章节的中心思想，便于读者通过案例理解相应章节的核心内容。

编者综合了众多读者的反馈意见和建议，并尽可能地将其反映在本书中，但是也有一些很好的意见和建议出于各种考虑而未能纳入书中，对此表示诚挚的歉意。例如，对于物流管理这一章内容的处理，考虑到有些学校没有单独开设“物流管理”等课程，因此本书还是将其保留下来，以便读者能更全面地了解供应链管理，但对这部分内容做了较大幅度的删减。又如，本书涉及的网络设计与优化、供应商选择与评估、绩效评价等方法，这些方法基本上都有专门的著作论述，为避免篇幅过长，本书并未对这些方法逐一展开讨论。另外，不同学校“供应链管理”课程安排的学时或课时不一样，因此有些内容对学时或课时少的学校来说无法讲授，等等。如果存在这样的问题，建议任课教师酌情调整或适当补充一些教学内容。

在对第 5 版的修订工作中，我们多位同事为本书提供了许多有价值的资料，做了大量的辅助性工作，在此一并致以衷心的感谢。在本书编写过程中，编者参考了许多资料，已尽可能详细地在参考文献中列出，特别是编者曾为其做过咨询的几家企业，它们同意编者使用它们的材料并改编成案例，AMT 的《前沿论丛》和万联网也都提供了很好的素材，对此深表谢意。因为涉及的内容较多，也有可能引用了某些资料却没有列出资料来源，若存在这类情况，在此表示万分的歉意。

本书具体分工如下：马士华负责第 1、2、4、7、8、9 章，林勇负责第 3、5、6、10 章。由于编者水平有限，再加上供应链管理本身也在快速地发展，人们对它的认识和研究都在继续深入中，因此书中难免存在一些谬误，编者真心希望读者提出批评意见，以便在今后的修订中不断改进和完善。

编者

目　录

第 1 章　供应链管理导论

本章重点理论与问题

21 世纪的市场竞争已经不再是单个企业之间的竞争，而是企业的供应链和竞争对手的供应链之间的竞争。这句话已经成为企业管理者的口头禅。什么是供应链？供应链管理的内涵是什么？企业应该具备怎样的供应链管理战略思想？本章将对这些问题进行阐述。本章将首先介绍 21 世纪企业面临的竞争环境，进而对传统管理模式存在的弊端进行分析，随后介绍供应链管理思想产生的历史背景，供应链的概念和供应链结构模型，供应链管理的概念和核心理念。本章还简要介绍了供应链管理模式在发展过程中的两大趋势：一是供应链管理上升到国家社会经济体系建设的宏观战略层面；二是供应链管理向行业细分发展，出现了供应链管理服务企业。通过这些内容的学习，读者能够对供应链管理有一个基本的了解，对供应链管理这一先进思想产生和发展的必然性以及它在今后企业竞争中的地位与作用有更深刻的认识，从而为后续供应链管理理论和方法的学习打下良好的基础。

1.1　21 世纪全球市场竞争的主要特点

自 20 世纪 90 年代以来，随着科学技术的飞速进步和生产力的快速发展，顾客消费水平不断提高，企业之间的竞争不断加剧，再加上政治、经济、社会环境的巨大变化，市场需求的不确定性大大增加，企业面临着缩短交货期、提高产品质量、降低成本和改善服务的压力。所有这些变化都要求企业对市场快速做出反应，源源不断地开发出能够满足用户需求的定制化产品来占领市场以赢得竞争。毋庸置疑，这种状况将在 21 世纪进一步强化，企业面临的竞争环境更为严峻。

随着经济的发展，影响企业在市场上获取竞争优势的主要因素也在不断变化。认清主要竞争因素的影响力，对于企业管理者把握资源应用、获取最大竞争优势具有非常重要的意义。与 20 世纪市场竞争的特点相比，21 世纪的竞争有了新的特点。

1.1.1　产品生命周期越来越短

随着消费者需求的多样化发展，企业的产品开发能力也在不断提高，新产品的开发周期大大缩短。例如，进入 20 世纪 80 年代之后，美国电话电报公司（AT&T）新电话的开发周期从过去的 2 年缩短为 1 年；惠普公司（HP）新打印机的开发周期从过去的 4 ～ 5

年缩短为22个月，而且产品开发周期还在不断缩短。再如，某生物制药企业的总经理说：“如今市场变化的速度太快，有的企业一年推出一个新产品都不能满足市场需求，企业迫切需要加大新产品的研发力度。以前一个新产品可以‘吃’五六年，现在产品生命周期大大缩短，特别是生物医药产业，如果没有新品研发，很快就会被淘汰。”产品生命周期缩短、革新换代速度加快，使得产品在市场上存留的时间大大缩短了，企业在产品开发和上市时间方面的活动余地也越来越小，给企业造成的压力也就越来越大。例如，当今的计算机及数码产品，几乎是一上市就过时了。自2013年以来，传统的PC厂商就在想办法改变这一令人紧张的现状。不断提升的性能、更加轻薄的形态、更加精致的设计，这些是PC厂商一直在追求的产品进步点。然而即使是这样的微革新，也赶不上用户需求的变化速度。虽然在企业中流行着“销售一代、生产一代、研发一代、构思一代”的说法，然而这毕竟需要企业投入大量的资源，一般的中小企业在此等环境面前就显得力不从心。许多企业曾红火过一阵，但后续产品开发跟不上，当产品落伍之时，就是企业倒闭之日。

1.1.2 对订单的响应速度要求越来越高

一般来说，品种、质量、价格、时间和服务是决定企业竞争力的五大要素，但在不同历史时期，这五大要素对企业竞争力的作用是不同的。在工业化初期，企业主要依靠价格进行竞争，这时成本起主要作用；第二次世界大战以后，随着工业化水平的提高，质量逐渐成为影响竞争力的关键；20世纪80年代以后，企业竞争和经营环境发生了深刻的变化，竞争力逐渐转移到品种和服务上；90年代以后，随着科学技术的进步、经济的发展、全球化信息网络和全球化市场的形成，以及技术变革的加速，围绕新产品的市场竞争更加激烈，面对不断变化的市场，企业不得不快速做出反应，不断开发出满足客户需求的定制化产品，以快速占领市场并赢得竞争。客户不但要求企业按期交货，而且要求的交货期越来越短。我们所说的企业要有很强的产品开发能力，不仅指产品品种，更重要的是指产品上市时间，即尽可能加快对客户需求的响应速度。例如，90年代初期，日本汽车制造商平均2年可向市场推出一款新车型，而同期的美国汽车制造商推出相同档次的车型需要5～7年。可以想象，美国汽车制造商在市场竞争中该有多么被动。对现在的企业来说，市场机会几乎都是稍纵即逝，留给企业思考和做决策的时间极为短暂。如果一家企业对客户需求的反应稍微慢一点，那么很快就会被竞争对手抢占先机。因此，缩短产品开发、生产周期，在尽可能短的时间内满足客户需求，已成为当今所有管理者最关注的问题之一。

技术进步和客户需求的个性化使得产品生命周期不断缩短，企业面临着不断缩短相应周期的巨大压力，竞争力的决定因素最终转移到时间上来。毋庸置疑，谁能对市场的变化快速做出反应，迅速将新产品推入市场，以最快的速度满足客户的需求，谁就能在市场中获得竞争优势。因此，各国企业纷纷将制定竞争战略基点建立在时间的基础之上，出现了**基于时间的竞争**（time-based competition）思想。企业实施基于时间的竞争战略，旨在改善企业中与时间有关的各种绩效指标，快速对市场变化做出反应，取得竞争优势。

1.1.3 企业运营的驱动方式产生了根本变化：从 M2C 到 C2M

21 世纪是互联网时代。在互联网时代，由于拥有更多的获取和发布信息的渠道，因此消费者的行为决策产生了重大变化。互联网的存在，使消费者不受时空约束，能够掌握更多的产品信息，选择余地更大，而快捷的购买方式也使得消费者对产品时效性的要求更高。对制造商来说，在有限的时间内做好整个供应链的生产组织工作（如采购与供应、制造装配、库存管理）并及时将产品交付给消费者，已成为现今供应链管理中的关键因素。如果制造商仍然抱着过去那种先预测再生产最后推销给消费者的管理模式，即所谓的**生产者驱动模式**（manufacturer-to-customer，M2C），其结果便是企业的发展难以为继。因此，制造商为了适应互联网时代产生的新消费特征，必须及时转变企业运营模式，从生产者驱动模式转换为**消费者驱动模式**（customer-to-manufacturer，C2M），即从 M2C 到 C2M。C2M 模式强调由消费者通过互联网反向拉动整个企业运营，企业满足客户的个性化需求。例如，据媒体报道，美国当地时间 2017 年 3 月 31 日，特斯拉 Model 3 在洛杉矶正式发布，同时开始接受预订。短短几天内，Model 3 的订单量就达到了 32.5 万台，而正式投产最快也要大半年之后了。不管怎么样，对特斯拉来说，它可以按照订单组织生产而不必担心库存积压问题。

但要想实现 C2M，仅靠企业自身的力量是绝对无法做到的。企业只有善于整合产品设计与开发、物料采购、生产、仓储物流、末端配送等资源，才有可能在价格、质量、时间、个性化和便利性等方面满足消费者的多重需求。

1.1.4 对产品和服务的期望越来越高

进入 20 世纪 90 年代以后，客户对产品质量和服务质量的要求越来越高。客户已不满足于从市场上买到标准化生产的产品，而是希望得到按照自身要求定制的产品或服务。这些变化导致产品的生产方式发生了革命性的变化。传统的标准化生产方式是“一对多”的关系，即企业开发出一种产品，然后组织规模化大批量生产，用一种标准产品满足不同消费者的需求。然而，这种模式已不能使企业继续获得效益。现在的企业必须具有根据每一个客户的特别要求定制产品或服务的能力，即所谓的“一对一”（one-to-one）**定制化服务**（customized service）。企业为了在新的环境下继续保持发展，纷纷转变生产管理模式，采取措施从**大量生产**（mass production）转向**大批量定制**（mass customization，MC）。例如，以生产芭比娃娃著称的美泰公司，从 1998 年 10 月起，允许女孩子登录 barbie.com 设计她们自己的芭比娃娃。她们可以选择娃娃的皮肤弹性、眼睛的颜色、头发的发型和颜色、名字。当娃娃被邮寄到女孩子手上时，她们会在上面找到她们娃娃的名字。这是美泰公司第一次大量制造“一对一”的产品。又如，中国海尔是一家全球著名的家电制造企业（当然现在也向手机、医药等行业扩展），每年的产品产量非常大，在一般人看来应属于**备货型生产**（make-to-stock，MTS）类型。但是，自 2000 年以后，海尔采取了**按订单生产**（make-to-order，MTO）战略来组织生产，其结果是不仅满足了客户的个性化需求，同时把库存降到了最低限度，拉近了企业与客户的距离，实现了向三个

“零”（“零距离”“零缺陷”“零营运资本”）目标的迈进。不过，我们应该看到，虽然个性化定制生产能高质量、低成本、快速地响应客户需求，但是对企业的运作模式也提出了更高的要求。

当今用户对产品和服务的要求越来越苛刻，“服务－感受－心理体验”越来越受到关注。由于互联网的迅速发展，电子商务给消费者带来了体验越来越好、购买越来越方便的产品，这使得消费者对产品的个性化需求和期望也越来越高。消费者的价值观发生了显著变化，需求结构普遍向高层次发展：一是对产品的品种规格、数量的要求呈现多样化和个性化；二是对产品的功能、质量和可靠性的要求日益提高，出现了一批具有高消费能力的群体，他们对价格不是很敏感，但是对产品的综合价值非常在意，这类消费者逐渐放弃了大众化产品，转而追求高品质的小众品牌；三是商品生产者在满足用户个性化需求的同时发现，最好的产品不是它们为用户设计的，而是它们和用户一起设计的。全球供应链使得制造商和供货商得以紧密联系在一起来完成某项任务。该机制同样可以把用户纳入进来，使企业生产的产品能够真正满足用户的需求和期望。

供应链聚焦

有文章分析说，宝洁从20世纪80年代进入中国，一直到2010年前后，在中国的美容美发、个人护理市场和居家护理市场上可以说独占鳌头，始终保持着很高的市场份额，而且还是高端产品的代名词。30多年前，海飞丝洗发水在人们眼中就是一种奢侈品。但是随着中国改革开放不断深化、人民生活水平不断提高，特别是随着高净值人群的出现，中国已有相当一部分消费者进入了消费新时代，开始追逐更能满足自己细分需求的产品。例如，伊索的洗发水、护发素和发膜，卡诗和岚舒的产品及服务等。此外，随着电子商务尤其是跨境电子商务的发展，消费者可以更方便地接触到全球各地的优质产品，开始追逐小众但是品质高的产品。在这种背景下，宝洁并没有敏感地抓住中国消费者的变化，多年来始终维持着原来的品牌形象和市场定位，因此，越来越多的消费者认为宝洁的产品陈旧过时且不够高端化，品牌也陈旧平庸，很多消费者放弃使用宝洁各种品牌的产品。2016年，宝洁的业绩报告显示，其在中国的销售出现了大幅度下降。

资料来源：https://m.jiemian.com/article/602313.html。

1.1.5 应符合环境保护与可持续发展要求

人类只有一个地球！维持生态平衡和环境保护的呼声越来越高。臭氧层被破坏、热带雨林面积不断缩小、全球变暖、酸雨、核废料、能源储备、可耕地减少……一个又一个环境问题摆在人们面前。在全球制造和国际化经营趋势越来越明显的今天，各国政府将环保问题纳入其发展战略，相继制定出各种各样的政策法规，以约束本国及外国企业的经营行为。人类对于许多资源的消耗都在迅速接近地球所能承受的极限。随着发展中国家工业化水平的提高，如何在全球范围内减少自然资源的消耗成为维持全人类的生存和发展的大问题。一位销售经理曾说：“过去生产经理常问我该生产什么，现在是我问他能生产什么。”原材料、技术工人、能源、淡水资源、资金及其他资源越来越少，各种资源的短缺对企业的生产形成了极大的制约，而且这种影响在将来会愈加严重。在市场需求变化莫测、制造资源日益短缺的情况下，企业如何才能取得长久的经济效益，是企业在制定战略时必须考虑的问题。

在经济全球化高速发展的大背景下，世界上的所有企业都被各种经济纽带紧密地联系在一起，既互相依存，又互相补充。这使得每家企业都有机会占领更大的市场，但也有可能因竞争失利而被市场淘汰，于是市场竞争变得日益激烈甚至残酷。企业必须不断提高自我适应能力，加快改革步伐，彻底革新原有的管理模式，尽快与先进的管理方法接轨，才能在世界经济全球化的进程中占有一席之地。

由以上分析可见，企业面临着外部环境变化带来的不确定性，包括市场因素（客户对产品、产量、质量、交货期的需求和市场供应方面）和企业经营目标（新产品、市场拓展等）的变化。这些变化增加了企业管理的复杂性，企业要想在这种严峻的竞争环境中生存，必须具有有效应对环境变化的能力。

供应链聚焦

传统的中国服装企业是典型的大批量生产企业。它们每年召开一次订货会，根据订货会上经销商们的订单来组织大批量生产，再通过渠道分销出去。在从生产到销售这一漫长（至少一年）的过程中，不仅有大量的库存，而且还会出现由于预测失误导致的服装积压，以致到了下一年度不得不大规模清仓，从而给企业造成了巨大损失。但青岛酷特（前身为红领）走出了一条不一样的道路。酷特利用自己打造的 RCMTM（Red Collar Made to Measure）高级西装个性化量身定制平台，为客户提供西装定制一站式个性化服务。在酷特服饰的生产线上，每一件西装都不一样，每一件西服面对的都是一个与众不同的主人。酷特真正实现了从大批量生产转为大规模定制生产，从此不再为该生产什么、该如何控制库存而发愁了。

资料来源：http://zhipu360.com/forum.php?mod=viewthread & tid=10445 & extra=page%3DI。

1.2 新的竞争环境给企业管理模式带来的挑战

在竞争激烈的全球市场中，面对一个变化迅速且无法预测的买方市场，企业传统的生产与经营模式对市场剧变的响应越来越迟缓和被动。为了摆脱这种困境，一些企业自20世纪70年代起就引入了许多先进的制造技术和管理方法，如计算机辅助设计、柔性制造系统、准时制生产、制造资源计划等，虽然这些方法取得了一定的实效，但在经营的灵活性、快速满足客户需求方面并没有出现实质性的改观。人们终于意识到，问题不在于具体的制造技术与管理方法本身，而在于企业仍囿于传统生产与经营模式的框架。

1.2.1 以“纵向一体化”为主导的传统管理模式

管理模式是一种系统化的资源组织与活动控制方法，它把企业中的人、财、物和信息等资源，高质量、低成本、快速、准确地转换为市场所需要的产品和服务。因此，自从有了企业那天起，质量、成本和时间（生产周期）就一直是企业的三个核心活动，企业管理模式也是围绕着这三个方面不断发展的。企业的生存和发展程度取决于对这三个核心活动过程的管理水平，因为质量是企业的立足之本，成本是生存之道，而时间则是发展之源。没有好的质量，就无法得到消费者的认可，企业所提供的产品或服务就无法在市场上立足，早晚会被市场淘汰；没有低成本，企业就没有实力进行价格竞争，会因为无法获得再生产所需要的资金而难以为继；而企业要适应不断发展的消费需求，就必须能在最短的时间里提供消费者所需要的产品或服务，因此生产周期（包括产品研制和生产周期）就成了企业能否适应发展要求的关键。为了做好这三个方面的工作，企业每时每刻都在寻找最有效的管理方法。

从管理模式上看，20 世纪 80 年代以前，企业出于对制造资源的占有和对生产过程直接控制的需要，传统上常采用的策略是自身投资建厂或参股供应商企业，一个产品所需要的各种零部件基本上都是在自己企业内由各个工厂加工出来的，企业直接控制着各个零部件的生产过程，这就是人们所说的“**纵向一体化**”（vertical integration），或者是“大而全、小而全”的管理模式。例如，在当时，许多制造商拥有从铸造、毛坯准备、零件加工、部件装配、总装、包装到运输等一整套设备设施及组织机构。但企业构成比例又是畸形的：受长期卖方市场决策背景的影响，企业的产品开发能力和市场营销能力都非常弱，但拥有庞大的加工体系。在产品开发、加工、市场营销这三个基本环节呈现出中间大、两头小的“腰鼓形”。“腰鼓形”企业适合于以卖方市场为主导的市场环境，而在买方主导的市场竞争环境下，这种企业无法快速响应客户需求。虽然目前我国绝大部分国有企业已经改制并进入了市场竞争领域，但是，从中华人民共和国成立到 1979 年的 30 年里，那种以短缺经济和卖方市场为主要特征所形成的思维方式无法随着改制的完毕很快转换过来。因此，有的企业尽管形式上已经是股份制企业了，但其中相当一部分的企业管理者的头脑仍然受着原有管理观念的影响。不过，随着越来越多的“80 后”和“90 后”新生代员工进入管理层，这种状况将有可能得到改变。

从生产计划与控制机制上看，企业生产管理系统在不同的时期有不同的发展和变化。20 世纪 60 年代以前，比较盛行的方法是通过确定经济生产批量、安全库存、订货点来保证生产的稳定性，但由于没有注意到独立需求和相关需求的差别，因此采用这些方法并未取得期望的成果。60 年代中期，出现了**物料需求计划**（material requirement planning，MRP），较好地解决了相关的需求管理问题。此后，人们就一直探求更好的制造组织和管理模式，出现了诸如**制造资源计划**（manufacturing resource planning，MRP Ⅱ）、**准时制生产**（just-in-time，JIT）及**精益生产**（lean production）等新的生产方式。这些新的生产方式对提高企业整体效益及其在市场上的竞争能力确实做出了不可低估的贡献。然而，自 90 年代以来，消费者的需求特征发生了前所未有的变化，整个世界的经济活动也出现了以前未曾有过的全球经济一体化特征，这些变化对企业参与竞争的能力提出了更高的要求，原有的管理思想已不能完全适应新的竞争形势。

在工业化发展初期，人们的消费水平较低，企业竞争力的主导因素是价格。产品只要便宜、可用，就有市场。要使价格便宜，就必须在生产和流通过程中降低成本。与此相适应，“大量生产”成为主流生产方式。以汽车生产为例，20 世纪初，亨利·福特通过流水作业方式，使过去通过手工方式制造的、价格高昂的汽车，能像“别针和火柴”那样大量生产出来，成本和价格大幅度降低，普通工薪阶层都能买得起汽车。大量生产方式满足了人们想拥有一部车的愿望，一举把汽车从少数富翁专享的奢侈品变成了大众化的交通工具，使汽车进入了普通家庭。汽车工业由此成为美国的支柱产业，汽车也改变了人们的生活方式。

后来，随着技术的进步、经济的发展和工业化水平的提高，人们的消费水平也日益提高。此时质量和服务就成为影响企业竞争力的关键。质量高、服务好的产品就会拥有更多的顾客。日本企业大力开展全面质量管理运动，提高服务水平，日本的产品深受消费者欢迎，不少企业因此获得了成功。

自 20 世纪 80 年代以来，随着市场全球化的发展和消费者生活水平的提高，特别是人类社会进入信息化时代，企业面临的经营环境发生了很大的甚至根本性的变化。企业经营环境的不确定性日益增加，人们的消费方式和消费观念也发生了深刻的变化，客户的定制化需求越来越明显，产品品种更新换代的周期越来越短，企业逐渐将竞争优势转移到提高产品的个性化特征和缩短推向市场的时间上来。现在，企业家们都已经认识到：谁能迅速适应市场环境的变化，不断推出顾客所需要的全新产品，谁就能在市场竞争中拥有主动权，在竞争中获得胜利。

1.2.2 “纵向一体化”管理模式的主要弊端

以上所介绍的企业管理模式的转变不是偶然的，而是有其必然的变化规律。20 世纪 40 ～ 60 年代，企业处于相对稳定的市场环境中，这时“纵向一体化”模式是有效的。但是在 90 年代科技迅速发展、世界竞争日益激烈、顾客需求不断变化的形势下，“纵向一体化”模式暴露出种种弊端。

（1）企业投资负担增加。不管是投资建新的工厂，还是控股其他公司，企业都需要筹集必要的资金。这一工作给企业带来了许多不利之处。首先，企业必须花费人力、物力设法在金融市场上筹集所需要的资金。其次，资金到位后，随即进入项目建设周期（假设新建一个工厂）。为了尽快完成基本建设任务，企业还要花费精力从事项目实施的监管工作，这样又消耗了大量的企业资源。由于项目有一个建设周期，因此在此期间企业不仅不能安排生产，而且要按期偿还借款利息。显而易见，项目建设周期越长，企业的利息负担就越重。

（2）企业承担丧失市场时机的风险。对某些新建项目来说，由于有一定的建设周期，因此极易出现“项目建成之日也就是项目下马之时”的现象，即市场机会早已在项目建设的过程中逝去，这样的事例在我国并不鲜见。从选择投资方向来看，决策者当时的决策可能是正确的，但就是因为花在基本建设上的时间太长，所以等到生产系统建成投产时，市场行情可能早已发生了变化，错过了进入市场的最佳时机，从而使企业遭受损失。因此，项目建设周期越长，企业承担的风险就越大。

（3）企业被迫从事不擅长的业务活动。采用“纵向一体化”管理模式的企业实际上是“大而全、小而全”企业的另一种表述，这种企业把产品设计、计划、财务、会计、生产、人事、管理信息、设备维修、物流配送等工作看成本企业必不可少的业务工作，许多管理人员往往不得不花费过多的时间、精力和资源去从事辅助性的管理工作。由于精力分散，因此他们无法做好关键性业务活动的管理工作。结果，不但辅助性的管理工作没有抓起来，关键性业务也无法发挥出核心作用，不仅使企业失去了竞争特色，还增加了企业产品成本。例如，1996 年，办事机构设在密歇根特洛伊的劳动力协会的一个顾问机构指出，通用汽车公司死抱着纵向管理思想不放，为它自己的公司生产 70% 的零部件，而福特汽车公司只生产 50%，克莱斯勒公司则只生产 30%。正是由于通用汽车公司的顽固做法，它不得不经受来自多方面的竞争压力。通用汽车公司因为生产汽车零部件而消耗的劳动费用远高于其他两家公司，比如，每生产一个动力系统，通用汽车公司就比福特汽车公司多消耗 440 美元，比克莱斯勒公司多消耗 600 美元，因此通用汽车公司在市场竞争中始终处于劣势。这种情况在我国也不少见。例如，某机器制造厂为了解决自己单位富余人员的再就业问题，特意成立了一个附属企业，把原来委托供应商生产的某种机床控制电器转而自己生产。由于缺乏相应的技术和管理能力，不仅成本比外购成本高，而且产品质量低劣，最后影响到整机产品的整体性能和质量水平，一些老客户纷纷撤销订单，使企业蒙受了不必要的损失。

（4）企业在每个业务领域都直接面临众多竞争对手。采用“纵向一体化”管理模式的企业存在的另一个问题是，它必须在不同业务领域直接与不同的竞争对手竞争。例如，有的制造商不仅生产产品，而且拥有自己的运输公司。这样，该企业不仅要与制造业的对手竞争，还要与运输业的对手竞争。在企业资源、精力、经验都十分有限的情况下，四面出击的结果是可想而知的。事实上，即使是 IBM 这样的大公司，也不可能拥有开展所有业务活动所必需的技能。因此，从 20 世纪 80 年代末开始，IBM 就不再纵向发展，而是与其他企业建立广泛的合作关系。例如，IBM 与苹果公司合作开发软件，协助 MCT 联营公司进行计算机基本技术研究工作，与西门子公司合作设计动态随机存储器，等等。

（5）企业面临的行业风险增加。如果整个行业不景气，采用“纵向一体化”模式的企业不仅会在最终用户市场遭受损失，而且会在各个纵向发展的市场上遭受损失。曾有这样一个例子，某味精厂为了保证原材料供应，自己建了一个辅料厂。但后来味精市场饱和，该厂生产的味精大部分失去了销路。结果，不仅味精厂遭受损失，与之配套的辅料厂也举步维艰。

1.3 供应链管理的产生与发展

1.3.1 供应链管理思想产生的必然性

任何事物的产生都有其合理性，供应链管理思想也不例外。归纳起来，供应链管理思想的产生有如下四点必然性。

（1）进入 21 世纪的企业所面临的市场空间和形态都与以往不一样，这种变化必然会给因传统管理所形成的思维方式带来挑战。同时，信息社会或网络社会已经影响了我们的生活，这必然要带来工作和生活方式的改变，其中最主要的就是消费需求的变化。

在短缺经济时代，供给不足是主要问题，所以企业的管理模式主要以提高效率、最大限度地从数量上满足用户的需求为主要特征。现在，随着人们经济生活水平的提高，对于产品的个性化需求越来越明显。多样化需求对企业管理的影响越来越大，而品种的增加必然增大管理和获取资源的难度。企业在兼顾社会利益方面面临的压力也越来越大，如环保问题、可持续发展问题等，企业既要考虑自己的经济利益，也要考虑社会利益。

（2）传统管理模式在新环境下的不适应性。传统管理模式以规模化需求和区域性的卖方市场为决策背景，通过规模效应降低成本，获得效益。这样，生产方式必然是少品种、大批量。虽然这种生产方式可以最大限度地提高效率、降低成本，取得良好的规模效益，但它应对变化的能力很差。另外，管理层次多必然影响整个企业的响应速度，企业组织结构呈现多级递阶控制，管理跨度小、层次多，且采用集权式管理，以追求稳定和控制为主。

（3）传统的“纵向一体化”管理模式应变能力较差。“纵向一体化”管理模式增加了企业的投资负担，企业必须自己筹集资金开展建设，然后自己经营和管理。因为企业在发现一个新的市场机会时要进行扩建或改建，由此延长了企业响应市场的时间（至少是一个基本建设周期），这样，企业还要承担丧失市场时机的风险。“纵向一体化”模式还迫使企业从事自己并不擅长的业务。这样的管理体制模式显然无法适应瞬息万变的市场需求。

（4）交易成本增加带来的压力。20 世纪 90 年代，全球制造的出现导致全球竞争日益加剧，同时用户需求呈现多样化、变化频繁的趋势，因而企业面临着前所未有的“超竞争”。原有的“纵向一体化”管理模式给企业造成了大量的机会成本，企业已完全不适应市场发展的需要。企业要想生存与发展，必须制定以尽可能快的速度、尽可能低的成本、尽可能多的产品品种为特征的战略，将主要精力用于培养核心竞争力，同时尽可能地利用外部资源。这样一来，就形成了以某个企业为核心的、将若干个资源互补的企业聚集起来的、面向共同市场机会的企业群。这个企业群在其中一家主导企业的协调下相互配合和合作，降低资源整合带来的交易成本，使群体中的每一个参与者都能受益，因此较好地顺应了新的市场竞争环境，其发展过程如图 1-1 所示。

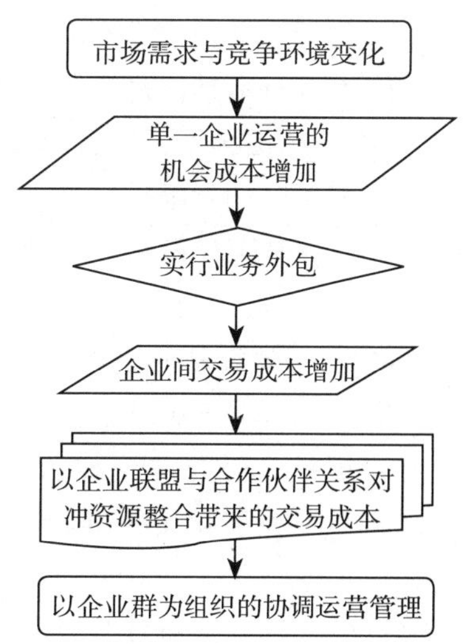

图 1-1 以企业群为主要特征的组织活动

在市场外部压力下，企业都有寻求彼此合作

并且降低联盟内交易成本的动力，以形成联盟整体的核心竞争力。于是，以供应链管理思想为代表的新一代管理理念应运而生。

1.3.2 供应链管理思想的萌芽

为了应对在新的市场竞争环境下“纵向一体化”管理模式的种种不适应，从20世纪80年代后期开始，很多发达国家的企业逐渐放弃了“纵向一体化”管理模式，开始将企业的非核心业务从母体企业中剥离出去，本企业只抓具有核心竞争力的业务。那些从母体企业中剥离出去的业务部门转化成具有独立法人资格的利益主体，并与原母体企业形成了业务合作伙伴关系。由于原母体企业与新的合作企业之间是一种平等合作的伙伴关系，因此后来人们将其称为**“横向一体化”**（horizontal integration）管理模式。随着这种模式的不断发展，就形成了以原母体企业为核心的、与合作伙伴形成共同利益联盟的体系，核心企业则可利用企业外部资源，发挥合作伙伴的专业化优势，构成一个能够快速响应市场需求的联盟体。例如，福特嘉年华（Festiva）汽车由美国福特汽车公司设计，由日本马自达生产发动机，由韩国的制造厂生产其他零件和装配，最后在美国市场上销售。制造商把零部件生产和整车装配都放在了企业外部，这样做的目的是利用其他企业的资源促使产品快速上马，避免只由自己投资带来的基建周期过长等问题，使产品在低成本、高质量、早上市等方面赢得竞争优势。“横向一体化”形成了一条从供应商到制造商再到分销商、零售商的贯穿所有企业的“链”。由于相邻节点企业表现出一种需求与供应的关系，所以，当把所有相邻企业依次连接起来，便形成了供应链。这条链上的节点企业必须达到同步、协调运行，才有可能使链上的所有企业都能受益，于是产生了供应链管理这一新的经营与运作模式。

根据美国科尔尼咨询公司的研究，企业应该将供应职能提高到战略层次的高度，这样才有助于降低成本、提高投资回报。企业和供应商伙伴应形成一个共同的产品开发小组，伙伴成员从共享信息上升到共享设计思想，决定如何以及在哪里生产零部件或产品，或者如何重新定义使双方获益的服务。所有企业一起研究和确定哪些活动能给用户带来最大的价值，而不是像过去那样由一家企业设计和制造一个产品的绝大部分零件。20世纪80年代曾有机构做过比较研究，发现美国厂商普遍采用“纵向一体化”管理模式，而日本厂商更多采用“横向一体化”模式。美日两国企业的这种管理模式的选择，与它们的生产结构有着密切的联系。美国企业生产一辆汽车，相当于购价的45%的零部件由企业内部生产制造，55%由外部企业生产制造；然而，日本厂商生产一辆汽车，只有相当于购价的25%的零部件由企业内部生产制造，外包占的比例很大。这也许能在某种程度上说明美国汽车产业缺乏竞争力的原因。

由此可见，供应链管理的概念是把企业资源的范畴从过去单个企业扩大到整个社会，企业之间为了共同的市场利益而结成战略联盟，因为这个联盟要“解决”的往往是特定客户（至少有别于其他客户）的特殊需要，所以供应商就需要与客户共同研究如何满足客户的需要，还可能要对原设计进行重新思考、重新设计，这样供应商和客户之间就建立了一种长期的依存关系。供应商以满足客户、为客户服务为目标，客户当然也愿意依靠这个供应商。这样一来，借助敏捷制造战略，供应链管理也得到越来越多的人的重视，成为当代国际上最有影响力的一种企业运作模式。这种生产管理模式的变化，如图 1-2 所示。

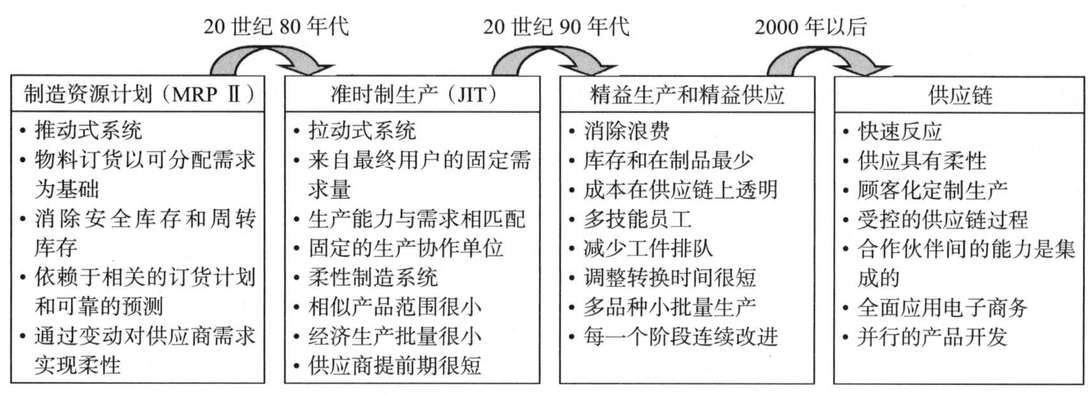

图 1-2　建立在最佳生产系统平台上的供应链

供应链管理利用现代信息技术，通过改造和集成业务流程，与供应商以及客户建立协同的业务合作伙伴联盟，实施电子商务，从而大大提高了企业的竞争力，使企业在复杂的市场环境中立于不败之地。有关资料统计，供应链管理的实施可以使企业总成本下降 10%；供应链上的节点企业按时交货率提高 15% 以上；订货生产的周期缩短 25% ～ 35%；供应链上的节点企业生产率提高 10% 以上等。这些数据说明，供应链企业在不同程度上都取得了发展，其中以“订货生产的周期缩短”最为明显。能取得这样的成果，完全得益于供应链企业相互合作、相互利用对方资源的经营策略。试想一下，如果制造商从产品开发、生产到销售完全由自己包揽，不仅要背负沉重的投资负担，而且要花相当长的时间。采用供应链管理模式，可以使企业在最短时间内寻找到最好的合作伙伴，用最低的成本、最快的速度、最好的质量赢得市场，受益的不止一家企业，而是一个企业群体。因此，供应链管理模式吸引了越来越多的企业。

英国著名教授马丁·克里斯托弗曾说过，21 世纪的竞争不是单个企业和企业之间的竞争，而是供应链与供应链之间的竞争。那些在零部件制造方面拥有独特优势的中小型供应商企业，将成为大型装配主导型企业追逐的对象。有人将这比喻为足球比赛中的中场争夺战，谁能拥有这些具有独特优势的供应商，谁就能赢得竞争优势。显然，这种竞争优势不是哪一家企业所具有的，而是整个供应链的综合能力。

1.3.3　供应链的概念

“供应链”这一名词直接译自“supply chain”，国内也有学者将其译为“供需链”，许多学者从不同的角度给出了不同的定义。

首先，供应链是一个系统，是人类生产活动和整个经济活动中的客观存在。人类生产和生活的必需品，都经历了从最初的原材料生产、零部件加工、产品装配、分销、零售到最终消费者这一个整体过程，并且近年来还将废弃物回收和退货（简称反向物流）包含进来。这里既有物质材料的生产和消费，也有非物质形态（如服务）产品的生产（提供服务）和消费（享受服务），生产、流通、交易、消费各个环节形成了一个完整的供应链系统。

在供应链形成的早期，有的观点称供应链是制造企业中的一个内部过程，它是指把从企业外部采购的原材料和零部件，通过生产转换和销售等活动，传递到零售商和用户的一个过程。传统的供应链概念局限于企业的内部操作层面，注重企业的自身资源利用目标。有些学者把供应链的概念与采购、供应管理相关联，用来表示与供应商之间的关系，这种观点得到了那些研究合作关系、JIT 生产方式、精益化供应、供应商行为评估等问题的学者的重视。但这是一种仅仅局限于制造商和供应商之间的关系，而且供应链中的各个企业独立运作，忽略了与外部供应链成员企业的联系，往往造成企业间的目标相互冲突。

其后，逐渐发展的供应链管理开始注意与其他企业的联系，而且更加关注供应链企业的外部环境，认为供应链应是一个"通过链中不同企业的制造、组装、分销、零售等过程将原材料转换成产品，再到最终用户的转换过程"，这是更大范围、更为系统的概念。例如，美国学者史蒂文斯（Stevens）认为："通过增值过程和分销渠道控制从供应商的供应商到用户的用户的流就是供应链，它开始于供应的源点，结束于消费的终点。"这些定义都强调了供应链的完整性，考虑了供应链中所有成员操作的一致性（链中成员的关系）。

而到了最近，供应链的概念更加注重围绕核心企业的网链关系，如核心企业与供应商、供应商的供应商乃至一切前向的关系，核心企业与用户、用户的用户及一切后向的关系。此时企业认为供应链是一条网链，丰田、耐克、日产、麦当劳、苹果等公司的供应链管理都从网链的角度来理解和实施。哈里森（Harrison）进而将供应链定义为："供应链是执行采购原材料，将它们转换为中间产品和成品，并将成品销售给用户的功能网链。"这些概念同时强调了供应链的战略伙伴关系问题。菲利普（Phillip）和温德尔（Wendell）认为供应链中战略合作伙伴关系是很重要的，通过建立战略合作伙伴关系，可以与重要的供应商和用户更有效地开展工作。

国务院办公厅发布的《关于积极推进供应链创新与应用的指导意见》(国办发〔2017〕84 号）中对供应链的定义是：供应链是以客户需求为导向，以提高质量和效率为目标，以整合资源为手段，实现产品设计、采购、生产、销售、服务等全过程高效协同的组织形态。这个定义将供应链的形成看成一种自觉的行为，通过有组织的活动，把各类资源有效地整合在一起，通过相互之间的协同运作，实现最终目标。

在研究分析的基础上，本书给出一个供应链的定义：供应链是围绕核心企业，通过对信息流、物流、资金流的控制，从采购原材料开始，制成中间产品（零部件）以及最终产品，最后通过销售网络把产品送到消费者手中的将供应商、制造商、分销商、零售商直到最终用户连成一个整体的功能网链结构。它是一个扩展了的企业结构模式，包含所有加盟的节点企业，从原材料供应开始，经过链中不同企业的制造加工、组装、分销等过程直到最终用户。它不仅是一条连接供应商到用户的物流链、信息链、资金链，而且是一条增值链，物料在供应链上因加工、包装、运输等过程而增加了其价值，给相关企业带来了收益。

1.3.4 供应链的结构模型

供应链的概念和传统企业组织是不同的。供应链的概念跨越了企业界限，将企业管理的视角扩展到上下游的各个合作伙伴。根据供应链的实际运行情况，在一个供应链系统中，有一个企业处于核心地位，该企业起着对供应链上的信息流、资金流和物流的调度及协调中心的作用。从这个角度出发，供应链系统的结构可以具体地表示为如图 1-3 所示的模型。

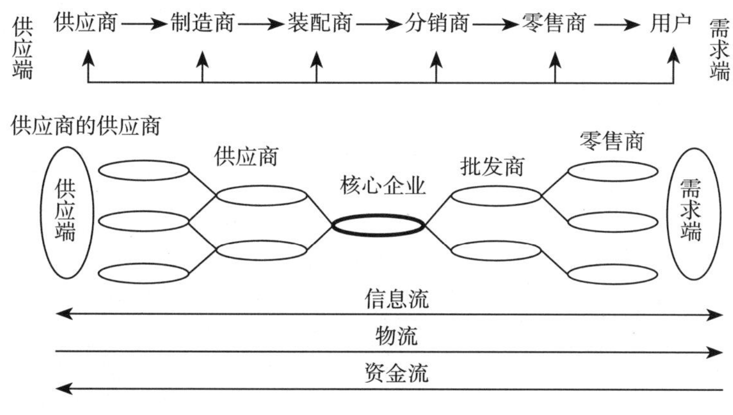

图 1-3 供应链结构模型

从图 1-3 中可以看出，供应链由所有加盟的节点企业组成，其中有一个核心企业（可以是制造型企业，如汽车制造商，也可以是零售型企业，如美国的沃尔玛），其他节点企业在核心企业需求信息的驱动下，通过供应链的职能分工与合作（生产、分销、零售等），从供应端的“源”头开始，到产品消费市场需求端的“汇”，从全局和整体的角度考虑产品的竞争力，以信息流、物流、资金流为媒介实现整个供应链的不断增值。

1.3.5 供应链管理的概念

供应链是一个有组织的体系，但是供应链体系本身并不能天然地带来人们所期望的结果，必须通过对供应链的管理，才能让供应链真正发挥出其应有的作用，因此也就有了**供应链管理**（supply chain management，SCM）的概念。

对于供应链管理，国外也有许多不同的定义和称呼，如**有效用户反应**（efficiency consumer response，ECR）、**快速反应**（quick response，QR）、**虚拟物流**（virtual logistics，VL）或**连续补充**（continuous replenishment，CR）等。这些术语因考虑的层次、角度不同而不同，但都通过计划和控制实现企业内部与外部之间的合作，实质上它们在一定程度上都反映了对供应链各种活动进行人为干预和管理的特点，使过去那种自发的供应链成为自觉的供应链系统，有目的地为企业服务。

供应链管理是一种集成的管理思想和方法，它执行供应链中从供应商到最终用户的物流计划和控制等职能。例如，伊文斯（Evens）认为："供应链管理是通过前馈的信息流和反馈的物料流及信息流，将供应商、制造商、分销商、零售商，直到最终用户连成一个整体的管理模式。"菲利普则认为供应链管理不是供应商管理的别称，而是一种新的管理策略，它把不同企业集成起来以提升整个供应链的效率，注重企业之间的合作。最早人们把供应链管理的重点放在管理库存上，作为平衡有限的生产能力和适应用户需求变化的缓冲手段，它通过各种协调手段，寻求把产品迅速、可靠地送到用户手中所需要的费用与生产、库存管理费用之间的平衡点，从而确定最佳的库存投资额。因此其主要工作任务是管理库存和运输。现在的供应链管理则把供应链上的各个企业作为一个不可分割的整体，使供应链上分担采购、生产、分销和销售职能的各企业形成一个协调发展的有机体。

关于供应链管理的各种比较典型的定义，如表 1-1 所示。

表 1-1　几种典型的供应链管理的定义

学者	定义
Monczka、Trent 和 Handfiel（1998）	供应链管理（SCM）要求将传统上分离的职能视为一个整体过程并将其交由一位经理人员负责协调，而且还要求与横贯整个过程各个层次的供应商建立合作伙伴关系。SCM 是这样一个概念，"它的主要目标是以系统的观点，对多项职能和多层供应商进行整合，并对外购、业务流程和物料控制进行管理"
La Londe 和 Masters（1994）	供应链战略包括"供应链上的两个或更多企业达成一项长期协定……信任和承诺发展成伙伴关系……需求和销售信息共享的物流活动的整合……提升对物流过程控制的潜力"
Stevens（1989）	供应链管理的目标是使来自供应商的物流与满足客户需求协同运作，以协调高客户服务水平和低库存、低成本之间的冲突
Houlihan（1988）	供应链管理和传统物料制造控制的区别：①供应链被视为一个统一的过程，链上的各个环节不能分割成诸如制造、采购、分销、销售等职能部门；②供应链管理强调战略决策，"供应"是链上每一个职能的共同目标并具有特别的战略意义，因为它影响整个供应链的成本；③供应链管理强调以不同的观点看待库存，将其看作新的平衡机制；④一种新系统方法——整合而不是接口连接
Cooper 等（1997）	供应链管理是"管理从供应商到最终客户的整个渠道的总体流程的集成哲学"
Mentzer 等（2001）	供应链管理是对传统的企业内部各业务部门之间及企业之间的职能从整个供应链的角度进行系统的、战略性的协调，目的是提高供应链及每个企业的长期绩效
Ling Li（2007）	供应链管理是一组有效整合供应商、制造商、批发商、承运人、零售商和客户的协同决策及活动，以便将正确的产品或服务以正确的数量在正确的时间送到正确的地方，以最低的系统总成本满足客户服务要求

综上所述，本书给出一个常见的供应链管理的定义：供应链管理就是使以核心企业为中心的供应链运作达到最优化，以最低的成本，令供应链从采购开始到满足最终顾客的所有过程，包括**工作流**（work flow）、**实物流**（physical flow）、**资金流**（funds flow）和**信息流**（information flow）等均高效率地操作，把合适的产品以合理的价格及时准确地送到消费者手上。

供应链聚焦

UPS和Fender公司（吉他制造业巨头）进行合作。UPS帮助Fender完成其配送过程的流线化和集中化，以使Fender公司在近几年内实现在欧洲境内销售量翻一番的计划；由UPS管理来自世界各地制造厂的海陆进货，由第三方物流公司管理其欧洲配送中心（EDC）的库存。由EDC的雇员检查产品质量，监控库存，满足配送商和零售商的订货要求，管理多方承运人的交付。通过使用UPS的配送中心，Fender公司能够缩短交付时间，更好地监控质量和交付订货。更重要的是，UPS在将吉他运往零销商之前，会完成每把吉他的调音，以保证零售商从箱子中取出吉他时即可弹奏。

资料来源：汪标．SCM环境下制造业与物流业联动发展物流战略联盟模式探析[J]. 物流工程与管理，2010(32).

通过以上介绍可以看出，供应链是人类生产活动中的一种客观存在。但是，过去这种客观存在的供应链系统一直处于一种自发、松散的运动状态，供应链上的各个企业都各自为政，缺乏共同的目标。不过，由于过去的市场竞争远没有像今天企业所面临的竞争这么激烈，因此，这种自发运行的供应链系统并没有反映出不适应性。然而，进入21世纪后，经济全球化、市场竞争全球化等浪潮一浪高过一浪，自发供应链所存在的种种弊端开始显现出来，企业必须寻找更有效的方法，才能在这种形势下生存和发展。人们发现必须对供应链这一复杂系统进行有效的协调和管理，才能取得更好的绩效，才能从整体上降低产品（服务）成本，供应链管理思想就在这种环境下产生和发展起来了。

1.4 供应链管理的核心理念

从供应链管理的概念和供应链的结构模型可以看出，供应链管理的对象是一个以核心企业或品牌商为核心的企业群。核心企业通常也就是品牌商，要使该品牌产品具有强大的竞争力，它的供应链管理就必须十分强大。为了使供应链达到提高竞争力的目的，供应链管理要坚持四大核心理念。

（1）**整合理念**（integration）。供应链管理概念从提出到现在已有30多年的历史。在供应链管理的多年实践中，人们已将供应链管理从一般性的管理方法提升到整合思维的理念。这一思维范式强调从供应链整体最优目标出发寻求最佳市场资源整合的模式。当一个企业要拓展一项业务或开辟一个新的市场时，首先应该从企业外部寻找最佳资源，而不是什么事都亲力亲为。再强大的企业，其资源和能力在庞大的市场面前都是十分有限的，如果什么事都只想着企业自己来做，可能会丧失很多机会，甚至将企业带入万劫不复的深渊。因此，整合理念就成为供应链管理的重要核心理念之一。

（2）**合作理念**（cooperation）。供应链管理是从“横向一体化”发展而来的，因此在供应链管理的实践中非常强调合作伙伴之间的合作。只有实现了合作伙伴之间的真诚的、战略性的合作，才能共同实现供应链的整体利益最大化。供应链管理的对象是一个企业群，其中的每一个企业都有各自的核心业务和核心能力，如何才能将这些企业的能力整合在一起，形成真正的合力，是关系到能否实现供应链整体目标的关键。如果每个企业都只顾自身利益，那么将损害供应链的整体目标，最后也没有办法保证个体的利益。因此，供应链管理的核心企业要与自己的合作企业形成战略性的合作伙伴关系，必须能够兼顾合作伙伴的利益和诉求，这样才能调动合作伙伴的积极性。如果只想着如何从别人身上赚取利益，还想将风险转嫁到其他企业身上，这样的供应链是不可能健康发展的。

供应链聚焦

由于美国三大汽车厂商在平时的供应链运营中过度侵占供应商的利益，不注重供应商关系管理，因此，当2008年席卷全球的金融危机到来并且危及汽车行业时，美国三大汽车厂商的供应商纷纷撤离底特律。失去了供应商支持的美国汽车行业根本无法应对危机，利润大幅下降，甚至滑向了破产的边缘。相反，注重供应商关系的德国和日本汽车制造商则在供应商的配合下较好地渡过了危机，很快恢复到正常经营状态。

（3）**协调理念**（coordination）。供应链管理涉及若干个企业在运营中的管理活动，为了实现供应链管理的目标，相关企业在运营活动中必须按照计划协调运作，不能各自为政。例如，供应商应该按照制造商的要求，将零件按计划生产出来并准时配送到制造商的装配线上，而且不同零部件的供应商必须同步地将各自的零部件配送到位。任何一个供应商的延误，不仅会使自己遭受损失，而且会连累那些准时交货的供应商，当然更不用说对总装配延误的影响了。协调运作的另一个问题就是打破传统的企业各自为政的分散决策方式，通过协调契约的设计，能使合作双方增加收益，同时达到供应链整体利益最大化的目标。

（4）**分享理念**（benefit-sharing）。供应链管理强调的另一个重要理念就是收益共享。通过供应链资源整合，形成合作伙伴关系，协调运作达到整体利益最大化，这还不是供应链管理的全部。事实上，能否达到上面说的这几点，还有一个重要影响因素，即供应链的收益共享。合作企业之所以愿意在一个供应链体系内共创价值，是因为它们看到这个供应链能够创造更多的收益，但是这些收益必须实行共享，才有可能将供应链的资源整合起来。如果合作企业发现供应链的利益被某个企业独占，它们是不可能参与到供应链管理系统中的，即使有可能介入，可能也是抱着短期利益最大化的心态，捞一把就跑，而牺牲的是供应链未来的发展。因此，是否具有供应链管理的核心理念——收益共享，是保证合作伙伴能否真心实意地与核心企业站在一个阵营内的重要条件。

1.5 供应链管理模式的双向发展趋势

1.5.1 对供应链体系的再认识

随着供应链在社会经济活动中扮演着越来越重要的角色，我们对供应链的认识也有了很大的提高和扩展。供应链管理最初发源于制造业，经过30多年的发展及壮大，除了供应链管理理论与方法本身得到了理论和实践上的长足进展外，供应链管理还上升到了国家经济建设体系的宏观战略层面。社会对供应链管理的认识，也从以核心企业为主导的体系，扩展到其他相关领域，使供应链管理在社会经济体系建设和发展中的价值更加突出。为了便于表达，这里将其称为供应链体系。图1-4就是从更大范围描述的供应链体系构成示意图，下面对其做简要说明。

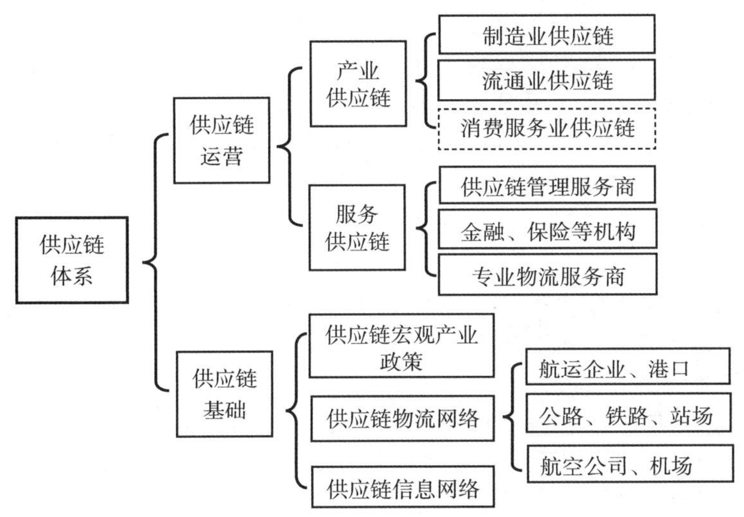

图1-4 供应链体系构成示意图

首先，根据组成供应链体系的要素起的作用不同，可以将供应链体系分为供应链运营和供应链基础两大部分。供应链运营指的是围绕核心企业组成的企业群体开展的生产和销售活动，这是构成一个国家经济活动的主体，也是决定国家整体竞争力的基础，如工业、农业、流通业以及各类服务性企业。供应链基础指的是为使供应链运营得以有效进行而提供的基础性资源支撑，包括支撑供应链运行的物流网络，如公路、铁路、航空、航运等基础设施及相关运营企业或政府主管部门等，构成畅通的供应链通道，为供应链主体企业的高效运营提供支撑；信息网络，如互联网、物联网、移动商务、公共信息共享等各类平台；支持供应链发展的宏观产业政策等。显而易见，供应链基础的建设离不开政府的大力支持。

其次，根据供应链运营的主体内容不同，可进一步将供应链运营分成产业供应链和服务供应链。如前所述，产业供应链是供应链体系的核心，如由各种工业企业、农业企业、流通企业以及消费服务类企业组成的供应链；服务供应链，这里特指为产业供应链提供供应链管理服务的企业，还有金融、保险、第三方物流、物流平台企业等，它们共同为产业供应链运营的主体企业提供供应链管理服务，助推产业供应链提升其竞争力。

基于以上叙述，我们不难理解现代供应链受到全社会关注的原因了。此外，研究供应链体系还有助于不同行业、不同企业找到其在供应链体系建设中的定位，找准发展方向。对政府主管部门而言，其同样可以在供应链基础中的通道建设、助推供应链的产业政策等供应链体系建设上大有作为。这方面最具代表性的是洛杉矶阿拉米达货运走廊（Alameda Corridor）的建设，它是以全球多式联运为代表的供应链通道建设的经典之作。

供应链聚焦

洛杉矶港是美国最繁忙的港口。洛杉矶港包括长滩和洛杉矶双子港，是美国最大的集装箱港口，美国大约35%的进出口产品需要通过洛杉矶港，所以洛杉矶港承担了美国西海岸70%的集装箱吞吐量。洛杉矶交通运输系统受到基础设施的制约。这些在100年前建成的港口，其巨大货运量的集疏运给洛杉矶城市道路造成了重大压力。

BNSF铁路公司和联合太平洋铁路公司（UP）在该区原有四条单向铁路引入港口，它们采用的重载列车最长可达2.5公里，四条铁路与城市道路形成200个平面交汇道口，每天约有35列火车，以32公里/小时的速度通过这些道口。港口与城市之间的矛盾不堪设想。

1995年，联邦政府授权采用PPP模式，开始在港口后方建造著名的阿拉米达货运走廊，解决了多式联运“中间一公里”问题。阿拉米达货运走廊建成后有效解决了货运铁路分割市区的现象，以往200个平面交汇道口不复存在，不再造成市区拥堵，列车运行速度提高了一倍；卡车运输排放降低80%以上，噪声降低90%。经济效益上，列车运行时间缩短30%，等待时间缩短75%，港口交通延误减少90%；减少了23%的集装箱卡车转运量，节省了巨额的卡车短驳费用；港口的铁水联运比例超过1/3，尤其是作为全美最繁忙商港的洛杉矶港有60%的货物经由阿拉米达货运走廊运往全美地区。

资料来源：根据网络资源（http://www.fjtd-logistics.com/show.asp?id=3565）整理。

1.5.2 供应链：国家竞争力视角

供应链的资源整合、协调运作和全球优化的思想在实践中取得了巨大的成效，人们认识到，供应链管理不仅是企业的竞争利器，同时还事关一个国家的全球竞争力。为此，有些国家从国家竞争力的角度对供应链进行了宏观管理，例如美国早在2012年就开始将供应链纳入政府管理的视野。

1. 美国政府供应链发展战略

2012年10月12日，美国商务部发布新闻稿，宣布启动新的供应链竞争力咨询委员会，就行业问题向美国商务部、交通部和其他政府机构提供建议。该委员会将作为行业和政府之间的联络人，确保与制造商、分销商和出口商定期联系，委员会的建议将有助于制定助力供应链发展的国家政策，帮助美国企业提升其在全球的竞争力。

美国政府不仅关注企业在供应链体系建设上的问题，还从国家安全的角度加强对供应链的管控。2012年，时任美国总统奥巴马签署了美国国土安全部公布的美国《全球供应链安全国家战略》，该战略设定了两个目标：

- 促进商品的高效和安全运输。促进合法贸易及时而高效地流动，同时维护和保障供应链，使之免受不正当的利用，并减少其在破坏面前的脆弱性。为了实现这一目标，在货物通过全球供应链运输时，将加强其完整性，还将在这一过程中及早了解并解决各种威胁，加强实体基础设施、交通工具和信息资产的安全，同时通过提高供应链基础设施和流程的现代化水平充分发展贸易。
- 培养具有弹性的供应链。建立一个准备应对而且能承受不断变化的威胁和危害并且可以从中断中迅速恢复的全球供应链系统。

除此之外，美国政府其他部门也纷纷在供应链相关领域制定推进供应链发展的政策，试图在全球竞争中维护美国企业的竞争力。

2. 中国政府在供应链发展中的政策与措施

我国政府也充分认识到供应链体系建设的重要性。为了加强我国企业在全球市场上的竞争力，塑造强大的供应链竞争力，我国相继出台了多项举措来推动我国企业的供应链建设。

习近平总书记在党的十九大报告中指出，加快建设制造强国，加快发展先进制造业，推动互联网、大数据、人工智能和实体经济深度融合，在中高端消费、创新引领、绿色低碳、共享经济、现代供应链、人力资本服务等领域培育新增长点、形成新动能。其中专门提到现代供应链的问题，说明中央领导人对供应链的重视。

2017 年 10 月 13 日，国务院办公厅发布《关于积极推进供应链创新与应用的指导意见》(国办发〔2017〕84 号)，将供应链创新与应用从企业行为上升到整个国家的社会经济体系建设层面，赋予供应链创新更重要的职能。2018 年，商务部等 8 部门发布了《商务部等 8 部门关于开展供应链创新与应用试点的通知》(商建函〔2018〕142 号)，在全国选择 55 个城市和 266 家企业，分别作为供应链创新与应用的试点城市和试点企业，进一步推动 84 号文件落地生根。

供应链的高效运行离不开物流网络的支撑。为了给供应链运行提供优良的通道和网络基础，国家出台了加强物流基础建设的政策和规划。2018 年 12 月 21 日，国家发展改革委和交通运输部印发了《国家物流枢纽布局和建设规划》，就是要解决部分物流设施运作相对独立、信息不透明、物流网络不健全、衔接不顺畅等问题，整合分散的物流基础设施资源，加强物流设施间的协同运作，为物流高质量发展、供应链高效运作提供有力支撑。

这几件推动供应链体系建设发展的大事，极大地调动了全国各行各业的积极性，许多企业已经逐步认识到供应链管理对企业的价值，主动从传统的管理模式迈向供应链管理模式。特别是在全球贸易充满不确定性的情况下，打造具有强大韧性的供应链，对企业的持续发展更是具有独特的价值。

1.5.3 供应链管理向行业细分发展

供应链企业在实践中不断面临新的挑战及需求，社会上出现了围绕供应链管理的服务性企业，逐渐形成了以现代服务为核心的、为产品制造或流通企业供应链提供管理服务的业态，最终得到了社会的认同，并成为国民经济中的一种统计类别。

供应链管理服务企业的出现不是偶然的，而是在现实世界的供应链管理面临诸多问题和挑战的情况下产生的。

1. 供应链管理者面临的挑战

在企业的供应链管理中，管理者要从提升整体供应链竞争力的角度，全方位地制定供应链战略和管理策略。在企业日常的供应链管理业务中，有象征本企业核心业务的管理，如采购 / 供应、研发、生产、交付等，这是任何一个产品生产企业供应链的主体业务，显而易见，管理人员要把这些业务流程抓紧抓好。除了供应链的主体业务以外，事实上要想使主体业务达到预期目标，还有很多辅助性的工作要做好，如仓储管理、订单管理、融资管理、进出口管理等，这里不妨将其称为经典的供应链管理体系，如图 1-5 所示。

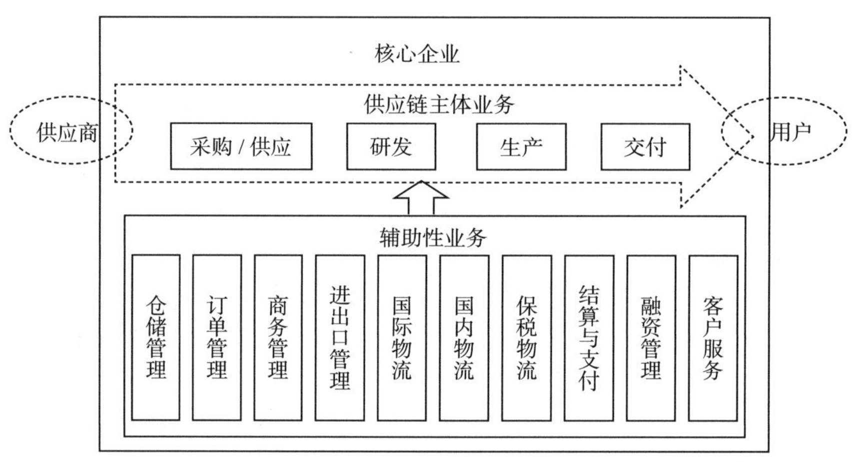

图 1-5 经典的供应链管理体系

虽然这些辅助性业务并不是企业的核心业务，但是，在供应链管理过程中，管理者要花费很多精力对这些辅助性业务与主体业务的协同进行协调，甚至有时花在辅助性业务上的时间比花在核心业务上的时间还要多，而且效果还不一定好。

2. 供应链管理服务的业务模式

21 世纪初，供应链管理模式已经出现在企业中了，但那时整体市场的竞争并不像今天这么激烈，外部的不确定性也不像今天这样复杂，所以，一般的管理者还能够掌控企业供应链的主体业务和辅助性业务的融合。但是，时至今日，全球市场竞争越来越激烈，各种不确定性因素的变化越来越无从捉摸，特别是竞争对手的供应链管理水平在整体上逐渐提高，由此带来的供应链之间的竞争越来越激烈。在这种情况下，企业供应链管理者感到力不从心，无法兼顾供应链的主体业务与复杂的辅助性业务。由于企业供应链管理者出现了这种需求，因此有些以现代服务业为主体的企业，发现了新的市场机会，它们开始打造以提供供应链辅助性业务服务为主的商业模式，为供应链企业提供除核心业务以外（一般情况下）的管理服务，并且逐渐在社会上形成了自己的口碑和吸引力。

供应链管理服务模式的出现，使企业供应链管理者得以将供应链运作的辅助性业务外包出去，自己则专注于核心主体业务，有力地促进了供应链各种能力的提升。有供应链管理服务企业参与的供应链运作模式，如图 1-6 所示。

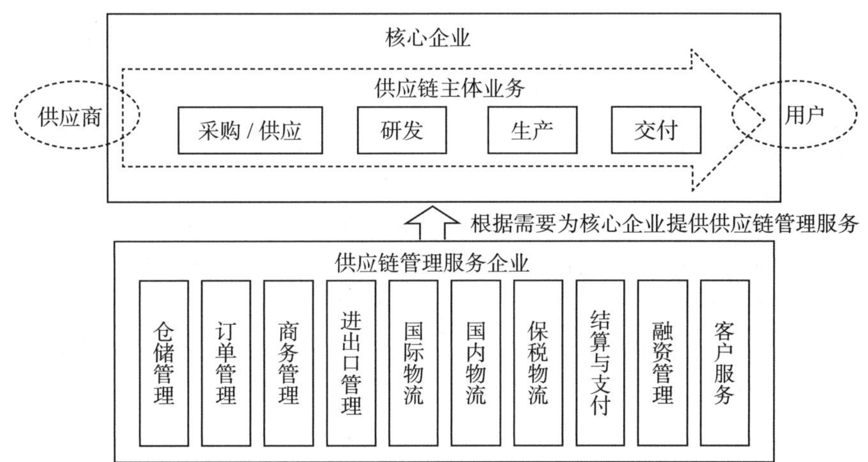

图 1-6 有供应链管理服务企业参与的供应链管理体系

3. 供应链管理服务业态的作用

我国政府主管部门认识到了供应链管理服务企业在提高我国工业、农业和流通业供应链整体竞争力方面的价值，在供应链管理服务企业的成长上给予了政策和市场发展的支持。例如，《国民经济行业分类》（GB/T 4754—2017）明确了“供应链管理服务”的地位，将其纳入“商务服务业—7224—供应链管理服务”，单列统计类别，这一举措为这类企业的发展创造了巨大的空间。

同时，《国民经济行业分类》（GB/T 4754—2017）还明确了供应链管理服务的含义。该文件认为，供应链管理服务是指“基于现代信息技术对供应链中的物流、商流、信息流和资金流进行设计、规划、控制和优化，将单一、分散的订单管理、采购执行、报关退税、物流管理、资金融通、数据管理、贸易商务、结算等进行一体化整合的服务”。

以供应链管理服务企业为主体的业态的出现，对于尽快提高我国各个行业的供应链在国际市场上的竞争力具有积极作用。供应链管理服务企业通过创新的各种供应链管理服务模式，解决了供应链管理者面临的各种问题，使他们能够借助供应链管理辅助性业务外包，并且与供应链管理服务企业形成战略联盟，可以从整体上优化更加广泛的供应链运作所需的资源，发挥我国企业在科学管理上的后发优势，这对于提升我国企业在全球供应链上的话语权具有重要的价值。

本章小结

本章从深入分析传统管理模式在新的竞争环境下出现的不适应性入手，对传统管理模式存在的若干问题进行了比较详细的分析，进而引申到供应链管理模式产生的必要性，并由此产生了新一代的管理模式——供应链管理。只有深刻地理解这一历史演变过程，才能够全面理解供应链管理模式的变革性，特别是有助于掌握供应链管理必须坚守的四个核心理念。本章还简要地给出了人们在实践中总结出的供应链结构模型。本章还从供应链管理发展的时代特征总结出供应链体系构成框架，并从宏观上对供应链的作用和战略价值进行了分析，最后详细讨论了供应链管理服务的业务模式。

关键术语

供应链（supply chain）
供应链管理（supply chain management, SCM）
横向一体化（horizontal integration）
基于时间的竞争（time-based competition）
纵向一体化（vertical integration）
分享理念（benefit-sharing）
协调理念（coordination）
合作理念（cooperation）
整合理念（integration）

思考与练习

1. 供应链管理思想的产生与市场竞争环境变化的关系是什么？
2. 如何理解供应链？供应链有哪些特点？
3. 传统的“纵向一体化”（或大而全、小而全）管理模式为什么不能适应21世纪的市场环境？
4. 如何理解供应链管理？简述供应链管理与传统管理的区别和联系。
5. 如何理解供应链管理的四个核心理念？你认为这四个核心理念的关系是什么？
6. 选择某一企业在供应链管理上的成功案例（国内外的企业均可），根据四个核心理念的基本观点，总结一下该企业供应链管理的成功经验。
7. 收集全球范围内供应链管理发展的动态及趋势方面的资料，总结归纳供应链管理的发展特点。
8. 如何理解我国政府为推动供应链创新与应用所采取的各种措施？
9. 为什么会出现供应链管理服务企业这一细分企业形态？它的作用体现在何处？
10. 在供应链体系建设中，如何发挥政府部门的作用？

讨论案例　良品铺子的供应链管理模式

良品铺子概况

良品铺子是一家集休闲食品研发、加工分装、零售服务于一体的专业品牌连锁企业。2006年8月诞生于武汉的良品铺子，十几年来深耕华中，辐射全国，迄今已有2 300多家门店，遍布华中、华东、华南、西北、西南等13个省。良品铺子作为时尚休闲食品的品牌企业，在行业内享有良好的商誉，得到了广大消费者的认同。

公司目前销售的产品主要有炒货类、糖果类、坚果类、果干类、蜜饯类、鱼肉类、素食类、糕点类8类食品，精选全球32个产地的食材，产品超过1 000种，口味丰富多样。供应商有200多家，所销售的产品大部分是在国内生产的，也有部分产品直接从海外引进。

良品铺子以提供高品质食品、传递快乐、为提高全球华人健康幸福生活而努力奋斗为企业使命，坚持研发高品质产品，不断引入先进的经营管理思想，立志成为全球休闲食品零售服务业的领导品牌。

良品铺子的企业理念与企业愿景

品质第一是良品铺子经营管理一直遵从的首要理念，也是良品铺子核心价值观的体现。对于消费者，良品铺子品质第一的理念主要体现在“粒粒皆珍品”的产品战略的最高追求，以及对消费者“六层品质把关，好吃安全放心”的承诺，每一件产品都严格按照“六层品质把关”的产品质量体系进行生产制作、物流配送和上柜。公司在坚持品质把控的同时，信奉“顾客至上，诚信为本”的经营理念，永远将顾客需求放在第一位，以诚信、真诚的原则为顾客服务，为顾客提供公开透明的交流渠道。良品铺子将这一交流平台建设放在首要位置，进而实现完全的透明化，成为良品铺子打造优势零售品牌的核心竞争力。

良品铺子的愿景是在今后的发展日程中将重点围绕顾客需求展开，深入了解顾客思维模式，研究顾客行为方式，从本质上洞悉市场需求，进而设计出满足顾客需求的产品并提供令顾客满意的服务，力争不断创造新的需求，掀起休闲食品时尚旋风。

基于“传递真诚予顾客，友好合作予供应商”的发展理念，良品铺子对从顾客需求出发到顾客获得产品的过程中所涉及的研发、采购、生产、销售、信息反馈等各个环节进行严格把关，期望通过自身的努力，成为食品行业的标杆，以别具一格的经营理念，携手优秀的供应商，以及全方位的专家团队开启休闲食品行业透明、真实、顾客与企业零距离交流的先河，带领良品铺子跻身中国知名品牌行列。

良品铺子的供应链结构

在当今市场环境下，企业与企业的竞争已经转为供应链与供应链之间的竞争，每个企业的运作都隶属于某一个供应链运作的环节。良品铺子也十分清楚，它的快速发展得益于在供应链管理上的努力，它未来的成长也取决于对其供应链的深入掌控和优化。这里，我们可以深入分析良品铺子整个供应链的运作特点，从而发现其内在价值。

图 1-7 是良品铺子的整体供应链结构图。从图中可以看出，良品铺子的日常运作所处的供应链共有四层。从下游至上游，依次为零售层、核心企业层、产品供应层以及原材料供应层。

零售层主要体现了良品铺子的销售渠道，包括电子商务中心负责的线上客户，团购部负责的酒店等大批量订单客户，以及营运部负责的直营店和加盟店。

核心企业层即良品铺子有限公司所在层，该层对整个供应链的运作起到有效连接上下游的枢纽作用，该层不仅包括汉口总部的商品中心这个信息枢纽，还包括位于武汉东西湖区的总仓物流枢纽。

产品供应层决定了整个供应链能够提供给消费者的产品种类以及数量，该层由大量的食品加工工厂组成，包括国内和国外的生产厂。

原材料供应层决定了供应链提供给消费者的产品本质的优劣，主要包括产品加工的原料和产成品封装需要的包材的供应商，其中包装材料供应商限于国内，而原材料供应商则涉及国内和国外的不同厂商。

整个供应链结构层次特点也存在特殊的情况，如国外成品零食供应商同时存在于上游的两个层面，这是由国内外贸易的复杂性造成的，有时需要第三方经销商的介入，因此增加了供应链结构的复杂性。

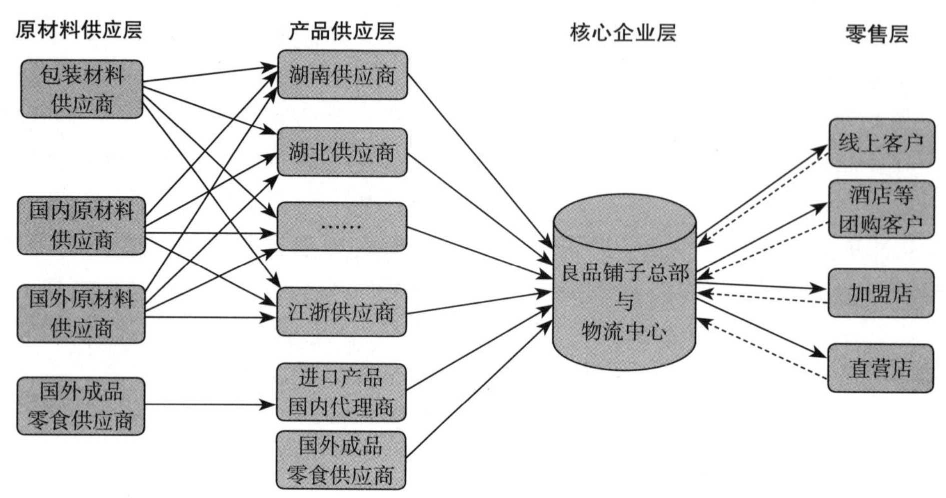

图 1-7　良品铺子供应链结构图

从层与层之间的正向物流传递方式看，整个供应链从上游层次之间再到下游各层之间，主要经历了“多对多”“多对一”“一对多”三种合作形式。实体在各层之间的正向流动主要依赖于第三方物流公司。

原材料供应层和产品供应层之间呈现多对多的网状供应关系，这种网状供应关系最为复杂，而且这种跨省、跨国境的空间交流以及海运、陆运等不同方式的运输更增加了多对多供应方式的管理难度。

产品供应层和核心企业层之间呈现多对一的供应关系，这种供应结构看上去似乎比多对多的供应结构简单很多，但是负责物流运输的公司成员的数量并没有减少很多，相对于多对多的供应关系，多对一主要减轻了交叉关系的处理以及运输规划的错综复杂性。

核心企业层与零售层之间呈现一对多的供应关系，并且这种供需关系是在企业内部发生的，信息透明度更高，分销层次也大大减少。这种供应结构是最为简单的，因为不仅运输路线数量减少了，而且参与物流运输服务的第三方物流公司的数量可以大幅度减少，甚至可以独家负责，这样一方面更容易管理，另一方面可以实现规模效应，降低整个供应链的运营成本。

从下游往上游看整条链，可以发现供应链结构的另一个特点，即下游涉及逆向物流，而上游涉及的很少。这是连锁行业的普遍特点。在这一特点下，核心企业层需要拥有比上游更强大的物流能力，从实际运营情况看，良品铺子的物流能力的发展的确走在供应链各个个体成员的前列。

最后，从集中与分散的程度看，整个供应链结构下游的集中化程度高，而上游的分散程度高，因此下游更易于实现集中化管理。这主要是因为良品铺子整个核心企业位于下游，而上游较高的分散程度无疑给整个供应链的协同管理带来了困难。因此，作为核心企业，应该考虑如何逐步加大上游的集中程度，以促进整个供应链的协同化。

良品铺子供应链的产业覆盖面

从良品铺子供应链的覆盖产业范围来看，涉及了多条子链、多个地域和多种行业。根据产品是完全进口、部分进口还是完全国产，良品铺子的供应链可以分为三条子链。完全进口产品的供应链有两种合作方式：一种方式是从国外成品零食供应商直接到良品铺子物流中心，再运至各门店或者通过电子商务部进行线上销售；另一种则是从进口产品国内代理商到物流中心，再配送到良品铺子终端门店进行销售。部分进口产品主要指原材料需要从国外进口的产品，该产品的供应链结构是最长的，涉及的成员也最多，主要包括国外供应商提供原材料，国内包装生产商提供包装，供应商生产、运送至良品铺子物流中心、配送至门店和电子商务部进行销售等环节。完全国产产品与进口产品的子供应链的主要区别在于其原材料的采购来自国内。从地域特点来看，良品铺子供应链的业务范围很广，一直扩展到全球范围内的采购，这就造成了各个环节完成时间和不确定性程度的差异。比如，从良品铺子物流中心到门店的配送过程经历的时间最短，而海外原材料的采购所需时间最长，且不确定性程度也最高。国内供应商的采购和国内供应商产品的生产与配送所需时间长度及不确定性水平也不一致，不同供应商的管理水平相差很大。作为链上的核心企业，良品铺子对供应链上游所有企业成员的管控很重要，这也是公司管理的重点，它为保证企业快速成长奠定了良好的基础。从行业种类看，良品铺子的供应链涉及零售业、物流服务业、食品加工业、塑料制品业、纸制品业、养殖业等多个行业，每个行业都处于该供应链上的不同层面，这就导致了其供应链具有明显的多层结构特征。一般来说，多层结构供应链都会存在需求放大效应（长鞭效应），即由于供应链各节点企业都只根据相邻的下游企业的需求信息进行生产或做出供应决策，各企业之间缺少有效的信息沟通，从而造成需求信息失真，导致越往供应链的上游走，需求信息的不真实性程度越高，各层所需维持的库存水平也越高。因此，良品铺子作为供应链的核心企业，采取了各种措施加强各节点企业间的信息共享，从每个子链出发，有效缓解了长鞭效应，进而促进整个供应链的协同管理。

良品铺子供应链合作伙伴的管理

从良品铺子供应链的各个层面涉及的合作伙伴企业来看，除了良品铺子所在层，其余各层均涉及很多个体成员，且种类繁多。

销售端包括线上客户、加盟店、直营店和酒店等团购客户。除了线上销售的客户，这一层的合作伙伴主要是各类终端门店，以连锁零售的模式占据市场，通过扩展门店的销售能力以提高市场份额，满足消费者的各种需求，这样才能扩大公司规模和提高知名度。直营店和加盟店是良品铺子的主要销售渠道，其客户群体所占比例也是最大的，是体验良品铺子商品品质、服务水平最直接的客户群体，是和良品铺子的销售和品牌形象塑造有着最密切联系的客户群体。在这一层面出现不同种类的销售模式的另一个原因在于零售行业要不断开拓新的销售渠道，实现多元化，满足更多客户的需求。

线上客户的发展迎合了电子商务、网上购物的热潮。相比线下客户，网上销售不受时间、空间限制，同时也节省了门店租金、员工管理等费用，受益群众更广。另外，发展线上客户也有助于扩大良品铺子的知名度，由于良品铺子的主要销售区域是武汉以及周边城市，所以开辟电商销售渠道有益于其扩大连锁门店辐射影响力之外的市场份额，为良品铺子的扩张打下很好的基础。

团购客户主要指企事业单位、酒店等购买批量较大但频次较低的客户群体，这部分客户是对电商和线下实体店销售客户的一个补充，有利于良品铺子的口碑宣传和塑造其高品质的品牌形象。

由于良品铺子的核心竞争力在于提供多品种的休闲零食，因此注定了其上游涉及多种多样的供应商，这也增加了其对供应端的管控难度。在以良品铺子为核心企业的供应链的上游有各种类型的产品供应商，大部分的供应商都是产品生产企业，只有部分进口产品供应商是代理商。按照地域的不同，供应商几乎遍布全国各地，每个供应商提供的产品也互不相同。以良品铺子为客户来看，由于产品无交叉，供应商之间没有同质化的竞争关系。在供应商管理方面，良品铺子允许供应商与其他客户合作，以促进供应商自身的发展。在采购计划上，良品铺子利用先进的信息化系统以电子商务平台的形式与供应商共享销售和库存信息，并提前向供应商下达每月的预估采购量，在双方提前约定的固定的采购周期和到货天数下，保证有效的采购合作。良品铺子视优秀的产品品质为其核心竞争力之一，特别注重培养供应商的质量控制意识，并主动给予指导和相关培训。依靠良品铺子的凝聚力，可以为供应商提供互相交流的平台，如定期的供应商大会，帮助供应商共同成长、共同进步，同时也有利于良品铺子宣传自身的发展目标和经营理念。同区域的供应商在今后的发展过程中可以采用共同配送的模式以节约物流成本，这种方式有助于加强供应商之间的沟通与协作。

供应商的上一层即供应商的供应商，主要涉及各种产品原材料和包装材料的采购，以及部分海外成品的采购，这一类供应商的客户主要是进口产品的国内代理商。其中包装材料供应商与良品铺子的联系最为紧密。由于良品铺子销售的最终产品都贴有良品铺子自己的商标，直接影响到其品牌形象和品质保证，所以良品铺子对包装材料的要求非常严格。出于地域原因，目前的包装材料供应商并没有统一，一部分是由良品铺子指定的，另一部分则是供应商自己联系的，但这部分包装材料供应商必须通过良品铺子审核后才可以供应包装。原材料供应商并未直接与良品铺子之间形成贸易关系，良品铺子主要通过对上游的产品供应商提出对原材料的质量要求，然后由产品供应商对原材料品质进行实质把关。原材料供应商主要有国内供应商和国外供应商两大类。由于供应链的上游每一层都涉及多种多样的成员，这给良品铺子的供应链管理带来了难题，如何很好地整合各个层面上的合作伙伴，进而促进整个供应链的协同发展，是公司应该重点关注的问题。

资料来源：根据咨询报告整理而成。

提示问题：你认为该公司的供应链结构还有改进的余地吗？

参考文献与延伸阅读

[1] HEIZER J, RENDER B. Production and Operations Management [M].10th ed. New Jersey: Prentice Hall Press, 2011.

[2] FLAHERTY M T. Global Operations Management [M]. New York: McGraw Hill Company, Inc., 1996.

[3] HUGHES J, RALF M, MICHELE B. Transform Your Supply Chain: Releasing Value in Business [M]. International Thomson Business Press, 1998.

[4] BENDINER J. Understanding Supply Chain Optimization [J]. APICS The Performance Advantage, 1998(1).

[5] 张申生，等.敏捷供应链管理技术及其在企业中的应用 [C]. 北京：1998年863/CIMS信息网总网，1998.

[6] 麦肯纳.时间角逐：为永不满足的顾客做准备 [M]. 周华公，译.北京：经济日报出版社，1998.

[7] 陈禹，王明明.信息经济学教程 [M]. 2版.北京：清华大学出版社，2011.

[8] 任守榘，等.现代制造系统分析与设计 [M]. 北京：科学出版社，1999.

[9] 龙永图."入世"不等于全面开放市场 [J]. 经济论坛，1999(23).

[10] 陈兵兵.SCM供应链管理：策略、技术与实务 [M]. 北京：电子工业出版社，2004.

[11] 崔介何.物流学概论 [M]. 4版.北京：北京大学出版社，2010.

[12] STOCK J R , LAMBERT D M. Strategic Logistics Management[M].4th ed. New York: McGraw Hill, 2001.

[13] BOWERSOX D, et al. Supply Chain Logistics Management[M]. New York: McGraw Hill, 2019.

[14] FLEISCHMANN B, et al. Advances in Distribution Logistics[M]. Berlin: Springer, 1998.

[15] FRANCIS RL, et al. Facility Layout and Location: An Analytical Approach[M]. New Jersey: Prentice Hall Press, 1992.

[16] 斯托克，兰伯特.战略物流管理（原书第4版）[M]. 邵晓峰，等译.北京：中国财政经济出版社，2003.

[17] 巴罗.企业物流管理：供应链的规划、组织和控制 [M]. 王晓东，等译.北京：机械工业出版社，2003.

[18] 霍普.供应链管理：获取竞争优势的科学方法 [M]. 徐捷，吴琼，译.北京：机械工业出版社，2009.

[19] AYDIN G, HAUSMAN W H. The Role of Slotting Fees in the Coordination of Assortment Decisions[J]. Production and Operations Management, 2009, 18(6).

[20] CSCMP's Supply Chain Quarterly, Q2/2013 [J/OL]. http://cscmp.org/member-benefits/supply-chain- quarterly.

[21] 杨达卿.供应链为王 [M]. 北京：中国发展出版社，2013.

[22] 谢菲.物流集群 [M]. 岑雪品，王微，译.北京：机械工业出版社，2015.

第 2 章　供应链管理要素与集成化运行机制

本章重点理论与问题

面对今天市场竞争日益激烈、用户需求的不确定性和个性化增加、高新技术迅猛发展、产品寿命周期缩短和产品结构越来越复杂的局面，企业应该如何应对新的竞争环境，已成为管理理论研究者及实际工作者关注的焦点。供应链管理是为适应这一环境而出现的一种新的管理理念、管理模式，是一种理念全新的以核心企业为中心的企业群的风险共担、利益共享、信息透明的联盟式运营模式。本章从这一大背景出发，在第 1 章给出的供应链管理概念的基础上，进一步阐述供应链管理模式竞争力的来源，分析传统管理模式与供应链管理思想的差异，然后介绍几种供应链管理模式的基本学说及关键管理要素，最后，从供应链竞争力提升的角度介绍集成化供应链管理的理论模型，并对实现过程进行详细阐述，较为深入地讨论供应链管理集成化运行机制。

2.1　供应链竞争力的影响因素

要想成功地实施供应链管理，使供应链管理真正成为有竞争力的武器，就要抛弃传统的管理思想，把企业内部以及节点企业之间的各种业务看成一体化的整体流程，形成集成化供应链管理体系。通过采用信息技术和现代管理技术，将企业生产经营过程中的人、技术、经营管理三要素有机地集成并优化运行，进而通过对生产经营过程的物料流、管理过程的信息流和决策过程的决策流进行有效的控制与协调，将企业内部的供应链与企业外部的供应链有机地集成起来进行管理，以适应新的竞争环境下市场对各个企业生产和管理过程提出的高质量、高柔性和低成本的要求，最后才能实现供应链全局动态最优的终极战略目标。

为了准确理解及建立优化的供应链运行机制，理解供应链管理要素的组成部分及作用，首先需要了解和掌握供应链竞争力的来源及影响因素。关于供应链竞争力的影响因素，有很多人从不同的角度进行了阐述，本书将从决定供应链竞争力的资源属性和管理属性两个视角，讨论供应链竞争力的来源。

2.1.1 影响供应链竞争力的资源属性

如同第 1 章的分析，为了应对 21 世纪的市场竞争，企业抛弃了传统的“大而全、小而全”的纵向一体化管理模式，转而采用以本企业的核心业务为中心，整合社会资源灵活应对市场竞争的方式，组成以供应链为特征的管理模式，形成了供应链管理思想，并且已成为世界各国企业的共识。那么，为什么供应链管理能够带来竞争力的提升呢？

原因之一是供应链管理模式在资源应用的模式上不同于传统的管理模式，进而形成了自己独特的竞争力。

1. 深耕某一领域而获得独特优势

在传统的“大而全、小而全”的纵向一体化管理时代，一个企业几乎拥有生产产品所需的全部资源，换句话说，企业需要用自己的资金投入各个领域，因此背上了沉重的包袱从而失去了灵活性。而在供应链管理理念的指导下，每个企业开始寻求在某一专业领域的深度发展，深耕某一领域，将自己的产品（材料、零件、部件等）做专做精。专注于某种材料或零件的经营，可获得成本及技术优势，由此形成了自己独有的竞争力。比如在汽车行业，某变速箱制造商专门生产变速箱，因此具有产品优势（技术、成本、更新换代等方面），优于整车厂自己生产的变速箱。由于变速箱制造商的产品是面向全社会不同整车厂的，其市场规模远大于整车厂自己生产变速箱的规模，因此具有成本优势。此外，它必须专注于变速箱的研发，不断开发技术领先的下一代新产品，甚至可以引导整车厂采用其新的变速箱，从而具有了更强的竞争力。

2. 比较优势

企业有大有小、有强有弱，传统的观点一致认为大企业占尽优势，小企业只是任人宰割的弱势群体。但是在供应链管理时代，那些拥有独特优势的小企业则具有比较优势，即在某种零件的专业化生产上具有比较优势，这就为专业化生产的小企业带来了生存和发展的空间，有些主机厂甚至到了离不开小企业的境地。

3. 投资风险分担

企业要想适应客户的个性化需求，就要不断投入资金开发新产品。在传统的“大而全、小而全”组织模式下，大大小小的创新都必须由本企业投入资金，一是负担过重，二是企业无法承担持续投入的强度，不少这样的企业被市场淘汰。而在供应链组织模式下，一个产品的不同构成部分是由众多供应商分别供应的，每个供应商都必须承担本企业所在领域创新与开发的投入，这样就分担了主机厂单独应对市场升级的投资风险。

4. 资源的社会化应用

供应链系统是由不同企业组成的动态联盟，它在不同的市场竞争环境下组成以某个主机厂为核心的供应链系统，核心企业可以根据需要任意组合供应商和分销商及零售商，一旦市场环境变了，企业则可以根据新的市场需求再进行重新整合，因此，围绕核心企业构建的供应链具有灵活多变的能力，柔性及响应性都能获得提升，而且代价小、收益大。

以上就是从资源整合的角度对供应链竞争力资源属性所做的分析。

2.1.2 影响供应链竞争力的管理属性

从供应链的结构模型可以看出，供应链系统集合生产所需要的各种不同的大大小小的企业，就像一个复杂、精密的大机器。只有保证供应链系统上的每一个部件都协调运转，才能获得资源整合的最大产出效率。由此可知，供应链竞争力的另一类影响因素就是对供应链的运行管理，如果管理不到位，资源整合的优势不但不能发挥出来，反而会使供应链的竞争力大打折扣，这就是影响供应链竞争力的管理属性。

从影响供应链竞争力的管理属性上看，有如下几个方面的影响因素。

1. 协调一致的行动

从资源整合与应用的角度看，供应链系统具有的优势远大于传统的“大而全、小而全”模式，但是必须有先进的管理体系，才能让资源属性的优势发挥出来。为此，从供应链管理属性上看，首先需要提高供应链系统中每一个参与者的协调运作能力，使每一个独立的利益主体（参与者）的行动与供应链（群体）的总目标协调一致，这样才能保证供应链上各个独立的个体产生的效益大于单一主体企业（即采取“大而全、小而全”模式的企业）的效益，这是供应链制胜的根本。必须研究采取何种管理方法体系才能实现供应链的协调运行。

2. 有效的激励策略

为了实现供应链协调一致地运行，必须调动合作企业的积极性，这是供应链获取竞争力的管理上的制度保障。由于供应链上的每一个合作企业都有各自的利益诉求，因此不能依靠每个企业家的道德水平和思想认识来保证供应链的协调运行，必须研究出适合供应链的激励机制，让合作伙伴具有参与供应链并与之协同配合的主观上的意愿，这样才能获得持久的、事半功倍的效果。

3. 多角色整合者

作为供应链运行的资源整合者（即核心企业），其在供应链运营管理中扮演的既是一个多角色整合者，又是一个供应链的利益分配者。对供应链的整合者来说，必须使供应链的参与者们有一个合理的、可预见的预期，即通过与本企业的供应链合作，它们能够获得预期的利益，使整个供应链取得帕累托改进。只有这样，才能保证这些参与者能够且愿意与供应链总目标协调一致，否则将给供应链的协调性带来负面影响，最终削弱供应链的竞争力。

4. 有利的产业政策

在影响供应链竞争力的管理属性的因素中，除了供应链系统内的管理水平外，外部的宏观产业政策对于供应链竞争力的形成也有着重要影响。宏观产业政策要有利于供应链企业对社会资源的整合，在税收、融资、信息化、产业基础甚至地理空间环境上，都要有良好的宏观环境，这样才能促进本地区企业供应链的形成，通过供应链的竞争力带动本地区的经济发展。

以上就是从资源属性及管理属性两个视角对影响供应链竞争力的诸多要素的分析。需要特别强调的是，影响供应链竞争力的资源属性和管理属性是密不可分的集合体。失去了资源整合的支撑，供应链就失去了存在的根基和比较优势，但是若没有有效的对供应链的管理，那么资源属性也无法形成现实优势。因此，供应链竞争力的双属性是一个完整的概念。

下面，我们将从提高供应链管理效率和水平的角度，细分供应链管理的组成要素，研究供应链管理最佳运作机制等问题。

2.2 供应链管理体系的组成要素

2.2.1 供应链管理与传统企业管理模式的区别

从供应链管理思想产生的过程可以看出，它与传统的企业管理思想有着根本性差异，由此形成的管理模式也有很大区别。虽然对管理模式没有统一的定义，但是在表述管理模式时一般需阐明三个关键问题：管理对象是谁？管理过程中要协调的关系是什么？依靠什么力量达到管理目标？表 2-1 从管理对象、协调关系和管理驱动力来源三个方面进行了简单对比，可以看出供应链管理的理论基础及运作动力完全不同于传统企业管理。

表 2-1 供应链管理与传统企业管理的主要区别

比较项目	传统企业管理	供应链管理
管理对象	单一企业	围绕核心企业的企业群
协调关系	协调企业内部各部门之间的关系	协调企业与企业之间的关系
管理驱动力来源	依靠自上而下的行政权力	依靠利益共享的整合管理

将表 2-1 中的内容再分解一下，可以看出供应链管理所具有的特点。

（1）供应链管理将供应链中所有参与的企业看成一个整体，供应链管理涵盖整个链上物流从供应商到最终用户的采购、制造、分销、零售等职能领域过程，认为供应链是由若干相互依存的企业构成的组织形态。

（2）供应链管理强调和依赖战略管理。“供应”是整个供应链中节点企业之间事实上共享的一个概念（任意两个节点之间都是供应与需求关系），同时它又是一个具有重要战略意义的概念，因为它影响甚至决定了整个供应链的成本和市场占有份额。

（3）供应链管理的关键是对所有相关企业采用集成的管理思想和方法，而不仅仅是把各个节点企业的资源简单地连接起来，或者将业务外包出去。

（4）供应链管理强调在企业间建立合作伙伴关系，通过提高相互信任程度和合作关系水平，提高整个供应链对客户的服务水平，而不是把企业之间的业务往来仅仅看作一次商业交易活动。

（5）供应链管理强调合作伙伴之间的协调与激励，这是最具挑战性的任务。如果没有供应链企业之间的协调运作，供应链管理的目标都是很难实现的。这种协调运作必须靠激励机制保证，这是供应链运作管理面临的最具挑战性的问题。

2.2.2 供应链管理体系的构成

随着对供应链管理思想认识的加深，人们开始从整个供应链的角度研究供应链管理的组成要素问题，即供应链管理包含哪些组成部分。虽然不少研究者和实践家提出了不同的学说，但到目前为止还没有一个能被人们共同接受的、将供应链管理有关要素描述清楚的体系。这个问题至今仍然是困扰管理人员的主要难题之一。归纳起来，目前描述供应链管理体系的典型的模型有如下几个。

1. 供应链管理架构的 SCOR 模型

在描述供应链管理要素组成架构上，美国生产与库存控制学会（American Production and Inventory Control Society，APICS）支持开发的**供应链运作参考模型**（supply chain operations reference（SCOR）model）是目前影响较大的一种模式。SCOR 模型的第一层描述了六个基本流程——**计划**（plan）、**采购**（source）、**生产**（make）、**交付**（deliver）、**退货**（return）和**使能**（enable），定义了供应链运作参考模型的范围和内容，如图 2-1 所示[⊖]。

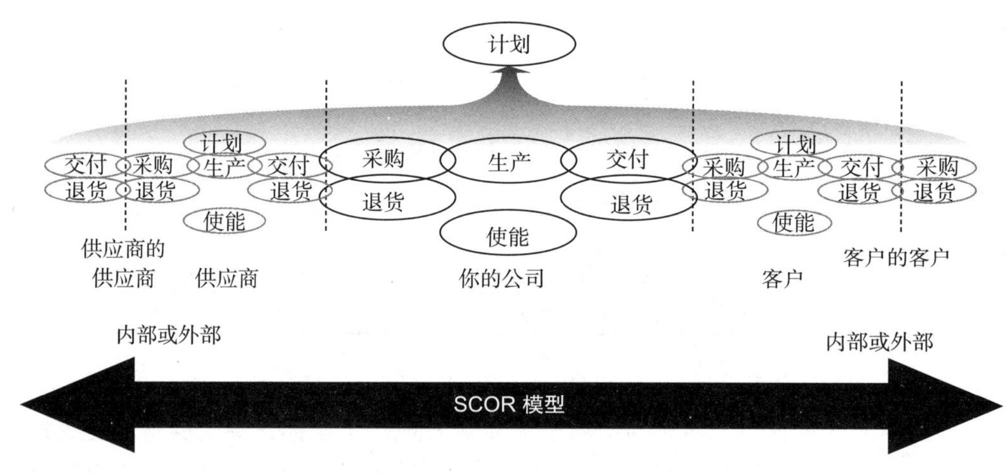

图 2-1 供应链运作参考模型（SCOR 模型）

SCOR 模型是一个标准的供应链流程模型，已经比较广泛地应用于分析企业供应链运行的问题、制定管理流程改进措施等领域，帮助优化供应链运行管理、提高供应链管理绩效等。SCOR 模型还被用于对某个行业同类型企业的供应链运作绩效进行量化分析，找到本企业改善的标杆及最适宜的供应链管理方法。

2. 供应链管理的 8 流程模型

美国俄亥俄州立大学的道格拉斯·兰伯特（Douglas Lambert）教授及其研究小组提出了供应链管理的 3 个基本组成部分及 8 个运作流程。与供应链管理有关的 3 个基本组

⊖ apics.org/myapics：SCOR Version 12.0，2017.

成部分是：供应链的网络结构、供应链的业务流程和供应链管理元素，具体内容如下。

（1）供应链的网络结构，主要包括：

- 工厂选址与优化；
- 物流中心选址与优化；
- 供应链网络结构设计与优化。

（2）供应链的业务流程，主要包括：①客户关系管理（CRM）；②客户服务管理；③需求管理；④订单配送管理；⑤制造流程管理；⑥供应商关系管理（SRM）；⑦产品开发与商业化；⑧回收物流管理。

（3）供应链管理元素，主要包括：运作的计划与控制；工作结构设计（指明企业如何完成工作任务）；组织结构；产品流的形成结构（基于供应链的采购、制造、配送的整体流程结构）；信息流及其平台结构；权力和领导结构；供应链的风险分担和利益共享；管理方法；文化与态度。

图 2-2 展示的是供应链管理中的 8 种业务流程和其他相关要素的框架模型。

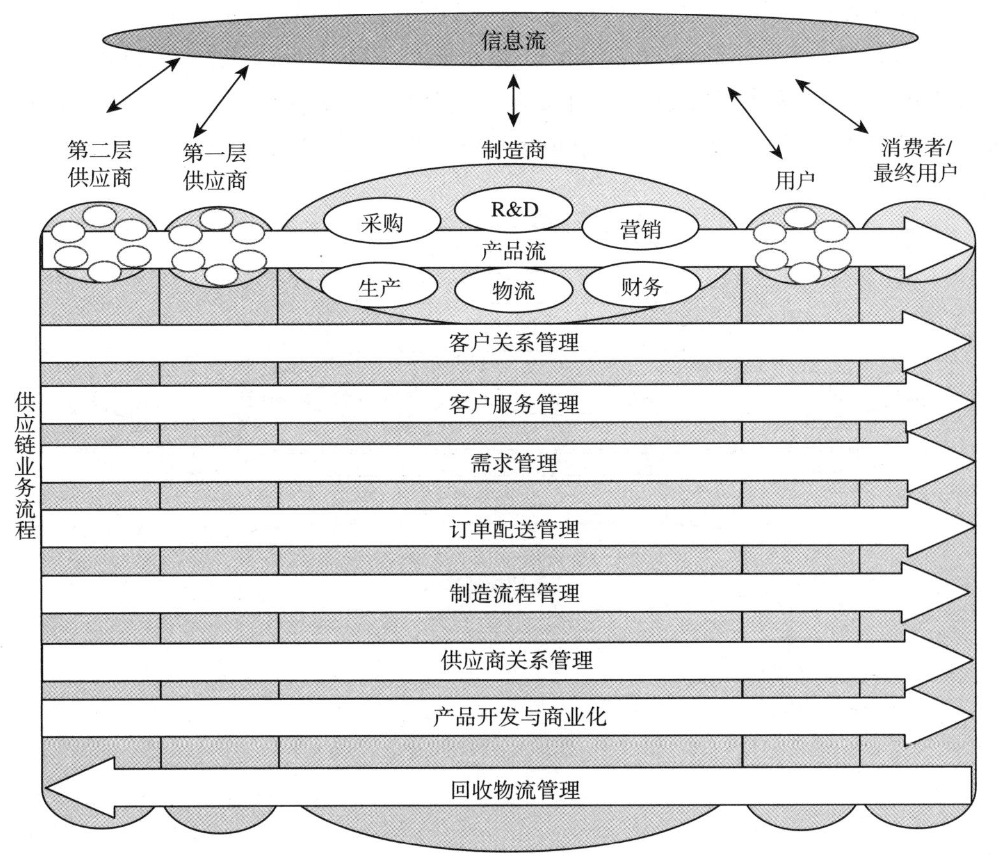

图 2-2　供应链管理流程结构

资料来源：LAMBERT D M, COOPER M C, PAGH J D. Supply Chain Management: Implementation Issues and Research Opportunities [J]. *The International Journal of Logistics Management*，1998，9(2)：2.

3. 供应链管理系统模型

还有研究人员从计算机信息系统的角度给出供应链管理构成要素，被称为供应链管理系统模型⊖。供应链管理系统模型结构如图 2-3 所示。

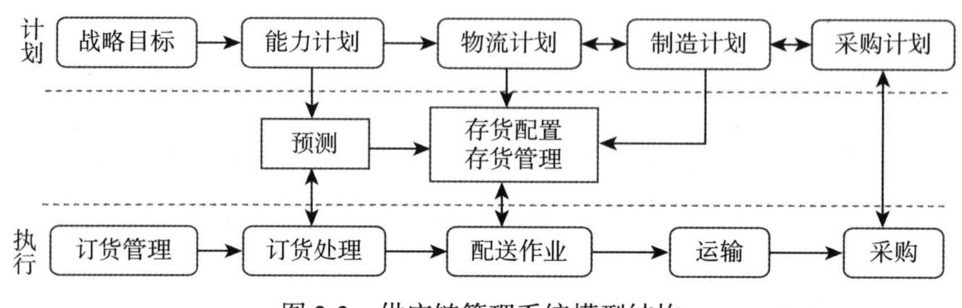

图 2-3　供应链管理系统模型结构

所谓供应链管理系统模型，是指采用系统工程理论、技术与方法，借助计算机技术、信息技术等建立的用于支持供应链管理的信息系统。供应链管理系统模型结构包括计划和执行两个层次。计划用于供应链的计划和协调，执行是对顾客订单的处理、采购、配送等作业活动。

基于大多数研究和企业实践的结果，本书将供应链管理构成要素归纳为七大管理领域：**需求管理**（demand management）、**计划制订**（planning）、**生产**（make）、**订单交付**（fulfillment）、**物流管理**［包括逆向物流（logistics management）］、**采购**（sourcing）、以及**信息支持平台**（information support platform）。七大管理领域的结构关系如图 2-4 所示。

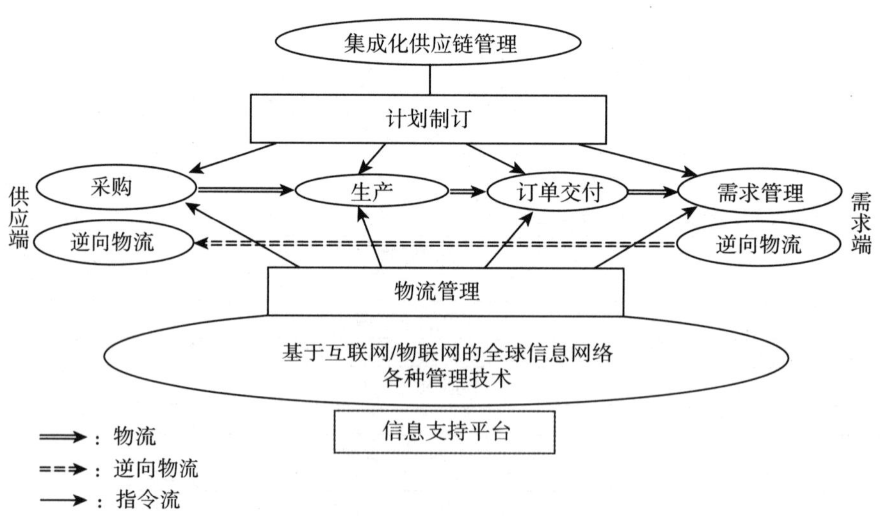

图 2-4　供应链管理涉及的领域

⊖ 中华人民共和国国家质量监督检验检疫总局，中国国家标准化管理委员会 . 供应链管理业务参考模型（GB/T 25103—2010）[S] . 北京：中国标准出版社，2010.

综合上述内容，供应链管理就是以同步化、集成化生产计划管理为指导，以各种管理技术尤其是信息技术和网络技术为依托，围绕需求管理、采购、生产管理、物流支持、订单交付等职能进行的优化、协调与控制活动，其目标在于提高用户服务水平和降低总交易成本，并且寻求这两个目标之间的平衡（这两个目标往往有冲突）。

以需求管理、计划制订、物流管理、采购、订单交付及逆向物流（如退货等）这几个领域为基础，可以将供应链管理细分为基本职能领域和辅助职能领域。基本职能领域主要包括产品开发、产品技术保证、采购、供应商管理、制造、生产控制、库存控制、分销管理、市场营销等。辅助职能领域主要包括客户服务、仓储管理、会计核算、人力资源、信息支持等。

供应链管理呈现出**端到端**（end-to-end）的特征。供应链管理关心的并不仅仅是物料实体在供应链中的流动，除了企业内部与企业之间的运输、仓储和实物分销以外，还涉及从需求端到供应端的与供应链运营相关的管理要素，主要包括以下内容：

- 战略性供应商和用户合作伙伴关系管理；
- 供应链产品需求预测和需求计划管理；
- 供应链的设计（节点企业、资源、设备等的评价、选择和布局）与优化；
- 企业内部各工序及企业之间物料供应与需求同步管理；
- 基于供应链管理的产品设计与制造管理、生产集成化计划、跟踪和控制；
- 基于供应链的用户服务和物流（运输、库存、包装、配送等）管理；
- 企业间的资金流管理（融资、汇率、资金使用成本等问题）；
- 供应链企业间的信息交互管理。

供应链管理注重**总成本**（total owned cost，TOC），从原材料到最终产成品的费用总和，又称为总拥有成本与用户服务水平之间的关系，为此要把供应链各项职能活动有机地结合在一起，从而最大限度地发挥出供应链整体的力量，达到供应链企业群获益的目的。

2.2.3　供应链管理的 10 个关键要素

为了便于读者从整体上了解供应链管理构成要素，根据上面提出的供应链管理构成要素的情况，并归纳不同学者的理论研究及企业家的实践成果，将供应链管理涉及的要素总结为 10 个主要组成部分，如图 2-5 所示。它们分别是：需求管理、供应链生产与计划管理、采购及库存管理、供应链网络设计、供应链合作伙伴关系管理、物流管理、供应链信息流管理、供应链企业的组织结构、供应链绩效评价与激励机制、供应链风险管理。下面分别加以阐述。

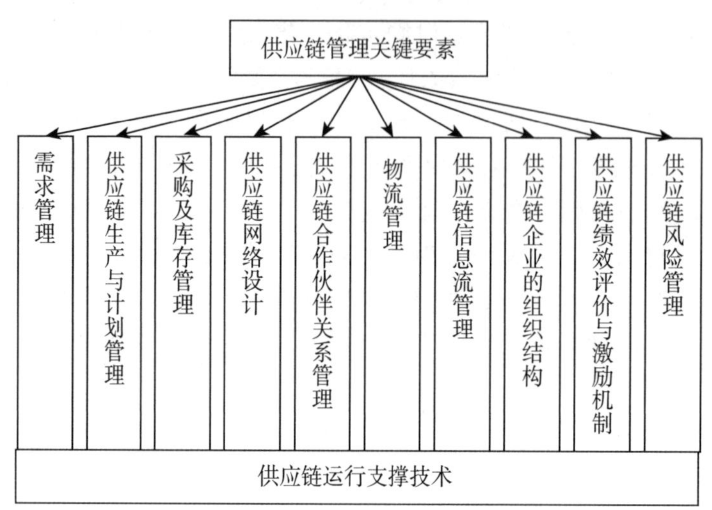

图 2-5 供应链管理领域主要关键要素

1. 需求管理

供应链管理的产生就是为了应对当今社会高新技术迅猛发展、市场竞争日益激烈、产品寿命周期缩短、产品结构越来越复杂、用户需求的不确定性和个性化增加的复杂环境，因此供应链管理必然也是以客户需求为导向的。

为了提高客户满意度，供应链企业必须同时做好线上和线下全渠道的客户需求管理工作，使供应链的运营能够围绕客户需求进行。供应链企业必须采用先进的需求管理和预测技术，将互联网时代的碎片化需求整合起来，这样才能准确掌握客户需求信息和客户动态，为客户提供便捷的消费渠道，快速响应客户的个性化需求，始终如一地为客户提供优质、可靠的产品和服务。

2. 供应链生产与计划管理

供应链生产与计划管理在整个供应链系统中处于中心位置，是连接所有相关的供应链企业生产系统与市场的枢纽，是供应链管理中最重要的要素之一。供应链计划的制订一般由核心企业主导，它的主要功能有：①定义供应链活动范围；②规划供应链企业的客户订单**承诺能力**（available-to-promise，ATP）、多供应商物料需求计划、**配送需求计划**（distribution requirement planning，DRP）、集中与分散交货计划、订单交付周期压缩计划等；③制订**主生产计划**（master production schedule，MPS），包括需求预测和需求管理、主生产计划编制、制造支持、减少库存资金占用、供应链需求反查功能、物流资源匹配支持等。整个供应链的生产活动都按照它发出的指令运行。供应链生产与计划管理着眼于优化整个供应链，涉及从原材料供应、产品制造、订单交付、产品配送直到最终客户的全过程的管理。

3. 采购及库存管理

供应链管理中采购及库存管理是通过供应商寻源、物料采购并维持一定量的库存来保证供应链的生产与订单交付的，如图 2-6 所示。

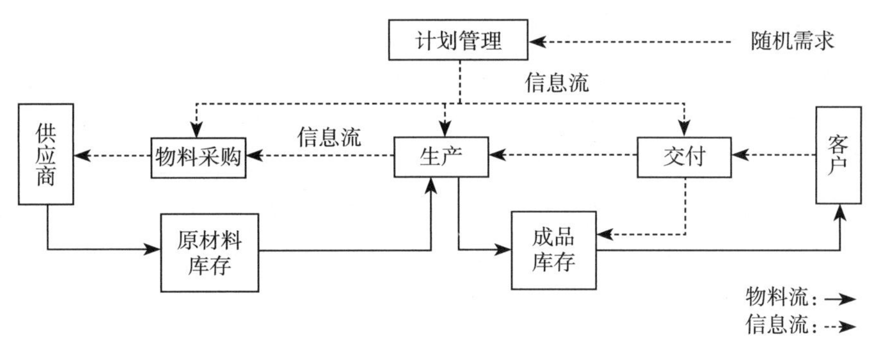

图 2-6　库存在供应链管理中的角色定位

首先，企业要根据市场需求及企业生产策略，在供应端寻找最合适的供应商，完成物料采购，并根据生产进度配送到生产线，以此保证物料的供应，这是供应链运作管理的重要工作之一。其次，企业在实际管理活动中，经常出现由于各种不确定性问题而导致的物料供应中断，如原材料延迟到达、机器故障、产品质量存在缺陷、客户订单突然取消等。为了抵御这些不确定因素对供应链整体的影响，企业管理者必须配置一定量的库存（如原材料、半成品和成品等不同形态的物料）以吸收和平衡随机波动因素带来的损失。因此，很长一段时间以来，企业为了提高客户订单准时交付率，常常要维持足够的库存量（作为安全缓冲），这样，即使供应链上的企业出现了问题也不会过于影响整个供应链的服务水平。然而，增加库存水平必然导致库存持有成本上升，过高的库存水平对供应链效率与成本都有巨大的影响，因此如何协调好物料采购、控制好供应链中的库存水平、保证供应链的物料供应等，一直是供应链管理的重要组成部分。

4. 供应链网络设计

供应链网络系统是为客户提供产品生产和服务的物质基础，通常指由工厂、车间、设备、仓库、配送中心等实体构成的一个有机体系，是实现企业产品物流和配送活动的载体。供应链网络设计是指根据服务于用户的需要，运用科学的方法确定各种设备设施和仓储库房等的数量、地理位置与规模大小，并分配各设备设施所服务的市场（服务对象）范围，使之与供应链的整体经营运作系统有机结合，以实现高效、经济的供应链运作。供应链网络设计对设备设施的全局性布置以及投产后的生产经营费用、产品和服务质量、成本都有极大而长久的影响。

不同行业的供应链网络，对其功能的需要也不同。因此，供应链网络也将根据不同的市场环境进行合理规划和设计，如响应型供应链、效率型供应链、敏捷供应链等。无论哪种功能类型的供应链网络，有关定位、能力及设施柔性的决策对供应链效率与响应速度都有很大的影响，保证供应链网络决策的合理性和正确性是供应链正常运行的前提，因而成为供应链管理的重要组成部分。

5. 供应链合作伙伴关系管理

为了降低供应链总成本，降低供应链上的库存水平，增强信息共享水平，改善相互之间的交流，保持战略伙伴之间业务流程运作的一贯性，必须管理好供应链企业间的战略合作伙伴关系。供应链上的每个节点企业要想实现财务状况、质量、产量、交货、用户满意度以及业绩的改善和提高，都必须着眼于与其合作的企业建立起战略合作伙伴关系，而不能仅停留在一般的交易关系上，也不能仅从自身利益最大化出发。只有供应链的整体竞争力提高了，每个企业才能从中获得成长。供应链的绩效是以供应链成员企业之间充分信任和相互合作为基础的，可以说，供应链管理就是合作伙伴关系管理。

强调供应链合作伙伴关系，除了强调其作为供应链协调运作的基础与保障、共同分担供应链上的风险之外，还有另一层更重要的理念，即与合作伙伴分享供应链的总体收益，使供应链上的每一个成员都能够在供应链整体价值增加的情况下获得自己应得的那份收益。这就是人们常说的风险共担、收益共享。这是保证供应链协调运作的核心价值观。

6. 物流管理

在传统的企业管理体系中，物流仅仅被当作企业经营活动中的辅助内容，许多企业并不关注物流管理，缺乏战略性的物流规划和运筹优化。有的企业之所以缺乏整体竞争力，原因之一就是它们的物流体系不通畅，导致产品配送受阻，影响了产品的准时交货。传统的企业管理者只重视产品生产，而对保证生产正常进行的其他支持系统重视不够。例如，有的企业没有建立有效的供应物流协同管理体系，导致外购材料或零部件缺件，从而延误产品总装配活动，进而影响产品的按期交付。再如，有的企业没有建立敏捷的客户响应系统，产品不能及时、准确地配送到客户手中，企业的服务跟不上客户的需求，特别是在电子商务和 C2M 的环境下，供应链物流系统的末端配送水平直接影响客户的体验。供应链管理认为，要想使自己的供应链系统产生超常的竞争优势，就要使企业在成本、质量、时间、服务、灵活性上的竞争优势显著提高，这就需要对供应链物流系统从企业战略的高度来规划和管理，把供应链管理战略通过物流管理落到实处。因此，供应链管理的理论研究与实践都将物流管理作为重要内容。

7. 供应链信息流管理

信息流是供应链上各种计划、订单、报表、库存状态、生产过程、交付过程等指令和其他关键要素相互之间传递的数据流，包含整个供应链中有关库存、运输、绩效评价与激励、风险防范、合作关系、设施和客户的信息以及对信息的分析。因为信息流直接影响着物流、资金流、商流及其他关键要素的运行质量，所以它是供应链性能改进中最重要的要素。对信息流的有效管理能够保证供应链企业对市场需求的响应更快、资源利用率更高。

信息技术的发展进一步增强了企业应用供应链管理的效果。成功的企业往往通过应用信息技术来支持和发展其经营战略。信息技术对于整个供应链将会产生重大的影响，这种影响主要表现在：

- 通过信息系统与大数据技术，可以帮助企业与客户建立新型的伙伴关系，更好地了解客户和市场需求；
- 有利于进一步拓宽和开发高效率的营销渠道；

- 有助于改变供应链的构成，使商流与物流达到统一；
- 重新构筑企业或企业联盟之间的价值链。

8. 供应链企业的组织结构

现代管理学认为，组织创新是企业核心能力的构成要素之一，是提高企业组织效率、管理水平和竞争力的有效措施。今天，随着互联网及网络技术的出现，企业的供应链管理又再一次发生了变化。目前，世界上不少企业为了提高供应链的效率与响应速度，对企业供应链管理模式，特别是企业的组织结构形式进行了不断的研究、探索与实践。供应链组织创新是企业组织优化的重要组成部分，而且这种优化超越了企业的边界，连接起供应链的上下游企业，致力于形成一种现代的、能够支持整个供应链管理的全新组织体系，不但对提高供应链的竞争力起着非常重要的作用，而且创造了新的组织管理理论。

9. 供应链绩效评价与激励机制

从系统分析角度来看，供应链绩效评价与激励是供应链管理中的一项综合性活动，涉及供应链各个方面的情况。供应链绩效评价的目的主要有两个：一是判断各方案是否达到了各项预定的性能指标，能否在满足各种内外约束条件下实现系统的预定目标；二是按照预定的评价指标体系评出参评方案的优劣，做好决策支持，帮助管理者进行最优决策、选择系统实施方案。供应链激励的目标主要是通过某些激励手段，调动合作双方的积极性，兼顾合作双方的共同利益，消除由于信息不对称和败德行为带来的风险，使供应链达到协调运作，消除双重边际效应，实现供应链企业共赢的目标。

通过建立供应链绩效评价与激励机制，围绕供应链管理的目标对供应链整体、各环节（尤其是核心企业）运营状况以及各环节之间的营运关系等进行事前、事中和事后分析评价。如果供应链绩效评价与激励机制设置不当，那么将会造成系统无法正确判断供应链运行状况，以及不利于各成员合作关系的协调。因此，保证供应链绩效评价与激励机制的合理性和一致性是供应链运行的关键。

10. 供应链风险管理

在供应链管理的实践中，存在很多导致供应链运行中断或其他异常情况的风险。例如，2000 年 3 月美国新墨西哥州飞利浦公司第 22 号芯片厂的车间发生的火灾，2001 年 9 月 11 日在美国发生的“9・11”恐怖事件，2011 年的日本大海啸等，都曾经导致供应链运行中断，给企业、国家和世界经济造成了很大的创伤，甚至是致命的打击。因为企业的供应链是环环相扣的，任何一个环节出了问题，都可能影响供应链的正常运作。而这些事件的发生具有极大的不确定性和偶然性，是无法预知的。因此，供应链风险管理是企业管理者必须充分重视的内容。

建立供应链风险防范机制和管理体系，能够使供应链系统在受到内外部各种风险因素的影响时仍然良好、稳健地运行。也就是说，供应链管理通过风险防范机制和有效的应急响应机制，能够快速地应对无法预测的风险，以最低成本最有效地保证供应链正常运行。如果供应链风险防范机制和应急响应机制运行不好的话，那么一旦外界发生了变化，供应链系统将可能受到严重干扰，甚至会瘫痪，根本无法运作。因此，供应链风险管理机制设置的合理性和灵活性是供应链正常运行的保证。与此相关的内容在稍后的章节中有更为详细的论述。

21 世纪企业的成功与否关键在于供应链管理的成功与否，而供应链管理的成功与否取决于人们对供应链管理系统的结构与思想的认识和把握，全面构建一个供应链管理系统的关键要素体系，是供应链有效运行的前提和保障。

2.3 供应链管理集成化运行机制

从影响供应链竞争力的因素看，加强供应链系统内各个组成部分的协调一致性是至关重要的一环。对一个由各种不同利益主体组合在一起的具有离散特征的体系来说，如何使其步调能够达到基本的一致性，是保证供应链达到预期管理目的的重要问题。否则，这些离散的个体各行其是，将会使供应链的运作效率大大降低，最终影响所有参与者的收益。因此，从保证供应链整体效益的角度看，供应链运作管理的核心是使上下游企业间的物流、信息流、资金流（即人们通常所说的“三流”）实现**集成化运作**（integrated operations）。其目的可以从两方面来理解和阐释：一是通过产品（技术、服务）的扩散机制来满足社会的需求，也就是之前所阐述的整合社会资源达到预期目的；二是通过合作—竞争机制来壮大企业的竞争实力（“合作”指的是要协调一致，“竞争”指的是优胜劣汰，淘汰那些不能与供应链保持协调一致的企业）。可见，供应链管理实际上是一种基于“竞争—合作—协调”机制的、以分布企业集成和分布运作协调为保证的新型企业管理模式。

因此，建立一个能使供应链上的所有企业协调一致的、集成化的运行机制，就成为实现供应链管理目标的最基本的任务。

2.3.1 集成化供应链管理理论模型

供应链的集成化运行，就是要从供应链运行管理的角度，采取各种必要的措施，使供应链上各个离散的参与者能够按照统一的目标协调运作，力图达到单一企业管理条件下的运作效率。也就是说，通过集成化的供应链管理，供应链系统能像一个集团军那样，全军上下统一号令、一致行动，以获得最大的战果。

描述集成化供应链管理的理论模型如图 2-7 所示。

集成化供应链管理（integrated supply chain management）的核心是由定制化需求—集成化计划—业务重构—面向对象过程控制组成的第一个循环（运作循环）；由定制化策略—信息共享—调整适应性—创造性团队组成第二个循环（策略循环）；在运作回路的每个运作节点形成相应的管理性能评价与提升回路（性能评价循环）。集成化供应链管理围绕这三个大循环展开，形成一个协调的整体。

在三大管理循环的基础上，集成化供应链管理又可以进一步分为四个管理回路，分别如下所述。

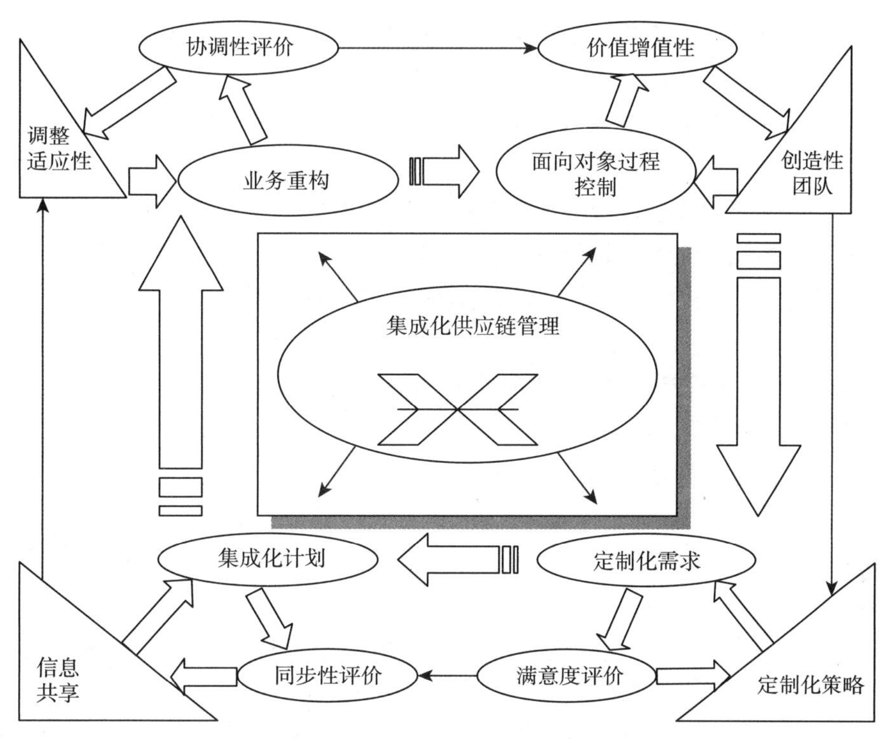

图 2-7　集成化供应链管理理论模型

（1）调整适应性—业务重构—协调性评价回路，主要涉及供需合作关系、战略伙伴关系、供应链（重建）精细化策略等问题。

（2）面向对象过程控制—价值增值性—创造性团队回路，主要涉及面向对象的集成化生产计划与控制策略、基于价值增值的多级库存控制理论、资源约束理论在供应链中的应用、质量保证体系、群体决策理论等。

（3）定制化需求—满意度评价—定制化策略回路，主要涉及用户满意策略与用户满意评价理论、面向定制化的产品决策理论研究、供应链的柔性敏捷化策略等。

（4）信息共享—集成化计划—同步性评价回路，主要涉及 JIT 供销一体化策略、供应链的信息组织与集成、并行化经营策略。

2.3.2　集成化供应链管理的问题

要实施集成化供应链管理，就必须面对和解决供应链中存在的许多问题，比较典型的问题包括：供应链企业间的合作关系不紧密；供应链的总成本过高（占净销售额的 5% ～ 20%）；供应链库存水平居高不下；供应链信息共享性较差，经常出现信息被扭曲的现象；订单交付不及时；企业与企业之间协同性较差；缺乏应对不断增加的客户需求不确定性影响的能力；采购价格和汇率的影响；客户需求越来越个性化，要求越来越高等。

为了解决这些问题，真正实现集成化供应链管理，企业要实现以下几个方面的转变：

- 企业要从供应链的整体出发，全方位考虑企业内部的结构优化和供应链结构优化的匹配问题；
- 企业决策者要转变思维模式，从纵向的一维空间思维向纵横一体的多维空间思维方式转变；
- 企业要放弃“大而全、小而全”的封闭经营思想，向与供应链中的相关企业建立优势互补的战略合作伙伴关系转变；
- 企业要建立分布的、透明的信息集成系统，保持信息沟通渠道的畅通性和透明性；
- 所有人和部门都应该对共同任务有共同的认识与了解，去除部门障碍，实行协调工作和并行化经营；
- 建立风险分担与利益共享的合作机制。

供应链聚焦

美国赖德专业物流公司向床垫制造商席梦思（Simmons）公司提供了一种新技术，使得后者彻底改变了自己的经营方式。在合作前，席梦思在每一个制造厂储存了20 000～50 000个床垫来适时满足客户的需求。合作后，赖德在席梦思的制造厂安排了一个现场物流经理。当订单到达时，该物流经理使用特殊的软件设计出一个把床垫发送给客户的优化顺序和路线。随后这一物流计划被发送到工厂，工厂按照确切的数量、款式和顺序制造床垫，并全部及时发出。该项物流合作从根本上降低了席梦思对库存的需求。

2.3.3 集成化供应链管理运行机制的建立

企业要实施供应链管理，首先要解决从传统的“大而全、小而全”管理模式向供应链管理模式转变过程中的问题，也就是说，要把管理模式从过去的面向一个企业的管理，扩展到企业的上下游合作企业管理，构成一个以本企业为核心的供应链管理体系。

集成化供应链管理体系的构建，就是企业的管理部门按照供应链的绩效目标，将企业各个管理职能在组织结构、管理制度、计划与控制系统、客户关系和供应商关系以及信息支持平台等方面，构成适应供应链管理要求的体系。根据大量的实践和成功的案例，人们总结出了集成化供应链管理体系构建的五步法，如图2-8所示。

阶段1：基础建设

这一阶段是通过对企业现有运作的分析和总结，梳理出企业内部影响供应链管理的相关因素，同时分析外部市场环境，对市场的特征和不确定性做出分析与评价，然后找到改进供应链的切入点，初步完善企业的供应链。

在传统的企业管理体系中，企业职能部门分散、独立地控制供应链中的不同业务，企业组织结构比较松散，尚未形成真正的供应链管理思维，主要具有以下几个特征：

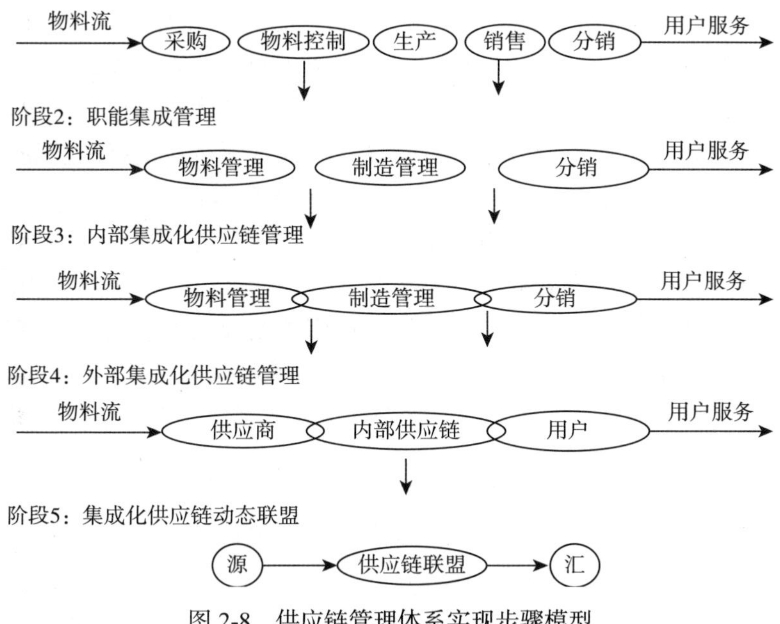

图 2-8 供应链管理体系实现步骤模型

- 企业管理的核心是注重产品生产，对企业之间的协调关注不够，时间和资源耗费较大，导致成本过高。
- 销售、制造、计划、物料、采购等职能系统和业务过程相互独立、不相匹配，由于部门之间缺乏合作和业务集成不畅，出现库存过多、资金周转较慢等问题。
- 各个职能部门界限分明，相互独立，经常导致相互之间的目标冲突。例如，采购部门只关心和控制物料来源与原材料库存；制造和生产部门只注重实现从原材料到成品的转换；销售部门可能只关心外部渠道网络和区域库存，部门之间的关联业务往往就会因各自为政而发生冲突。

上述各种现象几乎是所有企业在向供应链管理模式转换的过程中都可能遇到的问题。处于这一阶段的企业，首先要敢于迈出第一步，为此要加强供应链管理观念的转变，在各个管理层次贯彻基于流程优化的管理思想，使各级管理者尽快摆脱过去那种只注重各自职能目标的思维方式，对出现的各种困难要一个一个解决。与此同时，企业要加强信息化建设，在转变思想观念的同时优化业务流程，建立基于信息化的管理流程平台，逐渐形成一体化的思维方式，为供应链管理的进一步应用奠定基础。

阶段 2：职能集成管理

在基础建设阶段，企业各个职能部门的管理人员逐渐形成了供应链的思维方式，在此基础上，企业就可以着手对职能相近或者联系紧密的管理岗位进行职能上的集成，即将过度分散的管理业务进行职能整合。这一阶段强调的是，在满足用户需求的前提下，通过整合消除由传统的职能专业化带来的各自为政的弊端，力图使各项管理职能相近的业务实现集成，即整合在一个相对集中的单元内。事实上，用户需求在今天已经成为驱

动企业生产的主要动力，因此，企业的各级管理者应该认识到，如果整个企业的流程不能实现集成化运作，则容易导致生产、运输、库存等成本的增加。

职能集成阶段集中于处理企业内部的物流，企业围绕核心职能，以物流为媒介实施集成化管理，对组织实行业务流程重构，实现职能部门的优化集成。对于具体的改进方式，企业通常可以建立交叉职能小组来参与计划和执行项目，以提高职能部门之间的合作，克服这一阶段可能存在的不能很好地满足用户订单的问题。

在第二阶段，企业一般采用物料需求计划（MRP）系统进行计划和控制。但是，分销网络普遍存在需求得不到准确的预测和控制、分销基础设施与制造过程缺乏有效连接的问题。由于用户的需求得不到确切的理解，从而导致计划不准确，因此在第二阶段要采用有效的预测技术和工具对用户的需求做出较为准确的预测、计划与控制。

此时，初步实现职能集成的供应链，在管理上要体现出以下几个主要功能：

- 将分销和运输等职能集成到物流管理中来，使物流职能对分销提供更好的支持；
- 将制造和采购职能集成到生产职能中来，使采购能够与制造过程协同运作；
- 开始注重降低供应链上的综合成本；
- 注重用户的个性化需求，积极为用户提供各种服务，满足用户需求的能力明显提高；
- 职能部门结构严谨，可使缓冲库存有所下降；
- 具有较完善的供应链内部（与供应商 / 分销商的）协定，如采购折扣、库存缓冲水平、订货批量等；
- 主要以订单完成情况及其准确性作为评价指标。

但是，以上采用的各项技术之间以及各项业务流程之间、技术与业务流程之间都缺乏更加有效的集成化运作，库存和浪费等问题仍可能困扰企业。

阶段 3：内部集成化供应链管理

这一阶段要实现企业直接控制的领域的集成，要实现企业内部供应链与外部供应链中供应商和用户管理部分的集成，形成内部集成化供应链。集成的输出是集成化的计划和控制系统。为了支持企业内部集成化供应链管理，主要采用**供应链计划**（supply chain planning，SCP）和**企业资源计划**（enterprise resource planning，ERP）系统来实施集成化计划与控制。SCP 在更高程度上集成了企业的主要计划和决策业务，包括需求预测、库存计划、资源配置、设备管理、优化路径、基于能力约束的生产计划和作业计划、物料和能力计划、采购计划等。ERP 系统集成了企业业务流程中主要的执行职能，包括订单管理、财务管理、库存管理、生产制造管理、采购等职能。SCP 和 ERP 通过基于事件的集成技术连接在一起。

本阶段的供应链企业管理的核心是内部集成化管理的效率问题，主要考虑在优化资源、能力的基础上，以最低的成本和最快的速度生产最好的产品，快速地满足用户需求，以提高企业对客户订单的响应能力和效率。这对生产多品种产品或提供多种服务的企业

来说意义重大，投资以提高企业的运作柔性也变得越来越重要。在这一阶段需构建新的交叉职能业务流程，逐步取代传统的职能模块，以用户需求和高质量的预测信息驱动整个企业供应链的运作。为满足用户需求而导致的高服务成本是此阶段管理面临的主要问题。

这一阶段可以采用配送需求计划（DRP）系统、制造资源计划（MRP Ⅱ）系统管理物料，运用 JIT 等技术支持物料计划的执行。这些方法的综合应用可以使企业缩短市场反应时间、降低库存水平和减少浪费。

在这个阶段，企业可以考虑同步化的需求管理，将用户的需求与制造计划和供应商的物料流同步化，减少不增值的活动。

此阶段的供应链管理具有以下几个特征：

- 运用综合管理方法解决战术上的问题；
- 制订有效的中期性计划，实施集成化的计划和控制体系；
- 强调供应链管理的效率，即保证要做的事情尽可能好、尽可能快地完成；
- 提高信息透明度，从采购到分销的完整系统具有可见性；
- 广泛运用电子数据交换（EDI）和互联网等信息技术支持与供应商及用户的联系，提高对市场需求的快速反应能力，EDI 是集成化供应链管理的重要工具，特别是在进行国际贸易合作需要大量关于运输的文件时，利用 EDI 可以使企业快速获得信息和更好地为用户提供优质服务；
- 与用户建立良好的关系，而不是“管理”用户。

阶段 4：外部集成化供应链管理

实现集成化供应链管理的关键在于第四阶段，将企业内部供应链与外部供应商和用户集成起来，形成一个集成化供应链系统。与主要供应商和用户建立良好的合作伙伴关系，即形成**供应链战略合作伙伴关系**（supply chain partnership），是集成化供应链管理的关键中的关键。

此阶段企业要特别注重战略合作伙伴关系管理。管理的焦点是以面向供应商和用户取代面向产品的观点，增加与供应商和用户的联系，增进相互之间的了解（产品、工艺、组织、企业文化等方面），相互之间保持业务流程的一致性，实现信息共享等。**供应商管理库存**（vendor management inventory，VMI）和**合作计划、预测与补货**（collaborative planning，forecasting and replenishment，CPFR）的应用就是企业改善、建立良好的合作伙伴关系的典型方法。通过建立良好的合作伙伴关系，企业就可以很好地与用户、供应商和服务提供商实现集成及合作，共同在预测、产品设计、生产、运输计划与竞争策略等方面设计和控制整个供应链的运作。对于主要用户，企业一般建立以用户为核心的小组，这样的小组具有不同职能领域的功能，从而可以更好地为主要用户提供有针对性的服务。

处于这个阶段的企业，生产系统必须具备更高的柔性，以提高对用户需求的反应能力和速度。企业必须能根据不同用户的需求，既能按订单生产，按订单组装、包装，又能按备货方式生产，这样根据用户的不同需求对资源进行不同的优化配置的策略被称为动态用户约束点策略。

为了实现与外部供应链的集成，企业必须采用适当的信息技术为企业内部的信息系统提供与外部供应链节点企业之间的接口，达到信息共享和信息交互，以及相互操作的一致性。这需要企业采用基于互联网 / 物联网等的信息技术。

本阶段企业采用需求驱动的同步化、集成化的计划和控制系统。它集成了用户订购信息和合作开发计划、基于约束的动态供应计划、生产计划等功能，以保证整个供应链中的成员实现同步化的供应链管理。

阶段 5：集成化供应链动态联盟

在完成以上四个阶段的集成以后，已经构成了一个网链形式的供应链结构，我们称之为供应链共同体，它的战略核心及发展目标是占据市场竞争中的主导地位。随着市场竞争的加剧，为了占据市场竞争中的主导地位，供应链共同体必将成为一个动态的网链结构，以不断适应市场变化、柔性、速度、革新、知识发展等的需要，那些不能适应供应链需要的企业将从供应链共同体中被淘汰出局。供应链将成为一个能快速重构的动态组织结构，即集成化供应链动态联盟。企业通过产业互联网及其他移动商务等技术集成在一起，以满足用户的需求。一旦用户的某种需求消失了，它也将随之解体。而当新的用户需求出现时，这样的组织结构又由新的企业动态地重新组成。要想在这样一个动态的环境中求生存，企业能否成为一个及时、快速满足用户需求的某一供应链合作伙伴，是企业生存、发展的关键。

集成化供应链动态联盟是基于一定的市场需求并根据共同的目标组成的，通过实时信息的共享和物流协同运作来实现集成。主要应用的信息技术是互联网 / 物联网的集成，同步化的、扩展的供应链计划和控制系统是主要的工具，基于互联网 / 物联网的电子商务取代了传统的商务手段。这也是 21 世纪供应链管理发展的必然趋势。

本章小结

本章着重介绍了与供应链管理有关的几个基本问题。首先，对供应链竞争力的来源进行了详细分析，着重阐述了资源属性及管理属性与供应链竞争力的关系。其次，研究了供应链管理模型及管理要素，重点介绍了以 SCOR 模型、供应链管理的 8 流程模型及供应链管理系统模型为代表的供应链模型，并从更一般化的视角，总结归纳出一个通用性的模型。最后，从供应链有效运行的角度，介绍了集成化供应链管理的意义、理论架构及集成化运行机制的建立过程。

关键术语

供应链运作参考模型（supply chain operations reference model，SCOR）

订单交付（fulfillment）

物流管理（logistics management）

采购（sourcing）

逆向物流（reverse logistics）

集成化供应链管理（integrated supply chain management）

思考与练习

1. 如何理解供应链竞争力？举例进行说明。
2. 将影响供应链竞争力的因素分解为资源属性和管理属性是否合理？
3. 从管理理论的视角出发，你认为供应链管理应该包含哪些要素？
4. 试讨论几种描述供应链管理体系的模型，它们各有何特点？
5. 为什么要强调集成化供应链管理？集成化供应链管理和供应链协调管理的关系是什么？
6. 如何分步骤地实现集成化供应链管理？

讨论案例 ZARA的极速供应链

ZARA是西班牙Inditex集团旗下的一个子公司，它既是服装品牌，也是专营ZARA品牌服装的连锁零售品牌。目前在全球各地拥有3 000家专卖店。在其他时尚品牌的利润纷纷下滑的时候，ZARA的利润不但没有下滑，反而以两位数的速度增长，被誉为“快”时尚的领导品牌。

快时尚以“快”为命。根据时尚行业的观点，时尚服装的流行周期为2个月左右。也就是说，如果一家快时尚公司能够抓住这2个月的市场机会增加销售，那么就能为公司创造价值；否则，如果某款时装在流行周期过去以后才姗姗来迟，那么就只能削价处理。因此，ZARA的经营战略，就是尽一切可能提高响应速度。目前ZARA可以做到当其他公司从设计到生产平均需要4～6个月的时候，ZARA的平均生产周期是2周，最多不会超过4周，这就超出了竞争对手一大截。ZARA不仅响应速度快，而且品种更新也非常快。它每年设计和投入市场的服装新款大约有12 000多种，平均每款有5～6种花色、5～7种规格。每年投产的约有300 000SKU（库存单位），不重复出样。

ZARA具有如此强大的竞争力，主要得益于它的极速供应链系统，其系统结构和运作模式都有着独特的优势。

供应链的选址布局

ZARA为保证其供应链的极速响应能力，在供应链系统的组建上采取了与众不同的模式。

ZARA在供应链的选址决策上采取集中式的布局策略，也就是将仓储、生产、物流、合作伙伴（代工厂）聚集在一个方圆200英里[⊖]的地理空间内。ZARA将生产时尚产品的基地就设在西班牙总部所在地。生产基地有ZARA自己的工厂，周边还聚集着400多家代工厂，在ZARA的协调下共同完成时装生产。在生产基地附近还有一个庞大的物流中心，将服装配送到全球各地的专卖店。

采用这种模式的供应链体系，虽然其劳动力成本比中国或亚洲等地的同行高出6～16倍，但是由于整个生产流程聚集在一个空间有限的区域，所以具有极快的响应速度。事实上，ZARA不仅比竞争对手高出几个量级的响应速度，还省掉了要预测客户偏好的麻烦。

生产组织方式

ZARA在生产基地拥有22家工厂，其50%的产品通过自己的工厂生产。这是一个带有纵向一体化特征的生产系统，拥有染色、设计、裁剪和服装加工的一条龙的最新设备，通过保持对染色和加工领域

⊖ 1英里≈1.61公里。

的控制，大大缩短了产品生产周期。然后把人力密集型的缝制工作外包给周边的代工厂以降低成本。

由于服装在生产过程中不可避免地在不同工序、不同工厂之间流转半成品，为了提高生产过程中的物流效率，减少半成品在各个环节的等待时间，ZARA 花费巨资在西班牙方圆 200 英里的各个生产单位之间架设地下传送带网络。地下传送带网络将染色、裁剪中心与周边缝制加工工厂连接起来进行流水式传送，避免了因使用地面公共交通道遭遇阻塞而导致的生产停顿，保证了运输的高效、快速和生产的连贯性，极大地缩短了服装的生产周期。

产品组织与设计

极速供应链是为生产正确的产品准备的。为了准确抓住市场上最畅销的产品，ZARA 对新款时装的开发模式基于诠释流行而非原创流行。ZARA 设计师的主要任务不是创新开发产品，而是发现当下的流行元素，并在艺术指导决策层的指导下重新组合现成产品。

ZARA 以各种方式获得时尚产品的市场信息，然后迅速反馈给总部。ZARA 的总部有一个由设计专家、市场分析专家和买手（负责采购样品、面料、外协和生产计划等）组成的专业团队，共同探讨将来可能流行的服装款式、花色、面料等，讨论大致的成本和零售价格等问题，并迅速达成共识。然后由设计师快速手工绘出服装的样式，再进一步讨论修改。设计师利用计算机进行设计和完善，保证款式、面料纹路、花色等搭配得更好，并给出详细的尺寸和相应的技术要求。接下来这个团队进一步讨论、确定成本和零售价格，决定是否投产。在产品组织与设计阶段，ZARA 与大多数服装企业不同的是：从距顾客最近的地方出发并迅速对顾客的需求做出反应，始终迅速与时尚保持同步，而不是去预测 6 ～ 9 个月甚至更长时间后的需求。

采购与生产

设计方案确定并决定投产后，马上就开始制作样衣。由于面料和小装饰品等辅料在 ZARA 仓库里都有，所以制作样衣只需要很短的时间。

同时，生产计划及采购人员开始制订原材料采购计划和生产计划。首先是依据产品特点、产品投放时间的长短、产品需求的数量和速度、专业技术要求、工厂的生产能力、综合性价比、市场专家的意见等，确定各产品是自己生产还是外包出去。

如果决定自己生产，且有现成的布料库存，那就直接领用布料开始生产；如果没有现成的面料，则可以选择采购已染色的面料生产，或采购 / 领用原纱（一般提前 6 个月就向西班牙、印度、远东和摩洛哥等地用轮船买来原坯布——未染色的织布，放在仓库里面），进行染色后整理再生产。一般内部工厂只安排生产下一季预期销量的 15%，这样为当期畅销产品补货预留了大量产能。ZARA 自己的工厂生产产品时，其面料和辅料尽量从 Inditex 集团内相关厂家处购买，其中有 50% 的布料是未染色的，这样就可以迅速应对市场上花色变换的潮流。为了防止对某个供应商产生依赖，同时鼓励供应商更快地做出反应，ZARA 剩余的原材料供应来自附近的 260 家供应商，每家供应商的供货份额最多不超过 4%。面料准备好以后，则会下达生产指令，用高速裁床按要求迅速裁剪布料。裁剪好的面料及配套的拉链、纽扣等被一同通过地下传送带运送到当地的外协缝制厂，这样所有的缝制工作全部外包。一般一段时间内一个工厂集中做一款服装，以减少差错。因此，其他公司需要几个月时间的工作，ZARA在几天内就能完成。外协缝制厂把衣服缝制好之后，再送回ZARA进行熨烫、贴标签和包装等最后处理并接受检查，最后送到物流中心等待发往全球各地的专卖店。

如果从公司内部的工厂不能获得满意的价格、有效的运输和质量保证，或者产能有限，采购人员可以选择外包。

产品配送

产品包装检查完毕以后，每个专卖店的订单都会独立地放在各自的箱子里，通过大约20公里的地下传送带运送到配送中心。为确保每一笔订单准时、准确到达目的地，ZARA采用激光条形码读取工具（出错率不到0.5%），它每小时能挑选并分拣超过80 000件衣服。

为了加快物流周转速度，ZARA总部还设有双车道高速公路直通物流中心。通常订单收到后8小时以内货物就可以被运走，每周给各专卖店配货2次。物流中心的卡车都按固定的发车时刻表不断开往各地。从物流中心用卡车直接运送到欧洲的各个专卖店，利用附近的2个空运基地运送到美国和亚洲，再利用当地第三方物流的卡车送往各专卖店。这样，欧洲的专卖店可在24小时内收到货物，美国的专卖店可在48小时内收到，日本的专卖店可在48~72小时之内收到。

销售与反馈

为了减少盲目生产，ZARA在当季销售到来之前只生产预期出货量的15%左右，剩下的85%的产量都是根据全球市场的销售情况随时决策的。为此，ZARA的各专卖店每天把销售信息发回总部，专卖店也可以根据当前库存和近2周内的销售预期每周向总部发2次补货订单。为了保证订单能够集中批量生产，缩短生产转换时间和降低成本，各个专卖店必须在规定时间前下达订单，如果错过了最晚的下订单时间，就只能等到下一次了。ZARA对这个时间点的管理是非常严格的，因为它将影响供应链上游多个环节。

总部收到各专卖店的销售、库存和订单等消息后，管理人员利用这些信息来决定每周生产什么——ZARA的工厂只会生产它们知道能够销售出去的产品。如果发现滞销，则取消原定计划生产，这样ZARA就可以把预测风险控制在最低水平。如果有产品超过2~3周的时间还没销售出去，就会被送到专门的专卖店进行集中处理。这样，ZARA由于滞销而导致的存货很少，一般也就15%～18%。

资料来源：根据网络资料整理。

提示问题：

1. 如何从供应链竞争力管理属性的视角认识ZARA的供应链管理模式的独特性？

2. ZARA为何没有把生产基地设在生产成本很低的亚洲或南美洲？

3. ZARA的混合供应链结构模式有哪些优点？

4. 为什么ZARA的供应链运作模式难以模仿？

参考文献与延伸阅读

[1] HARLAND C. Supply Chain Operational Performance Roles[J]. Integrated Manufacturing System, 1997, 8(2).

[2] BALSMEIER P W, VOISIN W J. Supply Chain Management: A Time Based Strategy[J].Industrial Management, 1996, 38(5).

[3] LEWIS J G, NAIM M M. Benchmarking of Aftermarket Supply Chain[J].Production Planning and Control, 1995,

6(3).
[4] INGER R, BRAITHWAITE A, CHRISTOPHER M.Creating a Manufacturing Environment that is in Harmony with the Market—the "how" of Supply Chain Management[J].Production Planning and Control, 1995, 6(3).
[5] TOWILL D R.Industrial Dynamics Modeling of Supply Chain[J]. Logistics Information Management, 1996, 9(4).
[6] MISHRA D P，HEIDE J B，CORT S G.Information asymmetry and levels of agency relationships[J].Journal of Marketing Research, 1998, 35(3): 277-295.
[7] PEARCE D G, STACCHETTI E.The Interaction of Implicit and Explicit Contracts in Repeated Agency[J]. Games and Economic Behavior, 1998, 23(1): 0-96.
[8] BASSOK Y, ANUPINDI R. Analysis of Supply Contracts with Commitments and Flexibility. Working Paper, Revised August 1998.
[9] GROSSMAN S J, HART O D.An analysis of the principal agent problem [J]. Econometrica, 1983, 51(1):7.
[10] 张维迎.博弈论与信息经济学[M].上海：上海人民出版社，1996.
[11] 何维达.企业委托代理制的比较分析：制衡机制与效率[M].北京：中国财政经济出版社，1999.
[12] LEE H L.Aligning Supply Chain Strategies with Product Uncertainties[J]. California Management Review, 2002, 44(3).
[13] LAMBERT D M, COOPER M C, PAGH J D.Supply Chain Management: Implementation Issues and Research Opportunities[J].The International Journal of Logistics Management, 1998, 9(2):2.
[14] 马士华，林勇.供应链管理[M]. 4版.北京：高等教育出版社，2015.
[15] 霍普.供应链管理：获取竞争优势的科学方法[M].徐捷，吴琼，译.北京：机械工业出版社，2009.
[16] 冯国经，冯国纶，温德.在平的世界中竞争[M].宋华，译.北京：中国人民大学出版社，2009.
[17] 谢菲.柔韧：麻省理工学院供应链管理精髓[M].杨晓雯，等译.上海：上海三联书店，2008.
[18] 商务部流通发展司.关于降低我国物流成本问题及其建议[J].商场现代化，2013(Z1).
[19] RAVINDRAN A R, WARSING D P. Supply Chain Engineering: Models and Applications[M]. Boca Raton: CRC Press, 2013.
[20] 大数据战略重点实验室.DT时代：从"互联网+"到"大数据×"[M].北京：中信出版社，2015.
[21] 谢菲.物流集群[M].岑雪品，王微，译.北京：机械工业出版社，2015.

第 3 章　供应链的构建与优化

本章重点理论与问题

为了提高供应链管理的绩效水平，除了必须有协调高效的管理机制外，还需要设置科学合理的供应链体系结构，这也是极为重要的一环。虽说供应链的构成不是一成不变的，但是在实际经营中，不可能像改变办公室的桌子那样随意改变供应链上的节点企业。比如供应商的更换就可能会需要很长的时间。因此，作为供应链管理的一项重要内容，无论是理论研究人员还是企业管理人员，都应该重视供应链体系的构建问题。本章围绕这个主题，详细讨论供应链体系构建中的各种问题。首先介绍了供应链体系的结构要素，有助于了解构建一个供应链涉及的范围；然后讨论供应链体系设计应遵循的主要原则、采取的相关策略，厘清供应链体系设计中的相关问题。在介绍供应链体系的结构时，本章重点讨论了几种供应链类型与企业产品属性的匹配策略、“推－拉”结合的混合结构模式，本章还介绍了供应链上扮演不同角色的企业所起的作用，最后简单讨论了供应链系统设计策略及优化方法。

3.1　供应链构建的总体框架

供应链体系的构建包括供应链产品与功能的匹配、运营管理流程的设计与优化、物流网络的建立、合作伙伴的选择、信息支持体系的选择等诸多内容，其中，最重要的一环是使企业的供应链与产品的类型相匹配，否则将极大地影响供应链的绩效水平。为方便起见，本书后面统称为供应链构建。**供应链构建**（supply chain configuration）是一个庞大而复杂的工程，也是十分重要的管理内容。

关于供应链构建的理论体系与实践范畴，目前学术界和企业界都还没有统一的认识，但它无疑是一个值得重点关注的方向，从事这方面研究与实践的人也越来越多。图 3-1 为描述供应链总体结构的一种通用框架模型。

下面对这一模型的主要内容做简要说明。

（1）供应链管理组织结构。供应链的构建必须同时考虑本企业和合作伙伴之间的管理关系，形成合理的组织关系以支持整个供应链的业务流程。因此，在进行供应链设计时，首先，需要考虑的内容是处理好供应链上企业的主客体关系。根据核心企业在供应链中的作用，恰当设计出主客体的责任、义务及利益。其次，在核心企业内部，要建立恰当的供应链管理组织体系，设计出适应本企业供应链运作管理的职能部门，划分供应链管理部门与其他管理职能部门的边界，既不缺位，也不越位，以支持供应链的协调运作。

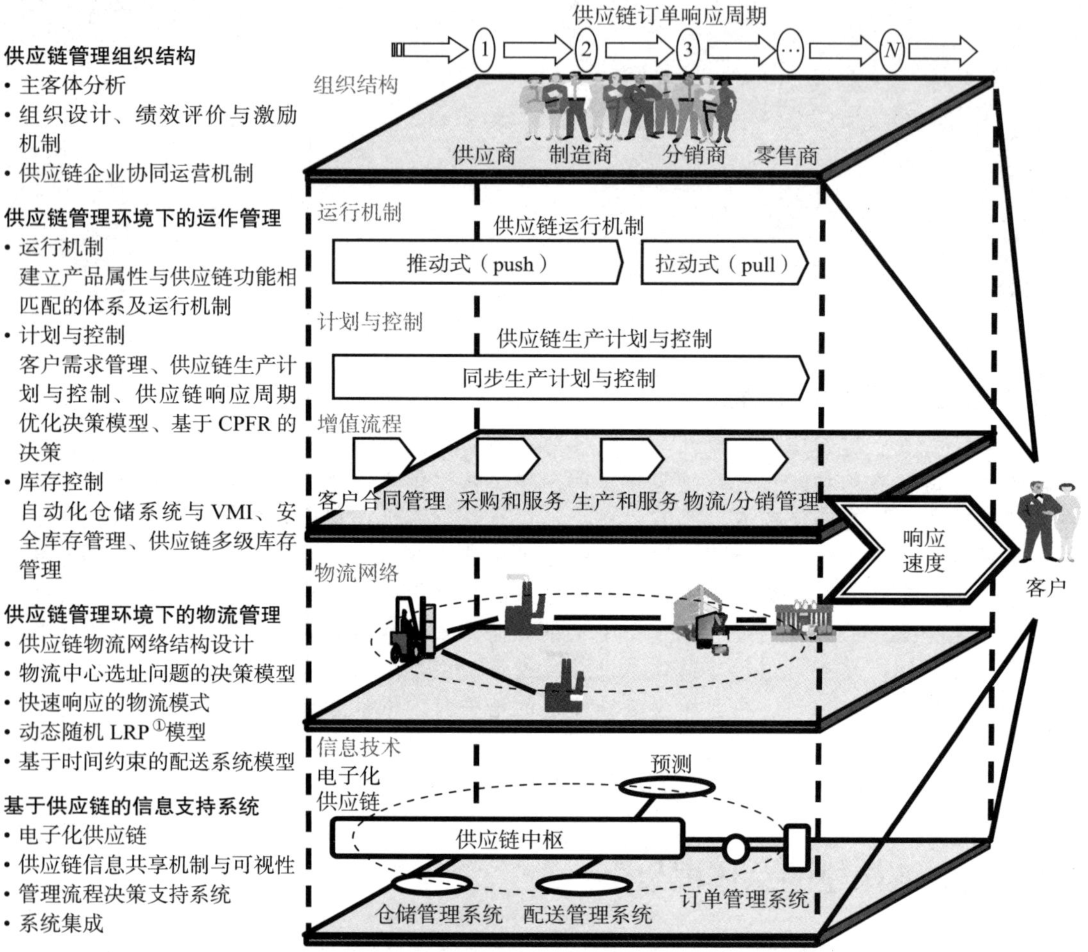

供应链管理组织结构
- 主客体分析
- 组织设计、绩效评价与激励机制
- 供应链企业协同运营机制

供应链管理环境下的运作管理
- 运行机制
  建立产品属性与供应链功能相匹配的体系及运行机制
- 计划与控制
  客户需求管理、供应链生产计划与控制、供应链响应周期优化决策模型、基于 CPFR 的决策
- 库存控制
  自动化仓储系统与 VMI、安全库存管理、供应链多级库存管理

供应链管理环境下的物流管理
- 供应链物流网络结构设计
- 物流中心选址问题的决策模型
- 快速响应的物流模式
- 动态随机 LRP①模型
- 基于时间约束的配送系统模型

基于供应链的信息支持系统
- 电子化供应链
- 供应链信息共享机制与可视性
- 管理流程决策支持系统
- 系统集成

供应链订单响应周期 ① ② ③ … N
组织结构 供应商 制造商 分销商 零售商
运行机制 供应链运行机制 推动式（push） 拉动式（pull）
计划与控制 供应链生产计划与控制 同步生产计划与控制
增值流程 客户合同管理 采购和服务 生产和服务 物流/分销管理
响应速度 客户
物流网络
信息技术 电子化供应链 预测 供应链中枢 订单管理系统 仓储管理系统 配送管理系统

图 3-1 供应链管理体系构建总体模型

① LRP 为选址–路径问题（location-routing problem）。

（2）供应链管理环境下的运作管理。供应链能够取得单个企业所无法达到的效益，关键之一在于它动员和协调了整个产品（或服务）设计、生产与销售过程的社会资源。但这并不是说只要将所有企业捏合到一起就可以达到这一目标，其中的核心问题在于能否使所有企业的生产过程实现同步运作，最大限度地减少由于不协调而产生的停顿、等待、过量生产或者缺货等问题。因此，供应链构建的问题之一是如何构造适应供应链协调运作要求的生产计划与控制系统。

完成这一过程需要考虑的主要内容包括：一是对客户的需求管理，准确掌握市场对本企业产品或服务的需求特征；二是建立供应链管理环境下的生产计划与控制模式，主要涉及基于供应链响应周期的资源配置优化决策、基于成本和提前期的供应链订单决策、面向同步制造的供应链流程重构等；三是与同步生产组织匹配的库存控制模式，如何应用诸如自动化仓储系统（AS/RS）、供应商管理库存（VMI）、接驳式转运（cross-docking）、虚拟仓储、提前期与安全库存管理等各种技术，实现整个供应链的生产与库存控制目标。

（3）供应链管理环境下的物流管理。与同步制造相呼应的是供应链管理环境下的物流组织模式。它的目标是寻找最佳的物流管理模式，使整个供应链上的物流管理能够快速准确地响应各种需求（包括来自客户的需求和来自合作伙伴的需求等），真正体现出物流是“第三利润源泉”的本质。为此，在构建供应链时，必须考虑物流网络的优化、物流中心 / 配送中心的选择、运输路线的优化、物流作业方法的选择与优化等方面的内容，充分应用各种支持物流运作管理决策的技术与方法。

（4）基于供应链的信息支持系统。对供应链的管理离不开信息技术的支持，毋庸置疑，在设计供应链时一定要注意如何将信息融入整个系统中。特别是自进入 21 世纪以来，整个市场变化越来越快，要求供应链信息系统能够实时地采集各种需求变化信息，为供应链管理者的决策提供支持。另外，供应链管理强调“端到端”的信息透明，必须具有良好的**可视性**（visibility），这样才能使供应链管理者随时掌握供应链的运作状况，对可能产生的问题做出及时响应和处理。由此可见，供应链信息化在供应链运行管理中的重要性。关于供应链信息化的论著很多，此处不再多言。

本章将以供应链运作管理为核心，重点讨论供应链构建中的产品属性与供应链功能的匹配，即供应链构建中的类型决策。VMI、供应链管理环境下的物流管理等相关内容，将在后续各章展开论述。

3.2 供应链类型与匹配策略

供应链的构建必须要满足企业经营的需要，针对不同产品打造不同类型的供应链体系。不同企业的产品有不同特征，甚至一个企业的不同产品也可能有不同特征，而供应链的构建必须符合不同产品的特征，否则将出现因供应链系统与产品特征不匹配而导致效率低下。为此，应该首先了解和掌握不同类型供应链的基本特征，根据企业对供应链的要求设计和优化整个系统。

根据不同的划分标准，人们可以将供应链分为以下几种类型。

3.2.1 从供应链满足客户需求的角度看

为了确定供应链的类型，可以从企业满足客户需求的属性上分析供应链构成的类型及特点。从满足需求的角度看，主要是根据企业提供的产品在市场上表现出来的特征，来匹配供应链的功能。1996 年，美国的马歇尔·费舍尔（Marshall Fisher）教授根据产品在市场竞争中的特点，将其分为**功能性产品**（functional products）和**创新性产品**（innovative products），将供应链分为效率型和响应型供应链，相应地，给出了一套供应链功能与产品特征相匹配的方法。

要构建效率型供应链或者响应型供应链，首先需要认识功能性产品和创新性产品两类产品的特点。表 3-1 给出了两类产品的不同特征。

表 3-1 产品需求特征的比较

比较项目	功能性产品	创新性产品
需求特征	可预测	不可预测
产品寿命周期	>2 年	3 个月～1 年
边际利润率	5%～20%	20%～60%
产品多样性	低（10～20）	高（上百）
平均预测误差幅度	10%	40%～100%
平均缺货率	1%～2%	10%～40%
平均季末降价比率	几乎为 0	10%～25%
按订单生产（MTO）产品的提前期	6 个月～1 年	1 天～2 周

从表 3-1 可知，功能性产品主要是指那些市场需求比较平稳、需求量可以预测、影响市场需求的不确定性程度比较低的产品，当然，其边际利润率也很低。这类产品主要是与人们日常生活相关的食品、日用百货等。这些产品每天都需要使用，在人口没有大的波动的情况下，市场需求也不会有大的波动，因此需求量可以预测。由于这类产品的价格都很低，因此对成本高低很敏感。创新性产品，如高档时装、奢侈品、新款手机等，需求很难预测，比如高档时装上市之前很难说能否受到消费者的青睐，有需求的人群也可能完全不可预估，因此预测的难度很大，比较好的做法是根据市场反应及时调整运营策略，这就要求供应链的响应速度要快。这类产品的利润很高，因此对成本高低并不敏感，但是对响应速度要求很高。

供应链管理的成功实践经验表明，在供应链的实施中，应该根据不同的产品特点，选择和设计不同类型的供应链系统。根据功能性产品和创新性产品的不同，提出了两种类型的供应链：**效率型供应链**（efficient supply chain）和**响应型供应链**（responsive supply chain）。

（1）效率型供应链。效率型供应链主要体现供应链的物料转换功能，即以最低的成本将原材料转化成零部件、半成品、产品，以及在供应链中的运输等。效率型供应链的目标是总成本最低。

（2）响应型供应链。响应型供应链主要体现供应链对市场需求的响应功能，即能够根据用户的需求，在第一时间把产品配送到满足用户需求的市场。响应型供应链追求的目标是能够对未预知的需求做出快速反应。

两种类型供应链的特点如表 3-2 所示。

表 3-2 响应型供应链与效率型供应链的比较

比较项目	效率型供应链	响应型供应链
主要目标	需求的可预测性，最低生产成本的有效需求	快速响应不可预测的需求，降低过期库存产品的减价损失
制造过程的重点	维持高平均利用率	消除多余的缓冲能力
库存战略	追求高回报，使通过供应链的库存最少	消除大量的零部件和产品缓冲库存
提前期	在不增加成本的前提下缩短提前期	采取主动措施缩短提前期
选择供应商的方法	选择的重点是依据成本和质量	选择的重点是依据速度、柔性和质量
产品设计战略	效率最大、成本最低	使用模块化设计，尽量延迟产品差异化

当知道产品和供应链的特性后，就可以设计出与产品需求一致的供应链体系。设计策略如图 3-2 所示。

	功能性产品	创新性产品
效率型供应链	匹配	不匹配
创新型供应链	不匹配	匹配

图 3-2　供应链设计与产品类型策略矩阵

策略矩阵的四个元素代表四种可能的产品和供应链的组合，管理者可以根据它确定企业的供应链流程设计是否与产品类型一致。根据这一供应链设计策略，可以得出基本观点：效率型供应链流程适用于功能性产品，响应型供应链流程适用于创新性产品。

供应链聚焦

宜家是 1943 年创建于瑞典的家具零售商，现已成为在 29 个国家拥有 355 家连锁店的全球最大的家具零售商。这家企业令人震惊的不仅仅是它超过 400 亿美元的年销售额，其管理供应链和物流的战略也值得众多企业学习。每一家宜家零售店都会有超过 9 500 种商品，但宜家实现了给消费者提供价廉物美的产品的承诺。这一切都是通过宜家的效率型供应链战略实现的。从货架的设计开始，宜家就注重于减少重物堆积的区域面积，以让消费者可以更快速地自己提取欲购的产品，这样也降低了运作成本。同时，为了提高店内物流的效率，宜家还专门雇用了专职店内物流经理以负责补货决策和店内货品经理来负责搬运物流。他们的工作确保了宜家店内物流的高效率。

资料来源：https://www.tradegecko.com/blog/supply-chin-management/ikeas-inventory-management-strategy-ikea。

例如，ZARA 和优衣库同为服装生产企业，但是两个企业的产品属性和市场定位完全不一样，经营策略也有很大差异，由此决定了两家企业的供应链体系的不同，如图 3-3 所示。

	功能性产品	创新性产品
效率型供应链	**优衣库：** • 经典款 • 市场变化慢 • 全球生产布局 • 价位低	
响应型供应链		ZARA： • 快时尚 • 市场变化莫测 • 生产集中布局 • 中高价位

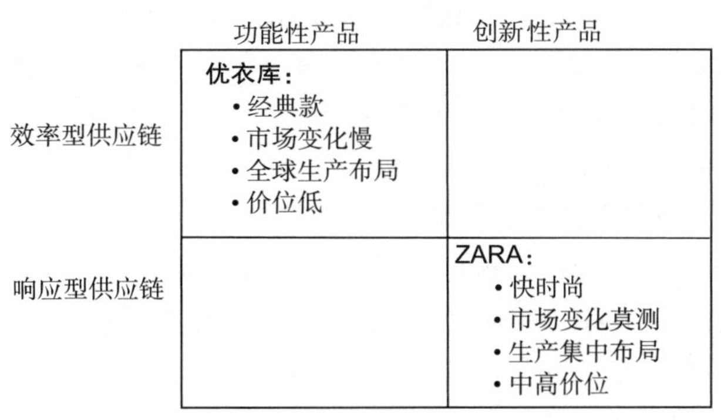

图 3-3　ZARA 与优衣库供应链特点对比

3.2.2 从供应链供应与需求双重变化的角度看

效率型供应链和响应型供应链的划分主要是从市场需求变化的角度出发的，重点是供应链如何处理市场需求不确定的运作问题。在供应链管理过程中，不仅要处理来自需求端的不确定性问题，而且要处理来自供应端的不确定性问题。在有些情况下，来自供应端的不确定性对整个供应链运作绩效的影响可能更大一些。图 3-4 是需求不确定性和供应不确定性对某些典型行业影响的示例。

供应不确定性 \ 需求不确定性	低（功能性产品）	高（创新性产品）
低（稳定流程）	Ⅰ 杂货、服装、粮食、饮用水	Ⅱ 时装、家具、手机、流行音乐
高（变化流程）	Ⅲ 水力发电、某些食品加工	Ⅳ 电信、高端电脑、半导体

图 3-4 需求不确定性和供应不确定性对某些典型行业影响的示例

从供应和需求两个不确定性方向对供应链运作管理的影响出发，人们进一步细分了供应链的类型，如图 3-5 所示。图 3-5 中显示的效率型供应链和响应型供应链在前面已有介绍，这里重点介绍**风险规避供应链**（risk-hedging supply chain）和**敏捷供应链**（agile supply chain）。

供应不确定性 \ 需求不确定性	低（功能性产品）	高（创新性产品）
低（稳定流程）	效率型供应链	响应型供应链
高（变化流程）	风险规避供应链	敏捷供应链

图 3-5 考虑需求不确定性和供应不确定性的供应链类型

（1）风险规避供应链。风险规避供应链强调企业在供应链管理中要根据供应的不确定性做好风险规避预案，以防供应链突然断裂。例如，2017 年，德国舍弗勒集团唯一的滚针原材料供应商上海界龙金属拉丝厂，出于环保方面的原因，被当地有关部门实施“断电停产、拆除相关设备”的整改措施而导致停产，从而使总产成品面临断货风险。其实，在半年前上海界龙金属拉丝厂就已接到环保整改的通知，但是该企业并未认真整改，而舍弗勒集团也未做好万一环保不过关而导致断供的风险对冲计划，所以，当供应商出现断供时，整个供应链马上陷入停顿的边缘，这时舍弗勒集团再去寻找新的替代供应商，至少需要 3 ～ 4 个月的时间。

（2）敏捷供应链。敏捷供应链是一种综合能力最强的供应链系统，它能够对来自需求和供应的不确定性及时做出反应，始终能够围绕运行环境的变化而变化。

各种新兴技术，如物联网（IoT）、大数据、区块链（block chain）、3D 打印、AI、AR、VR 等，其快速发展对供应链的敏捷性的提高具有重要的影响。尤其是伴随着互联网与其他现代通信技术的快速发展和普及应用，供应链上的企业能更加互联地快速响应市场需求的变化。比如，智能制造就使得整个生产制造系统能依赖于大数据更高效地进行优化和控制，从而更有效地应对各种可能的不确定性。这进一步推动了整个供应链走向智能化，包括智能供应、智能分销、智能仓储、智能运输，乃至整个智能供应链的实现。因此，供应链体系构建需要将新兴技术的发展和应用考虑进来。

供应链聚焦

3D 打印技术的出现将会改变供应链的结构，尤其是其中物流系统的构成。未来的工厂可能直接设置在物流中心里面，当工件加工完成后，可以立刻通过物流中心将其配送到客户手中，大大节约了长途运输的时间，提高了供应链的整体响应速度。例如，2015 年 5 月 4 日，UPS 宣布将在其位于肯塔基州路易斯维尔的 UPS 全球中心引入一家名为 CloudDDM（现改名为 Fast Radius）的 3D 打印初创企业，为其提供制造设施并承担向 CloudDDM 客户的配送任务。CloudDDM 有 100 台 3D 打印机，用于制造一次性零部件，或批量制造同样的零部件。目前 CloudDDM 能够使用多种材料生产零部件，其中包括 ABS、聚碳酸酯（PC）、聚碳酸酯 –ABS（PC-ABS）和 ULTEM 1010，并有多种颜色可供选择。系统在接收订单时会自动预估可能的打印时间，以及检查是否有可用的 3D 打印机。然后，它会告知客户该 3D 打印产品第二天能否送到客户手中。基于 CloudDDM 与 UPS 的这种合作关系，任何提交到 CloudDDM 的订单，需要打印的时间在 4 小时之内的，只需在下午 6 点之前提交，第二天即可送达。

资料来源：http://www.3dsciencevalley.com/?p=3337。

3.2.3 “推 – 拉”结合的供应链

在供应链构成中，一般很难见到单纯的效率型供应链或者单纯的响应型供应链，现实中的供应链结构类型更多的是“推动 – 拉动”（push-pull）组合形式。供应链面向市场一端主要以客户需求为驱动力，主张快速响应客户的需求，因此是拉动式的。而供应链上游供应商一端更多的是以预测来驱动生产和供应，因此是推动式的。推动式与拉动式的接口处被称为“推 – 拉”结合的分界点（见图 3-6）。

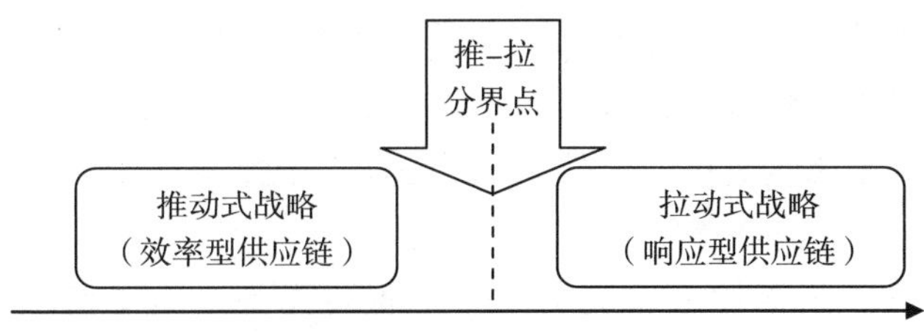

图 3-6 “推 – 拉”结合的供应链

以戴尔计算机为例，虽然需求具有较高的不确定性，规模效益也不十分突出，理论上应当采取拉动式战略，但实际上戴尔计算机并没有完全采取拉动式战略，否则，不但它的成本会非常高，而且响应速度也远远满足不了客户需求。戴尔计算机的组装完全是根据最终客户的订单进行的，此时它的运作是典型的拉动式战略。但戴尔计算机的零部件供应商是按中长期预测进行生产并制定供应决策的，此时它执行的是推动式战略。也就是说，供应链的推动部分在装配之前，而供应链的拉动部分从装配之后开始，并按实际的客户需求进行，是一种上游企业（如供应商）采用推动式战略、下游企业采用拉动式战略的混合供应链战略。

“推–拉”组合战略的另一种形式是上游企业采用拉动式战略、下游企业采用推动式战略的供应链组合战略。图 3-4 中的区域Ⅱ表示的是那些需求不确定性高，但生产及运输过程中规模效益十分明显的产品和行业。家具行业是最典型的例子。事实上，一般家具生产商提供的产品在材料上都差不多，但在家具外形、颜色、构造等方面的差异很大，因此它的需求不确定性相当高。同时，由于家具产品的体积大，因此运输成本也非常高。这就有必要对生产、分销策略进行区分。从生产角度看，因为需求不确定性高，企业不可能根据长期的需求预测制订生产计划，所以生产要采用拉动式战略。另外，由于这类产品体积大，运输成本高，因此分销策略又必须充分考虑规模经济的特性，通过大规模运输来降低运输成本。实际上，许多家具厂商都采取这种战略。也就是说，家具制造商是在接到客户订单后才开始生产的，当产品生产完成后，将此类产品与其他所有需要运输到本地区的产品一起送到零售商的商店里，再送到客户手中。家具厂商采用拉动式战略按照实际需求进行生产，采用推动式战略根据固定的时间表进行运输，这是一种前拉后推的组合式供应链战略。

3.3 供应链构建原则与要点

3.3.1 供应链构建的基本原则

从前面提出的模型出发，在供应链的构建过程中，我们首先应遵循一些基本原则，以保证供应链构建的设计以及重建能使供应链管理思想得以有效实施和贯彻。

（1）自顶向下和自底向上相结合的设计原则。在系统建模设计方法中，存在两种设计方法，即自顶向下和自底向上的方法。自顶向下的方法是从全局走向局部的方法，自底向上的方法是从局部走向全局的方法。换而言之，自顶向下是一种系统分解的过程，而自底向上是一种集成的过程。在设计一个供应链系统时，往往是先由主管高层做出战略规划与决策，规划与决策的依据来自市场需求和企业发展规划，然后由下层部门实施决策过程，最后逐步完成整个供应链体系的构建。因此，供应链的设计是自顶向下和自底向上的一个综合过程。

（2）简洁性原则。简洁性是供应链的一个重要原则，为了使供应链具有灵活快速响应市场的能力，供应链的每个节点都应是精简、具有活力的，能实现业务流程的快速优化组合。比如对供应商的选择就应以少而精为原则，有的企业甚至选择了单一供应商原则（即一种零件只由一个供应商供应）。与少数的供应商建立战略合作伙伴关系，有利于减少采购成本，有利于实施准时制生产。供应链系统的设计更应以精益思想（lean thinking）为指导，从精益的制造模式到精益的供应链是企业努力追求的目标。

（3）集优原则（互补性原则）。供应链各个节点的选择应遵循“强强”联合的原则，达到资源外用的目的。每个企业只集中精力致力于各自的核心业务过程，就像一个独立的制造单元，这些单元化企业具有自我组织、自我优化、目标导向、动态运行和充满活力的特点，能够实现供应链业务的快速优化重构。

（4）协调性原则。供应链绩效的好坏取决于供应链合作伙伴关系是否和谐，因此，建立战略合作伙伴的企业关系模型是实现供应链最佳效能的保证。和谐也被认为是描述系统是否形成了能够充分发挥系统成员和子系统的能动性、创造性及系统与环境的总体协调性的指标之一，只有和谐且协调的系统才能发挥出最佳的效能。

（5）动态性原则（不确定性原则）。供应链身处动态的环境中，各种不确定性因素在供应链中随处可见，许多学者在研究供应链运作效率时都提到不确定性问题。不确定性因素的出现，容易干扰供应链的稳定运营，稍有不慎，可能导致供应链运营中断。因此，要及时预见各种不确定因素对供应链运作的影响，并且主动采取措施减少信息传递过程中的信息延迟和失真，增加信息的透明性，减少不必要的中间缓冲环节，提高预测的精度和时效性，从而降低不确定性因素对供应链整体绩效水平的影响。

（6）创新性原则。创新设计是系统设计的重要原则，没有创新性思维，就不可能有创新的管理模式。因此，在供应链的设计过程中，创新性是很重要的一个原则。要建立一个创新的系统，就要敢于打破各种陈旧的思维条框，用新的角度、新的视野审视原有的管理模式与体系，进行大胆的创新设计。进行创新设计，要注意几点：

- 创新必须在企业总体目标和战略的指导下进行，并与战略目标保持一致；
- 要从市场需求的角度出发，综合运用企业的能力和优势；
- 要充分发挥企业内部各类人员的创造性，集思广益，并与供应链中的其他企业协作，发挥供应链整体优势；
- 建立科学的供应链和项目评价体系及组织管理系统，进行技术经济分析和可行性论证。

（7）战略性原则。供应链的构建应持有战略性观点，从战略的视角减少不确定性因素的影响。从供应链战略管理的角度考虑，供应链构建的战略性还体现在供应链发展的长远规划和预见性上，供应链系统的结构发展应与企业的战略规划保持一致，并在企业战略的指导下进行。

3.3.2 供应链构建把握的要点

1. 供应链的整体性

供应链系统的整体性可以表述为：系统整体不等于各组成元素之和，即非求和原则，

1+1 ≠ 2。当整体小于各组成元素之和（即 1+1 ＜ 2）时，虽然每个企业或部门的功能是良好的，但也许企业或部门步调不一，协同不好，供应链整体就不可能有良好的功能。当整体大于各组成元素之和（即 1+1 ＞ 2）时，组成供应链的元素是企业或企业内的部门，供应链系统的整体功能取决于其结构系统中各组成企业或部门之间的协调关系，虽然每个企业或部门的功能并不很完善，但如果它们协同一致、结构合理，那么供应链整体依然具有良好的功能。

2. 供应链的相关性

供应链的相关性是指供应链各部分的特性和行为会相互制约、相互影响，相关性决定了系统的性质和形态。供应链内的企业或部门之间相互影响、相互依赖、相互制约，形成了特定的关系。从单个企业看，企业内部各组成部分之间的关系对供应链的性质和功能肯定起很大的作用，但是供应链的性质和功能更受组成供应链各企业之间关系的影响。这种战略联盟关系的强弱决定了供应链的特性，供应链的优劣或性能在很大程度上受它影响。

3. 供应链的结构性和有序性

系统的层次结构和协调活动是现实世界中一些大系统所特有的结构性反映。供应链是按供需关系组成的结构，核心企业与供应商之间、供应商的供应商之间、销售商之间、销售商的销售商之间组成层层分布的网络结构。系统的有序性揭示了系统与系统之间存在着包含、隶属、支配、权威、服从的关系，统称为传递关系。换句话说，系统并不是孤立存在的，而是按有序性原则存在于某一层次结构中。供应链的结构不是杂乱无章的，它呈现出有序的特性。其实，供应链的有序性是显然的。只有供应商按时将核心企业需要的部件或原材料送到核心企业，核心企业才能组织生产或制造；只有供应商的供应商将部件或原材料送到供应商，供应商才有可能及时将部件或原材料送给核心企业。实践证明，供应链若不按这样的顺序组建和安排，是行不通的。

4. 供应链的动态性

物质和运动是密不可分的，各种物质特性、形态、结构、功能及其规律性，都是通过运动表现出来的，要认识物质，首先要研究物质的运动，系统的动态性使其具有生命周期。开放的系统和外界环境有物质、能量和信息的交换，系统内部结构也可以随时间而变化。一般来说，系统的发展是一个具有方向性的动态过程。供应链内部有三种形式流在流动：物料流、信息流、资金流。上游企业得到下游企业的需求信息，向下游企业传递供给信息和物料；同时，资金流由下游企业向上游企业流动。组成供应链的各个企业都在演变（或壮大或缩小），这些企业有的自己主动离开，有的被动离开。

5. 供应链的目的性

人工系统和复合系统都具有一定的目的性，要达到既定的目的，系统必须具有一定的功能。所有系统都有功能，但不一定有目的。没有目的的系统不属于供应链的研究对象。供应链系统肯定有目的，正如前面分析的那样，供应链就是为了增强参与企业的竞争力、拥有更大的竞争优势而建立的动态联盟。一旦参与企业认为此联盟没有什么意义的时候，该供应链存在的目的性将变得很小甚至为零，此时，该供应链也就失去了存在的必要，它或者消失，或者重构。

6. 供应链的环境适应性

任何一个系统都存在于一定的物质环境（更大的系统）之中，它必然要与外界环境产生物质、能量和信息的交换，外界环境的变化也必然会引起系统内部各要素之间的变化。为了保持和恢复系统的原有特性，系统必须具有对环境的适应能力，就像元素必须适应系统一样，因为：系统 + 环境 = 更大的系统。

一个设计精良的供应链在实际运行中并不一定能按照预想的那样，甚至无法达到设想的目标，这是主观设想与实际效果的差距。原因并不一定是设计或构想不完美，而是环境因素在起作用。因此，构建和设计一个供应链，一方面要考虑供应链的运行环境（地区、政治、文化、经济等因素），同时还应考虑未来环境的变化对构建的供应链的影响。这就要求我们要用发展、变化的眼光来设计供应链。无论是信息系统的构建，还是物流通道设计，都应具有较高的柔性，以提高供应链对环境的适应能力。供应链系统处于全球市场范围内，它是为了充分利用全球范围的优势资源（人才、知识、原材料、设备等）而建成的。它的适应性表现在能自我调整（如重构），以适应外部条件的变化。如果外部市场需要生产成本更低的产品才能适应竞争优选规则，那么它就必须重新调整自己的组织。

3.4 供应链结构中企业的角色

供应链管理可以使相关企业群在很大程度上获益，可以降低成本、改善客户服务、减少社会库存、缩短响应周期、加快资金的周转、增强企业综合竞争实力，并使社会资源得到优化配置。同样的企业、同样的设施、同样的业务，实施供应链管理前后却有截然不同的效果，这说明供应链绝不是企业群体的简单组合，而是一个协调统一的有机整体。在这个有机整体中，每一个企业都有着新的角色，它们不再单纯作为一个孤立的企业在市场中运作，而是同时又作为供应链的一个组成部分，有了另一种角色定位。显然，了解企业在供应链中的角色定位，对供应链构建的设计及其管理有着十分重要的意义。

关于供应链中节点企业扮演的角色的分类，现在国内外专门的研究还比较少，其中部分研究是对节点企业进行宽泛的讨论，没有按角色分类具体分析。还有部分研究侧重于对某一种角色企业（通常是核心企业）进行具体分析。这些研究都没有形成一定的系统性，特别是缺少基础性的类别研究和定义规范。这里以供应链网络结构模型为基础，借鉴动态联盟、虚拟企业和企业集团中关于角色研究的相关方法，对供应链中的企业进行分类定义，并对扮演不同角色企业的影响做简单介绍。

3.4.1 供应链中企业角色的分类

依据不同的标准，供应链中的成员企业可以有不同的分类方式。通常，人们将供应链中的成员企业按其主要业务分为供应商、制造商、分销商、零售商等。这样的分类虽然简单、直观，但在供应链管理中不宜辨别主次，节点企业在供应链上的重要性也不明确。于是，就有了依据企业在供应链管理中的重要程度进行分类的方式。

1. 主体企业与客体企业

根据节点企业在供应链中的地位、重要程度，可将企业分为供应链管理的主体企业和客体企业。主体企业是指在供应链管理中占主动地位，对供应链的业务起主导作用，参与或退出都会使供应链产生明显改变，在本行业中也具有较强实力和行业地位，或者拥有决定性资源的节点企业。客体企业是指在供应链中起协作者的作用，处于被动响应角色的企业。

通常，客体企业又可分为两种：内围企业与外围企业。内围企业是指主体企业虽无法完全控制但可以对其施加直接或间接影响的企业，主要指的是与主体企业直接打交道的企业。这些企业通常是主体企业的上下游节点，它们拥有独立的法人地位，与主体企业没有任何行政隶属关系，通常以各种契约形式与主体企业深度关联。内围企业相对较稳定，主体企业对它们的选择十分严格，一旦确定合作关系也不会轻易解除。这类企业对供应链虽不起主导作用，但影响也是不可忽视的。它们的业务进展情况直接影响到主体企业的业务状况，对供应链整体效率的影响不可小觑。外围企业则是指主体企业无法控制且对其影响力也较小的企业。主体企业虽然是整个供应链的主导，但对它们的运作并不能完全掌控，只能间接影响它们。这类企业对供应链的影响也非常重要，它们的参与和退出有时会明显影响到供应链的整体运营效果，所以，对这类合作伙伴也不能轻视。

在供应链中，主体企业可以有一个，也可以有几个，形成主体企业群。当只有一个主体企业时，供应链的表现形式是以主体企业为中心的卫星式企业群体，如图 3-7 所示；而当供应链中有不止一个主体企业时，供应链的表现形式就是以主体企业为主线、以其他客体企业为旁支的团队式合作群体，如图 3-8 所示。

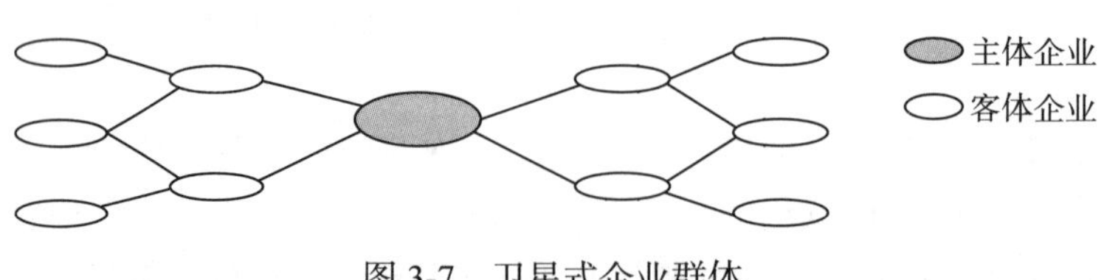

图 3-7　卫星式企业群体

卫星式企业群体组成的供应链比较稳定，因为各节点企业的合作意愿都很强烈。主体企业不仅对供应链在最终产品市场上竞争力的提高起到关键作用，还能够帮助客体企业参与到新的市场中去。因此，与相对强势的主体企业合作，对客体企业来说吸引力是非常大的。正因为客体企业的合作意愿十分诚恳，所以在权力、利益的分配上，通常都会向主体企业偏重，这就更进一步激发了主体企业的合作意愿。另外，唯一的主体企业具有明显的决定权优势，在供应链决策中产生严重分歧的可能性较小，这也更利于供应链的管理。在供应链可持续性发展方面，通常只有具有市场前瞻性的主体企业才会在供应链的技术改造、流程重构、结构调整等方面投入大量精力，同时也会兼顾客体企业的利益。但客体企业对供应链改进的意愿并不强烈，还需要主体企业推动才能同步。

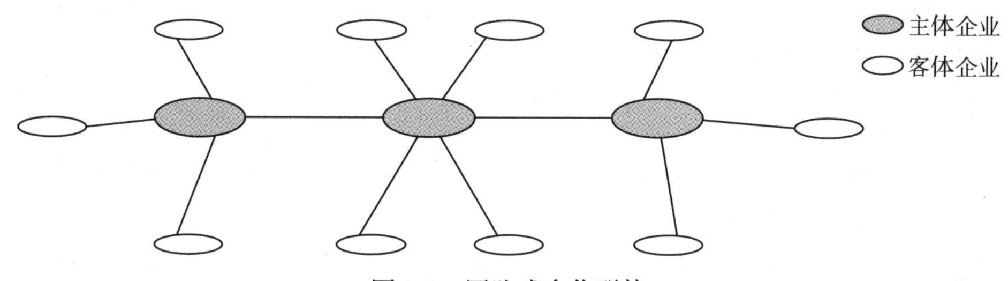

图 3-8　团队式合作群体

至于由团队式合作群体组成的供应链，“强强”联合的同时也会兼顾供应链整体优势的加强，双赢带来的巨大收益使得主体企业的合作意愿都很强烈。但因为主体企业都势均力敌，合作时难免有碰撞、摩擦，所以合作难度较大。在决策方面，由于每个主体企业的影响都不可忽视，因此在决策时的分歧也相对较难解决。合作难度大，加上矛盾调和困难，使得整个供应链的稳定性不强，供应链上任何两个主体企业的合作破裂都会影响到整个企业群体的稳定，甚至导致整个供应链合作的失败。不过，在推动供应链持续发展方面，主体企业的前瞻性意识都比较强，可以群策群力，对供应链整体的带动性也更强。

以卫星式企业群体为基础的供应链和由团队式合作群体组成的供应链的比较，如表 3-3 所示。

表 3-3　卫星式供应链和团队式供应链的比较

类别 比较	卫星式供应链	团队式供应链
合作意愿	主客体企业的合作意愿都很强烈，以客体企业为甚	主客体企业的合作意愿都很强烈，以主体企业为甚
合作难度	唯一的主体企业占据绝对主导的地位，合作相对容易	多个主体企业势均力敌，难以形成绝对的主导地位，合作相对困难
决策分歧的解决	主体企业有明显的决定权优势，分歧较易解决	多个主体企业意见难以统一，分歧解决较困难
稳定性	相对较为稳定	不太稳定
可持续性	客体企业的前瞻性较弱，整体供应链的可持续发展性较差	以主体企业为主导，对供应链可持续性发展的推动力较强

2. 核心企业与非核心企业

对整个供应链的业务运作起主导推动作用的，既能为客户提供最大化的附加值，又能帮助供应链上其他合作企业参与到新市场中的主体企业就是供应链的**核心企业**（core company），也称为供应链的领袖企业。其他处于相对次要地位的企业称为供应链管理的**非核心企业**（non-core company）。

在卫星式供应链中，唯一的主体企业就是供应链的核心企业。在团队式供应链中，核心企业也是唯一的，却不是固定的。核心企业会随着供应链主要业务的变化、稀缺资源的转移、市场环境的演变等因素而变化，是动态的。根据核心企业在供应链中所处的位置和所起的作用，可将核心企业分为三类：作为制造商的核心企业、作为分销商的核心企业、作为供应商的核心企业。

3. 潜在企业

在供应链管理的环境下，还有一类企业，它们虽不是供应链体系内的节点企业，却具备供应链所要求的各种条件，自身也有参与供应链合作的意愿。一旦有机会，它们就会成为供应链上的新成员，或替代供应链上的其他节点企业，特别是替代没有特殊性的外围企业，这类企业就是供应链的潜在企业。潜在企业既是供应链的后备力量，也是供应链节点企业的竞争对手。

3.4.2 不同角色企业在供应链运作中的影响

在供应链上，扮演不同角色的节点企业具有不同的特征，起到不同的作用，对整个供应链的运作也有不同程度的影响。

1. 主体企业对供应链运作的影响

主体企业在供应链中担任协调主体的角色，也扮演了“中心”的角色。它对整个供应链的运作起着推动性作用，在促进节点企业提升实力、保持良好的商业信誉、加强知识积累等方面都有重要的影响。同时，它还担负着系统构建、客体企业选择等责任。

（1）组织结构调整中心。主体企业对供应链运作的一个重要影响就是进行组织结构调整。供应链的可持续发展，仅依靠由长期合同建立的合作关系是不够的，还要把供应链成员纳入统一的管理体系中，根据环境的变化和自身发展的要求，对整个供应链的组织结构进行实时调整。这就要求主体企业在其他节点企业的协助下，对整个供应链的业务流程和组织结构进行优化、调整，使得供应链的构建更趋合理化。

（2）信息交换中心。一体化的、协调的供应链具有高度的反应能力，能迅速响应市场要求。这是因为所有供应链伙伴能够分享业务计划、预测信息、库存信息、进货情况以及有关协调物流的信息，整个供应链通过各种信息相连接，并以此信息协调所有供应链伙伴的活动。信息化是现代供应链的必由之路。要提供最佳的服务，实现最低的成本，保证供应链流畅、高效地运行，供应链体系必须要有良好的信息处理和传输系统。可是在实际运作中，却存在很大程度的“信息屏蔽”——出于各种考虑，供应链上的各节点企业很难做到开诚布公地共享信息。

在这种情况下，作为供应链信息交换中心的主体企业所起的信息统一集成作用就显得十分重要了。主体企业不仅推动了供应链上信息处理和传输系统的构建，还身先士卒地在整个供应链中倡导信息共享的氛围。当然，信息共享的前提是企业间的信任，主体企业在营造诚信氛围时也起到重要作用。

（3）物流集散的"调度中心"。在供应链上，主体企业扮演了对物流集散、配送进行"调度"的角色：向相关节点企业适时发出物料需求指令或供货指令，以保证各个节点都能在正确的时间得到正确品种、正确数量的产品，既不造成缺货，又不造成库存积压，将对供应链总成本的影响减至最低限度。供应链上的产品能否增值，与主体企业对物流的"调度"水平有很大关系。如果供应链上的主体企业不能在这些方面发挥主导作用，那么受影响的不仅有该企业，还有整个供应链。因此，主体企业是供应链物流运作的关键，它对供应链的正常运作有重要影响。

（4）响应周期的控制中心。随着客户需求多样性与市场竞争不确定性的日益加剧，企业面临越来越大的生存压力。生产率、产品质量、生产成本已不再是竞争的绝对优势，供应链管理开始越来越多地关注时间因素，即如何快速、有效地响应市场的需求。可以说，在当今社会，谁能敏捷地对市场做出反应，谁就赢得了竞争的优势地位。

供应链管理环境下的多阶响应周期是在不同生产、物流、分销阶段的不同企业中形成的，但并不是各阶周期的简单叠加。企业之间的合作存在一定的缝隙，使得各阶响应周期之间的衔接出现很大的浪费空间，而这种浪费空间远远大于各阶响应周期本身。这就需要一个在管理、技术等方面都有较大优势，且能对供应链整体运作进行建设性管理的企业对多阶响应周期进行整合。实际上，主体企业正是多阶响应周期的控制中心。

主体企业在其他节点企业的协助下，对整个供应链的运作节奏、运作进度进行调整、监督，并帮助客体企业进行相应改进，使供应链上的节点企业都能在同一节奏下运行，从本质上缩短多阶响应周期，以提高响应市场变化的速度。

（5）供应链管理的文化中心。共同文化的凝聚力在供应链运作中起着举足轻重的作用。在供应链上，主体企业常常将企业文化作为连接节点企业的纽带进行倡导和推广。一个具有优秀企业文化的主体企业，可以通过自己的影响力，把企业的价值观辐射到其他企业中，形成供应链节点企业共同的价值观。在此基础上，将企业的价值观与供应链本身的特点相结合，进而形成整个供应链的文化。供应链文化一旦形成，便比企业文化具有了更广的辐射力和影响力，成为节点企业之间的黏合剂，使得供应链的向心力和凝聚力进一步加强。

供应链聚焦

以通用电气（GE）为例，GE非常严格地在供应链业务运作中坚持诚信的原则，并在节点企业之间倡导这种诚信文化，这有利于形成节点企业相互协作的氛围和在困难时相互辅助、谅解的良性循环。通常，GE与供应商之间只签订无法律效力的订货协议（又称长期合作协议）和谅解备忘录（MOU），再在订货协议的框架内定期或不定期地订货。虽然订货协议没有法律效力，但GE仍然严格遵守，这使得供应商十分信任GE。另外，GE采用零流动资金的采购方式，收到产品且使用一段时间后才付款，这样的付款方式使供货商处于不利地位，这一方面固然是由GE的市场地位所决定的；另一方面，供货商能放心地将产品交给GE使用而不收预付款，也是与GE倡导的诚信文化分不开的。GE有时也会出现拖欠款项的情况，但供货商大都能表现出很大的耐心和理解。

资料来源：https://www.ge.com/power/about/suppliers。

在供应链体系构建中，主体企业起着非常重要的作用。供应链的构建过程可以分为结构构建和理念构建两个层次。

供应链结构构建主要包括目标确立、建模及合作伙伴的选择、组织设计、方案实施这四个显性的逻辑阶段。在目标确立过程中，主体企业基于创新意识，寻求新的市场机遇，并对机遇进行分析、评估以决定是否响应该机遇。在建模及合作伙伴的选择过程中，主体企业要在核心企业的组织下设计供应链运作过程模型和供应链节点企业模型，并开始对节点企业的选择与评估。在组织设计过程中，主体企业依据已建立的模型、合作伙伴的参与方式和供应链的业务性质等因素，设计供应链的节点企业的具体组织形式，即各节点企业在供应链上的具体定位。方案实施过程是在主体企业的引导下，依照前述设计结果，实际组建供应链体系。

供应链理念构建过程包括企业文化冲击、节点企业内部冲突，以及企业重新社会化这三个隐性的逻辑阶段。供应链理念构建是观念上的解冻和重构：伴随着供应链结构构建的实施，在节点企业中必然会引起原有价值观念的振荡，使企业的文化受到冲击。在这一过程中，主体企业充分引导新观念的趋向，从思想上整合供应链。企业文化冲击孕育了节点企业内部冲突，即由创新思想导致的企业内观念的对立。在处理企业内部冲突时，主体企业首先是调整自身的价值取向，使之更适应供应链的体系运作，再协助客体企业，特别是与主体企业关系紧密的内围企业更新观念。企业重新社会化过程是员工对新环境的适应过程，在这一过程中，主体企业从自身的调整做起，并通过辐射作用影响其他客体企业的重新社会化。

供应链的构建过程可以用图3-9表示。

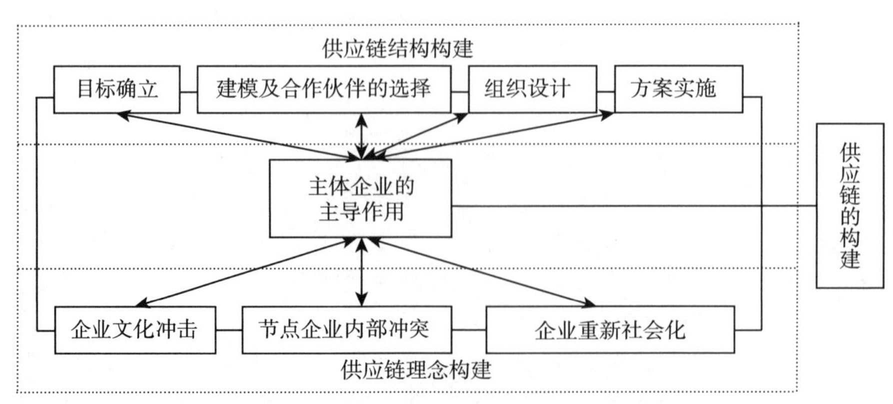

图3-9　主体企业在供应链构建中的影响

2. 客体企业对供应链运作的影响

供应链上的客体企业通常都处于协作者的地位，它们在供应链上一般是不具有主导性的。尽管如此，由于供应链是一个整体，一个节点出问题就会影响到其他节点的运作，进而影响到整个供应链的运行质量，因此不能忽视客体企业对供应链运作的影响。

（1）优势的补充。供应链上的主体企业虽然具有相对优势，但毕竟不可能在任何方面都处于领先地位。主体企业只需在其最擅长的领域从事业务，而次要的或是不擅长的业务就由客体企业完成，这样供应链整体优势就得以完善，竞争力将进一步提高。

（2）人才互动。供应链节点企业业务的侧重点不同，因此人才的知识结构也有所不同，如果能够整合这些人力资源，就可以提高企业的创新能力。从不同领域集中到一起的客体企业为供应链“人才库”提供了各类人才，弥补了主体企业人力资源单一带来的不足，从而形成了合理的知识结构。

（3）技术创新的协助。在技术创新过程中，存在许多重要程度不同的技术环节。可以将除核心技术之外的相关技术，分配给供应链客体企业来承担，这不仅有利于加快技术创新的速度，而且有利于综合各方面的技术优势，带来更具竞争力的创新成果。

在供应链这个有机整体中，节点企业作为供应链的一部分，有着特殊的角色定位，供应链上不同角色企业对供应链运作的影响是不同的。因此，在实际的供应链管理运作中，只有对节点企业的角色有了正确的定位，对不同角色企业有了清晰的认识，才能依据不同角色的影响对供应链的运作进行调整和优化。

3.5　供应链构建的设计策略与方法

一个有效的供应链对核心企业和其他每一个合作企业来说都是至关重要的。因为它不仅可以帮助企业提高用户服务水平、达到成本和服务之间的有效平衡，而且可以提高企业的竞争力、提高柔性、提升快速进入新市场的能力、通过降低库存提高工作效率等。但是，供应链构建也可能因为设计不当而导致资源浪费和失败，所以正确的设计策略是必需的。在实践中，人们在供应链构建的策略上，较多地采用基于产品的设计策略，因为该策略可以较好地满足供应链与产品必须匹配的要求。

3.5.1　基于产品的供应链设计策略

马歇尔·费舍尔教授提出了供应链的设计要以产品为中心的观点。供应链设计首先要明白用户对企业产品的需求是什么，产品的生命周期、需求预测、产品多样性、提前期和服务的市场标准等都是影响供应链设计的重要问题。供应链的构建必须与产品特性一致，这就是所谓的**基于产品的供应链设计策略**（product-based supply chain design，PBSCD）。

基于产品的供应链设计工作可以归纳为如图 3-10 所示的几大步骤。

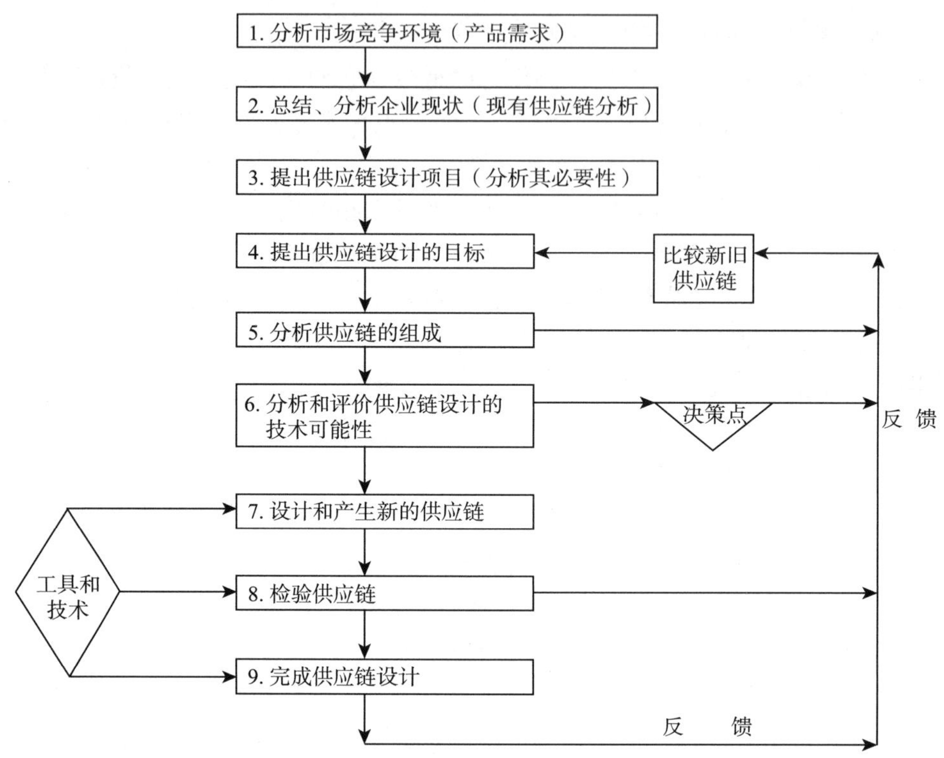

图 3-10 基于产品的供应链设计的步骤模型图

供应链聚焦

快时尚（Fast Fashion）全球市场预计在 2022 年达到 7 000 亿美元的市场规模，而创新技术是其中的直接促进者。尤其是电子技术和网络技术（包括物联网），不仅帮助企业制造指数级的电商用户增长，也帮助企业为客户创造多渠道的购物体验。从物流的角度来看，如何快速及时地交货成为制胜的关键。《纽约时报》认为“更快的交付”正在成为快时尚行业让客户满意的关键。这个领域的领先者 ZARA 和 H&M 正是通过垂直一体化的供应链模式来实现这一点的。从备料到生产、从库存到门店的垂直一体化集成，让 ZARA 这些企业可以更快速且以更低成本将那些潮流服装生产出来并销售给最终客户。

基于产品的供应链设计的步骤

第一步，分析市场竞争环境。目的在于找到针对哪些产品市场开发供应链才有效，为此，必须知道现在的产品需求是什么，产品的类型和特征是什么。分析市场特征的过程要对卖主、用户和竞争者进行调查，提出诸如“用户想要什么”“他们在市场中的分量有多大”之类的问题，以确认用户的需求和因卖主、用户、竞争者产生的压力。这一步骤的输出是每一产品按重要性排列的市场特征。此外，对于市场的不确定性要有分析和评价。

第二步，总结、分析企业现状。主要分析企业供需管理的现状（如果企业已经有供应链管理，则分析供应链管理的现状），这一步骤的目的不在于评价供应链设计策略的重要性和合适性，而是着重研究供应链开发的方向，分析、找到、总结企业存在的问题及影响供应链设计的阻力等因素。

第三步，针对存在的问题提出供应链设计项目，分析其必要性。

第四步，根据基于产品的供应链设计策略提出供应链设计的目标。主要目标在于获得高用户服务水平和低库存投资、低单位成本这两个目标之间的平衡（这两个目标往往有冲突），同时还应包括以下几个目标：

- 进入新市场；
- 开发新产品；
- 开发新分销渠道；
- 改善售后服务水平；
- 提高用户满意度；
- 降低成本；
- 通过降低库存来提高工作效率等。

第五步，分析供应链的组成，提出供应链的基本框架。供应链中的成员组成分析主要包括制造工厂、设备、工艺和供应商、制造商、分销商、零售商与用户的选择及其定位，以及确定选择与评价标准。

第六步，分析和评价供应链设计的技术可能性。这不仅仅是为了简单地改善设计，更是实现和落实供应链设计的第一步。它在可行性分析的基础上，结合企业的实际情况为供应链设计提出技术选择建议和支持。这也是一个决策过程，如果认为方案可行，就可进行下一步设计；如果不可行，就要进行重新设计。

第七步，设计和产生新的供应链，主要解决以下几个问题：

- 供应链的成员组成（供应商、设备、工厂、分销中心的选择与定位）；
- 原材料的来源问题（包括供应商、流量、价格、运输等问题）；
- 生产过程设计（需求预测、生产什么产品、生产能力、供应给哪些分销中心、价格、生产计划、生产作业计划和跟踪控制、库存管理等问题）；
- 分销任务与能力设计（产品服务于哪些市场、运输、价格等问题）；
- 信息管理系统设计；
- 物流管理系统设计等。

在供应链设计中，要广泛用到许多工具和技术，如归纳法、动态规划、流程图、模拟和设计软件等。

第八步，检验供应链。供应链设计完成以后，应通过一定的技术和方法检验或试运行。如果不可行，返回第四步进行重新设计；如果可行，可进入日常运行阶段。

第九步，完成供应链设计。

3.5.2 供应链构建的设计与优化方法

1. 供应链分析诊断技术

在供应链构建的设计与重建过程中，必须对现有的企业供应链模式进行诊断分析，并在此基础上进行供应链的创新设计。通过系统诊断分析找到企业目前存在的主要问题，为新系统设计提供依据。

（1）供应链不确定性分析。对于供应链的不确定性因素，美国斯坦福大学的李效良（Hau Lee）教授探讨了由于信息的不确定性导致的供应链的信息扭曲，并形象地称之为“长鞭效应”，剖析了产生这一现象的原因和应对措施；其他学者（如黄培清）也探讨了不确定性对库存和服务水平的影响，布鲁斯·科格特（Bruce Kogut）和纳林·库拉蒂拉卡（Nalin Kulatilaka）探讨了在全球制造中提高企业柔性对应变不确定性的作用，宋京生研究了提前期的不确定性对库存与成本的影响。供应链的设计或重建都需要考虑不确定性问题，要研究减少供应链不确定性的有效措施和不确定性对供应链设计的影响。

（2）供应链的性能定位分析。供应链的性能定位分析是对现有的供应链做全面评价，对订货周期、预测精度、库存占用资金、供货率等管理水平，以及供应链企业间的协调性、用户满意度等进行全面评估。如果用一个综合性能指数来评价供应链的性能定位，可以用这样一个公式表示：

$$供应链综合性能指数 = 价值增值率 \times 用户满意度$$

我们可以通过对用户满意度的测定并结合供应链的价值增值率来确定供应链管理水平，为供应链的重建提供参考。

（3）供应链的诊断方法。诊断方法本身就是一个值得研究的课题，目前还没有一个普遍适用的针对供应链的诊断方法。随着企业创新发展的需要，企业诊断已成为许多企业策划必不可少的内容。国外许多企业都高薪聘请企业咨询专家为企业做诊断，国内对企业诊断问题的研究也逐渐热起来。企业诊断不同于传统的可行性研究报告，它是企业从实际需要出发，为改善或改革自身提供科学的理论与实际相结合的分析，并提供战略性的建议和改进措施。

目前的诊断方法主要有以下两种。

- 定位分析法：定位分析法是比较好的系统化比较分析方法；
- 层次分析法（AHP 法）：AHP 法是广泛采用的多目标综合评价方法，并且可以结合模糊数学，形成定性和定量相结合的分析。

另外，还包括神经网络 / 专家系统法、物元模型法、熵模型法等。这些方法都已经比较成熟，读者可以找相关专著学习，本书不再赘述。

2. 供应链构建的设计方法与工具

（1）网络图形法。供应链设计问题有几种考虑方式：一是单纯从物流通道建设的角度设计供应链，二是从**供应链选址**（supply chain location）的角度选择哪个地方的供应商，在哪个地方建设一个加工厂，在哪个地方设立一个分销点等。设计所采用的工具主要是图形法（如用网络图表示），可以直观地反映供应链的结构特征。在具体的设计中，可以借助计算机辅助设计等手段进行网络图的绘制。

（2）数学模型法。数学模型法是研究经济和管理问题时普遍采用的方法。把供应链作为一个管理系统问题来描述，我们可以通过建立数学模型来描述其经济上的数量特征。最常用的数学模型是系统动力学模型和经济控制论模型，特别是系统动力学模型更适合用来描述供应链问题。系统动力学模型最初的应用是从工业企业管理问题开始的，它是基于系统理论、控制理论、组织理论、信息论和计算机仿真技术的系统分析与模拟方法。系统动力学模型能很好地反映供应链的经济特征。

（3）计算机仿真分析法。利用计算机仿真技术，将实际供应链构建问题先进行模型化，再按照仿真软件的要求进行仿真运行，最后对结果进行分析。计算机仿真技术已经非常成熟，这里就不多做介绍了。

3. 供应链设计的一般过程

（1）螺旋循环设计模型。劳森（Lawson）在研究设计及设计过程的特征时认为设计行为有如下特征：①设计目标及设计要求是很难描述清楚的；②设计是一个无止境的过程；③设计总有缺陷；④设计与人的价值判断有关；⑤设计问题的解决与问题的出现同时存在；⑥不存在最优设计方案；⑦设计的目的是实施。从设计的行为特征来看，系统设计过程是一个开放性的过程，也是一个螺旋上升的过程。在软件开发过程中，甘恩（Gane）和萨森（Sarson）在1979年就建立了一个结构化分析与设计模型，伯姆（Boehm）在1988年将其发展为软件系统开发的螺旋模型。供应链的设计过程其实也是一个循环的螺旋设计过程，同样可以采用螺旋模式的相关理论。

（2）组织元模型。供应链的每一个节点都是以信息处理为中心、以计算机网络为工具的人、信息和组织的集成体，我们用Agent来描述。Agent有狭义和广义的定义。狭义来讲，Agent是指一个智能体（或代理商），一般是一个软件或信息系统，我们称之为软件世界的智能体。广义来讲，Agent是指“分散的、独立的、相互合作的网络中的成员”。宏观上，它就像我们指的加盟供应链的“代理商”。基于多Agent集成的供需合作机制指的也是基于这层意义的代理机制。组织元模型也就是Agent模型。

供应链建模或设计最为重要的就是组织元的确定。在供应链结构中要区分上游组织元和下游组织元，这两种组织元的功能不同，因而其评价标准也不同。

我们可以用AHP法对组织元进行评价，基本框架如图3-11所示。通过评价模型对组织元的评价，优选出满意的Agent组织元。

（3）流程分析模型。在选定组织元之后，生产组织方式上采用团队工作方式，业务流程的重构也是必需的工作。为实现最简捷的流程及时间最短的单元组合，需要建立一个流程分析模型对流程中涉及的要素进行合理配置。

（4）任务协调与匹配。选定组织元和流程之后，就要从供应链的整体层面对企业的资源进行合理配置，特别是保持企业内部和企业之间的综合平衡。首先是委托实现机制的建立，然后是采用面向对象的**质量功能展开**（quality function deployment，QFD）和制造决策、制造资源计划及作业计划的制订等。

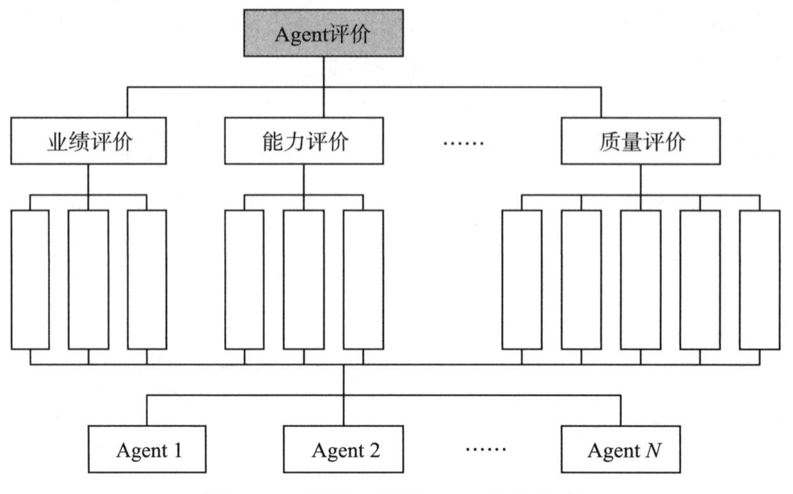

图 3-11　组织元评价 AHP 框架模型

4. 供应链的重构与优化

为了提高现有供应链运行的绩效，适应市场的变化，增加在市场中的竞争力，需要对企业的供应链进行重构与优化。通过供应链重构可以获得更加精益的、敏捷的、柔性的企业竞争优势。李效良教授等诸多学者和企业家偏重于销售链（下游供应链）的重构研究，提出了一些重构的策略，如供应商管理库存（VMI）、**延迟制造**（postponement）等。丹尼尔·托维尔（Daniel Towill）等人也对供应链的重构进行了研究，提出了关于供应链重构的方法模型。归纳理论与实践中关于供应链重构的成果，总结出如图 3-12 所示的一种常见的供应链重构与优化模型。

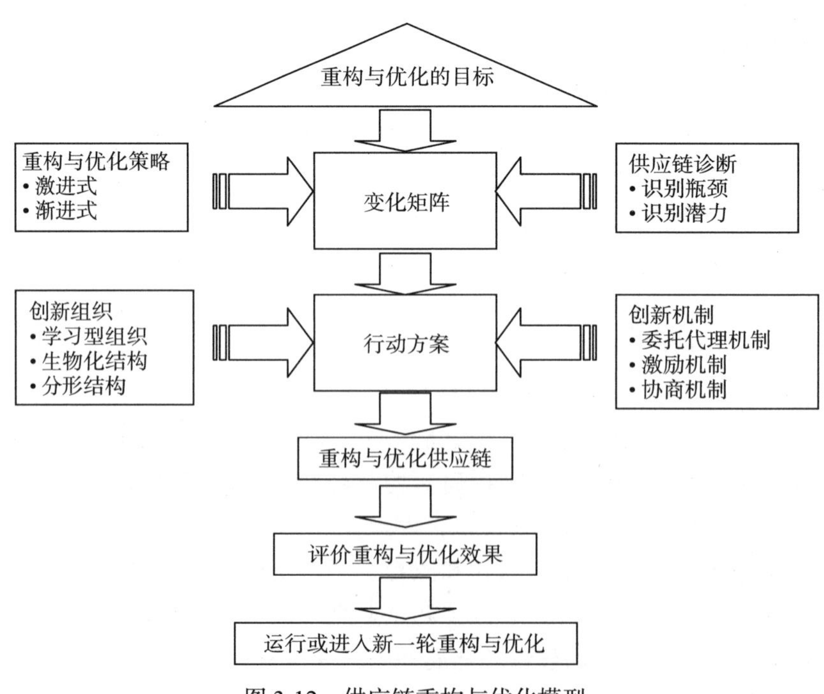

图 3-12　供应链重构与优化模型

供应链的重构与优化，首先应明确重构与优化的目标，如缩短订货周期、提高服务水平、降低运费、降低库存水平、增加生产透明性等。明确了重构与优化的目标后进行企业诊断和重构与优化策略的研究，需要强调的是重构与优化策略的选择。必须根据企业诊断的结果来选择重构与优化策略，是激进式的还是渐进式的。无论如何，重构的结果都应体现价值增值和使用户满意度显著提高，这是我们实施供应链管理始终坚持的原则和主体约束条件。

供应链聚焦

Neo是美国One Network公司开发的软件产品。Neo是你无所不知的供应链助手，它帮你无时无刻地监控、分析和解决供应链中存在的问题。Neo可以自主地从你的供应链网络中收集和分析数据，从而快速地提出方案以优化流程或者解决问题。它的功能主要包括：预测、补货决策、采购决策、运输优化等。Neo可以全年无休地在后台运行，监控执行流程和结果，进而分析判断哪些流程存在问题以及如何解决问题。Neo可以自主感知、学习和响应，帮助你的供应链和商业网络稳健地、最优化地运行。尤其是在当今复杂的供应链网络中，涵盖了无数的SKU和产品多样性、众多的合作伙伴和渠道，单纯依靠传统的人工计划与管理远远不能实现目标。Neo源于智能，而且变得更加智能。通过机器学习，Neo会在整个供应链网络中的各种情境下逐渐积累智慧，更有效地收集和分析收据，从而更加有效地协助决策过程。

资料来源：https://www.onenetwork.com/dev-net/neo/。

本章小结

供应链构建是实施供应链管理的首要环节，也是首要问题。没有一个科学合理乃至优化的供应链体系结构，即使管理人员使出浑身解数，也可能无法达到预期的效果，因为先天不足的供应链构建已经决定了它的价值。本章从供应链构建的角度出发，给出了一个供应链总体结构模型，从四个层面介绍了供应链构建的主要内容。然后详细介绍了几种供应链结构类型和构建原则。在介绍供应链结构中企业的不同角色时，对主体企业和客体企业（或者是节点企业）的不同功能做了深入探讨，帮助人们认清不同角色企业在供应链中起到的不同作用，它们都对供应链的整体绩效有着各自的影响，任何企业都不应忽视。关于供应链的设计方法，重点介绍的是基于产品的供应链设计策略及步骤，这也被实践证明是一种很有效的设计方法。最后，还研究了供应链构建的设计与优化方法，书中仅对设计方法和工具做了一般介绍，更详细的内容读者可以参考其他有关资料。

关键术语

供应链构建（supply chain configuration）
核心企业（core company）
功能性产品（functional products）
创新性产品（innovative products）

效率型供应链（efficient supply chain）
响应型供应链（responsive supply chain）
风险规避供应链（risk-hedging supply chain）
敏捷供应链（agile supply chain）
非核心企业（non-core company）
供应链重构（supply chain reengineering）
基于产品的供应链设计策略（product-based supply chain design，PBSCD）

思考与练习

1. 如何理解供应链管理体系构建总体模型？如何根据这个模型优化供应链的运作管理？
2. 试举例描述几种典型的供应链类型，并比较分析它们之间的区别。
3. 供应链构建的基本原则是什么？如何理解这些原则？
4. 如何面向产品进行供应链的设计？产品的设计策略是否应该与供应链的设计策略保持一致？试阐述你的观点。
5. 供应链构建的设计过程中有哪些策略（不局限于本书所介绍的内容）？
6. 对基于产品的供应链设计步骤进行讨论，并选择一个公司对其供应链进行重新优化设计。
7. 供应链构建的设计主要为了解决哪些关键问题？
8. 在供应链构建的过程中有哪些相互矛盾的目标？应该如何解决这些相互冲突的目标呢？
9. 为何要强调供应链构建中的动态性？
10. 举例说明新兴技术对供应链构建和重构的影响。

讨论案例　巴斯夫：行业供应链管理领先者

巴斯夫股份公司（BASF SE，以下简称巴斯夫）是位于德国的世界上最大的化工厂之一。公司总部位于莱茵河畔的路德维希港，是世界上工厂面积最大的化学产品基地。公司的产品涵盖化学品、塑料、特性产品、作物保护产品以及原油和天然气等。

巴斯夫在欧洲、亚洲、南美洲、北美洲的41个国家拥有超过160家全资子公司或者合资公司。2018年7月19日，《财富》世界500强排行榜发布，巴斯夫位列第112位。巴斯夫之所以能够发展成为世界上最大的化工厂之一，除了科技、产品创新以外，还在于它有一个竞争力强劲的供应链管理体系。

巴斯夫的供应链体系结构模式

在过去20多年里，巴斯夫以渐进的方式发展其供应链。巴斯夫由约80个不同的业务部门组成，已形成了先进的运营模式，明确定义业务部门的角色与责任，做到以“同一公司”的方式为全球几乎所有行业提供服务。

由于巴斯夫的客户对化工原材料的需求各不相同，因此，巴斯夫将供应链的战略定位为：通过供应链细分和“差异化供应链服务”，以有竞争力的成本满足不同客户的定制化需求。巴斯夫供应链体系结构如图3-13所示。

市场上不同客户有不同的项目需求，因此，巴斯夫的供应链构建的基本原则就是要适应不同的项目需求，根据客户的个性化要求提供差异化服务。巴斯夫的供应链运作围绕三个核心展开：提高对客户订单的响应性、适应客户多变的灵活性、获得良好的成本/效益性。为此，在运作管理上，巴斯夫着力在提高自身能力、提高对市场变化的敏捷性、抓好供应链的精益管理上下功夫。

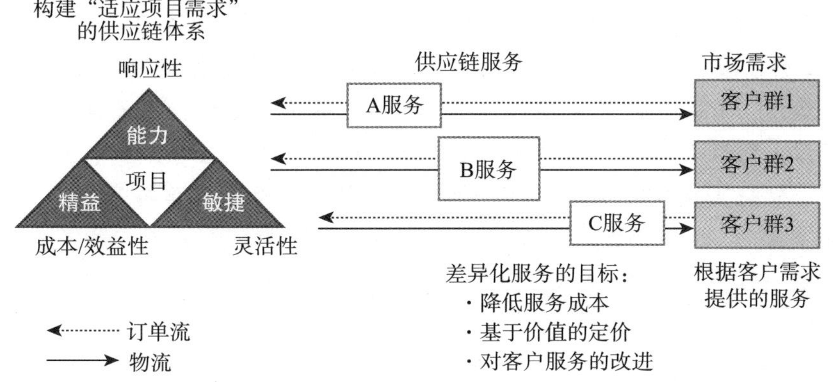

图 3-13 巴斯夫供应链体系

巴斯夫供应链治理结构

巴斯夫供应链管理的重点是建立了一个全局性治理结构，如图3-14所示。所谓供应链治理结构，是指为了实现资源配置的有效性，企业管理者对供应链的构成单位、业务关系及供应链协调管理的一整套制度的安排。作为有效治理的一部分，巴斯夫成立了一个领导委员会，其成员包括所有利益相关者，该委员会定期召开会议，审查实际绩效，决定重要项目，并确定巴斯夫供应链的战略方向。

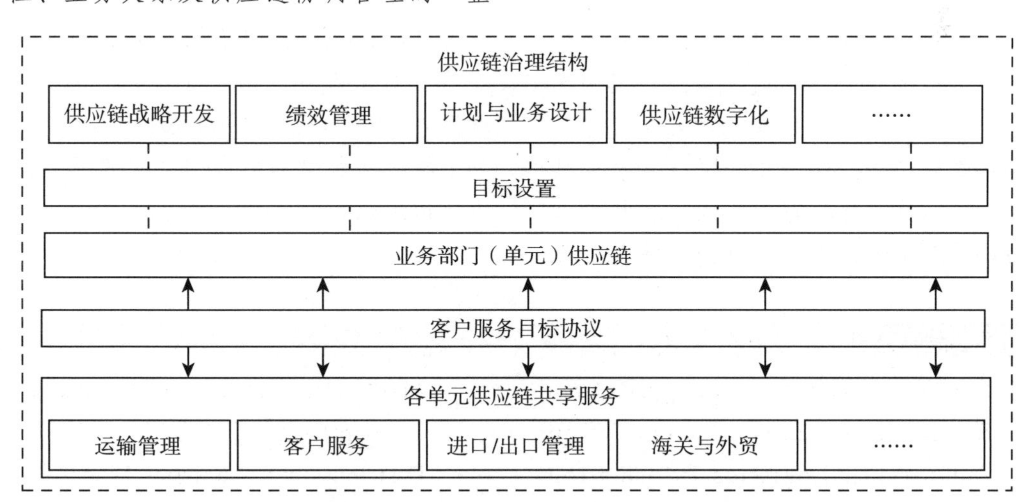

图 3-14 巴斯夫供应链治理结构示意图

巴斯夫供应链管理模式的几个特点

根据巴斯夫供应链体系及其治理结构模式，可以总结出以下几个方面的供应链运作管理特点。

（1）供应链战略规划。巴斯夫的供应链体系紧紧围三个核心要素，即精益、能力、敏捷展开，着力塑造巴斯夫供应链的竞争力：提高对客户订单的响应性、适应客户多变的灵活性、获得良好的成本/效益性。

（2）供应链体系内的共享服务。巴斯夫设立了一个服务交付部门，专注于物流整合管理，把包括运输管理、客户服务、进口/出口管理以及海关与外贸在内的物流进行统一运作，为不同的单元供应链提供共享的资源。巴斯夫通过多个供应链共享服务计划，提高了流程效率，从而改善了客户体验、成本和敏捷性。更确切地说，巴斯夫进一步整合了客户服务活动、统一流程和增强客户服务人员的能力。相关的服务文化转型计划让员工参与进来，使绩效和客户满意度明显提高。

（3）供应链领导力。领导供应链需要出色的能力。除了在运输、仓储、库存管理和生产规划方面具有明显的职能专长外，巴斯夫认为现代供应链领导者还需要具备强大的商业敏锐度、面向全球的眼光、专业技术以及有影响力的领导技能，能够承担起管理供应链的责任。

（4）合作共赢。无论是上游的供应商还是下游的客户，巴斯夫始终将其视为自己的合作伙伴，利用自己的优势，延伸供应链管理范围，帮助供应链上的合作伙伴成长。巴斯夫在全球的原材料供应商有6 000多家，除了经济层面的合作外，巴斯夫还致力于将供应链的价值“升华”。其中，“1+3模式”便是巴斯夫创造的一种带动中小企业共同成长，以履行社会责任，实现共赢的新商业模式。所谓“1+3模式”，就是以巴斯夫为核心，吸纳客户、供应商和物流服务提供商，组成一个团队。通过供应链传递巴斯夫优秀的社会责任理念，并以最佳范例、专业知识以及量身定制的解决方案指导合作伙伴。之后，这3个受益的公司再分别将此模式复制到它们各自的另外3家商业合作伙伴身上。通过各种与供应商实现共赢的方式，巴斯夫一方面巩固了彼此的信任度，加强了长期战略合作伙伴关系，另一方面大大提升了合作伙伴的专业水平和社会责任感，产生了企业与社会共赢的更高价值。

资料来源：根据BASF: A Story of a Supply Chain Leader（Lora Cecere，*Supply Chain Shaman*，2017）、《巴斯夫：供应链上的“点金术”》《中国石油报》（2012年10月18日）及其他材料改编。

提示问题：一个一体化的、协调的供应链“超级组织”具有对客户需求变化的高度应对能力，能迅速支持一个企业的快速发展。请你根据该案例给出的信息，谈一下在供应链体系构建时要考虑哪些因素才能达到此目的。

参考文献与延伸阅读

[1] BOOTH R. The Role of Supply Chain Re-engineering in the Pharmaceutical Industry[J]. Logistics Information Management, 1996, 9(3):4-10.

[2] LEWIS J G,NAIM M M. Benchmarking of Aftermarket Supply Chain[J]. Production Planning and Control, 1995, 6(3):258-269.

[3] TOWILL D R. Industrial Dynamics Modeling of Supply Chain[J]. International Journal of Physical Distribution & Logistics Management, 1996, 26(2):23-43.

[4] FISHER M L. What Is the Right Supply Chain for Your Product[J]. Harvard Business Review, 1997 (March-April):105-116.

[5] 周文勇，田蕾.基于供应链的虚拟企

业 [J]. 物流技术与应用，1999(4).
[6] 陈一鸣，高阳，单汨源 . 动态联盟企业的组织建立过程研究 [J]. 制造业自动化，2001(10):4-7.
[7] PRAHALAD C K, HAMEL G. The core competence of the corporation[J]. Harvard Business Review, 1990(May-June):1-15.
[8] KUMAR N.The Power of Trust in Manufacturer Retailer Relationships [J].Harvard Business Review, 1996(November-December):92-106.
[9] 杨家本 . 系统工程概论 [M]. 武汉：武汉理工大学出版社，2002.
[10] NEW S J. A Framework for Analyzing Supply Chain Improvement [J]. International Journal of Operation & Production Management, 1996, 16(2):19-34.
[11] CHOPRA S, MEINDL P. Supply Chain Management: Strategy, Planning, and Operation [M]. New Jersey: Prentice Hall Press, 2013.
[12] SINGH J.The Importance of Information Flow within the Supply Chain [J].Logistics Information Management, 1996,9(4):28-30.
[13] HARLAND C. Supply Chain Operation Performance Roles[J]. Integrated Manufacturing System, 1997, 8(2):70-78.
[14] SHAPIRO B, RANGAN V K, SVIOKLA J J. Staple yourself to an order[J]. Harvard Business Review, 1992(July-August):113-122.
[15] CHIKAN A. Integration of Production and Logistics: in Principle, in practice and in education[J].International Journal of Production Economics, 2000(69):129-140.
[16] 陈继祥，霍沛军，王忠民 . 超竞争下的企业战略协同 [J]. 上海交通大学学报（社会科学版），2000(4):86-89.
[17] 王蔷 . 战略联盟内部的相互信任及其建立机制 [J]. 南开管理评论，2000(3):13-17.
[18] HOPP W J. Supply Chain science[M]. New York：McGraw Hill, 2008.
[19] LAMBERT D M. Supply Chain Management: Processes, Partnerships, Performance[M]. FL: Supply Chain Management Institute, 2006.
[20] BOWERSOX D, et al,. Supply Chain Logistics Management[M].3rd Edition. New York: McGraw Hill, 2007.
[21] WILSON R. 24th Annual State of Logistics Report[R]. Washington DC: National Press Club, 2013.
[22] RAVINDRAN A R, WARSING D P. Supply Chain Engineering: Models and Applications [M]. Boca Raton: CRC Press, 2013.
[23] 姜宏锋 . 决胜供应链：VUCA 时代企业打造供应链竞争利器的实践 [M]. 北京：中国人民大学出版社，2019.

第4章　供应链运作的协调管理

本章重点理论与问题

在供应链的日常运行中，供应链上的企业之间发生着频繁的工作流、物料流、资金流、信息流的交换，它们之间运作的协调性对供应链的整体绩效影响很大。但是，供应链管理的目标不可能通过一般的行政管理手段加以实现，因为企业和企业之间并不存在隶属关系，它们在法律上是平等的，不可能依靠以行政命令为前提的管理，只能通过共享利益来调控。因此，为了提高企业乃至整个供应链的竞争力，供应链成员需要通过一定的机制来协调各种运作决策。近几年来，"供应契约"已成为供应链成员协调各种决策活动的基本手段。本章首先简单介绍几种较为常见的供应链运作失调现象，分析其产生的原因；然后讲述了缓解供应链运作失调现象的主要手段及方法，并针对提高供应链运作的协调性详细阐述了基于供应契约的协调机制；最后详细介绍了常见的供应契约及其在供应链中的作用。

4.1　供应链协调问题

在前面几章曾经谈到，供应链竞争力的来源之一就是对供应链的管理水平，其中主要就是协调管理。传统上，自发运行的供应链往往会出于多方面原因而处于失调状态。首先，供应链成员之间的目标不一致会造成供应链失调；其次，供应链与外部环境之间、供应链内部成员之间的信息往往是不对称的，也会由于缺乏系统外部信息或系统内部信息而产生外生风险，同时还会由于成员隐藏行动或隐藏信息而产生内生风险；最后，各成员为了实现自己的利润最大化目标，采取的决策往往与供应链整体利益最大化不一致。凡此种种，都会使供应链的运作不能协调一致，由此产生了种种不协调现象。很显然，如果不解决好供应链的协调运作问题，就不可能实现供应链管理的终极目标。

因此，分析供应链运作失调现象及其产生的原因，给出供应链运作失调的解决方法，对供应链管理者来说具有重要价值。下面，对几种常见的供应链运作失调现象做简要介绍。

4.1.1　供应链中的需求变异放大现象

需求变异放大现象也被很多人称为"**长鞭效应**"（bullwhip effect）。需求变异放大现象是对需求信息在供应链传递中被扭曲的现象的一种形象描述。其基本含义是：当供应链的各节点企业只根据来自其相邻的下级企业的需求信息做出生产或供给决策时，需求信息的不真实性会沿着供应链逆流而上，使订货量逐级放大。当订单信息传递到源头供应商时，其获得的需求信息和实际消费市场中的客户需求信息发生了很大的偏差：需求变异效应将实际需求量放大了。由于存在订单需求放大效应，因此上游供应商往往比下游供应商维持更高的库存水平。这种现象反映出供应链上需求的不同步。图 4-1 显示了需求变异放大现象的原理和过程。如果将供应链上不同环节的订单信息变化曲线从市场端到供应商端依次首尾相连，连接起来的图形很像美国西部牛仔使用的赶牛的长鞭，所以被形象地称为“长鞭效应”。

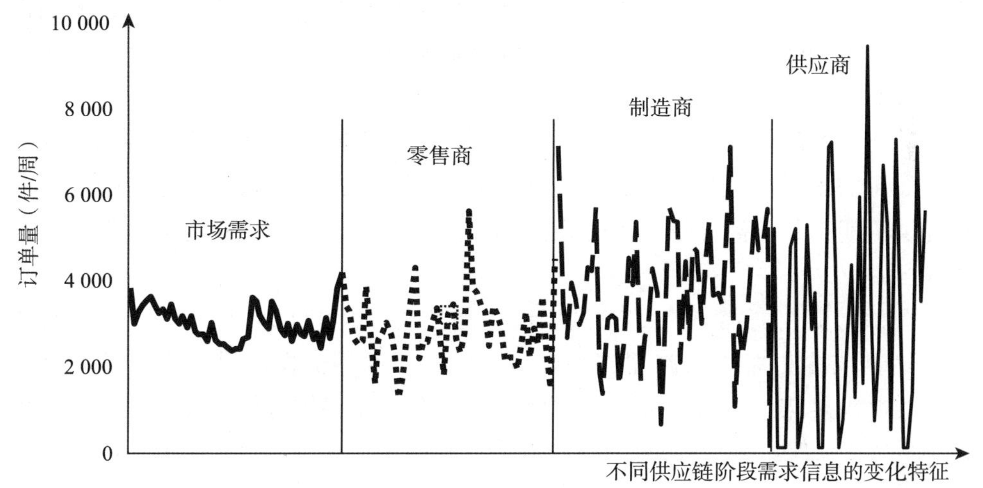

图 4-1　需求变异放大现象示意图

需求变异放大现象最先由宝洁公司发现。宝洁公司在一次考察该公司最畅销的产品——一次性纸尿裤的订货规律时，发现零售商销售的波动性并不大，但当它考察分销中心向宝洁公司的订货时，惊奇地发现波动性明显增大了。有趣的是，当它进一步考察自己向其供应商（如 3M 公司）的订货时，它发现订货的变化更大。除了宝洁公司外，其他公司（如惠普公司）在考察其打印机的销售状况时也曾发现这一现象。

实际上，早在 1958 年，弗雷斯特（Forrester）就通过对一个具有四个环节的渠道的研究，揭示了这种工业组织的动态学特性和时间变化行为，发现其各自的决策行为导致需求信息被扭曲和放大了。在库存管理的研究中，斯特曼（Sterman）1989 年通过一个“啤酒分销游戏”验证了这种现象。在实验中，有四个参与者，他们形成了一个供应链，各自独立进行库存决策而不和其他成员进行协商，决策仅依赖其毗邻成员的订货信息。斯特曼把这种现象解释为供应链成员的系统性非理性行为的结果，或称为“反馈误解”。

人们已经对需求变异放大现象进行了深入的研究，将其产生的原因归纳为以下几个方面。

（1）需求预测修正。需求预测修正是指当供应链的成员采用其直接的下游订货数据作为市场需求信号时，就会产生需求变异放大现象。举一个简单的例子，当库存管理人员需要决定向供应商的订货量时，可以采用一些简单的需求预测方法，如指数平滑法。在指数平滑法中，未来的需求被连续修正，这样，送到供应商手中的需求订单反映的是经过修正的未来库存补给量，为保险起见，经过修正的订货量都是比较大的。

（2）产品定价策略导致订单规模的变动性。产品的定价策略可以分为两种情况。一种是批量折扣。批量折扣极有可能扩大供应链内订单的批量规模，进而引起供应链上各阶段库存尤其是安全库存的增加。另一种则是由于批发、预购、促销等因素引起的价格波动。如果库存成本低于由于价格折扣所获得的利益，那么销售人员当然愿意预先多买，这样订货就不能真实反映需求的变化，从而产生需求变异放大现象。

（3）分摊订货成本。由于订货成本及运输的固定成本很高，同时供应商提供批量折扣的优惠，因此下游企业可能大批量订购产品以分摊订货成本。当大批量订购的产品大大超出需求扩张量时，订单的变动性就会在供应链内被放大，使订单量的变动比需求量的变动更加不稳定。

（4）补货供给提前期太长。因为补货企业发出订单时，会将两次供货期间的需求计算在内，如果需求的偶然性变动被误认为是一种增长（减少）趋势，订单的变动性将更大。补货供给期越长，被计算在内的预测的需求将越多，变动也将更大，需求变异放大现象就越强。

（5）短缺博弈。高需求产品在供应链内往往处于短缺供应状态。这样，制造商就会在各分销商或零售商之间调配这些产品的供给。通用的做法是：当需求大于供应量时，理性的决策是按照用户的订货量比例分配现有的库存供应量。比如，当总的供应量只有订货量的 50% 时，合理的配给办法就是所有的用户获得其订货量的 50%。此时，用户为了获得更大份额的配给量，会故意夸大其订货需求。当需求下降时，订货又突然消失。这种由于个体参与的组织的完全理性经济决策导致的需求信息扭曲最终使需求变异放大。

4.1.2 曲棍球棒现象

1. 曲棍球棒现象实例

某国际著名食品公司在中国的生产厂年产饮料 20 多万吨，产值约为 5 亿元。与其他快速消费品一样，该企业采用备货型生产方式组织生产，其生产的产品主要在湖北省销售。产品按不同的品牌和包装计算。该企业共有 20 多种规格的产品，不同的包装规格可以按照统一的容量标准换算为标准箱。该企业将销售区域按地理位置进行了划分，并指定不同销售人员负责特定区域，每个区域一般有几个到十几个经销商。该企业与行业内的其他企业一样，为了激励经销商多从本企业进货，出台了根据经销商每月累计订货量向其提供一定返利的政策。双方事先通过销售契约约定了一个目标订货量，经销商的累计订货量必须达到或超过这个数量，才能拿到相应的返利。企业采用 4-4-5 的统计方式（即每季前 2 个月按 4 周计，第 3 个月按 5 周计）。

为了便于分析，这里将该厂 2018 年和 2019 年日销售出库量按时间序列绘成了曲线图，如图 4-2 所示。

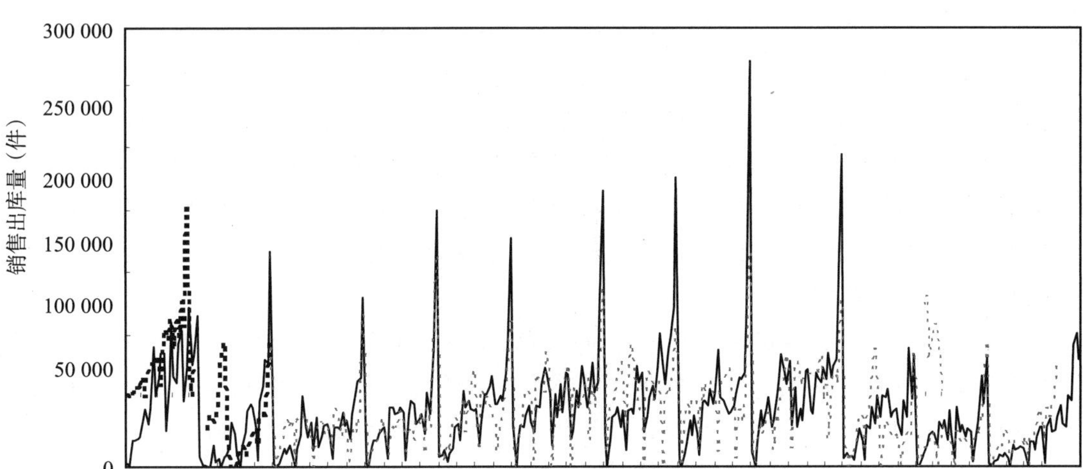

图 4-2 2018 年和 2019 年某公司全年每日销售出库量变化趋势图

从图 4-2 可以看出，每月月初产品的出库量很低，月中逐步增加并达到相对均衡，月底的出库量则急剧增加。因为图 4-2 中出库量的图形就像曲棍球运动中击球杆的形状，所以被形象地称为**曲棍球棒现象**（hockey stick effect）。

2. 曲棍球棒现象对企业运营的影响

曲棍球棒现象的存在给企业的生产和物流运作带来了很多负面的影响。首先，在这种情况下，企业在每个考核周期的期初几乎都收不到经销商的订单，而在临近期末的时候订货量又大幅增加。对运用备货型生产模式的企业来说，为了平衡生产能力，必须按每期的最大库存量而非平均库存量建设或租用仓库，从而使企业的库存费用比需求均衡时高很多。其次，这种现象的存在使企业的订单处理能力、物流作业人员和相关设施、车辆在每个考核周期的期初因订单太少而处于闲置状态，造成能力浪费。而到了期末，由于订单出库量剧增，甚至超出正常工作能力的限度，所以厂内搬运和运输的车辆不停运转。但有时还是短缺，即使拼命加班也处理不完。这时，企业为了按单出货，不得不向外部寻求支援。无论出现哪一种情况，企业都必须付出额外的加班费和物流外援费用，不仅费用上升，由于订单太多，工作人员的差错率也大幅增加，送货延误的情况也时有发生，企业的服务水平显著降低。对运用按订单生产和准时制生产模式的企业而言，曲棍球棒现象的危害更大，甚至会影响到部分经销商对某些产品的正常需求，从而导致部分终端客户的流失。

3. 曲棍球棒现象产生的原因

站在供应链整体运作的视角来分析产生曲棍球棒现象的原因，可以发现有两种主要因素。

一是企业内部对销售人员的激励机制导致的曲棍球棒现象。较早研究这种现象的是以李效良教授等人为代表的一批学者。在考察产生曲棍球棒现象的原因时，他们认为企业对销售人员的周期性考评及激励政策造成了这种需求扭曲的现象。在企业的营销系统中，为了激励销售人员努力工作，通常会对他们规定一个固定工资和一个销量目标，如果销量超过了这个目标，就能够拿到奖励的佣金，超出目标越多，拿的佣金也越多。如果销量在目标以下，就只能拿固定工资。销售人员非常精明，他们在考核期限未到时，会看看不努力能够卖多少，如果什么都不干就能达到目标当然是最理想的。但是快到期末的时候，他们就会觉得不努力不行，如果离目标还有一定的距离，他们就会拼命地干。大家都拼命地干，订单就会增多。

二是除企业对销售人员的激励机制外（这属于企业内部管理问题），曲棍球棒现象的产生还有更为重要的影响因素。企业管理者为了促使经销商长期购买本企业的产品，在与经销商合作的方式上，普遍采用**总量折扣**（volume discounts）的价格政策，即经销商在一个月内的订货总量达到或超过双方事先约定的数量（通常这个量比较高），企业可以给经销商额外的返点奖励。实证研究和案例分析发现，这种促销政策是造成曲棍球棒现象的一个重要原因，甚至可以认为是产生曲棍球棒现象的根源。比如，在一个月的交易中，在月初和月中这段时间，经销商的订单都比较正常，基本上根据其所在区域的市场销售情况向企业下达采购订单。但是，经销商也清楚，如果将每日的出货量在月末累加，其订单总量一般是很难达到能够获得企业返利的水平的。因此，经销商为了能够拿到总量折扣，就会在月底那一两天增加订货量，直到达到总量折扣要求的水平。这就是在图 4-2 中月底的出库量远高于月内其他时间的原因。特别是在近 10 年，基于买方在某一固定周期（月、季、年）的累计购买量的折扣方式越来越流行。在快速消费品行业，这种价格政策更为普遍。

实际上，基于总量折扣的价格政策并不能增加终端客户的实际需求。经销商增加的订货量大部分被积压在渠道中，延长了终端客户购买产品的货龄，从而使消费者的福利受损，并增加了供应链的总成本及供应链成员的经营风险。另外，如果经销商的库存太多，或者产品临近失效期，通常会采取两种措施：一是折价销售，这种方式会对市场造成冲击；二是迫使企业退货或换货，从而形成逆向物流，增加公司与经销商处置产品的费用。从长远来看，这两种措施的结果对企业和经销商的正常经营与利润都不利。

由于曲棍球棒现象出现在企业与经销商之间的业务交易过程中，因此可以认为这也是一种供应链不协调的现象。

4.1.3 双重边际效应

在影响供应链协调运作的问题中，更为隐蔽的一种是**双重边际效应**（double marginalization）。

双重边际效应是供应链上下游企业为了谋求各自收益最大化，在分散的、各自独立决策的过程中确定的产品价格高于其生产边际成本的现象。与前面介绍的两种很明显的不协调现象不同，双重边际效应是一种更加隐蔽的供应链不协调现象。如果供应链上的企业各自为政，每个企业都从自身利益出发开展供应链业务进程，会影响供应链总体收益。例如，如果下游企业（如零售商）的定价过高，必然会造成市场需求萎缩，供应链总体收益下降，致使供应链达不到整体协调。事实上，早就有学者发现了双重边际效应。1950年，斯彭格勒（Spengler）发表了一份研究报告，指出零售商在制定库存订货决策时并不考虑供应商的边际利润，因此批量很小，达不到优化的水平。

企业个体利益最大化的目标与整体利益最大化的目标不一致，是造成双重边际效应的根本原因。从另外一种意义上讲，就是分散决策、风险单边转移导致的双重边际效应，如图4-3所示。

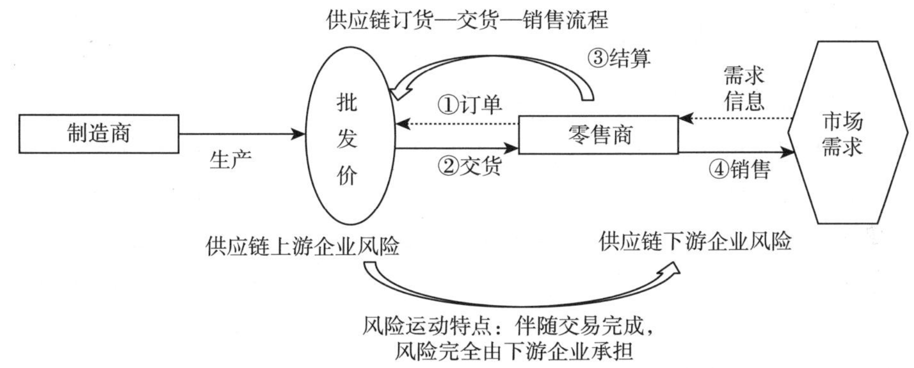

图4-3　供应链分散决策及风险特点

图4-3描述的传统供应链决策过程是：首先，供应链上的零售商根据市场需求情况做出订货决策并向制造商发出订单；其次，制造商生产出产品并按批发价交货，同时与零售商进行结算，此时物权就转移到了零售商处；最后，零售商努力将产品卖出去，因为若到了销售周期期末仍没将产品卖出去，则只能当作废品处理掉，这将给零售商带来超储损失。上述供应链运作流程表明，当制造商根据零售商的订单按期交货并结算以后，自己的收益就得到了保证，至于零售商的订货量是多了还是少了、是缺货还是积压过多，则都是零售商要承担的风险。零售商为了自己的利益，在下订单时是按照自身风险最小的原则行事的，绝不会为了整个供应链利益最大化而承担全部的风险。

为了减弱双重边际效应，就要努力提高供应链的协调性，尽可能消除不协调因素的影响，使整个供应链的收益达到最大化，使每个参与者都能获得更大的收益。

实现供应链的协调运作是供应链成功的关键。供应链的协调并不是以牺牲某一个体的利益来提高其他个体或系统的利益，而是以实现双赢乃至多赢为目标，至少要使改变合作模式后的个体或系统的利益不低于之前合作模式下的利益，也就是要实现帕累托改进。

作为一种能够实现供应链协调的有效机制，**供应契约**（supply contract）得到了广泛的研究。帕斯特纳克（Pasternack）比较早地提出了契约的概念，他使用单周期报童模型研究了回购契约，指出当供应商允许零售商获得部分退款返回过剩产品时，可以在一定程度上实现渠道的协调。随着对契约关注的日益增加，越来越多的学者以帕斯特纳克的研究为基础，希望在供应链上下游之间通过协商达成最佳（或满意）的契约参数，设计合理的供应契约形式实现供应链的协调，从而有效地解决“双重边际效应”和“长鞭效应”等，在最大化供应链的整体利润的同时，优化供应链绩效。

供应链运作不协调的现象还有很多，如供应链上的供应物流不能协同配套供应、零售商不能提高最终用户的体验等，这里就不一一阐述了。从上述三种现象就可以看出，如果不能很好地解决这些问题，供应链管理的绩效水平会大打折扣，进而影响人们实施供应链管理的信心。

4.2 提高供应链协调性的方法

4.2.1 缓解“长鞭效应”的方法

1. 提高供应链企业对需求信息的共享性

需求扭曲来源于多级供应链需求信息的传递，每一个节点企业的预测需求均成为上游节点企业订货决策的放大因子，并且具有累积效应。消除需求信息扭曲的方法是供应链上的每一个节点企业必须在自身的需求中排除下游节点企业订货决策对上游企业的影响，这就要求供应链上的每个节点企业只能根据最终产品市场的实际需求进行自身的需求预测，此时消费者市场的实际需求信息必须被供应链的每一个环节所共享。

2. 科学确定定价策略

解决由价格折扣导致的“长鞭效应”，要求供应商采取每天低价策略和分期供应契约策略，前者通过价格的持续性，后者通过供货的阶段性来抑制市场价格的波动，减少“长鞭效应”对上游企业的影响。

供应链聚焦

Costco是全球最大的连锁会员制仓储量贩超市。2019年8月27日，Costco在上海闵行区正式开张，吸引了大量消费者前往体验全球最大的连锁超市的经营策略。Costco的经营理念是：以最低的价格提供给顾客高质量的商品和服务。

Costco大部分商品从制造商处直接采购，所销商品的毛利率维持在14%以下，以价格平进平出的优质商品获得消费者黏性。财报显示，Costco 2018年的毛利率为11.04%，而沃尔玛2018年的毛利率为24.7%。为了压缩运营成本，Costco的另一个关键策略便是控制SKU。例如，上海闵行店只有3 400个SKU，每一个品类只有两三种“爆款”产品，而竞争对手沃尔玛等大型超市则拥有近10万个SKU。正是由于Costco采取独到的平价策略，打消了传统的一波又一波促销引起的订单波动，才使得它可以平准化商品的采购与销售，进而控制整个供应链的协调运转。

资料来源：根据媒体报道（http://baijiahao.baidu.com/s?id=1643153052205194489 & wfr=spider & for=pc）编写。

3. 提高运营管理水平，缩短提前期

企业在传统运作方式下通过确定经济订货量来降低成本，而订货提前期对库存相关成本的影响是很大的。缓解因批量订购而出现的“长鞭效应”的影响，缩短订货提前期是关键。这对供应链管理提出了新的要求。一是要求需求方增加订货次数，以最低的订货成本快速地将需求传递给供应商。通常可以通过 EDI 技术或订货看板技术来实现，但应用这些技术的前提条件是：组成供应链系统的企业具有基于网络信息的伙伴关系，供应链是稳定的战略联盟。二是要求小批量的物流传递通过低成本来完成，实现的方法只能是通过第三方物流的配送优化系统。在引入第三方物流企业后，存储成本是可以减少甚至消除的。第三方物流企业通过供应链及时、准确、高效的配送体制，使供应链节点企业实现最低库存，从而大大降低成本。

4. 提高供应能力的透明度

现代供应链企业应通过共享生产能力与库存信息，采取风险共担、利益共享的策略来应对供应短缺所导致的“长鞭效应”。实际上，这种策略最终会导致联合管理库存的出现。联合管理库存强调多方同时参与，共同制订库存控制计划，使供需双方能相互协调，使库存管理成为供需双方连接的桥梁和纽带，从而缓解“长鞭效应”。

5. 建立战略合作伙伴关系

通过实施供应链战略合作伙伴关系可以消除“长鞭效应”。供需双方在战略联盟中相互信任，公开业务数据，共享信息和业务集成。这样，相互都能了解对方的供需情况和能力，避免了短缺情况下的博弈行为，从而减少了产生“长鞭效应”的机会。

4.2.2 缓解曲棍球棒现象的方法

为了消除价格折扣导致的曲棍球棒现象，李效良教授等人建议最好的办法就是宝洁公司的天天低价。然而，由于商业模式的惯性和市场不成熟，目前在快速消费品行业，基于总量的价格折扣方式仍然盛行，很少有企业运用天天低价的政策。为了解决这个困扰许多企业的难题，这里结合某些企业的实践，提出了一种可行的解决方案。在快速消费品行业企业通常会经营不同品牌和不同包装规格的多种产品。为了消除曲棍球棒现象，平衡物流，企业可以采用总量折扣和定期对部分产品降价相结合的方式。假定企业向经销商提供两种规格的产品，当经销商的两种产品月累计进货量达到一定的数量以后，企业根据该数量向经销商提供一定的返利，即总量折扣的价格政策。在具体运用这个政策时，企业可以适当降低返利率，然后在考核周期的初期降低其中一种产品的转让价格，在期中再将其价格调高。在这种政策下，经销商为了投机，会在期初多订降价产品，而在期末为了拿到返利增加另一种产品的进货，期中则进行正常补货，其订货量将变得相对均衡，从而缓和企业出库中的周期性曲棍球棒现象，使销售物流更为平稳，以减轻企业库存和物流的压力，提高物流运作的效率和效益。这种方式还能够使经销商在不同时期的订货比较单一，可以减少双方处理订单的工作量，增加企业单品的生产批量，从而提高生产的规模效益，减少转产的频次。

除了以上方法之外，企业还可以对不同的经销商采用不同的统计和考核周期，从而让经销商的这种进货行为产生对冲，以缓和企业出货中的曲棍球棒现象。企业通过延长考核周期可以减少曲棍球棒现象出现的频率，通过缩短考核周期可以降低出库波动的幅度。此外，通过与经销商共享需求信息和改进预测方法，企业能够更准确地了解经销商的外部实际需求，从而在设计折扣方案时，尽可能让折扣点与经销商的外部需求一致或略高，这样做也能够缓和曲棍球棒现象。当然，最好的方法是，企业能够根据每期经销商的实际销量提供折扣方案，但由于信息不对称，企业很难了解经销商的实际销售情况，或需要付出很大的人力和物力去调查及统计数据，可能会得不偿失。

4.3 供应链协调运作的激励机制

4.3.1 供应链激励问题

上一节提出了缓解长鞭效应、曲棍球棒现象等对供应链的不良影响的主要措施，这些措施对提高供应链运作的协调性具有重要的意义。但是，供应链管理的理论与实践研究证明，即使减少了长鞭效应或曲棍球棒现象对供应链的不利影响，也并不能保证供应链整体绩效实现最佳收益。在大多数情况下，供应链成员总是先关心如何优化企业自身的绩效，然后才去考虑供应链的整体绩效，这种自我优化意识导致了供应链的低效率与不协调。双重边际效应就是这一现象的表现。因此，如何消除双重边际效应的影响，就成了在解决长鞭效应和曲棍球棒现象基础上的另一项重要任务。解决双重边际效应需要供应链企业间的合作和信息共享。但是，由于在供应链成员之间缺乏组织机构进行有效的监督，所以传统的控制机制无法在供应链管理中发挥作用，不能通过行政手段解决双重边际效应问题。在这种情况下，只能通过在供应链企业间建立激励机制，以保证成员企业间形成更紧密的战略合作伙伴联盟，合作伙伴共担风险、共享收益，企业利益与供应链的整体目标协调一致，从而提高供应链的整体竞争优势。

下面考虑一个简单的单周期库存下的供应链系统。该系统由一个制造商和一个零售商组成，如图 4-4 所示。制造商生产的产品按 122 元 / 件批发给零售商，该产品的市场零售价格为 200 元 / 件。如果零售商订货过多，在销售期末每一件没有卖出去的产品只能按 18 元 / 件的残值价格处理掉。制造商的生产成本为 40 元 / 件。市场对该产品的需求概率分布如表 4-1 所示。

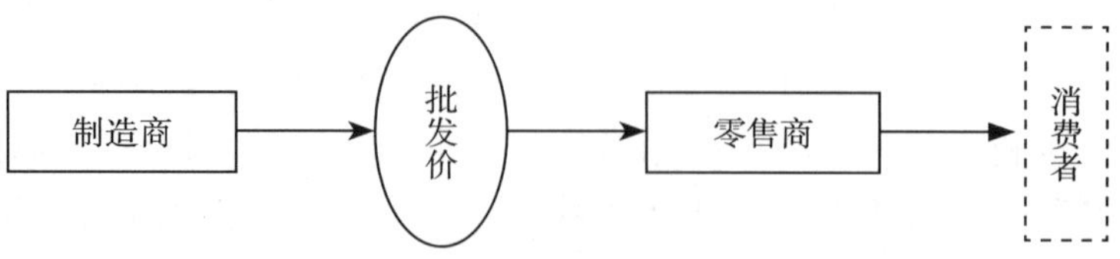

图 4-4 由一个制造商和一个零售商组成的供应链

表 4-1 市场需求概率分布

需求量（件）	概率	需求量（件）	概率
300	0.00	500	0.04
400	0.01	600	0.10

（续）

需求量（件）	概率	需求量（件）	概率
700	0.20	1 100	0.05
800	0.25	1 200	0.01
900	0.22	1 300	0.00
1 000	0.12		

熟悉库存控制模型的读者很容易发现，这实际上就是一个报童模型决策问题。在这里，先考虑在传统的批发价交易模式下（也有人称其为批发价契约）供应链的决策模式。

传统的模式是一种分散决策过程：①零售商根据市场需求确定一个订货量；②向制造商下达订单；③制造商按批发价交付；④零售商按零售价销售，最后计算各自的利润。

符号设定⊖：

p——单位产品零售价格；

w——制造商的单位产品批发价，即零售商的进货价格；

c——制造商的单位生产成本；

s——剩余库存单位产品残值，设定 $p>w>c>s\geqslant 0$；

μ——需求期望值；

σ——需求标准差；

Q——订购量；

C_u——订货不足（缺货）成本；

C_o——订货过量（超储）成本；

$F(Q)$——分布函数；

$\Phi(Q)$——标准正态分布函数；

$L(Q)$——损失函数；

$L(z)$——标准正态损失函数。

对零售商：

当需求预测为期望值 μ、标准差 σ 的正态分布时，其期望利润最大化的订货量为 Q

$$\Phi(Q)=\frac{C_u}{C_o+C_u}$$

根据 $\Phi(Q)$ 查找标准正态分布表对应的 z 值：

$$z=\frac{Q-\mu}{\sigma}$$

$$Q=\mu+\sigma z$$

然后计算：

华章文渊·管理学系列

⊖ 详细内容可参考杰拉德·卡桑和克里斯蒂安·特维施所著的《运营管理：供需匹配的视角》(原书第2版)。

$$期望销售损失 = \sigma \times L(z)$$ ⊖

$$期望销售量 = \mu - 期望销售损失$$

$$期望售后剩余库存 = Q - 期望销售量$$

最后可得：

$$期望利润 = (p-w) \times 期望销售量 - (w-s) \times 期望售后剩余库存$$

本例计算结果如下：

根据表 4-1 的数据，计算出市场需求的期望值 μ 为 809，标准差 σ 约为 155.6。对于零售商而言，多订购一件产品存在超储风险，第 Q 件产品的期望损失为 $C_o \times \Phi(Q)$，其中，$\Phi(Q)$ 为需求的标准正态分布函数，即需求小于等于 Q 的概率。

当制造商与零售商之间按批发价模式交易时，零售商的超储成本与缺货成本如下：

$$C_o = w - s = 122 - 18 = 104（元/件）$$

$$C_u = p - w = 200 - 122 = 78（元/件）$$

从而

$$\Phi(Q) = \frac{C_u}{C_o + C_u} = 78/(78+104) = 0.428\,6$$

得

$$z = -0.18$$

所以，零售商最优订货量为

$$Q = \mu + \sigma z = 809 + 155.6 \times (-0.18) \approx 781（件）$$

查标准正态损失函数 $L(z) \approx 0.495$，则

$$期望销售损失 = \sigma \times L(z) \approx 77（件）$$

$$期望销售量 = \mu - 期望销售损失 = 809 - 77 = 732（件）$$

$$期望售后剩余库存 = Q - 期望销售量 = 781 - 732 = 49（件）$$

最后可得：

$$零售商期望利润 = (p-w) \times 期望销售量 - (w-s) \times 期望售后剩余库存$$

$$= (200-122) \times 732 - (122-18) \times 49 = 52\,000（元）$$

$$制造商利润 = (w-c) \times Q = (122-40) \times 781 = 64\,042（元）$$

$$供应链总利润 = 零售商期望利润 + 制造商利润 = 52\,000 + 64\,042 = 116\,042（元）$$

批发价契约的特征是，当制造商以一定的批发价将产品交付给零售商后，制造商的收益就得到了保证，因为一旦产品出厂以后，所有权就属于零售商，至于能否销售出去，制造商是不会关心的。由于这种批发价交易机制只能保证供应链上游企业的利益，风险都集中到了零售环节，因此，零售商为了保证自己的利益，在向制造商订货时，就会按照最有利于自己的订货策略发出订单。如本例，根据以上数据，不难看出，在零售商订货决策的临界状态，如果零售商多订一件产品并卖出去了，他的收益是 78 元；但如果多订一件产品且没有卖出去的话，他的损失是 104 元。如果我们假定销售出去与否的概率相同，零售商的期望风险将大于期望收益。于是，零售商就会把订货的数量向减少一件

⊖ 在标准正态损失函数表中查找该 z 统计值。

的方向移动，那么整个供应链也就少一件产品带来的收益。

站在制造商的角度，它一定希望零售商尽可能多地订货，但是，在传统合作机制下，零售商没有任何动力使自己冒着承担整个供应链的风险增加订货量。制造商应该如何说服零售商尽可能多地增加订货量呢？这就需要有一个对零售商进行激励的机制，这就是供应链协调运作的激励问题。

4.3.2　基于回购契约的激励模式

仍以上面的例子为讨论对象。现在，制造商向零售商提出了一个激励机制。它向零售商承诺，如果零售商增加了订货量但没有销售出去，制造商会以 78 元 / 件的价格将未销售出去的产品回收。这时，零售商的考虑是什么呢？它会分析，如果多订购一件产品并且销售出去了，那么他的收益为 78（=200−122）元，而如果多订购一件产品但没有销售出去，他的损失是 44（=122−78）元。假定销售出去与否的概率仍然相同，显然此时零售商的期望收益大于期望损失，它就会把订货的数量向增加一件的方向倾斜。这就是回购契约的基本思想。

当制造商与零售商之间建立了基于回购契约的交易机制时，供应链的收益情况为：

$$C_o=w-78=122-78=44\text{（元 / 件）}$$

$$C_u=p-w=200-122=78\text{（元 / 件）}$$

$$\Phi(Q)=\frac{C_u}{C_o+C_u}=0.639\,3$$

得

$$z=0.36$$

同理可得，最优订货量为

$$Q=\mu+\sigma z=809+155.6\times0.36\approx865\text{（件）}$$

查询标准正态损失函数 $L(z)=0.244\,5$，则

$$\text{期望销售损失}=\sigma\times L(z)\approx38\text{（件）}$$

$$\text{期望销售量}=\mu-\text{期望销售损失}=809-38=771\text{（件）}$$

$$\text{期望售后剩余库存}=Q-\text{期望销售量}=865-771=94\text{（件）}$$

$$\text{零售商期望利润}=(200-122)\times771-(122-78)\times94=56\,002\text{（元）}$$

$$\begin{aligned}\text{制造商利润}&=\text{期望销售量}\times(w-c)+\text{剩余库存}\times(w-c-78+s)\\&=771\times(122-40)+94\times(122-40-78+18)=65\,290\text{（元）}\end{aligned}$$

$$\text{供应链总利润}=\text{零售商期望利润}+\text{制造商利润}=56\,002+65\,290=121\,292\text{（元）}$$

因此相较于传统的批发价契约，回购契约零售商通过努力将产品销售出去了，不仅它的收益增加了，制造商的收益也随之增加，整个供应链的收益也增加了。这就是能够使供应链运行达到协调的回购契约。

为何回购契约具有这样的效果？实质上，制造商提出的回购策略（回购价 < 批发价）本质上是一种分担风险的行为。过去，按批发价完成交易后，产品不能完全销售出去的风险是由零售商承担的，如有未销售出去的产品形成存货，损失由零售商一方承担。而

采用回购的合作方式后，期末如有未出售的产品，制造商通过回购的方式承担了一部分风险。在这样的情况下，零售商就愿意增加订货量。这也是供应链基本理念的体现——风险共担、收益共享！

需要指出的是，采用回购契约时要注意科学合理地确定回购价格。回购价格设置得过高或过低都会影响回购契约的实施效果。

4.4 供应契约

4.4.1 供应契约的参数

随着对供应契约的研究日益重视，人们不断建立新的契约模型，深挖原有契约模型的潜在意义，并致力于将供应契约应用到实际管理中。

究其本质，对供应契约的研究离不开契约参数。通过设置不同的参数，可以构建出多种不同的供应契约模型。例如，在契约中研究超储库存的退货问题，就形成了回购契约；在契约中研究供应链利润的分配问题，即为利润共享契约。因此，以不同的契约参数为出发点，就能够以不同类型的供应契约为对象展开研究。

此外，契约参数的具体设定会影响到供应契约的作用。例如，数量折扣契约中折扣百分比的设计，最低购买数量契约中最低购买数量的确定，以及收益共享契约中利润分享参数大小的设定等，都会影响供应契约的效果。在供应链合作中，缔结供应契约的目标是优化供应链绩效，提高供应链竞争力，并确保契约双方共同获利。为了实现上述目标，必须在供应链合作双方的谈判过程中设计合理的契约参数，从而影响双方的行为和动机。

供应契约的参数设定必须对供应链节点企业起到激励和约束作用，以影响节点企业的行为，促进企业之间建立更紧密的合作，使节点企业通过致力于增加整个供应链的利润来提高自身的收益。契约参数问题是管理供应契约时要解决的主要问题，参数的设计已经成为供应契约中最为重要的一个环节。

一般而言，供应契约的参数有以下几种。

（1）决策权的确定。在传统合作模式下，契约决策权的确定并不是一个非常重要的因素，几乎每个企业都有自己的一套契约模式，并且按照该模式进行日常的交易活动。但在供应链管理环境下，供应契约决策权的确定发挥着相当重要的作用，因为在供应契约模式下，合作双方要进行风险共担以及收益共享。

（2）价格。价格是契约双方最关心的内容之一，可以表现为线性的形式（按比例增长或下降）或者非线性的形式。合理的价格使得双方都能获利。卖方在不同时期、不同阶段会有不同的价目表，一般都会随着订货量的增大和合作时间的延长而降低，以激励买方重复订货。

（3）订货承诺。买方一般根据卖方的生产能力和自身的需求量提出数量承诺。订货承诺大体有两种方式：一是最小数量承诺，二是分期承诺。对于单个产品，最小数量承诺意味着买方承诺其累计购买量必须超过某特定数量，即最低购买数量；对于多品种产品，最小数量承诺则要求买方购买金额超过某最低量，即最低购买价值。使用分期承诺时，买方会在每一个周期开始之前提出该期的需求量。

两种最小数量承诺方式有着明显的区别。从一定意义上说，前者给出总需求量，有利于卖方做好整个契约周期内的生产计划，然而一旦市场发生变化，绝大部分市场风险便转移到卖方身上。后者则要求买方在各个周期的期初给出当期的预计订货量承诺，进行了风险共担，使得卖方的风险有所降低，同时也迫使买方加强市场决策的有效性。

（4）订货柔性。任何时候买方提出数量承诺，卖方一般都会提供一些柔性，以调整供应数量。契约会细化调整幅度和频率。这种柔性包括价格、数量以及期权等量化指标。这样，一方面，卖方在完成初始承诺后，提供（或不提供）柔性决定的服务补偿；另一方面，买方也从中获得收益，当市场变动影响其销售时，就可以使用柔性机制来避免更大的损失。同时柔性也提供了强有力的约束，使合作双方在契约执行过程中，更多地考虑自身利益，改善经营，从而使两者长期都受益。

（5）利润分配原则。所有企业生产最根本的目的都是实现自身利润的最大化，因此，在设定契约参数的时候，利润分配原则通常是企业协商的重点。因此，在高度合作的情况下，如何能够维护合作双方自身的经济利益不受侵害，同时又可以尽可能扩大渠道利润，就成为利润分配所要考虑的问题。

供应契约往往以企业的利润作为建模的基础，在合作双方之间划分供应链的整体渠道收益就是利润分配问题。供应契约包括按什么原则进行分配，分配的形式是怎样的，以及如何设计利润分配的模型等。

供应链利润分配原则主要体现为收益共享和风险共担原则。在实际利润的分配过程中，供应链的核心企业起着决定性的影响，它在供应链成本、交易方式、利润激励等方面都有着举足轻重的作用。此外，核心企业对利润分配的态度还会影响其他企业对合作的积极性以及对供应链利润增值的贡献。

（6）退货方式。从传统意义上讲，退货似乎对卖方很不利，因为它要承担滞销产品带来的风险和成本。但事实上，实施退货政策能有效激励买方增加订货，从而扩大销售额，增加双方收入。从某种意义上讲，如果提高产品销售量带来的收入远大于滞销产品所带来的固定成本，或者买方有意扩大市场占有率，那么退货政策给卖方带来的好处就会远远大于其将要承担的风险。

（7）提前期。在质量、价格可比的情况下，提前期是买方关注的重要因素之一。提前期导致需求信息放大，产生“长鞭效应”，这对卖方而言也很不利。因此，有效地缩短提前期，不仅可以降低安全库存水平，节约库存投资，提高客户服务水平，很好地满足供应链时间竞争的要求，还可以减少“长鞭效应”的影响。

在传统的库存模型中，提前期或被设置为固定值，或用随机变量来表示。其实，将提前期作为变量来调整供应契约，能够为供应链带来收益。

（8）质量控制。在基于供应链的采购管理中，质量控制主要是由供应商进行的，企业只在必要时对质量进行抽查。因此，关于质量控制的条款应明确职责，还应激励供应商提高其质量控制水平。对供应商实行免检，是对供应商质量控制水平的最高评价。契约中应指出实行免检的标准和对免检供应商的额外奖励，以激励供应商提高其质量控制水平。

质量问题是买卖双方谈判的矛盾所在。对卖方而言，提高原材料或零部件的质量，则意味着成本的增加；对买方而言，只有在价格不变的前提下保障原材料或零部件的质量，才能提高成品的合格率，才能增加收益。为此，买方需要在契约的设计中，针对质量条款采取某些激励措施，如进行质量方面的奖励或惩罚等，以达到双赢的目的。

（9）激励方式。对节点企业的激励是使节点企业参与供应链的一个重要条件。为节点企业提供只有参与此供应链才能得到的利益是激励条款所必须体现的。此外，激励条款应包含激励节点企业提高质量控制水平、供货准时水平和供货成本水平等内容，因为节点企业业务水平的提高意味着业务过程更加稳定可靠，同时费用也会随之降低。

一般而言，有以下几种激励模式可供参考。

- 价格激励。高价格能增强企业的积极性，不合理的低价会挫伤企业的积极性。供应链利润的合理分配有利于供应链企业间的合作稳定和运行顺畅。
- 订单激励。供应链获得更多的订单是一种极大的激励，在供应链内的企业也需要更多的订单激励。一般来说，一个制造商拥有多个供应商。多个供应商竞争来自制造商的订单，获得较多订单对供应商是一种激励。
- 商誉激励。商誉是企业的无形资产，对于企业极其重要。商誉来自供应链内其他企业的评价和在公众中的声誉，反映了企业的社会地位（包括经济地位、政治地位和文化地位）。
- 信息激励。信息对供应链的激励实质上属于一种间接的激励模式，如果能够很快捷地获得合作企业的需求信息，企业就能够主动采取措施提供优质服务，必然会使供应链合作各方的满意度大大提高。这对在合作方建立信任有着非常重要的作用。
- 淘汰激励。为了使供应链的整体竞争力保持在一个较高的水平，供应链必须建立对成员企业的淘汰机制，同时供应链自身也面临着被淘汰的风险。

（10）信息共享机制。供应链企业之间任何有意隐瞒信息的行为都是有害的，充分的信息交流是基于供应链的采购管理良好运作的保证。因此，契约应对信息交流提出保障措施，例如规定双方互派通信员和每月举行信息交流会议等，防止信息交流出现问题。

综上所述，契约需要考虑的因素非常多。此外，在契约的签订过程中，还需要考虑众多复杂因素的一些动态的、不断重复的博弈过程。

4.4.2 几种常见的供应契约

如前所述，供应契约中有许多参数，将这些参数单独列出或者进行组合，就可以形成多种不同类型的供应契约。一般而言，较常见的供应契约包括以下几类。

（1）**回购契约**（buyback contract）。回购契约规定，在销售季末，零售商可以以一定的价格把未售出的产品全部退还给供应商。回购契约是一种在不确定性需求系统协调中常见的契约方式，它既是一种风险分担机制，又能起到激励订购的作用。回购契约的最大特点在于，它能够较灵活地消除随机需求下系统的双重边际效应。通过缔结回购契约，供应商与零售商共同分担市场风险，而刺激零售商订货的措施则能够提高其期望利润。

回购契约往往应用于生产周期较长而销售季节较短的商品交易中，它在时令商品

（如服装、图书等）市场中得到了广泛使用。

（2）**收益共享契约**（revenue sharing contract）。在这种契约中，供应商拥有货物的所有权，决定批发价格，而收益共享的比例则由零售商决定。对于每一件卖出的产品，零售商根据事先确定的收益共享百分比，从销售收入中扣除自身应当享有的份额，然后将剩余部分收益交给供应商。

（3）**数量折扣契约**（quantity discount contract）。该契约规定，在一定时期内，供应商根据零售商承诺购买的数量，按照一定的比例对价格进行调整。

数量折扣契约在实际交易中非常普遍，通常使用的方式有两种：全部单位数量折扣和边际单位数量折扣。当使用前者时，供应商按照零售商的购买数量，对所有产品都给予一定的价格折扣；而后者只对超过规定数量的部分给予价格折扣。研究发现，在确定性需求或者不确定性需求下，数量折扣适用于风险中性和风险偏好型的零售商。

（4）**最小购买数量契约**（minimum purchase contract）。在最小购买数量契约下，零售商在期初做出承诺，将在一段时期内向供应商购买至少一定数量的产品。通常供应商根据这个数量给予一定的价格折扣，购买产品的单位价格将随着数量的增加而降低。这种契约在电子产品行业尤为普遍。

最小购买数量契约与数量折扣契约有些类似，但不同的是，前者需要做出购买数量承诺，这种承诺并非一次性的，也可以是一段时期或者一个年度内的购买数量总和。

（5）**数量柔性契约**（quantity flexibility contract）。交易双方拟定契约，规定每一期内零售商订货量的波动比率。使用这种契约时，零售商承诺一个最小购买数量，然后可以根据市场实际情况，在最低和最高订货范围内选择实际的订货量。按照契约规定，供应商有义务提供低于最高采购数量的产品数量。这种方式能够有效地遏制零售商故意高估市场需求，从而导致供应链库存增多的不利现象。

（6）**带有期权的数量柔性契约**（flexibility quantity contract with option）。在这种契约模式下，零售商承诺在未来各期购买一定数量的产品，同时它还向供应商购买了期权。这种期权允许零售商可以在未来以规定的价格购买一定数量的产品，从而获得了调整未来订单数量的权利。

（7）**削价契约**（markdown contract）。这是一种经过改进的回购契约，供应商为了避免零售商将未售出的产品返还给自己，会采取一定的价格补贴措施，激励零售商继续保留那些未售出的产品。价格补贴虽然对供应商来说实施起来比较方便，但可能会给予零售商套利的机会，因此必须建立在买卖双方充分信任的基础之上。目前，价格补贴已经被广泛应用于IT产品的销售中。

价格补贴实质上是一种价格保护策略，是供应商分担零售商过剩库存风险的另外一种方式。它通过对期末未售出产品进行价格补差来实现，并经常应用价格递减方式实现短生命周期产品的协调。研究表明，价格补贴与回购有很大的相似性，也可实现供应链系统的协调，但针对多零售商时，会出现不能确保各零售商均参与契约的情况，主要原因在于价格补贴实现协调的条件与客户需求信息无关，仅与买卖双方的成本结构有关。

（8）**备货契约**（backup contract）。零售商和供应商经过谈判后，双方拟定契约为零售商提供一定的采购灵活性。备货契约的流程为：零售商承诺在销售旺季采购一定数量的产品，供应商按零售商承诺数量的某一比例为其保留产品存货，并在销售旺季到来之前发出所预存的产品。在备货契约中，零售商可以按原始的采购价格购买供应商为其保留的产品，并及时得到货物，但要为没有购买的部分支付罚金。

（9）**质量担保契约**（quality warranty contract）。质量问题构成了零售商和供应商谈判的矛盾。供应商知道自己的生产质量水平，拥有信息优势，而零售商却处于信息劣势。由于信息不对称，会产生两个问题：第一，供应商由于不具备提供某种质量水平的能力，可能会做出错误的质量承诺，零售商不能正确辨认供应商的能力，于是产生了错误选择；第二，供应商可能存在恶意的欺骗行为，导致了严重的道德问题。为了保证零售商和供应商自身的利益不受侵犯，并保证供应链绩效最优，签订契约的谈判双方必须在一定程度上实现信息共享，运用合作激励机制，设计质量惩罚措施，当供应商提供不合格产品时对其进行惩罚。

4.4.3 供应契约的作用

如前所述，供应契约的类型多种多样，尽管不少契约的理论模型与实际情况存在一定的距离，但其仍然能够为管理者提供审视供应链的决策依据，因而具有极大的管理意义。

在实际运作中，企业使用较为普遍的契约方式有回购契约、收益共享契约和数量折扣契约等。供应契约的使用能给企业带来相当可观的收益。例如，通过使用收益共享契约，百视达（Blockbuster）的业务额曾提高了 75%，市场份额也从 25% 上升到了 31%。

使用供应契约，既能克服“长鞭效应”和“双重边际效应”等多种不利影响，有效地实现供应链的协调运作，又可以保障供应链企业之间的合作关系，其作用主要表现在以下几个方面。

1. 降低“长鞭效应”的影响

供应链的信息失真导致了“长鞭效应”，对于供应链企业具有非常大的危害。供应契约可以很好地降低“长鞭效应”的影响，主要表现为供应契约的签订降低了供应链中的库存。供应契约同时具有柔性和相对稳定的优点，在供应链中，每个企业不必像以前那样维持较高的安全库存。

一般而言，企业通常致力于如何实现自身利益的最大化，当需求信息在供应链中逐级放大时，便导致了“长鞭效应”。供应链企业之间的合作将原来的局部优化转化为整体利益最大化，而供应契约的特性可以使这种合作具体化，防止这种合作行为成为纸上谈兵。

供应链企业之间在确定合作关系之后签订契约，使各节点企业明确各自的职责。以前供应链的上游总是将下游的需求信息作为自己需求预测的依据，当下游企业订购时，上游企业的经理就会把这条信息作为将来产品需求的信号来处理。基于这个信号，上游企业调整需求预测，向供应链增加或减少订购，使其供应商也做出相应的调整。这是导致“长鞭效应”的主要原因。现在企业之间签订了供应契约，一方面，下游企业对上游企业的需求数量趋于固定，即使有变动也在供应契约的柔性范围内，对供应和需求的影响不大。这样上游企业不必对下游企业的需求进行预测，从而避免了信息在整条链上产生滞后，防止了“长鞭效应”的产生。另一方面，供应契约可以使供应链上的信息共享程度得到提高，基本上供应链上的每个节点都可以共享所有的信息，这就避免了一些不必要的预测，避免了“长鞭效应”的产生。

2. 实现供应链系统的协调，消除双重边际效应

如前所述，供应链的双重边际效应是指当供应链各节点企业都试图使自己的利润最优时，不可避免地会损害供应链的整体利润。供应契约就是为了尽量减少这种损害而出现的一种解决办法。

供应契约通过调整供应链的成员关系来协调供应链，使分散决策下供应链的整体利润与集中系统下的利润尽可能相等。即使无法实现最好的协调（与集中系统下的利润完全相等），也可能存在帕累托最优解，使得每一方的利润至少不低于原来的利润值。供应链各节点企业可以通过签订不同类型的供应契约来克服双重边际效应所导致的供应链效率低以及渠道利润减少等问题，使供应链达到最佳协调。

3. 增强了供应链成员的合作关系

建立协调的供应链的好处有目共睹，但这种协调要基于相互信任。供应链是由多个企业组成的联合体，彼此之间没有任何产权上的联系，仅仅是动态的合作关系。然而，供应契约可以以书面的形式保证合作企业的权利和义务，使这种权利和义务具有法律效应，这样即使信任机制不健全，也可以实现供应链合作企业的紧密合作，加强信息共享，相互进行技术交流和提供技术支持。

供应链合作关系产生了新的利润，新增利润如何在供应链中进行分配，是决定供应链企业能否继续保持合作关系的一个重要因素。供应契约模型研究了利润的分配模式，通过企业之间的协商，将利润在供应链的各个节点企业中进行了分配。契约的特性就是要体现收益共享和风险共担原则，从而使供应链成员企业达到帕累托最优。

随着契约参数的改变，供应链承担的风险在供应链上不同阶段之间发生了转移，从而影响了零售商和供应商的决策，稳固了它们之间的长期合作伙伴关系，同时提高了供应链的总体收益。

此外，还可以通过修改契约的激励模式，为合作企业创造更好的优惠条件，减少彼此之间的不信任感，实现双赢，进一步增强供应链节点企业的合作关系。

本章小结

本章首先引出供应链协调运作对提高供应链整体效益的重要性，其后简单介绍了几种供应链运行中的不协调现象，分析了产生这些现象的原因。针对需求变异放大现象、曲棍球棒现象等不协调现象提出了相应的改进方法，以缓解这些不协调现象给供应链带来的损失。针对双重边际效应问题，本章从供应链运作激励的角度进行了分析，阐述了供应链协调机制，并较为详细地介绍了回购契约的协调和激励原理，然后简要介绍了几种其他常见的供应契约。这些管理措施可以多管齐下，使供应链能够协调运行，使整体利益达到最大化。

关键术语

长鞭效应（bullwhip effect）
曲棍球棒现象（hockey stick effect）
双重边际效应（double marginalization）
供应契约（supply contract）
回购契约（buyback contract）
收益共享契约（revenue sharing contract）

思考与练习

1. 请列举供应链运作中的不协调现象并简要分析其原因。
2. 在市场竞争激烈、顾客化需求日益明显的情况下，供应链企业运作的协调性对企业有哪些好处？
3. 引起供应链“长鞭效应”的原因有哪些？如何缓解供应链上的“长鞭效应”？
4. 分析供应链管理环境下曲棍球棒现象出现的原因，并给出解决方法。
5. 如何理解供应链企业合作中的双重边际效应？能否举例说明？
6. 供应契约的本质是什么？这些供应契约是如何使供应链协调运行的？
7. 请你分析一下每年“双 11”电商购物节当天的销售现象。能将“双 11”看作曲棍球棒现象吗？请进一步分析其对供应链企业带来的利弊。
8. 供应链运作管理的协调性与供应链激励之间的关系是什么？如何构建供应链管理中的激励机制？
9. 有效实施供应契约的基本要求有哪些？
10. 讨论回购价格的确定对回购契约的实施效果会产生哪些影响。
11. 太子奶集团曾经采用过“先打款后发货，卖不掉的货可退回厂家”的销售政策。站在太子奶集团的角度看，这种策略是回购契约吗？

讨论案例　新产品开发中的协调运作问题

L 公司的产品结构

L 公司是某电子消费品生产和销售企业。公司擅长的是营销，生产和经销的产品种类丰富，既有自有品牌产品、连锁产品、平台产品，也有本地采购（简称地采）产品。这四部分产品之间并不是完全独立的，除地采产品外，其他三种产品之间存在一定的包含关系。

自有品牌产品是指 L 公司自主研发并生产的产品，公司拥有独立生产线与产品专利。连锁产品是指贴有 L 公司品牌商标的产品，它又分为三类不同的产品组合：拥有独立生产线与专利，自主研发，即自有品牌；拥有供应商生产线独家使用权、没有产品专利但是拥有唯一产品销售权，即产品定制；没有生产线也没有产品专利，但是拥有产品品牌协同使用权，即 OEM 产品。平台产品包括连锁产品与一般平台产品，由于所有产品的种类、数量均在采购平台上显示，因此称为平台产品。平台产品采取的是集中采购（简称集采）模式，这类集采产品是指向一般上游供应商采购的产品，产品品牌、生产线等均为供应商所独有。地采产品也属于一般产品，是各门店、分公司出于地域原因根据当地特点独立采购并销售的产品。地采产品的特点是数量少、各地区种类差异性大，属于一般平台产品，公司无产品品牌，生产线属于供应商单独所有。

令人头疼的问题

L 公司的刘总目前为了公司的产品战略伤透了脑筋。根据公司的产品发展战略，连锁产品是公司未来发展的重点，连锁产品的品牌提升与打造也是连锁化经营的基础。因此，公司应该重点打造自己的连锁产品，提升品牌知名度，形成品牌效应。但是，目前公司在这四类产品的开发战略上很模糊，同时又存在不少问题。

问题1：目前公司的产品发展战略是，逐步扩大连锁产品市场份额，打造自己的产品品牌优势。但公司新产品的开发方式与该战略不相协调。公司新产品研发主要采取外部聘用的方式，与产品俱乐部里的专业工程师合作，每年每个工程师开发出10种新产品即算完成任务。由于专业工程师对产品的设计与研发通常基于自己的专业知识与经验，因此他们并不十分关心也不清楚L公司对产品的定位、营销、生产等相关信息（如生产能力、公司产品战略等）。公司也没有定期推出新产品的计划，新产品的推出比较随意（仅仅规定专业工程师每年出10种新产品），这样既不利于连锁产品的产品更新与品牌建立，也使连锁产品的种类受到较大的限制，不利于连锁产品的推广。

问题2：公司并没有基于供应链的角度对新产品研发进行资源整合，达不到协同研发的效果。尽管公司建有基于互联网及ERP的沟通平台，但产品俱乐部的工程师、公司内部产品研发部门及供应商等，都没有有效利用沟通平台，特别是没有对供应链上的各级企业进行产品开发协调，无法及时有效地提高新产品的适用性与顾客满意度，而且也没有聚集民间高手参与产品的概念设计与研发，对于近几年流行的众包模式更是知之甚少。

问题3：公司既缺乏对成功的新产品的鼓励和激励，也缺乏对不太成功的产品的教训总结。公司目前采取的模式是产品设计小组筛选构思与预处理，外聘的专业工程师团队的研发小组负责开发，虽然这种模式成本低、灵活性好，但是并不利于实施公司的连锁产品打造与推广战略。公司没有建立自己的专业研发团队，没有定期推出有吸引力的连锁产品，也没有从供应链的角度聚集各级单位参与产品的协同研发，因此新产品开发时好时坏，导致公司的发展极不稳定。

经过分析，刘总认识到，在公司现阶段连锁产品发展战略模式下，仅仅通过营销创造顾客需求、开拓连锁产品的市场、提高连锁产品占有率，无法取得本质上的突破。提高连锁产品品牌效应与市场份额，不仅与公司的营销能力密切相关，更与新产品的适应性、创新性有关。公司只有设计出满足顾客需求的产品，才能吸引更多的顾客，从而达到更加广泛地创造顾客需求的目的。因此，为了有效推进连锁产品战略，公司必须重新审视新产品设计与研发模式。

改进方案

为了解决L公司新产品开发中的问题，刘总组织了一个委员会，专门研究具体的对策。

首先，委员会达成共识：由于公司的整体战略是在未来5年内大力发展自己的连锁产品，而现有的产品开发模式又无法与未来的推广连锁产品战略相匹配，公司应该重构产品研发部门，打造新的产品研发体系。同时，公司还应该重视调动供应链上企业的积极性，尤其是供应商的积极性，这样才能有效建立连锁产品品牌效应，逐步提高连锁产品市场份额及竞争力。

其次，基于以上分析，委员会提出了一种基于供应链的产品研发思路，如图4-5所示。该思路的核心思想是，公司的产品研发部门利用公司基于互联网和ERP的沟通平台有效整合供应链上的各级参与者，从供应链整体优化的角度出发，激励供应链上的各级企业参与公司产品研发工作，利用与整合供应链的信息资源，进行产品协同研发，共同研发出适合供应链运作的创新性产品。

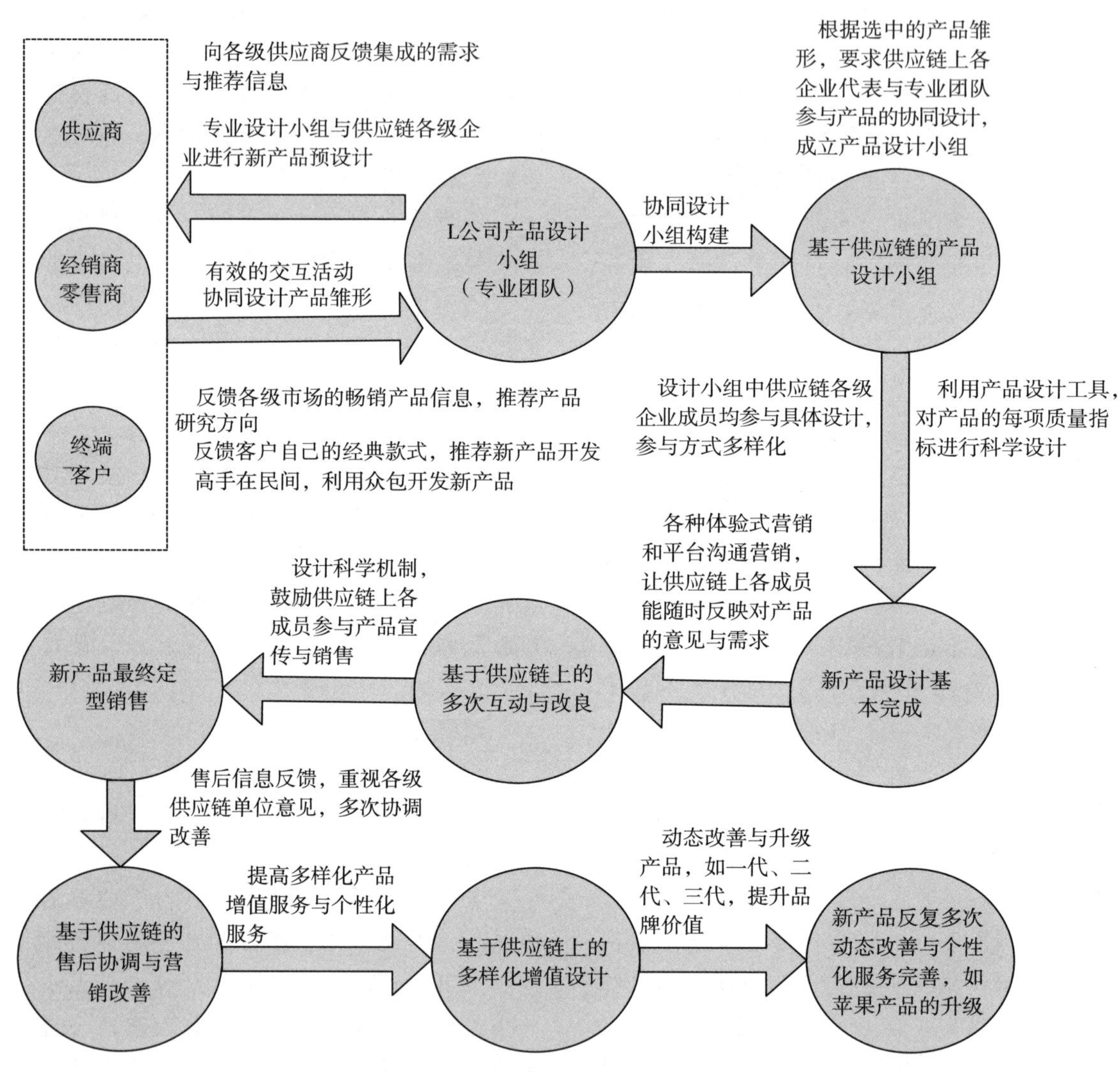

图 4-5　基于供应链的新产品协调开发流程图

委员会还分析了公司具备的协同研发优势：有良好的供应链互动平台（L公司建立的沟通平台），能充分连接供应商、经销商、零售商和最终客户。但是，L公司需要打造实施供应链协调的更有利的条件：①建立科学合理的激励措施，鼓励供应链上的各级企业参与产品的设计、协调开发与优化，并与参与开发的各企业共享利益，培养它们的参与度和忠诚度（公司的特价产品、返利等）；②建立合理的体验式营销模式，鼓励供应链上的各级企业参与产品创新，实现产品的协同开发与营销；③在新产品销售阶段，公司必须以顾客服务为主导，重视顾客在使用产品过程中的感受，重视顾客对产品提出的意见与其他需求，从而为产品设计出更高的个性化增值服务。

刘总看到新的方案很有创意，但同时他又担心，好的方案成功实施的关键是什么？刘总一直在思考这个问题。

资料来源：根据L公司的咨询报告整理而成。

提示问题：你认为L公司新产品研发的原有模式存在哪些问题？实现基于供应链的新产品协调开发计划要解决哪些关键问题？

参考文献与延伸阅读

[1] SPENGLER J J.Vertical Integration and Antitrust Policy[J].Journal of Political Economy, 1950, 58(4):347-352.

[2] PASTERNACK B A. Optimal Pricing and Returns Policy for Perishable Commodity [J]. Marketing Science, 1985, 4(2): 166-176.

[3] LEE H L, PADMANABHAN V, WHANG S. The Bullwhip Effect in Supply Chains[J].Sloan Management Review, 1997, 38(3): 93-102.

[4] CACHON G, LARIVIERE M. Supply Chain Coordination with Revenue-sharing Contracts: Strengths and Limitations, Working paper, The Wharton School, University of Pennsylvania, 2000.

[5] CACHON G, LARIVIERE M. Contracting to Assure Supply: How to Share Demand Forecast in a Supply Chain[J].Management Science, 2001, 47(5): 629-646.

[6] CACHON G. Supply Chain Coordination with Contracts[C].Handbooks in Operations Research and Management Science: Supply Chain Management. 2001.

[7] 张凯，高远洋，孙霆.供应链柔性批量订货契约研究[J].管理学报，2006，3(1): 81-84.

[8] 庄宇，胡启，赵燕.供应链上下游企业间弹性数量契约优化模型[J].西安工业学院学报，2004，24(4): 391-394.

[9] 王迎军.客户需求驱动的供应链契约问题综述[J].管理科学学报，2005，8(2): 68-76.

[10] 马新安，张列平，田澎.供应链管理中的契约设计[J].工业工程与管理，2001(3) :22-25.

[11] TSAY A A, LOVERJOY W S.Quantity Flexibility Contracts and Supply Chain Performance [J]. Manufacturing & Service Operations Management, 1999, 1(2): 89-111.

[12] BARNES-SCHUSTER D, BASSOK Y, ANUPINDI R. Coordination and Flexibility in Supply Contracts with Options [J].Manufacturing & Service Operations Management, 2002, 4(3): 171-208.

[13] 王利，代杨子.供应链激励机制影响因素实证研究[J].工业工程与管理，2013(1):13-24.

[14] 乔华国，江志斌，谢文明，等.基于产品服务系统的供应链共享合同设计[J].工业工程与管理，2013(1):25-30.

[15] NORMAN M. Collaborative Principles for Better Supply Chain Practice[M]. London: Kogan Page Limited, 2019.

第 5 章 供应链管理环境下的物流管理

本章重点理论与问题

物流贯穿整个供应链，它连接着供应链中的各个企业，是企业间相互合作的纽带。有别于企业框架下的物流管理，供应链管理框架下的物流管理被赋予了新的意义和作用。如何有效地管理供应链环境下的物流活动，使物流能与供应链中的信息流、资金流有效集成并保持高效运作，是供应链管理要解决的一个核心问题。然而，我国企业历来重生产、轻物流，没有将物流看作增强企业竞争力的一个重要领域。本章首先对物流管理的基本概念及供应链环境下物流的特征和意义进行了简要阐述，然后比较详细地论述了供应链管理框架下的物流的地位和意义，并就供应链环境下物流管理的战略进行了讨论，包括物流管理战略框架、一体化物流战略、战略渠道设计等。本章最后简单介绍了绿色物流、智能物流的基本概念和发展现状。

5.1 物流管理的产生与发展

物流的英文单词 logistics 在 1846 年正式出现，被认为来源于法语 logistique。1830 年，法国作家若米尼在《战争艺术概论》一书中定义了物流这个词，他认为物流是一门为军队良序采购、优化组合、按时发货、运输、保障到货的艺术。也有文献指出，logistique 其实来源于古希腊语 logistikós，属于古希腊数学的一个分支，最早的关于物流的文献记载可追溯到公元前 500 年古希腊哲学家及数学家毕达哥拉斯。

1935 年，美国销售协会最早对**实物分销**（physical distribution）下了定义："包含于销售之中，并伴随种种经济行为的物质资料和服务从生产地点到消费地点的流动过程。"国内学者认为这就是关于分销物流的最早表述。

第二次世界大战期间，美国根据军事物资供应管理需要，在对军火进行供应时，首先采用了**军事后勤管理**（military logistics management）一词。军事后勤管理在物流管理的起源和发展过程中扮演了重要的角色，在第二次世界大战之后逐渐形成了一个独立的学科。到了 20 世纪 60 年代，源于军事的后勤管理较为广泛地应用于企业管理之中，先后出现了**物流工程**（logistics engineering）、**企业物流管理**（business logistics management）、**物流配送**（logistics distribution）等管理方法，直到形成了今天的"**物流**

管理”概念，并统一用“logistics management”表示。

美国学者唐纳德·鲍尔索克斯（Donald Bowersox）在1974年出版的《物流管理》（*Logistics Management*）一书中对物流管理下了定义：“以买主为起点，将原材料、零部件、制成品在各个企业之间有策略地加以流转，最后达到用户手中，其间所需要的一切活动的管理过程。”这是比较全面的关于物流管理的论述。

美国物流管理协会（Council of Logistics Management，CLM）1976年在定义物流管理时指出：物流活动包括用户服务、需求预测、销售情报、库存控制、物料搬运、订货销售、零配件的供应、工厂及仓库的选址、物资采购、包装、废物的处理、运输、仓储等。

2004年CLM改名为美国供应链管理专业协会（Council of Supply Chain Management Professionals，CSCMP）之后，重新定义了物流管理的概念并一直沿用至今，该定义也逐渐成为国际普遍采用的定义：物流管理是供应链管理的一部分，是以满足客户需求为目的，对产品、服务及相关信息在供应点与消费点之间正向或逆向的高效和经济的流动与存储进行计划、执行、控制的过程。

我国国家标准《物流术语》（GB/T 18354—2006）将物流定义为：“物品从供应地向接收地的实体流动过程。根据实际需要，将运输、储蓄、装卸、搬运、包装、流通加工、配送、信息处理等基本功能实施有机结合。”对物流管理的定义为：“为了以合适的物流成本达到用户满意的服务水平，对正向及反向的物流活动过程及相关信息进行的计划、组织、协调与控制。”

站在供应链管理视角并综合现有文献和研究，本书给出物流管理的定义：物流是供应链的一个组成部分，物流管理是对供应链上各种物料（包括原材料、零部件、产成品）、服务及信息从出发点到接收点的流动过程实施计划、组织和控制的活动的总称。物流管理充分运用信息技术，将运输、仓储、装卸、加工、整理、配送等活动有机结合，为供应链的运作管理提供支持，为用户提供一体化的综合物流服务。

从以上叙述可知，管理者已经从早期的侧重于企业内部的物流活动管理，逐步将眼光转向企业外部，把企业的**出厂物流**（outbound logistics）与**入厂物流**（inbound logistics）管理以及供应、制造、分销配送等活动集成在一起，从而使物流活动逐渐上升到供应链这一更高、更大的平台上。

图5-1是站在供应链的角度描绘的企业运作过程中物流和信息流相互作用的示意图。从图中不难看出，物流涉及供应链上的各个环节，包括供应物流、企业内物流、销售物流以及逆向（退货）物流，每一个环节都会对企业以及整个供应链的竞争力和绩效产生很大的影响。因此，现代物流管理是把一个企业乃至一个供应链作为一个有机的整体来研究的。企业的各个部门间、供应链上的各企业间存在着相互影响、相互制约的关系，探索物流管理的方法就要充分考虑到这种互动关系，从系统的角度来分析问题。比如，一个企业的储运部门运作出现问题，其根本原因可能不在该部门内部，而可能是生产部门或销售部门的问题，甚至是供应商相关部门造成的，这就为解决问题提供了新的思路和方法。

这也从另一个方面强调了加强物流管理就必须对企业或供应链进行整体优化。由于在企业或供应链中存在互动关系，因此物流管理在进行优化时强调要注意避免局部最优而造成总体次优的情况。典型的例子就是运输与仓储成本的相互关系，过分地强调节约运输成本可能造成库存及仓储成本的增加，特别是目前在企业经营遍及全球、产品生命周期不断缩短的情况下，其结果可能是总成本的增加。

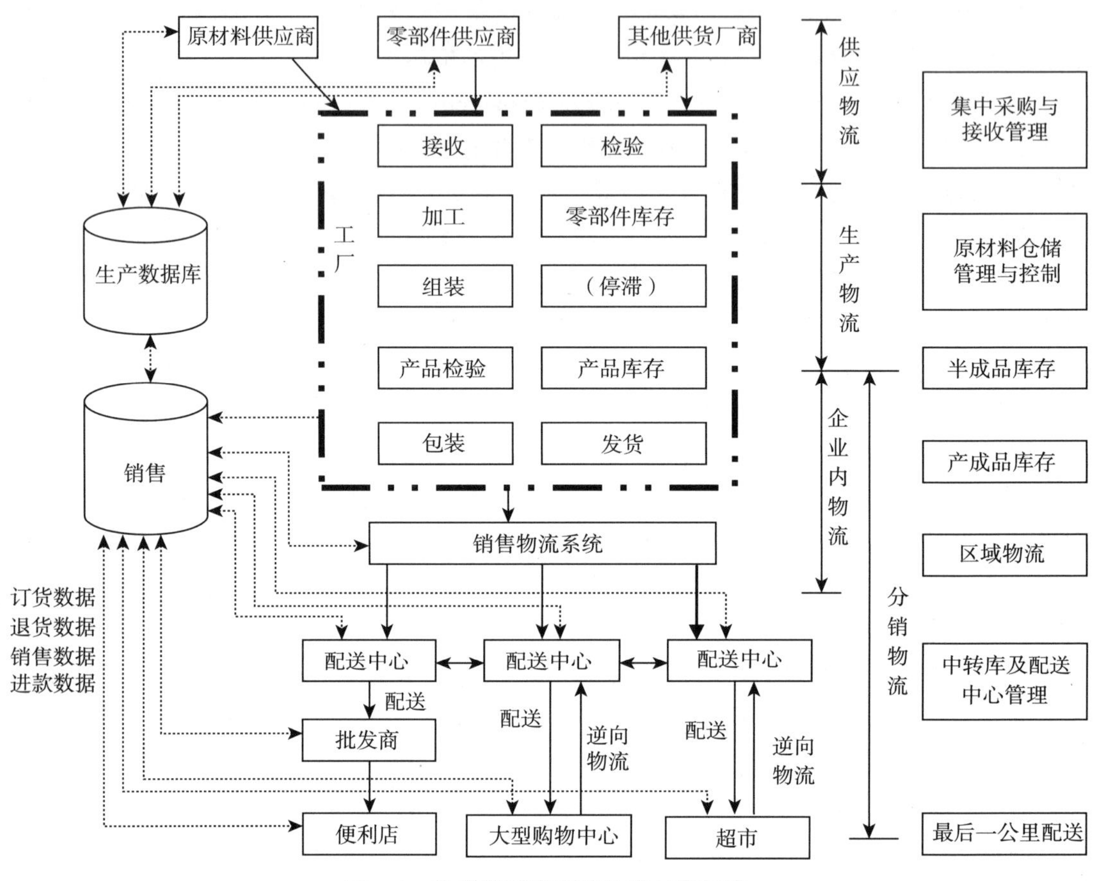

图 5-1　供应链环境下的物流与信息流

供应链聚焦

美国零售业巨头亚马逊在2018年度“会员日”实现了42亿美元的销售收入，相比2017年增长了33%。毫无疑问，巨大的多样化产品需求加上亚马逊的快递速度承诺，给这个电商巨头的供应链及其物流带来了前所未有的挑战，尤其是在速度和效率这两个指标上。在此期间，亚马逊仓库必须根据实时市场需求进行连续补货，卡车、火车、飞机必须随时待命以满足送货时间要求。另外，必须有足够多的、有经验的物流人员保证这一切顺利地进行。更重要的是，亚马逊供应链要保证满足全球（主要集中在17个国家）客户的需求，实现两天送达的承诺是对其物流系统的一个更大挑战。另一大电商巨头阿里巴巴在2018年“双11”达到了308亿美元的销售额，但它面对的物流挑战相对还是集中在中国市场。而亚马逊供应链物流系统则要考虑如何去适配多个不同国家的市场。

5.2 供应链管理环境下物流的特征和意义

越来越多的文献指出物流已经成为企业竞争优势的来源之一。而作为整个供应链脊梁的物流体系，无疑会对整个供应链的绩效产生巨大的影响。越来越多的企业也意识到，成功的供应链管理依赖于高效的物流管理。

5.2.1 供应链管理环境下物流的特征

企业竞争环境的变化导致企业管理模式的转变，供应链管理思想就是在新的竞争环境变化下出现的。新的竞争环境体现了企业竞争优势要素的改变。在20世纪70年代以前，成本作为主要的竞争优势，而80年代则是把质量作为竞争优势，90年代是交货时间，即所谓基于时间的竞争。到了21世纪初，这种竞争优势就转移到了敏捷性上来。在这种环境下，企业的竞争就体现在如何以最快的速度响应市场要求，满足不断变化的多样化需求。企业必须能在实时的需求信息下，快速组织生产资源，把产品送到用户手中，并提高产品的用户满意度。在激烈的市场竞争中，传统的单一企业竞争模式已经很难使企业在市场竞争中保持绝对的竞争优势。尤其是信息时代的到来，进一步加深了企业竞争的压力。信息资源的开放性，打破了企业的界限，建立一种超越企业界限的新型合作关系，为创造新的竞争优势提供了有利的条件。供应链管理的出现就迎合了这种趋势，它顺应了新的竞争环境的需要，将企业从资源约束中解放出来，创造新的竞争优势。

供应链管理实质上是一个扩展了的企业概念，扩展企业的基本原理和思想体现在以下几个方面：

- 横向思维模式（战略联盟）；
- 强调核心能力；
- 资源扩展/共享；
- 群件与工作流（团队管理）；
- 竞争性合作；
- 同步化运作；
- 用户需求驱动。

上述几个方面的特征不可避免地影响到物流环境。归纳起来，供应链管理环境下的物流活动的特征如表5-1所示。

表5-1 供应链管理环境下的物流活动的特征

竞争的需求	竞争特征	物流运作策略
对定制化产品的开发、制造和交货速度	敏捷性	通过畅通的运输通道快速交货
资源动态重组能力	合作性	通过基于互联网/物联网的信息网络获得信息共享、知识资源和资金资源支持
物流系统对变化的实时响应能力	柔性	多种形式的运输网络、多源信息获取途径、敏捷的供应链系统
对用户服务能力的要求	满意度	多样化产品、亲和的服务、质量可靠

由于供应链管理下物流环境的改变，新的物流管理和传统的物流管理相比有许多不同的特征。这些特征反映了供应链管理思想的要求和企业竞争的新策略。

我们首先来考察一下传统物流管理的情况。图 5-2 为传统的物流系统模型，在传统的物流系统中，需求信息和供应信息（反馈信息）都是逐级传递的，上级供应商不能及时地掌握市场信息，因而对市场的信息反馈速度比较慢，从而导致需求信息的扭曲。另外，传统的物流系统并没有从整体角度进行物流规划，常常导致一方面库存不断增加，另一方面当需求出现时又无法满足。这样，企业就会因为物流系统不协调而丧失市场机会。

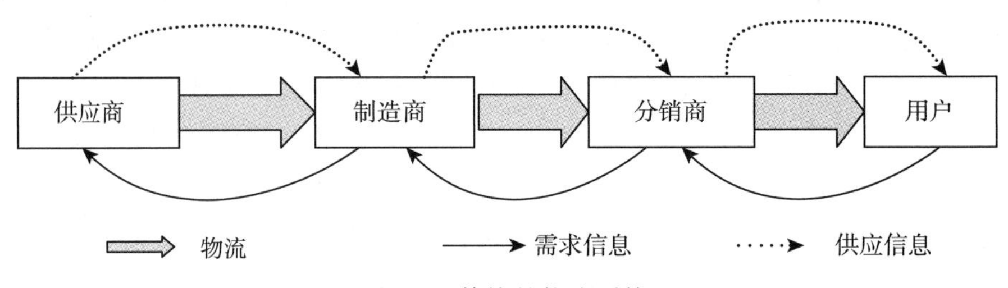

图 5-2　传统的物流系统

简言之，传统的物流管理的主要特征表现在：企业自我封闭的物流系统；供需关系不稳定，缺乏合作；资源的利用率低，没有充分利用企业的有用资源；信息的利用率低，没有共享有关的需求资源，需求信息扭曲现象严重。

图 5-3 为供应链环境下的物流系统模型。

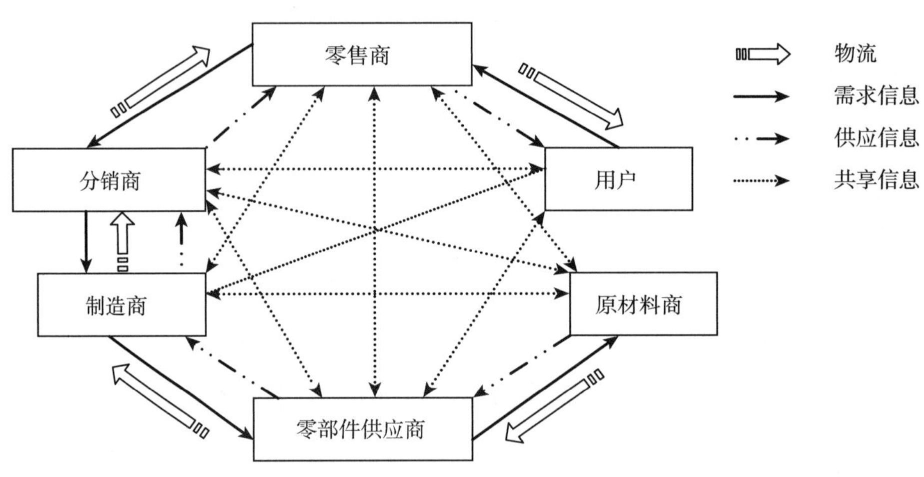

图 5-3　供应链环境下的物流系统

与传统的物流系统模型相比，供应链环境下物流系统中的信息流量大大增加。需求信息和供应信息传递不是逐级传递，而是网络式的，信息传递更加快速和透明。尤其随着当今互联网和物联网技术、云技术和大数据技术的飞速发展，企业可以很快掌握供应链上不同环节的、实时的运行信息，包括需求信息和供应信息，以及其他共享信息。

在供应链环境下，提高信息的共享程度对供应链管理是非常重要的。由于可以做到实时共享信息，因此供应链上任何节点企业都能及时掌握市场的需求信息和整个供应链的运行情况，每个环节的物流信息都能透明地与其他环节进行交流与共享，从而避免了需求信息的失真现象。物流网络规划能力的提升，也反映了供应链管理环境下的物流特征。充分利用第三方物流的资源来降低库存的压力和保持安全库存水平。

作业流程的快速重构可以提高物流系统的敏捷性。通过消除不增加价值的过程，供应链的物流系统可以进一步降低成本，为实现供应链的敏捷性、精细化运作提供基础性保障。

信息跟踪能力的提高，可使供应链物流过程更加透明化，也为实时控制物流过程提供了条件。在传统的物流系统中，许多企业只有能力跟踪企业内部的物流过程，没有能力跟踪企业之外的物流过程，原因之一就是缺乏共享的信息系统和信息反馈机制。

合作性与协调性是供应链管理的一个重要特点，但如果没有物流系统的无缝连接，那么所订的货物逾期未到，顾客的需要不能及时得到满足，采购的物资常常在途受阻，这些都会使供应链的协调性大打折扣。因此，无缝连接的供应链物流系统是实现供应链协调运作的前提条件。

灵活多样的物流服务，提高了用户的满意度。制造商和物流服务商的实时信息交换，及时地把用户对运输、包装和装卸的要求反映给相关企业及相应的管理部门，可提高供应链管理系统对用户个性化需求的响应能力。

归纳起来，供应链环境下的物流特征可以用几个词简要概括：信息共享、交货准时、过程同步、响应敏捷、合作互利、服务满意。

5.2.2 物流管理在供应链管理中的地位和意义

供应链是物流、信息流、资金流的统一。物流管理很自然地就成为供应链管理体系的重要组成部分。在企业供应链的运作活动中，物流是渗透到各项经营活动之中的活动，贯穿整个供应链系统，如图 5-4 所示。

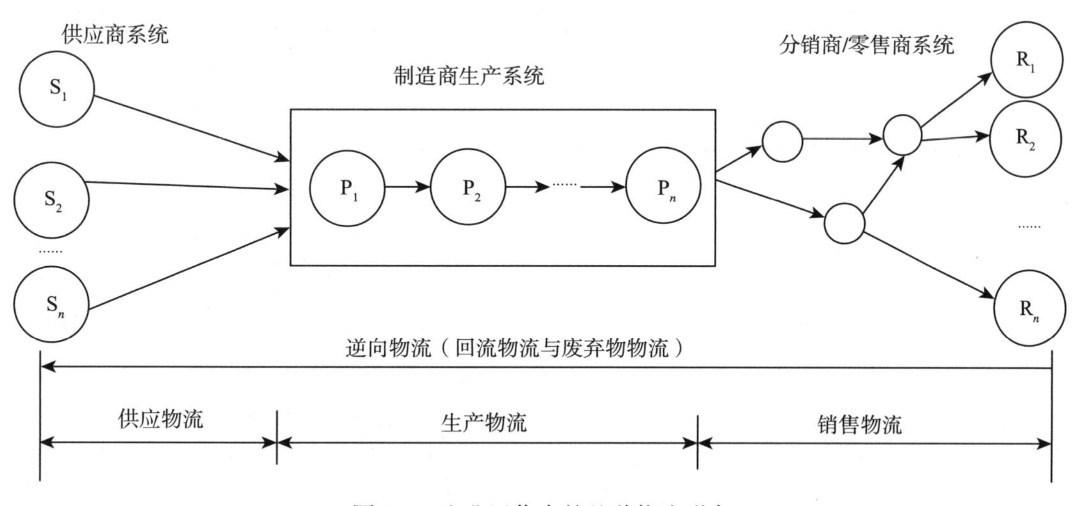

图 5-4 企业运作中的几种物流形态

具体而言，供应链上的物流包括以下几个方面的内容：

- 供应物流，即组织原料、辅料供应的物流活动。关注如何降低这一物流过程的成本，解决有效的供应网络、供应方式及库存控制等问题。
- 生产物流，即原料及辅料从企业仓库或企业“门口”进入到生产线的开端，随生产加工过程流过各个环节，直到生产加工终结，再流至生产成品仓库。研究重点是缩短物流活动时间，缩减生产周期，节约劳动力。
- 销售物流，即伴随销售活动，将产品所有权转给用户的物流活动。特点是通过包装、送货、配送等一系列物流实现销售，这需要研究配送方式、包装技术、运输路线优化等问题，并通过采取各种诸如少批量、多批次、定时、定量配送等特殊的物流方式达到目的。
- 回收物流，企业在生产、供应、销售活动中总会产生各种边角余料和废料、循环包装材料等，对这些物品的回收是需要伴随物流活动的。如果回收物品处理不当，往往会影响整个生产环境，甚至影响产品的质量，占用很大空间，造成浪费。
- 废弃物物流，它是指对企业排放的无用物进行运输、装卸、处理等的物流活动。从环保的角度对包装、流通加工等过程产生的废弃物进行回收再利用。

物流管理在供应链管理中的重要作用可以通过价值分布来衡量。表 5-2 为供应链上的价值分布。不同的行业和产品类型，供应链上的价值分布不同，我们可以看出，物流价值（采购与分销之和）在各种类型的产品和行业中都占到了整个供应链价值的 1/2 以上，制造的价值不到 1/2。在易耗消费品和耐用消费品中，物流价值占的比例更大，达 80% 以上，充分说明了物流管理的价值。供应链是一个价值链的增值过程，有效地管理物流过程，对于提高供应链的价值增值水平具有举足轻重的作用。

表 5-2　供应链上的价值分布

产品	采购	制造	分销
易耗消费品（如肥皂、香精）	30% ～ 50%	5% ～ 10%	30% ～ 50%
耐用消费品（如轿车、洗衣机）	50% ～ 60%	10% ～ 15%	20% ～ 30%
重工业品（如工业设备、飞机）	30% ～ 50%	30% ～ 50%	5% ～ 10%

从传统的观点看，物流在制造企业的生产过程中被视为辅助功能部门。但是，现代企业生产方式发生了转变（即从大批量生产转向精细的准时制生产和定制化生产），那么物流活动便需要随着企业运作方式的变化而变化。另外，对顾客需求的及时响应，要求企业能以最快的速度把产品送到用户的手中，以提高企业快速响应市场的能力。所有这一切，都要求企业的物流系统具有和制造系统以及外部合作伙伴协调运作的能力，以提高供应链的敏捷性和适应性。因此，物流管理不再仅仅是传统的保证企业内部生产过程连续性的问题，而是要在供应链管理中发挥更重要的作用。这包括创造用户价值，降低用户成本；协调制造活动，提高企业敏捷性；提供用户服务，塑造企业形象；提供信息反馈，协调供需矛盾。

要实现以上几个目标，物流系统应做到准时交货、提高交货可靠性、提高响应性、降低库存费用等。现代市场环境的变化，要求企业加快资金周转、快速传递与反馈市场信息、不断沟通生产与消费的联系、提供低成本的优质产品，生产出满足用户需求的定制化产品，提高用户满意度。只有建立敏捷而高效的供应链物流系统才能达到提高企业竞争力的要求。供应链管理是21世纪企业的核心竞争力，而物流管理又将成为供应链管理核心能力的主要构成部分。

显而易见，抓好物流管理，对于提高企业以及整个供应链在市场上的竞争力具有十分重要的意义。

一般来说，衡量供应链竞争力和运作绩效的指标很多，比较常用而且也较为主要的指标有：供应链响应周期、供应链总成本、供应链总库存水平、供应链按期交付可靠性，以及供应链的客户服务水平等。这样几个主要指标，物流管理对其影响都是很大的。

（1）物流管理对供应链响应周期的影响。这是物流管理对供应链竞争力影响最大的一个方面。供应链响应周期是指整个供应链从接到客户订单到最终交货的时间间隔。有调查表明，在供应链总生产周期中，真正花在生产过程上的时间不到总周期的5%，剩余的95%都消耗在等待、存储过程中了，这不但使响应周期延长，而且还增加了成本。另据有关报道，欧洲一家日杂公司的经理说，其产品从渔场码头到工厂加工再到超级市场，需要150天的时间，而真正消耗在生产中的时间只有45分钟。在对美国食品杂货业的一次调查中发现，麦片粥生产厂的产品从工厂到超级市场，途经一连串的分销商、批发商、集运人，居然要走上104天。这些事实告诉我们，物流管理水平的高低对供应链响应周期的影响是巨大的。

（2）物流管理对供应链总成本的影响。从宏观上来看，物流管理水平的高低反映在供应链总成本上，可以从物流费用占总费用的比例看出来。在发达国家，如美国和加拿大，物流费用占总费用的9%~10%，而我国企业物流费用占总费用的比例则高达18%~20%⊖。仅此一点，就足以说明物流管理对供应链竞争力的影响。根据美国研究人员对供应链绩效的研究报道，每1美元中就有0.85美元流向仓储和运输过程，说明物流过程消耗的费用之高。实践表明，如果供应链上的物流费用下降0.1%，就相当于生产效率提高10%，这是多么大的效益！这些数据都说明了物流管理对整个供应链竞争力的影响。在我国企业中，物流成本占总成本的比例很高，这与物流管理在整个供应链中的组织水平很有关系。企业在生产与物流的各个环节之间的组织协调很差，导致各种零部件及产成品的运输时间、交货时间、到货时间不同步，有的很早就生产出来了但很晚才交货，结果影响了整个装配进度。那些不能同步出产的零部件就形成等待库存，既消耗了时间，又占用了资金，增加了资金使用成本。

（3）物流管理对供应链总库存水平的影响。低水平的物流对供应链库存的影响，最典型的就是订货量在供应链上被逐级放大（“长鞭效应”）。这一效应的结果是供应链上各级库存量越来越大，从而增加了库存成本，使供应链的总体竞争力下降。当然，造成“长

⊖ 数据来源于中国物流与采购联合会，不同的统计口径得到的数据可能不一样。

鞭效应”的缘由是多种多样的，然而最终还是反映在物流过程上。如果能提高物流管理水平，“长鞭效应”就可以被减弱乃至消除，供应链总库存水平就会下降。

另外，提高物流管理水平不仅有助于减少或消除“长鞭效应”，而且可以降低各种与此相关的费用。根据某项研究结果，供应链上的库存周转次数每提高一次，可以得到如表 5-3 所示的效果。

表 5-3 库存周转次数每提高一次的效益

项目	节省存储费用	节省库存维持费用	节省运输费用
金额（万美元）	65.5	100.3	33.7

（4）物流管理对供应链按期交付可靠性的影响。按期交付可靠性是对供应链整体信誉的一种衡量，也是供应链吸引客户的一种有力手段。按期交付可靠性高，就容易得到客户的信任，就会有源源不断的订货，反之则会逐渐失去现有客户。这一点也是影响供应链整体竞争力的关键因素。在影响按期交付可靠性的因素中，物流是显而易见的关键因素。在实际经营中，往往由于物流组织落后，造成整个供应链生产不能同步进行，一方面早生产出来的零部件等待进一步加工（装配），而另一方面又有不能按时加工完成零部件的缺货现象，最终影响产品的总装配，进而影响按时交货。因此，提高物流过程在同步制造中的作用，是提高供应链按期交付可靠性的重要环节。

（5）物流管理对供应链的客户服务水平的影响。供应链管理的核心是要向所有提出需求的客户提供及时且精确的产品。客户服务水平是构成供应链竞争力的关键要素之一。决定客户服务水平的最重要的业务领域，是被称为“配送渠道”的结构。物流过程中的作业活动必须在任何时间、任何地点、跨越广阔的地域进行，这对服务质量的要求非常高，因为绝大多数物流作业是在监督者的视野之外进行的。由于不正确的物流作业导致重做客户订货所花的费用，远比第一次就正确操作所花费的费用多。物流过程既是体现供应链客户服务水平的主要组成部分，也是供应链总成本的影响因素。毫不夸张地说，它是决定一个供应链最终成败的业务战场。

由以上分析不难看出，物流管理水平的高低和物流能力的强弱，直接影响着供应链的整体竞争力及其绩效。但是，用传统的物流管理理念难以完全满足以上要求，因而，必须建立在供应链框架下的现代物流理念。

5.3 供应链管理环境下物流管理的战略

现代物流管理系统处于复杂多变的供应链环境之中，物流管理需要运筹与决策，要为提高供应链的竞争力提供有力保证，正确、合理的物流管理战略在供应链管理中有着非常重要的指导意义和作用。

5.3.1 物流管理战略的意义

古人云，“兵马未动，粮草先行”。物流系统为企业产品打入市场架桥铺路，为生产源源不断地输送原材料。没有通畅而敏捷的物流系统，企业就无法在当下的市场竞争中站稳脚跟。

在传统的企业管理体系中，物流被看作企业经营活动中的辅助内容，许多企业并不关注物流管理战略，缺乏战略性的物流规划和运筹。有的企业虽然生产管理做得很好，产品研究开发也很有水平，但用户满意度就是上不去。原因是多方面的，其中之一就是物流体系不通畅导致产品分销受阻，影响了产品的准时交货。或者有的企业由于原材料的供应问题没有解决好，没有建立良好的原材料供应渠道，影响了产品的生产，同样制约了企业经营战略的实现。还有的企业在售后服务方面缺乏用户服务的观念，没有建立通畅的用户信息反馈机制，企业的经营战略没能跟上用户的需求，企业缺乏捕捉市场信息的敏捷性，最终也落得失去用户的悲惨结局。

供应链管理的战略思想就是要通过企业与企业之间的有效合作，建立一种低成本、高效率、响应性好、具有敏捷性的企业经营机制，产生一种超常的竞争优势；就是要使企业在成本、质量、时间、服务、灵活性方面的竞争优势显著提高，加快企业产品进入市场的速度。这种战略思想的实现需要站在企业战略的高度对供应链物流系统进行规划与运筹，并使供应链管理战略通过物流管理战略的贯彻实施得以落实。

由此可见，物流管理战略对供应链管理来说是非常重要的，重视物流管理战略问题是供应链管理区别于传统的物流管理的一个重要标志。

5.3.2 物流管理战略的框架

图 5-5 为物流管理战略的框架结构，物流管理战略内容分为四个层次。

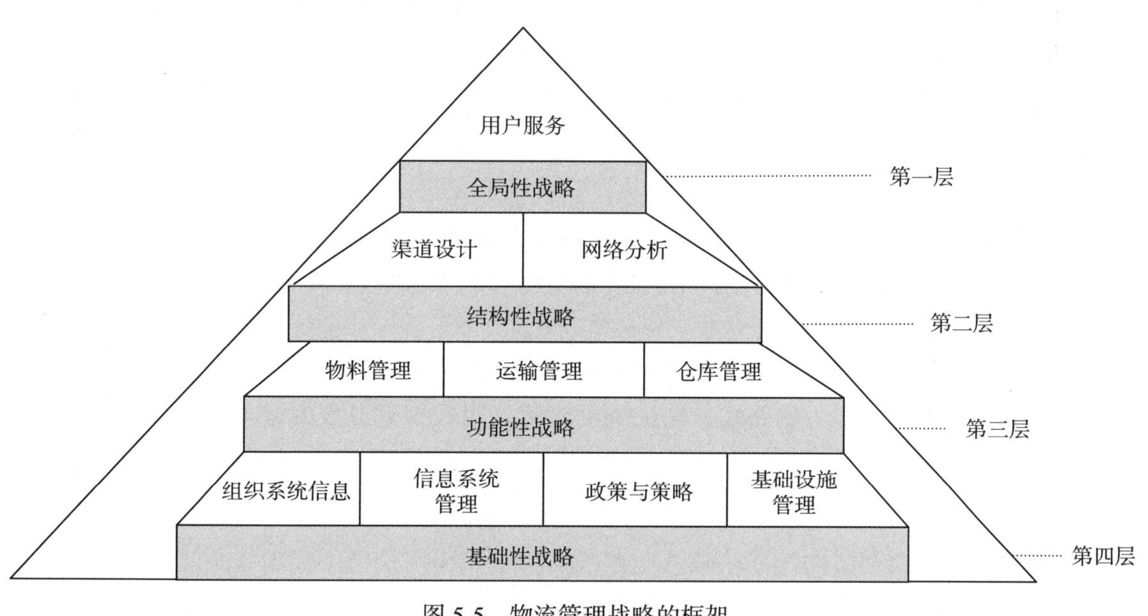

图 5-5 物流管理战略的框架

华章文渊·管理学系列

1. 全局性战略

物流管理第一个层次的战略是全局性战略，主要是用户服务。在供应链管理环境下，物流管理的最终目标是通过有效的供应链运作来满足用户需求（把企业的产品或服务以最快的方式、最低的成本通过整个供应链交付给用户），因此，用户服务应该成为物流管理的最终目标，即全局性战略目标。通过良好的用户服务，企业可以获得第一手市场信息和用户需求信息，增加企业的亲和力并留住用户，提高企业的信誉，使企业获得更大的利润。

要实现用户服务的战略目标，必须建立用户服务评价指标体系，如订单响应时间、订货满足率、平均缺货时间、供应率等。虽然目前关于用户服务的指标还没有统一的规范，对用户服务的定义也不同，但企业可以根据自己的实际情况建立提高用户满意度的管理体系，通过实施用户满意工程，全面提高用户服务水平。

2. 结构性战略

物流管理第二个层次的战略是结构性战略，包括渠道设计和网络分析。渠道设计是供应链设计的一个重要内容，包括重构物流系统、优化物流渠道等。优化物流渠道，可以使供应链获得最低的物流成本，同时提高物流系统的敏捷性和响应性。网络分析是物流管理中另一项很重要的战略工作，它为物流系统的优化设计提供参考依据。网络分析的内容主要包括：①库存状况分析，通过对物流系统的不同环节的库存状态的分析，找出降低库存成本的方法；②用户服务调查分析，通过调查和分析，发现用户需求和获得市场信息反馈，找出服务水平与服务成本之间的关系；③运输方式和交货状况分析，以使运输渠道更加合理化；④物流信息及信息系统的传递状态分析，通过有针对性地采取措施，提高物流信息传递过程的速度，增加信息反馈，提高信息的透明度；⑤合作伙伴业绩的评估和考核。用于网络分析的方法有**标杆分析法**（benchmarking）、调查分析法、多目标综合评价法等。

对物流管理系统的结构性分析的目标是不断减少或优化物流环节，消除供应链运作过程中不增加价值的活动，提高物流系统的效率。

3. 功能性战略

物流管理第三个层次的战略为功能性战略，主要包括物料管理、运输管理、仓库管理三个方面。内容主要有运输工具的使用与调度、采购与供应、库存控制的方法与策略、仓库的作业管理等。

物料管理与运输管理是物流管理的主要内容，必须不断地改进管理方法，降低库存成本和运输费用，优化运输路线，保证准时交货，实现物流过程的适时、适量、适地的高效运作。

4. 基础性战略

物流管理第四个层次的战略是基础性战略，主要作用是为保证物流系统的正常运行提供基础性保障，内容包括组织系统管理、信息系统管理、政策与策略、基础设施管理。

要健全物流系统的组织管理结构和人员配备，就要重视对企业有关人员的培训，提高员工的业务素质。例如，采购与销售部门是企业的两个对外业务协调部门，它们工作的好坏直接关系到企业与供应链合作伙伴的关系及企业的形象，必须加强对这两个部门的领导与组织工作。

信息系统是物流系统中传递物流信息的桥梁，仓储管理系统（WMS）、配送需求计划（DRP）、运输管理系统（TMS）、EDI/Internet 数据交换与传输系统、电子资金转账（EFT）、POS 等技术，对提高物流系统的运行效率起着关键作用。因此，必须从战略的高度进行规划与管理，才能保证物流系统高效运行。

5.3.3 一体化物流管理战略

一体化物流（integrated logistics）是从 20 世纪末发展起来的最有影响的物流管理模式之一，其基本含义是不同职能部门之间或供应链上不同企业之间通过物流上的合作，达到提高物流效率、降低物流成本的效果。一体化物流包括三种形式：垂直一体化物流、水平一体化物流和物流网络化。在这三种一体化物流形式中，目前研究最多、应用最广泛的是垂直一体化物流。

1. 垂直一体化物流

垂直一体化物流要求企业将提供产品或运输服务等的供应商和用户纳入管理范围，并作为物流管理的一项中心内容。垂直一体化物流要求企业从原材料到用户的每个过程实现对物流的管理；要求企业利用其自身条件建立和发展与供货商及用户的合作关系，形成合力，赢得竞争优势。垂直一体化物流的思想为解决复杂的物流问题提供了方便，而雄厚的物质技术基础、先进的管理方法和信息技术又使这一思想成为现实，并在此基础上继续发展。

随着垂直一体化物流的深入发展，对物流研究的范围不断扩大，在企业经营集团化和国际化的背景下，迈克尔·波特首先提出了“价值链”的概念。其中涉及的供应、制造、分销就是供应链管理的主要功能活动。供应链管理强调核心企业与相关企业的协作关系，通过信息共享、技术扩散（交流与合作）、资源优化配置和有效的价值链激励机制等方法体现经营一体化。供应链是对垂直一体化物流的延伸，是从系统观点出发，通过对从原料、半成品和成品的生产、供应、销售直到最终消费者的整个过程中的物流与资金流、信息流的协调，来满足顾客的需要。所以，供应链管理是集成化管理，它关注的是产品的流动而不是传统观念下的功能分割或局部效率。

2. 水平一体化物流

水平一体化物流是同一行业中多个企业在物流方面合作从而获得规模经济效益和物流效率。例如，不同的企业可以用同样的装运方式进行不同类型商品的共同运输。当物流范围相近，而某个时间段内物流量较少时，几个企业同时分别进行物流操作显然不经济。于是就出现了企业在装运本企业商品的同时，也装运其他企业商品的情况。从企业经济效益上看，它降低了企业物流成本；从社会效益来看，它减少了社会物流过程中的重复劳动。不同商品的物流过程不仅在空间上是矛盾的，而且在时间上也是有差异的。要解决这些矛盾和差异，必须依靠掌握大量物流需求和物流供应能力信息的信息中心。此外，实现水平一体化物流的另一个重要条件就是要有大量的企业参与并有大量的商品存在，这时企业间的合作才能提高物流效益。当然，产品配送方式的集成化和标准化等问题也是不能忽视的。

供应链聚焦

成立于1899年的Morrisons是英国领先的零售企业，2012年，Morrisons开始提供在线购物业务，并于2013年成为Ocado Solution有限公司的第一个客户。而2000年成立的Ocado Solution有限公司是英国规模最大的一家专注于在线业务的日用品零售商，它没有一家连锁门店，只提供从仓储到消费者的上门送货服务。它除了为超过58万的消费者提供在线零售服务外，也为其他零售商的在线业务提供技术支持。Ocado Solution有限公司为自己的竞争对手Morrisons提供的服务包括自动化技术、物流和配送服务、端对端的在线平台、在线商店、移动App、路径规划和优化软件、仓储管理系统、办公系统等。Ocado Solution有限公司目前也为加拿大第二大连锁超市Sobeys、美国的Kroger、瑞典的ICA、法国的Casino等客户提供在线零售业务的仓储、IT和配送服务。

3. 物流网络化

第三种物流一体化形式是物流网络化，它是垂直一体化物流与水平一体化物流的综合体。当一体化物流的每个环节同时是其他一体化物流系统的组成部分时，以物流为联结的企业就会形成一个网络，即物流网络。这是一个开放的系统，企业可自由加入或退出，尤其在业务最忙的季节最有可能利用这个系统。物流网络发挥规模经济的条件就是一体化、标准化、模块化。要实现物流网络，首先要有一批优势物流企业与生产企业结成共享市场的同盟，把过去那种直接分享利润的联合发展成优势联盟，共享市场，进而分享更大份额的利润。同时，优势物流企业要与中小型物流企业结成市场开拓同盟，利用相对稳定和完整的营销体系，帮助生产企业开拓销售市场。这样，竞争对手成了同盟军，物流网络就成为一个生产企业和物流企业多方位、纵横交叉、互相渗透的协作有机体。由于先进信息技术的应用，当加入物流网络的企业增多时，物流网络的规模效益就会显现出来，这也促使了社会分工的深化，“第三方物流”的发展也就有了动因，整个社会的物流成本会由此大幅度地下降。

供应链聚焦

德国软件巨头SAP与Uber货运一起协作打造现代化货运。Uber货运加入SAP物流网络系统后，客户可以通过系统直接获取Uber货运的费率信息，获得承运商实时报价，并通过智能自动化流程简化装货与运输流程。这个基于SAP云平台和HANA商业数据平台的集成方案可以使得物流流程更加无缝化，降低运输成本，提供更好的客户体验。不仅仅物流流程得到了优化，更重要的是把客户放在了整个电子供应链的核心位置。承运商、货代以及其他物流合作伙伴也可以在这个平台下更好地协作，交换物流信息和共享实战经验。

资料来源：http://www.uber.com/en-GB/blog/uber-freight-sap-partnership。

5.3.4 战略渠道设计

渠道设计问题是物流管理和供应链管理的重要内容之一。战略渠道设计就是通过网络分析，优化确定物流供应链的制造工厂、分销中心、仓库等设施的位置和数量，使物流系统合理化，获得合理的运输和库存成本。网络设计是一个复杂的系统工程，需要站在供应链管理的战略高度，从供应链管理整体角度而不是从局部利益出发考虑问题。

战略渠道设计可以分为三个步骤：一是要进行网络分析，通过网络分析来确定网络要素及其之间的关系，比如工厂的位置、分销地点和数量、供应商的数量和位置等；二是优化设计，采用有关数学模型或其他方法进行优化决策分析；三是组织实施网络设计方案。

物流网络设计（渠道设计）有两种情况：一种是配送中心或分销点的设计，这是一种局部物流网络设计；另一种是供应链全局的网络设计。

1. 局部物流网络设计

局部物流网络设计就是通常的分销点的布置，比如分销中心的选择问题，这是供应链物流网络设计中常见的问题。下面是一个关于供应链的网络设计问题的例子，物流网络如图 5-6 所示，有多个配送中心，每个配送中心从各原料工厂进货后送到各个需求点，渠道设计的目的是使物流系统总配送成本最低。

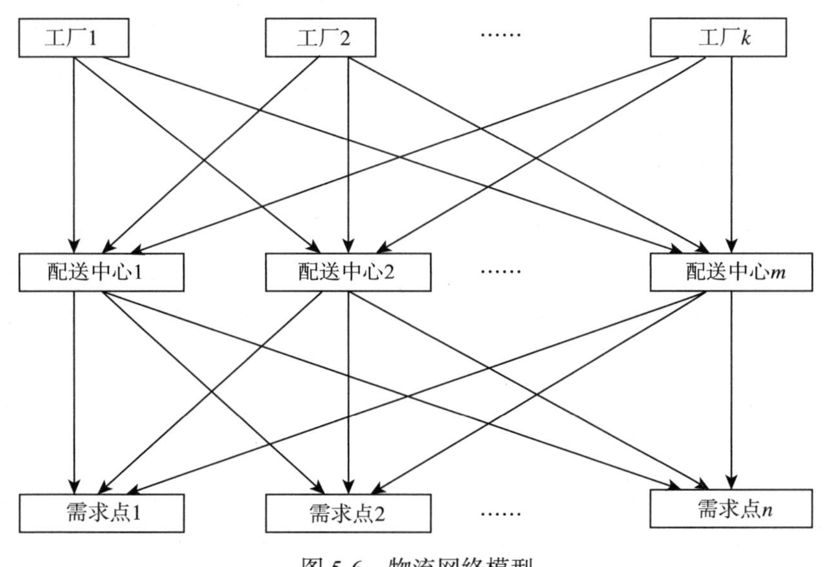

图 5-6 物流网络模型

网络优化的目标是使物流系统的总成本最低，这是一个成本优化的决策问题。与任何一种优化问题一样，这个问题的优化也受到各种条件的约束，如生产厂的生产能力约束，即各生产厂的供应量应小于生产能力；用户的需求量约束，即要求进货量大于等于需求量；配送中心的物流均衡约束，即要求配送中心进货量等于发送量。

这是单一产品配送中心的选址决策，即局部物流网络优化。当考虑多产品时，问题将变得非常复杂。在这样的情况下，一般采用各种特殊的简化处理，目前已有一些算法模型可用来解决这类问题，如 CFLP（capacitated facility location problem）法、运输规划法、鲍莫尔－沃尔夫（Baumel-Wolfe）法等。

2. 全局物流网络设计

全局物流网络优化考虑的不是优化某个节点（如上面所述的配送中心的问题），而是从全局的角度考虑，特别是从供应链管理全局的角度考虑。全局物流网络设计的主要决策问题，对上游供应链来说是供应商的选择与确定；对下游供应链来说是分销商与代理商的确定，因此全局物流网络设计要把两个市场的约束都考虑进来。

进行网络设计时还要考虑非物质因素，如对下游物流网络的设计要考虑地区文化、消费观念等，对上游物流网络的设计则更多地考虑运输费用、技术合作的优势、供货的可靠性和协作管理成本等。整体的供应链网络物流优化不是单纯的网络运输问题的优化设计，而是一种战略性的规划，需要从供应链的整体角度去考虑问题。

全局物流网络设计最主要的目标有两个，一是降低用户成本，二是缩短响应时间，只要这两个目标达到了，物流网络优化的主要目的就达到了。

5.4 物流自营与外包的决策分析

5.4.1 物流运营模式

在供应链管理模式下，企业强调构建核心竞争力。因此，在物流的运营模式上，主要有企业内部物流管理部门的自营物流模式和外包给第三方物流企业的代理物流这两种常见模式。不同的物流运营模式有不同的特点。

1. 自营物流模式

顾名思义，自营物流模式是指企业自己组建企业物流系统，设置专门的管理部门负责管理。自营物流模式的优点是可以加强对本企业物流活动的全程管理，保证客户订单交付等任务的完成，可以取得比较好的物流服务质量，对于提高本企业的品牌影响力具有重要意义。

但是，自营物流模式也有比较明显的不足，即物流运营的成本较高。因为只要企业开展物流业务，就必须要有车辆、仓库、运输人员，需要占用大量流动资金。如果企业自己管理物流，不但一开始就要投入大笔资金建设物流基础设施，而且每天还要投入大量精力去管理物流的具体业务。特别是一旦企业的物流业务量有限，车辆、仓库、装卸搬运设施的利用率得不到有效提高，很快会导致企业的物流成本大幅增加。

在“大而全、小而全”时代，几乎所有企业的物流都以自营为主，只有运输、仓储等个别环节外包。

2. 外包模式

外包（outsourcing）模式是指由物流业务的供需方之外的第三方去完成物流服务的运作模式，承担企业物流外包的服务方主要是第三方物流企业。

第三方物流（third party logistics，TPL/3PL）是一种实现供应链物流集成的有效方法和策略，它通过协调企业之间的物流服务，把企业的物流业务外包给专门的物流企业来承担。通过将企业的物流运作外包给第三方物流服务提供者，供应链企业能够把时间和精力放在自己的核心业务上，因而有助于提高供应链管理的运作效率。

第三方物流提供的一个主要服务是集成运输，它使供应链的小批量库存补给变得更为经济。因为在某些情况下，小批量的货物运输（非满载运输）显然是不经济的。但多品种、小批量生产的供应链环境必须小批量采购、小批量运输，这就提高了货物的供应频率。而运输频率的增加就要增加运输费用，显然不经济。第三方物流可以是为大多数企业提供运输服务的实体，它为多条供应链提供运输服务，比如，当多家供应商彼此位置相邻时，就可以采用混装运输的办法，把各家供应商的货物依次装在同一辆货车上，实现小批量交货的经济性，这就是第三方物流系统提供的联合运输（集成运输）的好处。

第三方物流不但提供运输服务，还可以提供其他形式的物流服务，如顾客订单处理、流通加工、物流信息服务、仓库管理（联合仓库），图 5-7a 中的物流分销中心靠近用户所在地，图 5-7b 所表示的是通过第三方物流提供的服务把产品从中心仓库快速运输到用户所在地。

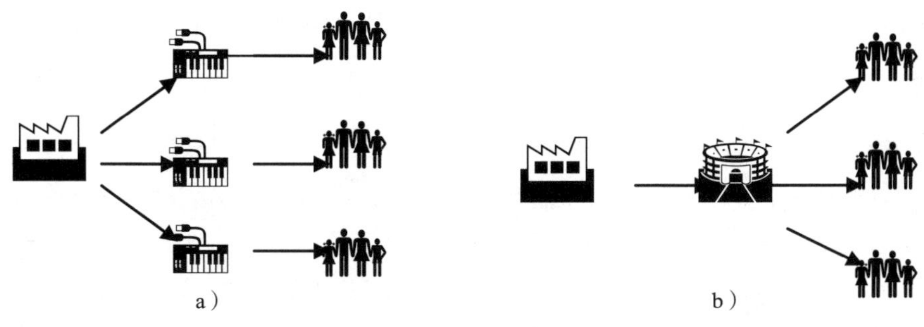

图 5-7　第三方物流服务的应用

供应链聚焦

贺卡巨头 Hallmark 公司于 1994 年成立了一家名为 Ensemble 的子公司，生产卡片、礼品包、明信片、书签、文具等礼品。Ensemble 的职员致力于产品创新，发现市场需要，进而开发产品，在投入生产之前，将创意提供给零售商。总之，作为一家虚拟公司，Ensemble 的业务就是为市场需求量身定制解决方案。它通过世界各地的数百个供应商来进行生产，但在分销环节，只有一个合作伙伴——USCD 分销服务公司。根据协议，USCD 全权处理 Ensemble 的所有订货、接收货物、仓储及美国境内的运输。平均每天有 100 票货物需运至 Hallmark 的卡片店、杂货店及其他零售点。Ensemble 接收来自美国境内的 4 000 多个客户的订单。这些订单以电话、传真、EDI 传入 Ensemble，Ensemble 再通过计算机将其传输给 USCD 以完成订单。

资料来源：https://wiki.mbalib.com/wiki/ 第三方物流公司。

5.4.2 物流外包的优势分析

随着社会分工的进一步细化和物流业的快速发展，物流外包逐渐被供需双方所认可。外包是一种长期的、战略的、相互渗透的、互利互惠的业务委托和合约执行方式。在当今竞争日趋激烈和社会分工日益细化的大背景下，将物流外包给专业的第三方物流公司，可以有效降低物流成本，提高企业的核心竞争力。具体说来，将物流业务外包能够带来以下几个优势。

1. 解决资源有限的问题，使企业更专注于核心业务的发展

企业的主要资源包括资金、技术、人力资本、生产设备、销售网络、配套设施等要素，这些往往是制约企业发展的主要“瓶颈”。特别是在当今时代，生产技术和市场需求的变化十分复杂，一个企业的资源配置不可能局限于本组织的范围之内。即使对一个实力非常强大、有着多年经验积累的企业集团来说，仅仅依靠自身的力量，也是不经济的。为此，企业应把自己的主要资源集中于自己擅长的主业，而把物流等辅助功能留给物流公司。利用物流外包策略，企业可以集中资源，建立自己的核心能力并使其不断提升，从而确保企业能够长期获得较高的利润，引导行业朝着有利于企业自身的方向发展。

供应链聚焦

美国通用汽车的萨顿工厂通过与赖德专业物流公司的合作，取得了良好的效益。萨顿工厂集中于汽车制造，而赖德管理萨顿工厂的物流事务。赖德接洽供应商，将零部件运到位于田纳西州的萨顿工厂，同时将成品汽车运到经销商那里。萨顿工厂使用 EDI 进行订购，并将信息发送给赖德。赖德从分布在美国、加拿大和墨西哥的 300 个不同的供应商那里进行所有必要的小批量采购，并使用特殊的决策支持系统软件来有效地规划路线，使运输成本最小化。

资料来源：https://www.jinchutou.com/p-84877041.html。

2. 灵活运用新技术，实现以信息换库存，降低成本

科学技术日益进步，将物流业务外包给专业的第三方物流公司，可以充分利用第三方物流公司不断更新的信息技术和设备。对不同企业不同的且不断变化的配送及信息共享需求，利用第三方物流公司的信息系统能够以一种快速的、更具成本优势的方式得以满足，而这些服务通常都是单一企业难以做到的。同样，第三方物流供应商还可以满足企业潜在的顾客需求，从而使企业能够接洽到零售商。

3. 减少固定资产投资，加快资金周转

企业自建物流系统需要投入大量的资金购买物流设备、建设仓库和信息网络等专业物流设备。这些资源对于缺乏资金的企业，特别是中小企业来说是个沉重的负担。如果将物流外包，不仅可以减少对设施的投资，还解放了仓库和车队对资金的占用，加快了资金周转。

4. 企业得到更加专业化的服务，从而降低营运成本，提高服务质量

当企业的核心业务迅猛发展时，需要企业的物流系统跟上核心业务发展的步伐，但这时企业原来的自营物流系统往往因为技术和信息系统的局限而相对滞后。与企业自营物流模式相比，将物流外包给专业的第三方物流可以集成小批量送货的要求来获得规模经济效应，第三方物流在组织企业的物流活动方面更有经验、更专业化，从而能够降低企业的营运成本，改进服务，提高企业运作的灵活性。

对一般企业而言，它不可能获得从事物流管理所需的各方面的人才。通过将物流外包给第三方物流，委托企业不但可以引入资金、技术，同时也可以根据自己的需要引入“外脑”。物流专家或是专业人才不一定属于该委托企业，却可以成为企业所使用的一部分有效的外部资源。特别是对那些财力、物力有限的小企业而言，通过将物流外包，更容易获得企业所需要的智力资本。

5. 与合作伙伴分担风险

首先，在迅速变化的市场和技术环境下，通过物流外包，委托企业可以与合作伙伴建立起战略联盟，利用战略合作伙伴的优势资源，缩短产品从开发、设计、生产到销售的时间，减轻由于技术和市场需求的变化造成的产品风险。其次，战略联盟的各方都发挥了各自的优势，这有利于提高产品和服务的质量，提高新产品开拓市场的成功率。最后，采用物流外包策略的企业在与其战略合作伙伴共同开发产品时共担风险，从而降低了由于产品开发失败给企业造成巨大损失的可能性。

在我国的企业发展环境下，物流外包更加具有现实意义，即企业可以通过将物流外包获得第三方物流的创新能力和专业技能。将物流业务外包除了可以减少物流费用支出外，还可以实现自身难以完成的产品开发和市场开拓等。

6. 提高企业的运作柔性

企业选择物流外包的重要原因之一是需要提高柔性。选择物流外包，企业可以更好地控制其经营活动，并在经营活动和物流活动中找到一种平衡，保持两者之间的连续性，提高柔性，使自身由于业务精简而具有更大的应变空间。因此，采用了物流外包的企业可以精简机构，可以对市场需求的变化做出更快的响应。

当然，与自营物流模式相比较，物流外包在为企业提供上述便利的同时，也会给企业带来诸多的不利。如果外包以后协调监管不到位，则会产生一些风险。比如，企业不能直接控制物流活动，存在订单延误或产品损坏的风险；不能保证供货的准确性和及时性；不能保证顾客服务质量和维护与顾客的长期关系；企业将放弃对物流专业技术的开发等。

供应链聚焦

DHL快递与诺基亚西门子通信公司（Nokia Siemens Networks，NSN）合作，共同为沙特通信公司优化设计供应链网络，并管理其在全国范围内通信设备和零部件的快速配送。换言之，沙特通信公司将设备和零部件的物流管理外包给NSN和DHL，同时NSN将物流方案设计和管理外包给了DHL。作为第三方物流，DHL主要提供仓储和库存管理系统方案给NSN。尽管有复杂的地理分布和服务要求，但DHL还是凭借丰富的经验和知识成功地将之前的10个仓储点优化压缩到了3个，并为NSN构建了一个稳固的、高效的分销配送网络。NSN的零部件主要在东欧和中国生产，并通过DHL的全球网络运输到沙特阿拉伯。通过DHL的仓储管理系统，沙特通信公司可以实时地看到库存信息。

资料来源：http://www.supplychainmarket.com/doc/dhl-and-nokia-siemen-networks-join-forces-0001。

5.4.3 物流外包失败的根源

物流外包作为一种提高物流速度、节省物流费用和减少在途资金积压的有效手段，确实能够给供需双方带来较多的收益。尽管供需双方均有信心和诚意，但在实践的过程中，物流外包又举步维艰，常常出现合作中断，甚至失败。导致物流外包失败和黑洞出现的原因有许多，既有体制制约、人为失误，也有观念陈旧和技术缺陷等。

1. 抵制变化

许多公司，尤其是那些目前财务状况令人满意的公司，不愿通过物流外包的方式来改变现有的业务模式。此外，寻求物流外包的公司有时还会遇到来自企业内部某些部门的抵制，因为它们担忧目前从事的工作很可能会被第三方物流所取代。尤其是一些国有企业，物流外包将意味着解雇大批员工，这对企业的领导人来说意味着非常大的风险。

通常，企业对第三方物流公司能力的认识程度普遍很低。第三方物流行业相对来说还很年轻，尤其是在中国，一些非常优秀的物流公司，其发展历史也不是很长。因此许多企业的高级管理人员出于担心物流业务外包的不确定性而抵制原有自营物流模式的变化。

2. 害怕失去控制

许多公司都宁愿有一个“小而全”的物流部门，也不情愿把物流外包，原因之一是不愿放弃对这些物流功能的控制。此外，供应链流程的部分功能需要与客户直接打交道，许多公司担心如果失去内部物流能力，会在与客户交往和其他方面过度依赖第三方物流公司。这种担心在那些从来没有进行过物流外包的公司中更为普遍。大多数已经进行了物流外包的公司表示，它们通过和第三方物流的合作，实际上改善了信息流动，增强了控制力，改善了公司管理其业务的能力。

3. 第三方物流缺乏合格的、专业的物流顾问

企业在进行物流外包时，如果选择的第三方物流企业缺乏合格、专业的物流顾问，物流外包也会遭受失败。物流服务供应商的运作与生产工厂类似，工厂生存的灵魂是拥

有一批有专业技术才能的员工，核心技术一定由公司内部掌控，而不是依靠其他合作伙伴来提供支持。如果第三方物流企业缺乏具有项目设计和作业操作技能的专业人才，那么将物流外包给这样的物流企业是很容易出问题的。

4. 工作范围不明确

工作范围即物流服务要求明细，它对服务环节、作业方式、作业时间、服务费用等细节做出明确的规定，工作范围的确定是物流外包最重要的一个环节。

工作范围不明确已经成为除上述三个因素以外其他导致物流外包失败及黑洞出现的首要原因。工作范围是委托企业告诉受托的物流企业其需要什么服务并愿意付出什么价格，它是合同的一部分。跨国企业在物流外包方面具有丰富的操作经验，如惠普、IBM等，它们在实施物流外包时就要求供应商与其签署两份文件：一是一般性条款，即一些非操作性的法律问题，如赔偿、保险、不可抗力、保密、解约等内容；二是工作范围，即对服务的细节进行具体描述。如果供应商曾经与它们合作过且履行过一般性条款，则其在以后的合作中将不必再签署一般性条款，供应商仅仅需要对新项目的工作范围做出明确的回复。由此可见惠普、IBM 对工作范围的重视程度。

物流外包的失败大多都归结于工作范围不明确，如在物流合同中常出现的“在必要时供应商将采取加班作业以满足客户的需求”，合同双方虽然对此描述并无异议，但问题就出现在“必要”上。在实际运作中，双方经常就如何理解“必要”发生分歧，委托企业认为“提出需求时即为必要”，物流企业却认为“客户提出需求且理由合理时为必要”。对于类似的例子，合作双方经常遇到，起因归结于合作双方没有花费相当的时间和精力明确、详细地制定工作范围。

若要确保物流外包成功，企业在寻找合作伙伴时，首先要冲破思想和观念的阻碍，并积极了解受托的物流企业是否拥有可以满足外包项目所需要的实力；其次要与供应商签订必要的法律文件，讨论全部服务项目细节，拟定工作范围，才能保证物流外包的顺利进行。

供应链聚焦

星巴克在2007年和2008年经历了供应链成本上升的阵痛，大多数店面都经历了销售下滑的状况，而服务于全球16 700家店面的整个供应链的成本却上升了7 500万美元。供应链执行团队调查供应链成本上升和供应链绩效问题时发现，物流服务没有达到预期水平。主要问题包括：低于50%的店面能准时收到货；个别错误的外包决策导致了过高的第三方物流成本；供应链体系没有很好的系统设计，逐渐变得复杂。根据调查结果，星巴克领导层决定通过重构供应链、降低物流服务成本、为未来的供应链能力建设打下基础等措施来降低供应链成本和提高供应链绩效。为了有效地实现这些目标，星巴克把供应链功能分成了计划、生产、交付三个主要领域。一方面，星巴克在美国增加了一个新的生产基地，从而使生产基地数量上升到了四个。另一方面，除了那些最高效的第三方物流公司之外，星巴克终止了与其他所有合作伙伴的关系。此外，星巴克开始通过每周的绩效积分卡系统来管理和维护与第三方物流企业的关系，并与它们签订新的服务水平协议。在星巴克完成所有这些优化方案的实施后，整个供应链体系在2009年和2010年就实现5亿美元供应链成本的降低。

资料来源：http://www.maistro.com/procurement/what-can-we-Learn-starbucks-supply-chain-management/。

5.4.4 物流运营模式的选择

企业物流运营模式主要有自营物流和物流外包等。在进行物流决策时，企业应根据自己的需要和资源条件，综合考虑以下主要因素，慎重选择物流运营模式，真正提高企业的市场竞争力。

1. 物流对企业成功的影响度和企业对物流的管理能力

物流对企业成功的重要性和企业物流管理能力是影响企业物流采取自营物流还是物流外包的最重要的因素，决策状态如图 5-8 所示。

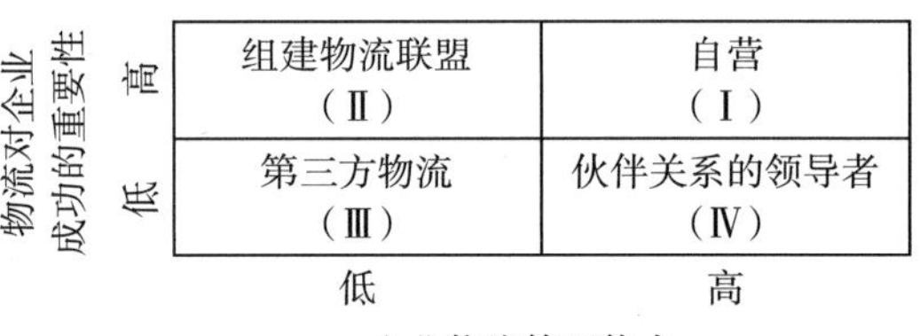

图 5-8 自营物流 / 物流外包决策状态

如果物流在企业战略中起关键作用，但自身物流管理水平较低，对这类企业（Ⅱ）来说，组建物流联盟将会在物流设施、运输能力、专业管理技巧上收益极大。对物流在其战略中不占关键地位，但其物流水平很高的企业（Ⅳ）来说，可能寻找物流合作伙伴共享物流资源，通过增大物流量获得规模效益，降低成本。处于Ⅱ、Ⅳ的企业可以建立物流联盟。

如果企业有很高的顾客服务需求标准，物流成本占总成本的比重极大，自己物流管理能力强，即企业（Ⅰ），一般不会选择物流外包，而采用自营的方式。对那些物流在其战略中地位并不很重要、自身物流管理能力也比较低的企业（Ⅲ）来说，采用第三方物流是最佳选择，因为这样能大幅度降低物流成本，提高服务水平。

2. 企业对物流控制力的要求

越是竞争激烈的产业，企业越是要强化对供应和分销渠道的控制，此时企业应该选择自营物流。一般来说，主机厂或最终产品制造商对渠道或供应链过程的控制力比较强，往往选择自营物流，即作为龙头企业来组织全过程的物流活动和制定物流服务标准。

3. 企业产品自身的物流特点

对于大宗工业品原料的回运或鲜活产品的分销，企业应利用相对固定的专业物流服务供应商和短渠道物流；对全球市场的分销，宜采用地区性的专业物流公司提供支援；对于产品线单一或为主机厂做配套产品的企业，则可以在龙头企业的统一管理下选择自营物流，也可以选择物流外包；对于技术性较强的物流服务（如口岸物流服务），企业应采用委托代理的方式；对于非标准设备的制造商来说，自营物流虽然有利可图，但还是应该交给专业物流服务公司去做。

4. 企业的规模和实力

一般来说，大中型企业由于实力较雄厚，有能力建立自己的物流系统，制订合适的物流需求计划，保证物流服务的质量，另外，还可以利用过剩的物流网络资源拓展外部业务为其他企业提供物流服务。而小企业则受人员、资金和管理资源的限制，物流管理效率难以提高。此时，企业为把资源用于主要的核心业务上，就适宜把物流管理交给第三方专业物流公司。如实力雄厚的麦当劳公司，每天必须把汉堡等保鲜食品运往中国各地，为保证准确及时供货，就组建了自己的货运公司。

5. 物流系统总成本

在选择自营物流还是物流外包时，必须弄清两种模式物流系统总成本的情况。计算公式为：

$$D=T+S+L+F_W+V_W+P+C$$

式中 D——物流系统总成本；

T——该系统的总运输成本；

S——库存维持费用，包括库存管理费用、包装费用以及返工费；

L——批量成本，包括物料加工费和采购费；

F_W——该系统的总固定仓储费用；

V_W——该系统的总变动仓储费用；

P——订单处理和信息费用，指订单处理和物流活动中广泛交流等问题所产生的费用；

C——客户服务费用，包括缺货损失费用、降价损失费用和丧失潜在客户的机会成本。

这些成本要素之间存在着二律背反现象：当减少仓库数量时，可以降低保管费用，但会带来运输距离和次数的增加而导致运输费用增加。如果运输费用的增加部分超过了库存持有费用的减少部分，总物流成本反而增加了。所以，在选择和设计物流系统时，要在自营或外包的基础上对物流系统的总成本加以论证，最后选择成本最低的物流系统。

6. 第三方物流的客户服务能力

在选择物流模式时，考虑成本尽管比较重要，但第三方物流为本企业及企业客户提供服务的能力对物流服务而言是至关重要的。也就是说，第三方物流在满足企业对原材料及时需求的能力和可靠性，对企业的零售商和最终客户不断变化的需求的反应能力等方面应该作为企业首要的考虑因素。

7. 自拥资产和非自拥资产第三方物流的选择

自拥资产第三方物流是指有自己的运输工具和仓库，从事实实在在物流操作的专业物流公司。它们拥有较大的规模、坚实的基础设施、完善的物流系统。这也是人们常说的重资产模式。重资产的第三方物流专业化程度较高，但灵活性可能受到一定的限制。非自拥资产第三方物流是指不拥有硬件设施或只租赁运输工具等少量资产，主要从事物流系统设计、库存管理和物流信息管理等职能，而将货物运输和仓储保管等具体作业活动交由别的物流企业承担，但对系统运营承担责任的物流管理公司。这也就是人们常说的轻资产模式。轻资产模式的第三方物流运作比较灵活，能制定服务内容，可以自由组合、调配供应商，管理费用较低。企业应根据自己的要求对两种模式加以选择和利用。

在对企业物流模式的选择做具体决策时，应从物流在企业中的战略地位出发，在考虑企业物流能力的基础上充分比较各方面的约束因素，进行成本评价，决策程序如图 5-9 所示。

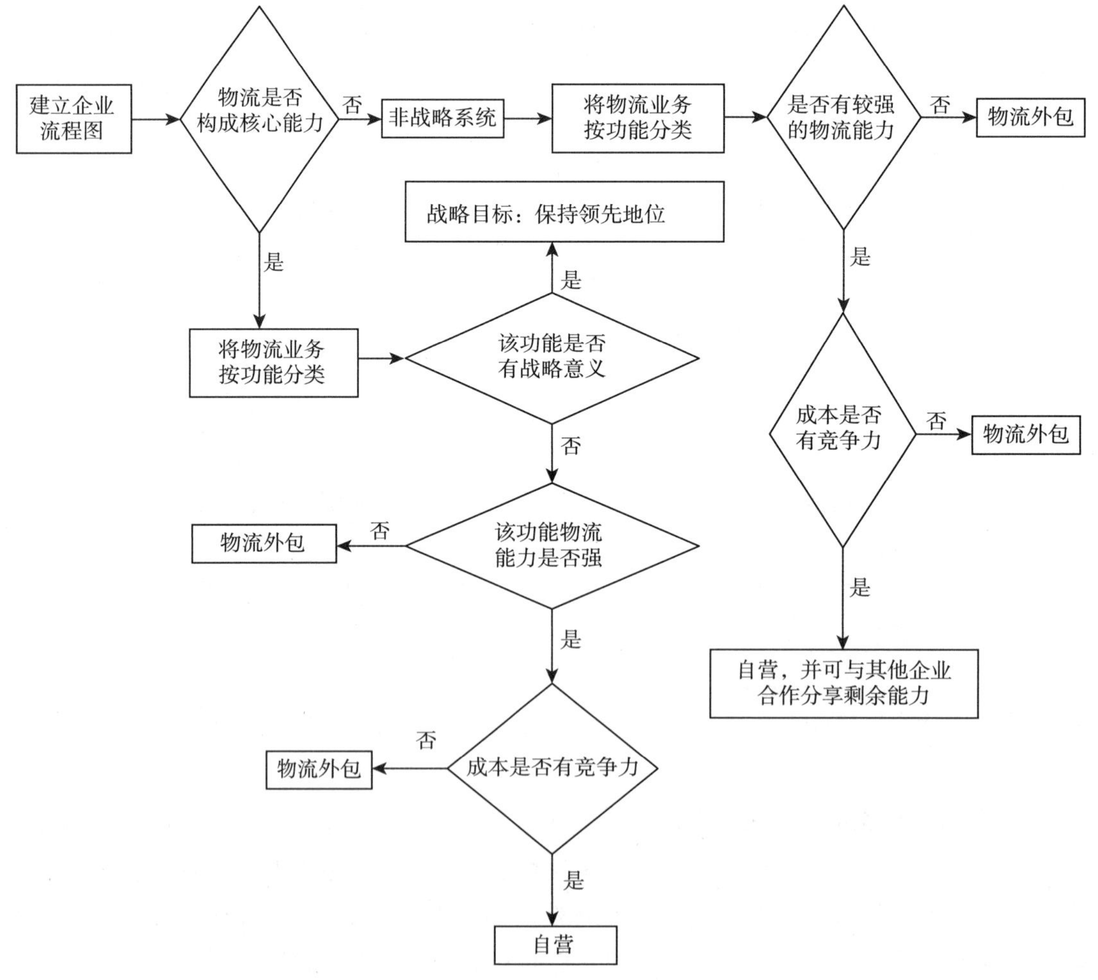

图 5-9　物流运作模式决策程序

5.5 绿色物流

绿色物流是近几年来企业界和学术界都非常关注的一个新课题，从环境和可持续发展的角度建立与环境共生的物流管理系统。

5.5.1 绿色物流的概念

所谓**绿色物流**（green logistics），就是以降低对环境的污染、减少资源消耗为目标，利用先进的物流技术规划实施运输、仓储、装卸搬运、流通加工、配送、包装等物流活动。

目前，关于绿色物流还没有形成较为成熟的定义，但企业界和学术界的共识是，绿色物流是从可持续发展的角度出发去研究物流和供应链，强调减少物流活动对生态环境的影响。随着企业在环保问题上的压力加剧，减少物流活动的**环境足迹**（environmental footprint）越来越受到企业的关注。有统计表明，仅仅货运、仓储、搬运等活动产生的 CO_2 排放量便占世界总排放量的 10%。因此，绿色物流的核心目标是降低物流活动的 CO_2 排放量，建立对环境友好的、低环境污染的物流体系。

供应链聚焦

为了响应政府环保要求，日本富士通（Fujitsu）集团制订了环保行动计划。其中针对物流制定的目标是，在 2020 年实现集团国内运输的 CO_2 排放量相对 2008 年降低 15%。事实上，到了 2012 年，集团已经实现了 CO_2 排放量降低 32%。集团采取的主要措施包括在不同公司、不同产品线之间实施合并运输以提高装载效率；采用混合动力车辆以及对生态友好的轮胎来提高燃油效率从而降低 CO_2 排放量和成本。

德国大众是世界上第一家采用液化天然气驱动轮船的汽车制造商。从 2019 年开始，两艘液化天然气驱动的轮船将承担起大众在欧洲和北美之间的运输任务，该船长 200 米，可装载 4 500 辆汽车，与普通集装箱船装载量相当，但是可以降低 25% 的 CO_2 排放量。大众同时也在与卡车制造商 Scania 共同研发液化天然气驱动的卡车。在不久的将来，液化天然气驱动的卡车将会大量投入到公路货运。

资料来源：https://www.fujitsu.com/global/microsite/fujitsu-climate-and-energy-vision; https://www.volkswagenag.com/en/news/2019/10/reduce-co2-emissions.html。

5.5.2 绿色物流的管理

1. 绿色供应商管理

供应商的原材料及半成品质量的好坏直接决定着最终产成品的性能，所以要实施绿色物流还要从源头上加以控制。由于政府对企业的环境行为实施严格管制，并且供应商的成本绩效和运行状况对企业经济活动构成直接影响，因此在绿色物流中有必要增加供应商选择和评价的环境指标，即要对供应商的环境绩效进行考察。例如，潜在供应商是否因为环境污染问题而被政府课以罚款？潜在供应商是否因为违反环境规章而有被关闭的危险？供应商供应的零部件是否采用绿色包装？供应商是否通过 ISO 14000 环境管理体系的认证？

2. 绿色生产管理

绿色生产包括绿色原材料的供应、绿色设计与绿色制造。绿色产品的生产首先要求构成产品的原材料具有绿色特性。绿色原材料应符合以下要求：环境友好性；不加任何涂镀，废弃后能自然分解并能被自然界吸收；易加工且加工过程中无污染或污染很小；易回收、易处理、可重用，并尽量减少材料，这样有利于原材料的循环使用。

绿色设计要求面向产品的整个生命周期，即在概念设计阶段就要充分考虑产品制造、销售、使用及报废后对环境的影响，以便在产品再制造和使用过程中可拆卸、易收回，不产生毒副作用及保证产生最少的废弃物。

绿色制造则追求两个目标，即通过可再生资源、二次能源的利用及节能降耗措施缓解资源枯竭，实施持续利用；减少废料和污染物的生成排放，提高工业品在生产过程和消费过程中与环境的相容程度，降低整个生产活动给人类和环境带来的风险，最终实现经济和环境效益的最优化。

供应链聚焦

中华人民共和国工业和信息化部印发的《工业绿色发展规划（2016—2020 年）》提出，以汽车、电子电器、通信、机械、大型成套装备等行业的龙头企业为依托，以绿色供应链标准和生产者责任延伸制度为支撑，带动上游零部件或元器件供应商和下游回收处理企业，在保证产品质量的同时践行环境保护责任，构建以资源节约、环境友好为导向，涵盖采购、生产、营销、回收、物流等环节的绿色供应链。

作为行业领头企业的华为，多年来致力于推广绿色 ICT 综合解决方案，促进各个行业的节能减排，积极推动资源节约、环境友好的低碳社会建设。华为通过创新的能源解决方案（如 PowerCube 1000、PowerStar），帮助客户及用户降低产品功耗，降低碳排放。同时，华为关注产品在整个供应环节对环境的影响，积极开展废弃物回收、以旧换新等活动，提高产品的退货物料再利用率，降低废弃物的填埋率，减少对环境的负面影响，与整个产业链一起，共同呵护绿色美好的世界。截至 2018 年年底，华为已建成 1 300 多家回收中心，覆盖全球 48 个国家和地区。仅 2018 年，华为全球以旧换新业务回收废旧手机超过 14 万台，退货产品再利用率达到 82.3%，共处置 11 332 吨电子废弃物，填埋 190 吨，电子废弃物填埋率仅为 1.68%。

资料来源：https://www.huawei.com/cn/about-huawei/sustainability/environment-protect/green_world。

3. 绿色运输管理

交通运输工具消耗大量的能源；运输过程中排放大量的有害气体，产生噪声污染；运输易燃、易爆化学品等危险原材料或产品可能引起的爆炸、泄漏等事故，都会对环境造成很大的影响。构建企业绿色运输体系就显得至关重要。

合理配置配送中心，制订配送计划，可提高运输效率以降低货损量和货运量。开展共同配送，可减少污染。共同配送是为了满足城市一定区域内的配送需求，人为地进行有目的、集约化的配送。它是由同一行业或同一区域的中小企业协同配送的。共同配送、统一集货、统一送货可以明显地减少货流；可以有效地消除交错运输，缓解交通拥挤状况，可以提高市内货物运输效率，减少空载率；有利于提高配送服务水平，使企业库存水平大大降低，甚至实现“零”库存，降低物流成本。

多式联运是指以单元货物为对象，以单元装载系统为媒介，有效地巧妙组合各种运输工具，从发货方到收货方始终保持单元货物状态而进行的系统化运输方式。通过运输方式的转换可削减总行车量，包括转向铁路、海上和航空运输。多式联运是物流现代化的支柱之一。

现在政府部门对运输污染采取极为严格的管理措施。例如北京对机动车制定了严格的尾气排放标准，同时政府交通部门充分发挥经济杠杆的作用，根据机动车的排污量来收取排污费。企业如果没有绿色运输，将会加大经济成本和社会环境成本，影响企业经济运行和社会形象。

供应链聚焦

为物流信息定制二维码，扫一扫即可查看实时信息；企业只需打开App就可以在网上下单租赁货运托盘；物流配送完成，有人上门回收货运托盘并发送到下一家使用单位……安全、便捷、费用低廉，这就是2019年7月京东物流公布的开放式托盘循环共用系统。这也是继新能源物流、循环包装袋后，京东物流在绿色环保领域的又一举措，通过物流托盘的循环利用，开启了绿色运输模式。

京东提供的托盘运用分为两种模式。一种是托盘静态租赁模式，这是典型的共享经济模式，企业可以通过限时租赁的方式应对淡旺季的托盘需求波动。企业再也不用投入大量资金来购买托盘，在使用旺季可以加大租赁量，淡季可以减少租赁量。灵活、轻资产的租赁模式明显降低了企业因缺乏托盘数据统计与管理所带来的过度采买、报废、丢失等大量隐性成本，最高可以为企业减少10%的资金占用量。

另一种是服务于带板运输的动态租赁模式。京东提供的全国物流网络既是一个覆盖广泛的托盘收发体系，又是可靠的供应体系、高效的维修分拣体系。它不但能够保障托盘在各地及时地供应，更能确保客户手里的每一块托盘都保持标准和稳定的品质。在带板运输模式下，托盘会在供应链上下游快速流转，托盘的平均周转率可以提高60%～80%。

托盘的循环使用，不仅对环境零压力，实现了绿色运输；而且单次使用成本低，可使企业节省20%以上的运输成本。一个顺畅合理的社会化托盘周转流通机制，是降低企业物流成本、节约社会资源、共建绿色运输体系的关键。

资料来源：http://finance.sina.com.cn/roll/2019-07-19/doc-ihytcerm4651602.shtml?wm=3049-0032。

4. 绿色储存管理

储存在物流系统中起着缓冲、调节和平衡的作用，是物流的一个中心环节。储存的主要设施是仓库。现代化的仓库是促进绿色物流运转的物资集散中心。绿色仓储要求仓库布局合理，以节约运输成本。布局过于密集，会增加运输的次数，从而增加资源消耗；布局过于松散，则会降低运输的效率，增加空载率。仓库建设前还应当进行相应的环境影响评价，充分考虑仓库建设对其所在地的环境影响。例如，易燃、易爆商品仓库不应设置在居民区，有害物质仓库不应设置在重要水源地附近。采用现代储存保养技术是实现绿色储存的关键，如气幕隔潮、气调储存和塑料薄膜封闭等技术。

供应链聚焦

作为美的集团旗下的大型综合性物流企业，从2008年开始，安得物流就围绕着“节能减排、绿色环保”的总体目标，开始了对“绿色仓储”的探索。通过优化仓储布局、投入专业设备及工具、推动无纸化办公等，安得物流在绿色仓储方面取得了长足的发展，成为现代“绿色物流”的倡导者和先行者。

优化仓储布局：要想打造绿色物流，就要对仓储进行合理的布局与规划。合理的仓储布局能够有效节约运输成本。目前，安得物流在全国范围内拥有200多个服务网点，同时正在全国33个主要城市规划及筹建综合物流园区，目标直指优化国内主要经济区域间的物流运输环境，从而提升物流运营的整体效率。合理的仓储布局使安得物流的仓库货物运输成本降到最低，也为客户节省了不少运输成本，受到了众多客户的认可。

投入专业设备及工具：在仓储环境中，叉车尾气排放对环境污染尤为明显。当前，安得物流管理的仓储面积超过400万平方米，这显然需要大量的专业物流设备及工具。为进一步推进绿色物流，安得物流累计投入350多台纯电动叉车及托盘车（平均每台电动设备采购成本是油动设备的2～5倍），直接减少油动叉车的使用率。先进物流装备的使用，使得安得物流能够尽可能减少燃油叉车尾气的排放，实现了对环境的有效保护。

推动无纸化办公：高度的电子信息化，能够实现无纸化办公，有助于节约资源，保护环境。据了解，RF技术是推进物流信息化进程的一种技术手段，能够实现物流信息的高度共享，从而在很大程度上减少办公用纸，进而实现无纸化办公。为此，安得物流投入巨额资金大力发展RF技术，截至目前，安得物流已经顺利完成150万平方米仓库的RF应用。

资料来源：http://old.chinawuliu.com.cn/xsyj/201303/20/215658.shtml。

5. 绿色流通加工管理

流通加工是指继续对流通中的商品进行生产性加工，使其成为更加适合消费者需求的最终产品。流通加工具有较强的生产性，也是流通部门对环境保护大有作为的领域。

实现绿色流通加工的途径主要分两个方面：一方面，变消费者分散加工为专业集中加工，以规模作业方式提高资源利用效率，减少环境污染；另一方面，集中处理消费品加工过程中产生的边角废料，以减少消费者分散加工所造成的废弃物污染。

6. 绿色装卸管理

装卸是跨越运输和物流设施进行的发生在输送、储存、包装前后的商品取放活动。实施绿色装卸要求企业在装卸过程中正当装卸，避免商品损坏，从而避免资源浪费以及废弃物造成环境污染。另外，绿色装卸还要求企业消除无效搬运，提高搬运的灵活性，合理利用现代化机械，保持物流的均衡顺畅。

7. 产品绿色设计、绿色包装和标识

绿色物流建设应该源于产品设计阶段，以产品生命周期分析等技术提高产品整个生命周期的环境绩效，在推动绿色物流建设上发挥先锋作用。

包装是商品营销的一个重要手段，也是在商品输送或储存过程中为保证商品的价值和形态而从事的物流活动。包装也是绿色物流管理的一个重要方面。大量的包装材料在使用一次以后就被消费者遗弃，从而造成环境问题，过度的包装也造成了资源浪费。白色塑料污染已经引起社会的广泛关注。在日本，经营食品的商人已放弃塑料包装，在食品界掀起了“绿色革命”，取得了较大的成效。在给食品包装时尽量采用不污染环境的原料，用纸袋包装取代塑料容器，这大大减少了将用过的包装收集到工厂再循环所面对的技术和成本困难。

绿色包装是指采用节约资源、保护环境的包装。特点是材料最省、废弃最少且节约资源和能源；易于回收利用和再循环；包装材料可自然降解并且降解周期短；包装材料对人的身体和生态无害。绿色包装要求提供包装服务的物流企业进行绿色包装改造，包括使用环保材料、提高材质利用率、设计折叠式包装，以减少空载率、建立包装回用制度等。

供应链聚焦

为了实现绿色环保的目标，戴尔成为第一个将可再生的竹子用于包装的计算机厂商。自2009年11月起，戴尔便开始使用竹制缓冲垫作为上网本的包装。随后，戴尔扩大了竹制包装的使用范围，其中包括戴尔Inspiron笔记本电脑。竹子作为世界上生长速度最快的植物，比普通的木制材料生长周期短。竹子的纤维很强韧，可以在减少包装体积的同时达到缓冲的效果，而且竹制品的采用能够减少对森林和植被的破坏。基于这些特征，戴尔将逐渐扩大竹制包装的使用范围并探索环保包装的新领域。

5.5.3 绿色物流的实施策略

1. 树立绿色物流观念

观念是一种具有根本性和普遍意义的世界观，是一定生产力水平、生活水平和思想素质的反映，是人们活动的指南。以前由于长期的低生产力，人们更多地考虑温饱等问题，往往只顾眼前利益而忽视长远利益，只顾个体利益而忽视社会利益，企业因这种非理性需求展开掠夺式经营，忽视长远利益和生态利益及社会利益，进而导致来自大自然的警告。人们开始意识到：一切经济活动都离不开大自然，取之于大自然，复归于大自然。于是，循环经济或绿色经济应运而生，引起人们的经济行为甚至社会经济结构的转变。一系列新的市场制度和经济法规迫使企业降低环境成本转而采用绿色技术，进行绿色生产、绿色营销及绿色物流等经济活动。许多专家认为，21世纪是绿色世纪。据经济合作与发展组织统计，2000年世界绿色消费总量就达到了3 000亿美元。循环经济或绿色经济要求物流企业在经营决策的时时刻刻综合考虑人们的近期需求和长远利益、企业利益和社会利益、有形利益和无形利益，并以此观念策划绿色物流活动。因此，企业经营者必须尽快提高认识和转变观念，决不能存在“环保不经济，绿色要花费”的思想，把绿色物流作为世界全方位绿色革命的重要组成部分，积极面向绿色物流的未来。

2. 开发绿色物流技术

绿色物流的关键不仅依赖绿色物流观念的树立，更离不开绿色物流技术的应用和开发。没有先进物流技术的发展，就没有现代物流的立身之地；同样，没有先进绿色物流技术的发展，就没有绿色物流的立身之地。然而，我们的物流技术与绿色要求有较大的差距，如物流机械化、物流自动化、物流的信息化及网络化方面，与西方发达国家的物流技术相比仍有一定的差距。要大力开发绿色物流技术，否则绿色物流就无从谈起。

3. 制定绿色物流法规

绿色物流是当今经济可持续发展的一个重要组成部分，它对社会经济的不断发展和人类生活质量的不断提高具有重要意义。正因为如此，绿色物流的实施不仅是企业的事情，还必须从政府约束的角度对现有的物流体制加强管理。一些发达国家政府非常重视制定政策法规，在宏观上对绿色物流进行管理和控制，尤其是要控制物流活动的污染发生源。物流活动的污染发生源主要表现在：运输工具的废气排放污染空气，流通加工的废水排放污染水质，一次性包装的丢弃污染环境，等等。因此，它们制定了诸如污染发生源、限制交通量、控制交通流等相关政策和法规。国外的环保法规种类很多，有些规定相当具体、严厉，国际标准化组织制定的最新国际环境标志也已经颁布执行。尽管我国自20世纪90年代以来一直致力于环境污染方面的政策和法规的制定与颁布，但针对物流行业的还不是很多。制定和颁布这些环保政策或法规，既可以给企业造成压力，又可以为企业提供发展的机会，物流企业经营者进行分析研究，以便明确方向，克服障碍，推动绿色物流的顺利发展。

4. 加强对绿色物流人才的培养

绿色物流作为新生事物，对营运筹划人员和专业人员的素质要求较高，因此，要实现绿色物流的目标，培养、造就一批掌握绿色理论和实务的物流人才是当务之急。各相关院校和科研机构应有针对性地开展绿色物流人才的培养与训练计划，努力为绿色物流输送更多合格人才；还可以调动企业、大学以及科研机构相互合作的积极性，促进产学研结合，使大学与科研机构的研究成果能够转化为指导实践的基础，提升企业物流从业人员的理论业务水平。

5.6 智能物流

随着通信、数据、人工智能等技术的快速发展和在物流领域的广泛应用，智能物流的概念和管理体系逐渐形成。智能物流被认为能够使得供应链的每一个环节更加高效。凭借互联设备和智能工具在供应链中的应用，智能物流将为供应链带来端到端的可视性，将改善运输、库存控制、补货等物流活动的模式和管理，给顾客带来完全不同的零售体验。

近年来，智能物流发展迅速，预计 2025 年规模将超万亿元，这里主要对其概念、主要特点以及发展趋势做简要总结。

供应链聚焦

2016 年，菜鸟开始谈智慧物流，并提出了“未来五年智慧物流会进入加速期”的说法。2017 年，阿里巴巴表示未来五年继续加持 1 000 亿元投入，加大布局新零售与物流全球化。作为与零售、金融并列的“商业基础设施”，阿里巴巴的菜鸟网络在成立的四年间已经建构了一张数字化、智能化和社会化的物流网络，以满足全社会的商品配送需求。

资料来源：https://www2.geoconcept.com/blog-zh/zhinengwuliubaogao。

5.6.1 智能物流的概念

在讨论智能物流之前，先介绍**智能系统**（smart system）的概念。

智能系统具备感测、执行和控制的功能，通过描述和分析情况，并以预测或自适应方式基于可用数据做出决策，从而执行智能动作。智能系统通常由具有不同功能的组件组成，过程包括传感器采集信号，将信息传输到命令和控制单元，命令和控制单元根据可用信息做出决定并给出指示，传输决策和指令，执行器执行或触发所需操作。

智能系统有助于解决环境、社会和经济方面的挑战，如有限的资源、气候变化、人口老龄化和全球化。因此，智能系统被越来越多地应用于不同领域，如运输、医疗保健、能源、安全和保障、物流、信息通信技术、制造业等。它在物流领域的应用就形成了所谓的智能物流的概念。

智能物流（smart logistics）是利用集成智能化技术（包括物联网、大数据、人工智能等技术），使物流系统能模仿人的智能，具有思维、感知、学习、推理判断、分析决策和智能执行能力，提升整个物流系统的智能化和自动化水平。

根据这个概念，我们可以总结智能物流的概念图，如图 5-10 所示。根据这个概念图，我们可以总结智能物流的主要特点。

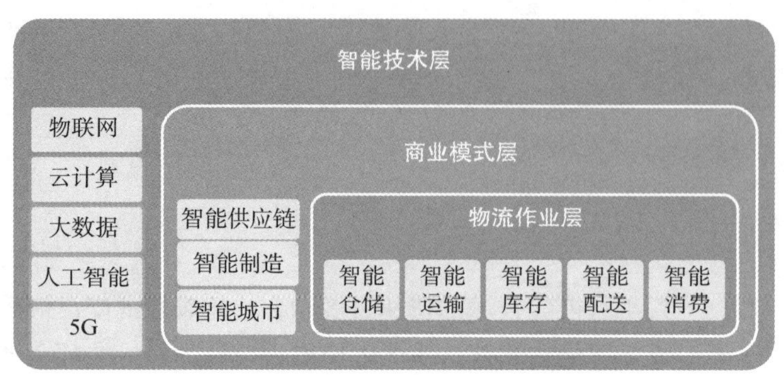

图 5-10 智能物流概念图

5.6.2 智能物流的主要特点

应用大量的智能技术后，物流管理将体现以下几个特征。

1. 自动

传统的供应链主要依赖人工输入物流运作信息。随着传感器和 RFID 标签在企业及供应链中的大量应用，大量的物流信息都是自动采集或者自动生成的，或者通过各种监测仪表、执行器、GPS 以及其他设备和系统来生成。当 RFID 等技术广泛运用于集装箱、货车、产品、部件以及各种可能的物体对象时，它们就可以随时被跟踪和监控，随时自动生成该对象的状态报告，而不再需要像过去那样依赖人工来完成这些工作。各种数据可视化技术也可以自动地显示计划、承诺、执行、供应源、预计库存和消费者需求等各种实时状态信息。

另外的自动性体现在物流作业层。基于上述产生的大数据，通过各种数据分析技术和人工智能技术的运用，可以对物流及其他数据进行分析，从而做出需求预测、制订或优化生产和配送计划、制订或优化运输和配送路径、优化仓储和库存、做出设备维修预警。而这些决策可以通过机器人技术、AGV、无人叉车、货架穿梭车、无人机等自动地实现诸如搬运、配送等物流活动。同时，从供应链的角度来看，物流也能实现与智能制造系统之间更自动、更同步化的协调。从城市的角度来看，物流也将与智能城市的运作更完美、自动地衔接。

2. 互联

智能物流、智能供应链将借助物联网等技术实现前所未有的互联。首先，最基本的是实现供应链中所有物体对象的互联，以及对象之间实现交互。其次，实现与客户、供应商和其他合作伙伴之间 IT 系统的互联，从而实现信息的共享性和可视性。显然，除了单纯的物流层面的互联，还可以实现整个供应链的互联，从而创建更全面的供应链视图，甚至实现更大范围的互联，比如与城市基础设施系统之间的广泛互联，从而实现更大规模的协作。互联的全球供应链网络或者全球城市网络将更有助于包括物流、供应链、城市运作在内的全局规划和决策制定。举例来说，未来智能物流系统可以与城市交通信号等系统互联，可以更有效、更快地优化最后一公里的配送路径。

3. 智能

伴随人工智能、大数据分析等技术的飞速发展和应用，智能物流系统能更高效地衡量各种约束和选择条件，帮助决策者通过模拟等方法制定更优的决策。更重要的是，智能物流系统具备强大的自主学习能力，无须人工干预就可以自行自主地做出物流决策。例如，动态调整货架上的托盘位置、自动向供应商下达补货订单、自动优化配送车辆路线并给司机发出更改路线指令等。当异常事件发生时它可以重新配置供应链网络；它可以通过虚拟交换以获得相应权限，进而根据需要使用诸如生产设备、配送设施和运输船队等有形资产。这种智能不仅可以帮助智能物流系统进行实时决策，而且还可以预测未来的情况。通过利用尖端的建模和模拟技术，智能物流系统将从过去的“感应－响应”模式转变为“预测－执行”模式。很显然，物流和供应链管理可以变得更加智能，其运作效率将达到前所未有的高度。

5.6.3 智能物流的管理

目前，智能物流还没有形成成熟的实践体系，也没有形成完善的理论体系，企业界和学术界都还在讨论之中。但相对而言，企业界在这个领域走得更快。一些领先的物流企业或者 IT 企业都已经开始了大量的投入进行技术研发和布局。这里从发展趋势的角度讨论智能物流管理的几个问题。

1. 技术进步与商业模式创新同步

如前所述，智能物流还处在初期发展阶段，虽然未来的市场很大，但在管理方面要注意一个重要的问题。因为智能物流本来是依赖于各种通信、网络、数据、机器人、人工智能等技术发展起来的，所以，有很多的企业更多地投入精力去研究如何转化当前的物流系统，或者研究及建设具体的自动化、智能设备或技术，但是会很容易忽略一点：对物流系统及商业模式进行优化或者创新。技术的发展一方面推动了智能物流的发展，另一方面也推动了商业模式的创新。电商、新零售、O2O、C2M、共享经济等各种新型商业模式快速发展，正是这些新型商业模式的发展对物流提出了更高的要求，也促进了智能物流的发展。因此，企业在考虑投资智能物流的同时，也需要考虑商业模式以及物流运作模式的创新，两者同步才能最大限度地发挥各自的效应。

2. 重视数据的价值

在智能物流环境下，所有实体和流程都被数字化，从产品、传感器、系统、流程等各种源头收集的海量数据对于智能物流的实现具有巨大的价值。数据分析和人工智能有助于做出更优化的自动决策，这不仅可以优化供应链中资源的配置，提供更好的定制化产品，优化能源消耗实现更环保的供应链，而且可以更自主地降低成本、降低风险，从而提高供应链绩效。然而，单纯地利用大数据进行优化决策或者实现数据的可视性，并没有完全地发挥大数据的真正价值。企业需要转变管理的角度和视野，在注重如何实现数字化的基础上，更加注重数据的业务化，也就是说更注重对数据的管理，要思考如何更加合理有效地利用大数据，甚至可以考虑如何通过大数据分析实现商业模式的创新。

3. 人工智能与万物互联推动物流革命

智能物流的互联性和智能性将能够更高效地实现供应链的横向一体化和纵向一体化，从而真正实现集成化的供应链或者说供应链一体化。伴随人工智能技术、大数据技术、5G 技术的快速发展，智能物流的模式和框架将会日新月异。因此，企业应该不局限于某一种技术的突破，而应该更多地思考未来的智能物流和智能供应链模式是怎样的。

目前，亚马逊、京东、阿里、顺丰、DHL 等企业在智能物流领域处于领先地位，读者可以关注这些企业的发展以了解更多的智能物流发展状况和未来愿景。

本章小结

本章介绍了物流管理的基本概念及其在供应链环境下的重要性和战略问题。物流管理作为企业运营的后勤保障支持系统，对企业竞争力的构成具有重要的作用，特别是随着供应链管理的出现，物流的作用就更加突出了。在本章中，我们讨论了供应链环境下物流管理的特征、物流管理对实现供应链战略目标的作用以及几种物流管理战略；在供应链物流的运营模式上，讨论了自营物流与物流外包决策的利弊、物流运营模式选择的影响因素等。针对当前企业面临的环保压力和应承担的社会责任，本章探讨了绿色物流管理的问题。最后，从信息技术的飞速发展和应用的现状出发，研究了物流的智能化发展，探讨了如何有效利用当前的先进技术实现智能物流、智能供应链等企业关注的焦点话题。

关键术语

物流（logistics）
物流管理（logistics management）
第三方物流（third party logistics）
外包（outsourcing）
入厂物流（inbound logistics）
出厂物流（outbound logistics）
绿色物流（green logistics）
智能物流（smart logistics）

思考与练习

1. 物流管理的本质是什么？
2. 对供应链企业而言，为什么说物流是其“第三利润源泉”？
3. 供应链环境下的物流管理战略包括哪些？在制定物流管理战略的时候需要考虑哪些因素？
4. 举例说明物流外包的重要性及其存在的风险。
5. 你如何理解第三方物流企业在供应链中的角色和作用？第三方物流企业的核心竞争力是什么？
6. 举例说明如何实现绿色物流。
7. 选择一个行业，阐述你对该行业智能物流模式的理解。
8. 智能物流系统的主要特点有哪些？

讨论案例　良中行公司冷链物流网络规划

良中行公司简介

武汉良中行供应链管理有限公司（以下简称“良中行”）是国内首家专注于提供冷冻及冷藏食材供应链服务的专业公司，致力于连锁餐饮酒店食材供应链服务，并通过整合国内外冷冻及冷藏食材供应链资源，提供采购分销执行、物流加工服务、供应链营销推广服务、供应商库存管理服务、供应链结算融资服务，以及信息增值服务等一系列冷冻及冷藏食材生产企业和餐饮客户所需的冷链配套服务。良中行具有丰富的产品资源，目前在售的产品包括蔬菜、肉禽、海鲜、面点、调料以及特色的虾类等，基本涵盖大部分餐饮食材，产品来自国内外各地，能最大限度地满足市场的需求。

良中行从1986年成立的武汉信誉发展公司逐步转变而来。经过20余年的发展，良中行逐步形成了以良中行母公司（总部）为核心，七大子公司（湖北、广东、京津、上海、山东、辽宁、河南）为支撑的战略结构，以良之隆直营店、鲜之隆加盟店连锁式发展为核心，专注于行业冷链服务的发展，利用供应链管理能力获得行业竞争力。发展至今，良中行已拥有1 000家合作会员供应商、60家冻品加盟店、200家鲜之隆会员店，服务于30 000家餐饮酒店，有6大采购物流中心，年采购物流额超过10亿元；打造了创新、丰富的营销平台和冷链行业B2B2C电子商务及信息化平台。

此前，良中行的客户以餐饮酒店为主，利润来源于经销差价。但是近两年来，由于受到内外部经济下滑、不确定因素增多等的影响，餐饮业营业收入增幅出现明显下滑，严重影响了良中行的收益。良中行因此调整其发展战略，开拓零售市场，发展电子商务，并将企业的发展重点转向提供供应链服务。2012年，冷链行业开始受到越来越多企业的关注，顺丰、1号店、天猫等纷纷试水冷链，使得良中行的竞争压力增大。相比而言，良中行在物流系统的构建上劣势较为明显，所以，为了满足公司的发展需求以及应对未来的行业挑战，良中行开始将物流网络规划提上日程。

良中行冷链物流网络规划

良中行的物流网络运行主要面对如下三个问题：一是冷链物流需求市场“高成本、高要求”服务和“低成本、低要求”服务的两极分化；二是质量有保证的包车物流不对外提供服务，而零担物流又无法保证温度和时效性；三是冷链物流存货周期、约车时间、运输成本偏高，是常温物流的2～3倍，并且集货时间成本和空返成本高。以良中行武汉冷冻食材库为例，库容50万吨，存货25万吨，年配送量为150万吨。按半径400公里每次配送5吨计算，吨公里配送费为1元，年配送费用为6亿元；以2个月周转1次计算，资金占用为50亿元，仓储成本为3.6亿元。

为解决上述问题，良中行对现有的仓库和干线运输网络资源进行整合优化。良中行冷链物流系统整合的重要工作之一是启动干线冷链物流班车：通过冷链物流班车提高运输效率，以压缩销售终端库存，提高库存周转率，带动冷链班车运行进入常规轨道，最终实现在既定服务水平下降低库存费用和运输费用总和。再以良中行武汉冷冻食材库为例，经过资源整合后，按半径400公里每次配送15吨计算，吨公里配送费用降为0.5元，年配送费用节约50%；以1个月周转1次计算，资金的占用和仓储成本均减少一半。

良中行冷链物流班车的运作方案是：在省际城市间开设1周2配、1周1配、2周1配班车，为食材冷链提供透明、高效的运输与配送服务，年配送量为10万吨；通过干线物流标准化运作和监控，实现产品从厂商到终端的快速流动，最大化保障产品质量；通过服务标准化、车辆标准化，设计工厂生产、存储、运输以及在途运输过程的运作标准，整合社会货物流转路线，实现快速周转（周转速度提高一倍），降低成本（节约50%左右）。具体如下。

供需现状：良中行在全国设有北京、广州、上海、武汉、郑州5大物流中转中心。仅考虑良中行在省际城市之间的干线运输，产品的供给地包括6个城市（5大中转中心均包含在内），需求地包括22个城市，良中行的供需表如表5-4所示，周配送频率如表5-5所示。

表5-4 良中行公司的周供需表 （单位：吨）

需求地 \ 供给地		1	2	3	4	5	6
		北京	广州	济南	上海	武汉	郑州
1	北京	—	36.4	6.8	11.3	30.5	4.8
2	广州	11.3	—	5.1	8.5	22.9	3.6
3	济南	1.9	4.7	—	1.4	3.9	0.6
4	上海	10.7	26.0	4.9	—	21.8	3.5
5	武汉	17.7	43.0	8.1	13.3	—	5.7
6	郑州	1.9	4.7	0.9	1.4	3.9	—
7	成都	1.4	3.4	0.6	1.0	2.8	0.5
8	福州	1.0	2.4	0.5	0.7	2.0	0.3
9	贵阳	0.9	2.3	0.4	0.7	1.9	0.3
10	杭州	9.0	22.0	4.1	6.8	18.4	2.9
11	合肥	2.6	6.3	1.2	1.9	5.3	0.8
12	昆明	1.0	2.4	0.5	0.7	2.0	0.3
13	兰州	1.0	2.4	0.5	0.7	2.0	0.3
14	南昌	2.7	6.5	1.2	2.0	5.5	0.9
15	南京	6.8	16.5	3.1	5.1	13.9	2.2
16	南宁	1.0	2.4	0.5	0.7	2.0	0.3
17	沈阳	3.8	9.1	1.7	2.8	7.6	1.2
18	太原	1.2	2.9	0.5	0.9	2.4	0.4
19	无锡	9.1	22.0	4.1	6.8	18.5	2.9
20	西安	2.4	5.7	1.1	1.8	4.8	0.8
21	长沙	5.3	12.8	2.4	4.0	10.7	1.7
22	重庆	1.3	3.2	0.6	1.0	2.7	0.4

表5-5 良中行的周配送频率表 （单位：次）

需求地 \ 供给地		1	2	3	4	5	6
		北京	广州	济南	上海	武汉	郑州
1	北京	—	2	1	2	2	1
2	广州	2	—	1	2	2	1
3	济南	2	1	—	1	1	1
4	上海	2	2	1	—	2	1
5	武汉	2	2	1	2	—	1

（续）

需求地		1 北京	2 广州	3 济南	4 上海	5 武汉	6 郑州
6	郑州	2	1	1	1	2	—
7	成都	1	1	1	1	1	1
8	福州	1	2	1	1	1	3
9	贵阳	1	2	1	1	1	1
10	杭州	1	2	1	3	2	1
11	合肥	1	1	1	1	3	1
12	昆明	1	2	1	1	1	1
13	兰州	1	1	1	1	1	2
14	南昌	1	1	1	1	3	1
15	南京	1	1	1	3	2	1
16	南宁	1	2	1	1	1	1
17	沈阳	1	1	1	1	1	1
18	太原	2	1	1	1	1	1
19	无锡	1	2	1	3	2	1
20	西安	1	1	1	1	1	3
21	长沙	1	1	1	1	3	1
22	重庆	1	1	1	1	1	3

当前物流网络方案：根据供需现状，良中行确定，从产品的供给地到需求地的冷链物流班车的运输路线分为直发和中转两种，其冷链物流班车配送网络线路下。

直发：5大物流中转中心之间均可直发。

6个供给城市到杭州、南京、无锡均可直发。

中转：以北京为中转中心——北方（沈阳、太原、济南）。

以广州为中转中心——东南（南宁、昆明、福州、贵阳）。

以上海为中转中心——福州。

以武汉为中转中心——中南（长沙、合肥、南昌）。

以郑州为中转中心——西南（成都、重庆）和西北（西安、兰州）。

同时，考虑到良中行的产品在不同地区的需求情况不同，具有一定的地区性，这就造成了良中行的配送网络中存在某些节点具有“需求点、供给点、中转点”三重属性，使得网络更为复杂，增大了优化难度。由于冷链运输费用较高，为便于实际运作，良中行将需求量较小的需求地产品集货到附近的中转中心，以获得较低的单位运输成本，却在无形中增加了库存成本，同时降低了时效性。

资料来源：根据良中行规划报告整理而成。

提示问题：良中行提出的冷链物流班车规划方案，能够满足当前公司发展的需要。但是，将需求量较小的需求地产品集货到附近的中转中心，这一方式在降低单位运输成本的同时，会增加库存成本并且降低时效性。假设你是该公司的物流总监，探讨当前的物流班车规划方案是不是最优的。如果不是，该如何进一步优化？

参考文献与延伸阅读

[1] GENTRY J J. Carrier involvement in Buyer-Supplier Strategic Partnerships[J]. International Journal of Physical Distribution & Logistics Management, 1996, 26(3): 14-25.

[2] EXON-TAYLOR M. Enterprise Management-the Logical Integration of Supply Chain[J]. Logistics Information Management, 1996, 9 (2): 16-21.

[3] PRIDA B, GUTIERREZ G. Supply Management: From Purchasing to External Factory Management[J]. Production & Inventory Management Journal, 1996, 37(4): 38-43.

[4] CHENG T C E, PODOLSKY S. Just-in-time Manufacturing: An Introduction [M]. London: Springer Science & Business Media, 1996.

[5] 陈志祥.供应链管理模式下的生产计划与控制研究 [D]. 武汉：华中科技大学，2000.

[6] 王加林，张蕾丽.物流系统工程 [M]. 北京：中国物资出版社，1987.

[7] STALK G, HOUT T. Competing Against Time: How Time-Based Competition is Reshaping Global Markets [M]. New York: Free Press, 1990.

[8] HITCHCOCK T. Low carbon and green supply chains: the legal drivers and commercial pressures [J]. Supply Chain Management: An International Journal, 2012, 17(1): 98-101.

[9] LUHTALA M, KILPINEN E, ANTTILA P. LOGI : Managing Make-to-Order Supply Chain[R]. Helsinki: Helsinki University of Technology，1994.

[10] DOOLEY P. Automated Unattended B2B Replenishment [J]. ASCET, 2002, 5(4).

[11] TURRISI M, BRUCCOLERI M, CANNELLA S. Impact of reverse logistics on supply chain performance [J]. International Journal of Physical Distribution & Logistics Management, 2013, 43(7): 564-585.

[12] WIENGARTEN F, FYNES B, ONOFREI G. Exploring synergetic effects between investments in environmental and quality/lean practices in supply chains [J]. Supply Chain Management: An International Journal, 2013, 18(2): 148-160.

[13] 宋华.现代物流与供应链管理案例 [M]. 北京：经济管理出版社，2003.

[14] 陈兵兵.SCM 供应链管理：策略、技术与实务 [M]. 北京：电子工业出版社，2004.

[15] 斯托克，兰伯特.战略物流管理（原书第 4 版）[M]. 邵晓峰，等译.北京：中国财政经济出版社，2003.

[16] 巴罗.企业物流管理：供应链的规划、组织和控制 [M]. 王晓东，等译.北京：机械工业出版社，2003.

[17] 科伊尔，等.运输管理 [M]. 张剑飞，等译.北京：机械工业出版社，2004.

[18] 格士柏，马荻勤克.精益六西格玛物流：从战略到实施 [M]. 王华，译.北京：机械工业出版社，2008.

[19] 华中生.物流服务运作管理 [M]. 北京：清华大学出版社，2009.

[20] 徐瑞华，滕靖，等.交通运输组织基础 [M]. 北京：清华大学出版社，2008.

[21] 王波，陶庭义. 汉英日物流词典 [M]. 北京：中国财富出版社，2013.

[22] RAVINDRAN A R, WARSING D P. Supply Chain Engineering: Models and Applications[M]. Boca Raton: CRC Press, 2013.

[23] 谢菲. 物流集群 [M]. 岑雪品，王微，译. 北京：机械工业出版社，2015.

[24] MANGAN J, LALWANI C, BUTCHER T. Global Logistics and Supply Chain Management[M]. Hoboken: John Wiley & Sons, 2008.

[25] BOWERSOX D J, CLOSS D J, COOPER M B, et al. Supply Chain Logistics Management[M].4th ed. New York: McGraw-Hill College, 2013.

[26] STOCK J R, LAMBERT D. Strategic Logistics Management[M].4th ed. New York: McGraw-Hill Higher Education, 2000.

[27] SHAPIRO J. Modeling the supply chain[M]. Boston: Thomson Learning, 2006.

[28] TAYUR S, GANESHAN R, MAGAZINE M. Quantitative models for supply chain management, Vol. 17 [M]. Berlin: Springer Science & Business Media, 2012.

[29] RICHARDS G, GRINSTED S. The Logistics and Supply Chain Toolkit [M].2nd ed. London: Kogan Page Limited, 2016.

第 6 章　供应链管理环境下的库存管理

本章重点理论与问题

在供应链管理环境下，由于企业组织与管理模式的变化，供应链库存管理同传统的库存管理相比有许多新的特点和要求。本章将论述供应链管理环境下库存管理中出现的新问题，从系统理论、集成理论的角度出发，提出了适应供应链管理的新的库存管理策略与方法。这些策略和方法集中体现了这样一种思想：通过加强供应链管理环境下的库存控制来提高供应链的系统性和集成性，增强企业的敏捷性和响应性。本章首先介绍库存管理的基本原理和方法，总结供应链管理模式下库存管理出现的新问题；然后按照供应链管理的集成度演变发展过程分别提出几种库存管理的方法和策略，如供应商管理库存（VMI）、联合管理库存（JMI）、多级库存优化与控制等。本章还从 VMI-Hub 扩展到了供应链上的供应物流协同，使之成为能够实现供应链无缝连接的战略性措施。通过本章的学习，我们可以发现，在供应链管理环境下，由于企业运作的组织与管理模式都发生了变化，因此对库存管理也提出了更高的要求，这也是供应链管理的重要内容之一。

6.1　库存管理的基本原理和方法

6.1.1　库存基本概念

库存（inventory）表示用于达到将来目的的、暂时处于闲置状态的资源。一般情况下，设置库存的目的是防止短缺，就像水库里储存的水一样。另外，它还具有保持生产过程连续性、分摊订货费用、快速满足用户订货需求的作用。在企业生产中，尽管库存是出于种种经济考虑而存在的，但这也是一种无奈的结果。库存是因为人们无法预测未来的需求变化不得已采取的应对外界变化的方法，也是因为人们无法使所有的工作都尽善尽美才产生的人们并不想要的冗余与囤积——不和谐的工作沉淀。

在库存管理理论中，一般根据物品需求的重复程度分为单周期需求问题和多周期需求问题。单周期需求也叫一次性订货问题，这种需求的特征是物品寿命周期很短，因而很少或没有机会重复订货，如报纸或特定节假日商品。没有人会买过期的报纸，人们也不会在农历八月十六预订中秋月饼，这些都是单周期需求问题。多周期需求问题是在长时间内需求反复发生，库存需要不断补充，在实际生活中，这种需求现象较为多见。

多周期需求的属性分为独立需求库存与相关需求库存两种。独立需求是指需求变化独立于人们的主观控制能力，其数量与出现的概率是随机的、不确定的、模糊的。相关需求的需求数量和需求时间与其他的变量存在一定的相互关系，可以通过一定的结构关系推算得出。对一个相对独立的企业而言，其产品是独立需求变量，因为需求数量与需求时间对于系统控制主体（企业管理者）而言一般是无法预先精确确定的，只能通过一定的预测方法得出。而生产过程中的在制品以及需要的原材料，则可以通过产品的结构关系和一定的生产比例关系准确确定。

独立需求的库存控制与相关需求的库存控制原理是不同的。独立需求对库存控制系统来说是一种外生变量，相关需求则是控制系统的内生变量。不管是独立需求库存控制还是相关需求库存控制，都要回答这些问题：如何优化库存成本？怎样平衡生产与销售计划，以更好地满足一定的交货要求？怎样避免浪费，避免不必要的库存？怎样避免缺货损失和利润损失？归根到底，库存管理要解决三个主要问题：确定库存检查周期；确定订货量；确定订货点（或者说确定订货时间）。

供应链聚焦

库存周转天数是指企业从取得存货开始至消耗、销售完为止所经历的天数。通常情况是周转天数越少，说明周转得越快，运作效率越高，成本越低。

沃尔玛库存平均周转天数为45天；亚马逊平均周转天数为44天；京东库存平均周转天数为30天；Costco平均周转天数为29.5天。苹果公司库存平均周转天数为5天；戴尔库存平均周转天数为10天；三星平均周转天数为21天；华为平均周转天数为30天；小米平均周转天数为45天。

6.1.2 基本库存控制方法

下面针对独立需求库存控制问题的特点，简要介绍各种基本**库存控制**（inventory control）方法。

1. 库存补给策略

独立需求库存控制采用的是订货点控制策略，我们首先介绍几种常见的库存补给策略。

订货点法库存管理策略很多，最基本的策略有四种：① 连续性检查的固定订货量、固定订货点策略，即 (Q,R) 策略；②连续性检查的固定订货点、最大库存策略，即 (R,S) 策略；③周期性检查策略，即 (t, S) 策略；④综合库存策略，即 (t, R, S) 策略。

在这四种基本库存补给策略的基础上，又可以延伸出很多种库存补给策略，我们重点介绍以上四种基本的库存补给策略。

（1）(Q, R) 策略。图 6-1 为 (Q, R) 策略的示意图。其中，Q 表示订货量；LT 表示提前期；R 表示订货点水平。

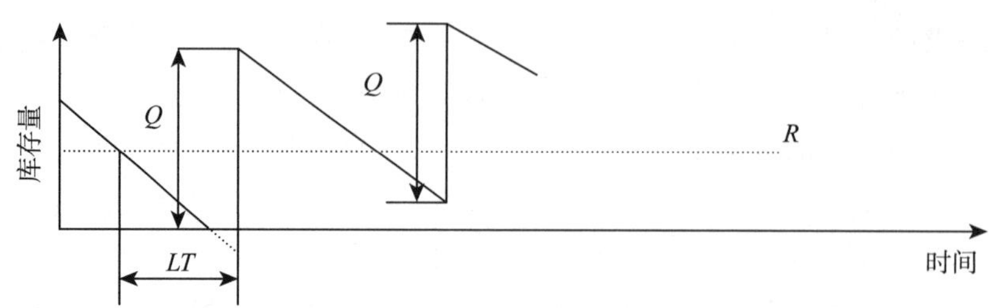

图 6-1 （Q，R）策略

该策略的基本思想是：对库存进行连续性检查，当库存降低到订货点水平 R 时，即发出一个订货，每次的订货量保持不变，都为固定值 Q。该策略适用于需求量大、缺货费用较高、需求波动性很大的情形。

（2）（R，S）策略。该策略和（Q，R）策略一样，都是连续性检查类型的策略，也就是要随时检查库存状态。当发现库存降低到订货点水平 R 时，开始订货，订货后使最大库存量保持不变，即为 S，若发出订单时库存量为 I，则订货量为 $S-I$。该策略和（Q，R）策略的不同之处在于其订货量按实际库存而定，因而订货量是可变的。

（3）（t，S）策略。该策略是每隔一定时期检查一次库存，并发出一次订货，把现有库存补充到最大库存量 S，如果检查时库存量为 I，则订货量为 $S-I$。如图 6-2 所示，经过固定的检查期 t 发出订货，这时，库存量为 I_1，订货量为 $S-I_1$。经过一定的时间 LT，库存补充 $S-I_1$，库存到达 A 点。再经过一个固定的检查时期 t，又发出一次订货，订货量为 $S-I_2$，经过一定的时间（LT 为订货提前期，可以为随机变量），库存又达到新的高度 B。如此周期性检查库存，不断补给。

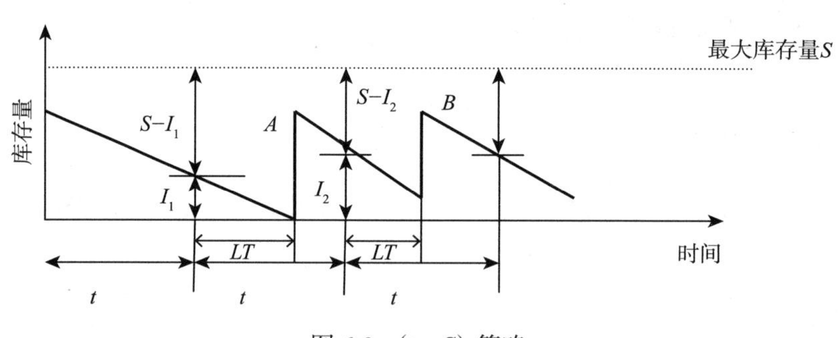

图 6-2 （t，S）策略

该策略不设订货点，只设固定检查周期和最大库存量。该策略适用于一些不很重要的或使用量不大的物资。

（4）（t，R，S）策略。该策略是（t，S）策略和（R，S）策略的综合。如图 6-3 所示，这种库存补给策略有一个固定的检查周期 t、最大库存量 S、固定订货点水平 R。当经过一定的检查周期 t 后，若库存低于订货点，则发出订货；否则，不订货。订货量等于最大库存量减去检查时的库存量。当经过固定的检查周期到达 A 点时，此时库存已降低到订货点水平 R 之下，因而应发出一次订货，订货量等于最大库存量 S 与当时的库存量 I_1 的差，即 $S-I_1$。经过一定的订货提前期后在 B 点订货到达，库存补充到 C 点。在第二个检查周期到来时，此时库存位置在 D 点，比订货点水平位置线高，无须订货。当第三个检查周期到来时，库存点在 E 点，等于订货点，又发出一次订货，订货量为 $S-I_3$。如此循环进行下去，实现周期性库存补给。

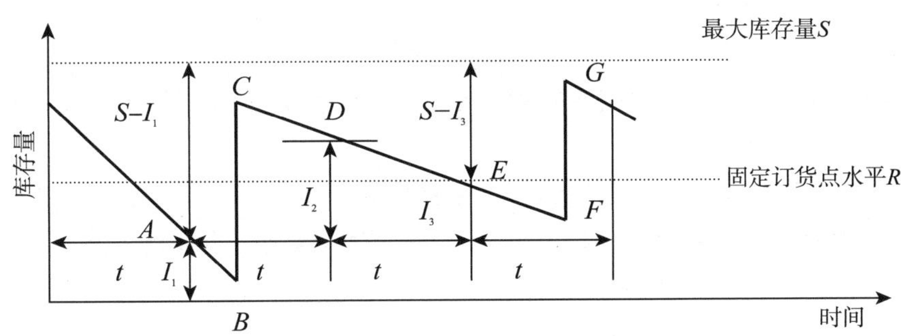

图 6-3 （t，R，S）策略

2. 常见的库存控制模型

常见的独立需求库存控制模型根据其主要的参数，如需求量与提前期是否确定，分为确定型库存模型和随机型库存模型。

（1）确定型库存模型。确定型库存模型可分为周期性检查模型和连续性检查模型。

周期性检查模型（periodic review model）有六种，分为不允许缺货、允许缺货、补货三种情况，每种情况又分为瞬时到货、非瞬时到货两种情形。

最常用的模型是不允许缺货、瞬时到货型，其最佳订货周期公式为：

$$T^*=\sqrt{\frac{2C_R}{H\times D}}$$

式中 C_R——每次订货的费用（元）；

H——单位产品库存维持费用（元 / 件 × 年）；

D——需求率（年需求量，件 / 年）。

最大库存量公式为：

$$S=T^*\times D$$

连续性检查模型（continuous review model）需要确定订货点和订货量两个参数，也就是解决（Q，R）策略的两个参数的设定问题。

连续性检查模型也分六种：不允许缺货、瞬时到货型；不允许缺货、非瞬时到货型；允许缺货、瞬时到货型；允许缺货、非瞬时到货型；补货、瞬时到货型；补货、非瞬时到货型。

最常见的连续性检查模型是不允许缺货、瞬时到货型。最经典的经济订货批量（EOQ）模型就是这种。

最佳经济订货批量公式为：

$$Q^*=\sqrt{\frac{2D\times C_R}{H}}$$

订货点水平为：

$$R=LT^{*}\times D$$

式中 LT——订货提前期。

（2）随机型库存模型。随机型库存模型要解决的问题是：确定经济订货批量或经济订货期；确定安全库存量；确定订货点和订货后最大库存量。

随机型库存模型也分连续性检查和周期性检查两种情形。当需求量、提前期同为随机变量时，库存模型较为复杂。

以上所谈的库存分析与控制已有比较成熟的理论和方法，有兴趣的读者可参考生产运作管理的有关资料和研究文献，限于篇幅，此处就不做进一步介绍了。

6.2 供应链管理环境下的库存问题

库存以原材料、在制品、半成品、成品的形式存在于供应链的各个环节。由于库存费用占库存物品价值的20%～40%，因此供应链中的库存控制是十分重要的。库存决策的内容包括生产系统运行机制，如采用推动式生产管理或拉动式生产管理；库存控制策略，如各库存点的最佳订货量、最佳再订货点、安全库存水平的确定等。

绝大多数制造业供应链是由供应网络、制造网络和分销网络组成的，原材料输入并转化为中间和最终产品，然后分销给用户。在复杂的供应链网络中，不同的管理者承担不同的管理任务。不同的供应链节点企业的库存，包括输入的原材料和最终的产品，都有复杂的关系。供应链的库存管理不是简单的需求预测与补给，而是要通过库存管理获得用户服务与企业收益的优化，其主要内容包括采用先进的商业建模技术来评价库存策略、提前期和运输变化的准确效果；决定经济订货批量时考虑供应链企业各方面的影响；在充分了解库存状态的前提下确定适当的服务水平。

6.2.1 传统企业库存管理模式在供应链环境下存在的问题

供应链管理环境下的库存问题与传统的企业库存问题有许多不同之处，这些不同点体现出供应链管理思想对库存的影响。传统的企业库存管理都是站在单一企业的角度来看待库存管理，都是从本企业的库存引发的存储成本和订货成本出发确定经济订货批量和订货点。在过去市场竞争不是很激烈、客户需求变化不是很频繁的情况下，这种库存管理方法有一定的适用性，但从供应链管理整体的角度看，这种单一企业库存管理的方法显然是不够完善的。

在供应链管理环境下，如果依然采用传统企业管理模式下库存控制的方法，就会产生以下几个问题。

1. 缺乏供应链的整体观念

虽然供应链的整体绩效取决于各个供应链节点的绩效，但各个企业各自独立的单元，都有各自的目标与使命。有些目标与供应链的整体目标可能是不相同的，甚至有可能是冲突的。因此，这种各行其道的山头主义行为必然导致供应链整体效率低下。

一般的供应链系统都没有针对全局供应链的绩效评价指标，这是普遍存在的问题。有些企业采用库存周转率作为供应链库存管理的绩效评价指标，但是没有考虑对用户的反应时间与服务水平。因此，传统的以企业为单位的库存管理指导思想是不适用于供应链环境的，也不可能降低供应链中的总体库存水平。

供应链聚焦

美国北加利福尼亚的计算机制造商的电路板组装作业将每笔订货费作为绩效评价指标，该企业集中精力尽量降低订货成本。这种做法本身并无不妥，但是它没有考虑这样做对整个供应链的影响。结果，该企业为了减少订货次数，不得不维持过高的库存以保证大批量订货的生产。

印第安纳的一家汽车制造配件厂却在大量压缩库存，因为它的绩效评价是由库存决定的。结果，它对组装厂与零配件分销中心的响应时间变得更长和更具波动性，组装厂与分销中心为了满足顾客的服务要求不得不维持较高的库存。这两个例子说明，传统的库存的确定是各自为政的，没有考虑整体的效能。

资料来源：https://www.360kuai.com/pc/953abcfe102f10a8c?cota=4&kuai_so=1&tj_url=so_rec&sign=360_57c3bbd1&refer_scene=so_1。

2. 对用户服务的理解与定义不恰当

供应链管理的绩效好坏应该由用户来评价，或者以对用户的反应能力来评价。但是，不同企业对用户服务的理解与定义各不相同，导致实际用户服务水平存在较大差异。许多企业用订货满足率来评估用户服务水平，这是一种比较好的用户服务考核指标。但是用户满足率本身并不能保证运作，比如一家计算机工作站的制造商要满足一份包含多个产品的订单要求，产品来自各供应商，用户要求一次性交货，制造商要等各个供应商的产品都到齐后才一次性装运给用户。这时，用总的用户满足率来评价制造商的用户服务水平是恰当的，但这种评价指标并不能帮助制造商发现哪家供应商的交货迟了或早了。

传统的订货满足率评价指标也不能评价订货的延迟水平。两条同样具有 90% 的订货满足率的供应链，可能在如何迅速补给余下的 10% 订货要求方面的实际操作差别是很大的。其他的服务指标也常常被忽视了，如总订货周转时间、平均回头订货率、平均延迟时间、提前或延迟交货时间等。

3. 不准确的交货状态数据

当顾客下订单时，他们总是想知道什么时候能交货。在等待交货的过程中，企业可能会对订单交货状态进行修改，特别是当交货被延迟以后。我们并不否定一次性交货的重要性，但我们必须看到，许多企业并没有及时而准确地把推迟的交货订单的修改数据提供给用户，结果当然会使用户不满。比如一家计算机公司花费了一周的时间安排用户交货计划，实施的结果却是 30% 的订单是在承诺交货日期之后交货的，40% 的实际交货日期比承诺交货日期延迟了 10 天之久，而且交货日期修改过几次。交货状态数据不及时、不准确，不仅会给本企业的库存管理带来问题，也会给用户的后续工作造成麻烦。

4.“孤岛式”的信息传递系统

在供应链中，各个供应链节点企业之间的需求预测、库存状态、生产计划等都是供应链管理的重要数据。这些数据分布在不同的供应链组织之间。要做到有效地快速响应用户需求，必须实时地传递信息，为此需要对供应链的信息系统模型做相应的改变，通过系统集成的办法，使供应链中的库存数据能够实时、快速地传递。但是，目前许多企业的信息系统就像孤岛一样，各自为政，没有很好地集成起来。当供应商需要了解用户的需求信息时，得到的常常是延迟的甚至是不准确的信息。由于延迟会引起误差和影响库存量的精确度，因此短期生产计划的实施也会遇到困难。例如，企业为了制订一个生产计划，需要获得关于需求预测、当前库存状态、订货的运输能力、生产能力等方面的信息，这些信息需要从供应链上不同的节点企业数据库中获得，数据调用的工作量很大。数据整理完后制订主生产计划，然后再运用相关管理软件制订物料需求计划，这样一个过程一般需要很长时间。时间越长，预测误差越大，制造商对最新订货信息的有效反应能力也就越小，生产出过时的产品、造成过高的库存也就不奇怪了。

5. 库存控制策略简单化

无论是生产性企业还是物流企业，控制库存的目的都是保证供应链运行的连续性和应对不确定需求。了解和跟踪引起不确定性状态的因素是第一步，第二步是要利用跟踪到的信息来制定相应的库存控制策略。这是一个动态的过程，因为不确定性也在不断地变化。有些供应商在交货与质量方面可靠性好，而有些则相对差些；一些物品的需求可预测性大，而另外一些物品的可预测性小一些，企业应该有不同的库存控制策略，以反映这些情景的不同。

许多公司对所有的物品采用统一的库存控制策略，物品的分类没有反映供应与需求中的不确定性。在传统的库存控制策略中，多数策略是面向单一企业的，采用的信息基本上来自企业内部，库存控制没有体现出供应链管理的思想。如何建立有效的库存控制方法，并能体现供应链管理的思想，是供应链库存管理的重要内容。

6. 缺乏合作与协调性

供应链是一个整体，需要协调各方活动才能取得最佳的运作效果。协调的目的是使满足一定服务质量要求的信息可以无缝地、流畅地在供应链中传递，从而使整个供应链能够根据用户的要求步调一致，形成更为合理的供需关系，适应复杂多变的市场环境。例如，在加工－装配式供应链系统中，若企业的产品由多种零部件组成，而各零部件又是由不同的供应商提供的，那么当企业进行产品装配时，就必须对来自不同供应商的交货期进行协调，要求所有供应商的交货必须与装配活动同步。如果供应商之间缺乏协调与合作，其中任何一个供应商的延误都会导致产品交货期延迟和服务水平下降，同时库存水平也会增加。

供应链聚焦

2011年日本发生9级地震引发海啸并造成核泄漏事件，这场灾难也引起了汽车行业的震动。我国日系合资企业一度传出面临供应链中断、核心零部件断档的风险。本田和丰田等企业的关键零部件都从日本采购，虽然企业备有一定的安全库存，但随着地震后发生的停电、交通运输条件恶劣等情况，零部件的供应存在很大风险。另外，美国福特汽车公司每年要从日本进口多种汽车配件，包括混合动力车中的关键配件——电池。日本地震导致的关键部件短缺也对福特汽车公司在美国的产量造成了严重影响。

资料来源：https://www.cbsnews.com/news/how-the-japanese-tsunami-changed-the-auto-industry/。

供应链的各个节点企业为了应对供应中断的不确定性，都设有一定的安全库存。设置安全库存是企业采取的一种应急措施。问题在于，在全球化的供应链中，组织的协调涉及更多的利益群体，相互之间的信息透明度不高。在这样的情况下，企业不得不维持一个较高的安全库存，为此需要付出较高的代价。

企业之间存在的障碍有可能使库存控制变得更为困难，因为各自都有不同的目标和绩效评价指标，拥有不同的仓库，也不愿意与其他部门共享资源。在分布式组织体系中，企业之间的障碍对集中控制库存的阻力更大。

要进行有效的合作与协调，企业之间需要有一种有效的激励机制。企业内部一般有各种各样的激励机制以加强部门之间的合作与协调，但是当涉及企业之间的激励时，困难就大得多了。问题还不止于此，信任风险的存在也加深了问题的严重性，企业之间缺乏有效的监督机制和激励机制也是供应链企业之间合作不稳固的原因。

7. 产品的生产过程设计没有考虑供应链上库存的影响

现代产品设计与先进制造技术的出现，使产品的生产效率大幅度提高，而且具有较高的成本效益，但是供应链库存的复杂性常常被忽视了，结果所有节省下来的成本都被供应链上的分销与库存成本稀释了。同样，在引进新产品时，如果不进行供应链规划，也会产生如运输时间过长、库存成本高等问题而无法获得成功。

供应链聚焦

美国一家计算机外围设备制造商为世界各国分销商生产打印机。打印机有一些具有销售所在国特色的配件，如电源、说明书等。美国工厂按需求预测生产，但是随着时间的推移，当打印机到达各地区分销中心时，需求已经发生了改变。因为打印机是为特定国家生产的，分销商没有办法应对需求的变化，也就是说，这样的供应链缺乏柔性，其结果是产品积压，产生了高库存。后来，工厂重新设计了供应链结构，调整并优化了打印机的装配过程，工厂只生产打印机的通用组件，而在分销中心根据所在国家的需求特点装配相应的特色组件，这样就减少了大量的库存，同时供应链也具有了柔性。这就是产品“为供应链管理而设计”的思想。在这里，分销中心参与了产品装配设计这样的活动，其中涉及组织之间的协调与合作问题，因此合作关系很重要。

资料来源：https://www.renrendoc.com/p-19852717.html。

在供应链的结构设计中，同样需要考虑库存的影响。要在一条供应链中增加或关闭一个工厂或分销中心，一般要先考虑固定成本与相关的物流成本，至于网络变化对运作的影响因素，如库存投资、订单的响应时间等常常放在第二位。但是这些因素对供应链的影响不可低估。例如美国一家 IC 芯片制造商的供应链结构是这样的：在美国加工晶片后运到新加坡检验，再运回美国生产地做最后的测试，包装后运到用户手中。供应链之所以这样设计是因为考虑了新加坡的检验技术先进、劳动力素质高和税收低等因素。但这样做显然对库存和周转时间的考虑是有欠缺的，因为从美国到新加坡来回运输至少要两周，还要加上海关手续时间，这就大大延长了制造周期，增加了库存成本。

从以上几个方面可以看出，传统企业管理模式下的库存控制思想和方法在供应链管理时代都已不能适应现代市场竞争的需要。因此，人们对库存控制模式进行了艰苦的探索，试图找到更有效的手段和方法。

6.2.2 供应链中的不确定性与库存

从需求变异放大现象中我们看到，供应链的库存与供应链的不确定性有很密切的关系。从供应链整体的角度看，供应链上的库存无非有两种：一种是生产制造过程中的库存，一种是物流过程中的库存。库存存在的客观原因是为了应对各种各样的不确定性，保持供应链系统的正常性和稳定性，但是库存也产生和掩盖了管理中的问题。

1. 供应链中的不确定性

（1）供应链中的不确定性的表现形式如下。

衔接不确定性（uncertainty of interface）。企业之间（或部门之间）的不确定性，可以说是供应链的衔接不确定性，这种衔接不确定性主要表现在合作性上。供应链上游的供应商或下游的零售商都有可能引发衔接不确定性问题。为了消除衔接不确定性，需要增加企业之间或部门之间的合作性。

运作不确定性（uncertainty of operation）。系统运作不稳定是组织内部缺乏有效的控制机制所致，控制失效是组织管理的不稳定性和不确定性的根源。为了消除运作中的不确定性，需要加强组织控制，提高系统的可靠性。

供应链的不确定性的来源主要有三个方面：供应商不确定性、生产者不确定性以及顾客不确定性。不同原因造成的不确定性的表现形式各不相同。

供应商不确定性表现在提前期的不确定性、订货量的不确定性等方面。供应商不确定性的原因是多方面的。供应商的生产系统发生故障延迟生产，供应商的供应商延迟，意外的交通事故导致的运输延迟等，都可能引起供应商不确定性。

生产者不确定性主要表现在制造商本身的生产系统的不确定性上。机器故障、计划执行的偏差等，都会引起生产的波动。造成生产者生产过程中在制品库存的原因也表现在生产者对需求的处理方式上。生产计划是一种根据当前生产系统的状态和未来情况进行的对生产过程的模拟，用计划的形式表达模拟的结果，用计划来驱动生产的管理方法。但是生产过程的复杂性使生产计划并不能精确地反映企业的实际生产条件和预测生产环境的改变，不可避免地造成计划与实际执行的偏差。有效的生产控制措施能够对生产的偏差给以一定的修补，但生产控制必须建立在对生产信息的实时采集与处理上，使信息及时、准确、快速地转化为生产控制的有效信息。

顾客不确定性产生的原因主要有：需求预测的偏差、购买力的波动、从众心理和个性特征等。通常，需求预测的方法都有一定的模式或假设条件，假设需求按照一定的规律运行或表现出一定的规律特征，但是任何需求预测方法都存在这样或那样的缺陷而无法确切地预测需求的波动和顾客的心理性反应。在供应链中，不同节点企业相互之间需求预测的偏差进一步加剧了供应链需求的放大效应，进一步加剧了供应链的信息扭曲。

（2）供应链中的不确定性产生的原因。不管供应链上的不确定性来源于哪个方面，从根本上讲都是由三个方面的原因造成的。

- 需求预测水平造成的不确定性。预测水平与预测时间的长度有关，预测时间越长，预测精度越差。另外，预测方法也会对预测产生影响。事实上，不同的预测方法，其预测误差大小是不一样的。
- 决策信息的可获得性、透明性、可靠性。信息的准确性对预测同样造成影响。下游企业与顾客接触的机会多，获得的有用信息就多；远离顾客需求，信息可获得性和准确性差，预测的可靠性就差。
- 决策过程的影响，特别是决策人心理的影响。需求计划的取舍与修订，以及对信息的要求与共享，无不反映个人的心理偏好。

2. 供应链的不确定性与库存的关系

我们来分析供应链运行中的两种不确定性（衔接不确定性与运作不确定性）对供应链库存的影响。

（1）衔接不确定性对库存的影响。供应链是由不同企业组成的一个网络结构，所以衔接不确定性是普遍存在的，集中表现为企业之间的独立信息体系（信息孤岛）现象。由于竞争的存在，企业总是为了各自的利益而进行资源的自我封闭（包括物质资源和信息资源），企业之间的合作仅仅是贸易上的短时性合作，人为地增加了企业之间的信息壁垒和沟通的障碍。因此，企业不得不为应对不测而建立库存，库存的存在实际就是信息堵塞与封闭的结果。虽然企业各个部门和企业之间都有信息的交流与沟通，但这远远不够。企业的信息交流更多的是在企业内部而非企业之间进行的。信息共享程度差是供应链不确定性增加的一个主要原因。

在传统的供应链中，信息是逐级传递的，即上游供应链企业依据下游供应链企业的需求信息进行生产或做出供应决策。在集成的供应链系统中，尤其是在基于物联网的智能供应链中，每个供应链企业都能够实时共享信息，信息传递过程不再是线性的传递过程，而是网络的传递过程和多信息源的反馈过程。建立了合作伙伴关系的新型企业合作模式，并建立跨组织的信息系统，为供应链的各个合作企业提供共同的需求信息，有利于推动企业间的信息交流与沟通。企业有了确定的需求信息，在制订生产计划时就会减少为了应对需求波动而设立的库存，使生产计划更加精确和可行。同时，对下游企业而言，供应链可为企业提供综合的、稳定的供应信息，无论上游企业能否按期交货，下游企业都能预先得到相关信息而采取相应的措施，使需求企业无须过多地设立库存。

（2）运作不确定性对库存的影响。供应链企业之间的衔接不确定性通过建立具有战略合作伙伴关系的供应链联盟或供应链协作体，或者采用先进的物联网等技术而得以削减。同样，这种合作关系和先进的信息技术也可以消除运作不确定性对库存的影响。当企业之间的合作关系得以改善时，企业的内部运作管理也得以大大改善。因为当企业之间的衔接不确定性因素减少时，企业的生产控制系统就能摆脱这种不确定性因素的影响，从而使生产系统控制更加实时、准确。也只有在供应链的条件下，企业才能获得对生产系统实施有效控制的有利条件，消除生产过程中不必要的库存。

在传统的企业生产决策过程中，供应商或分销商的信息是生产决策的外生变量，无法预见外在需求或供应的变化信息，或获得的是延迟的信息；同时，库存管理策略也是考虑独立的库存点而不是采用共享信息，库存成了维系生产正常运行的必要条件。当生产系统形成网络时，不确定性就像瘟疫一样在生产网络中传播，几乎所有的生产者都希望拥有库存来应对生产系统内外的不测变化。由于无法预测不确定性的规模和影响程度，人们只好按照保守的方法设立库存来应对不确定性。

在不确定性较大的情形下，为了维持一定的用户服务水平，企业常常需要维持一定的库存，以提高服务水平。在存在不确定性的情况下，高服务水平必然带来高库存水平。

6.2.3 供应链管理环境下的库存管理体系

为了应对供应链环境下的不确定性以及满足最终客户的需求，供应链管理需要构建一个完善的库存控制体系，既做到控制合理的库存水平以降低供应链库存成本，同时做到最大限度地提升客户满意度水平或者客户服务水平。

根据供应链的网络结构，我们把供应链库存管理体系分为三类：第一类是针对单个企业的一级库存管理系统，第二类是二级库存管理系统，第三类是多级库存管理系统。归纳如图 6-4 所示。

（1）一级库存管理系统。也就是单个企业的库存控制与管理系统，不管是供应商、制造商、分销商，还是供应链中的其他合作企业，都会从各自的角度考虑如何优化库存管理以降低自身的库存成本。但会因此导致企业间共享信息少，易导致需求信息扭曲，从而产生信息放大效应。最终的结果是导致整个供应链的库存增加和成本上升。因此，我们才要更多地从供应链的角度去看待库存的优化和管理。一级库存管理系统已有成熟的模型和管理体系，读者可以参阅生产运作管理有关教材学习和了解。

（2）二级库存管理系统。也就是上下游供需双方之间的库存控制与管理系统，可以是供应商与制造商之间，也可以是制造商与分销商之间的库存管理。随着企业建立了供应链思维，打破企业界限，企业就能更多地考虑如何降低供应链上的中间库存和自身库存，企业之间的信息共享与业务协同也会达到新的高度。这里根据库存控制权的不同，可以将库存管理系统分为**供应商拥有库存**（vendor owned inventory，VOI）模式、**供应商管理库存**（vendor managed inventory，VMI）模式以及**联合管理库存**（jointly managed inventory，JMI）模式，将分别在 6.3 节和 6.4 节中详细阐述。

（3）多级库存管理系统。该系统建立在信任和集成化的基础上，当企业可以与上下游更多的企业进行信息共享和业务协同时，企业就可以建立更多级的库存管理系统来真正优化更大范围内或者整个供应链的库存水平。6.5 节将对此进行讨论。上述两种库存管理系统相对来说还是从局部进行优化，而多级库存管理系统则更趋向于整体优化。这样一种优化已经不仅仅是针对库存的优化，还扩展到了预测、生产计划、补货等方面的优化和业务协同，也就是所谓的**合作计划、预测与补货**（collaborative planning，forecasting and replenishment，CPFR）。因为 CPFR 不仅涉及库存管理，还涉及计划，所以本书将 CPFR 放在第 8 章进行详细讨论。

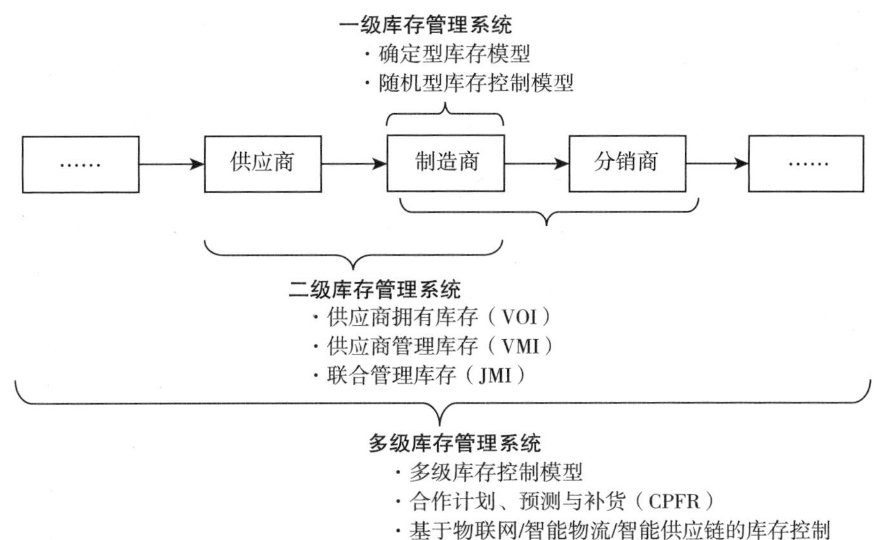

图 6-4 供应链管理环境下的库存管理体系

如第 5 章所述，随着物联网、人工智能、大数据、5G 等技术的飞速发展和应用，库存管理即将进入智能供应链时代。有了信息的高度共享及人工智能的支持，库存的监测、控制和优化都将变得更加自动、自主和智能。

供应链聚焦

沃尔玛已经不仅仅是一家大型零售商了。这个零售巨头现在已拥有世界上最大的私有云，并且正在利用它来支持实时数据共享，通过流分析实现云库存管理。而这大部分的工作都是在位于阿肯色州沃尔玛本顿维尔总部的“Data Café”上进行的。Data Café 拥有 200 个内部和外部数据来源，包括 40 PB 的近期交易数据，通过对数据的实时分析，可以帮助沃尔玛实现快速响应市场变化或解决商店问题。

沃尔玛早先的数据基础架构仅仅能保证管理人员获得每周报告或者在第二天针对某些KPI的报告，但他们无法根据市场情况实时管理他们的业务，而且这些报告也是标准化的，只有很小的空间可以定制内容。而新的Data Café建立在SAP HANA内存引擎上，旨在为大型跨部门运营人员解决日常问题提供及时的信息，而不仅仅只是为少数战略决策者服务。通过新系统提供的数据已接近实时更新，至少每小时都会更新，而不是像以前那样每日更新。

此外，Data Café系统具有非常高的响应性，即使系统负载很重，查询和报告也必须在规定时间范围内提供，这能让管理人员第一时间洞察问题所在。Data Café系统减少了解决复杂业务问题所需的时间，这些问题大多依赖于多个外部和内部变量。通过系统进行建模、分析和可视化，解决方案出现在触摸屏上的时间从以前的几周缩短到了现在的几分钟。事实上，如果你花费一个月的时间进行数据分析，可能已经失去了市场机会。如果只用20或30分钟时间的话，也许你就能更敏捷地管理库存和响应市场变化。

Data Café系统还提供自动警报。例如，在万圣节期间，销售分析师实时看到一款特定的饼干在大多数商店都非常受欢迎，但在两家商店根本没有销售。系统自动发出警报给两家商店，经理经过迅速调查发现，原来是一个简单的失误导致饼干并没有被放到货架上，经过纠正立即避免了该饼干在节日期间的销售损失。另外，Data Café系统还能在“黑色星期五”当天实时地分析东海岸商店的绩效，从而在西海岸商店开门之前对商店进行定价调整。

庞大而多变的数据，日益成为解决问题的关键，沃尔玛的系统和算法旨在未来能够实现在几微秒内完成分析并提供实时解决方案。

资料来源：https://www.forbes.com/sites/bernardmarr/2017/01/23/really-big-data-at-walmart-real-time-insights-from-their-40-petabyte-data-cloud/#7b5f496abe10。

6.3 供应商管理库存

前面分析了供应链管理环境下的库存管理和传统库存管理模式的差别以及所面临的新问题。为了适应供应链管理的要求，供应链管理环境下的库存管理方法必须做相应的改变。本节将结合国内外企业实践经验及理论研究成果，介绍二级库存管理系统的主要方法。如前所述，根据库存控制权的不同，可以有VOI、VMI以及JMI。本节将主要介绍VOI和VMI，6.4节侧重介绍JMI。

6.3.1 VOI的基本思想

在一级库存管理系统中，企业的库存管理是各自为政的，整个供应链中各个环节的每一个企业及部门都各自管理自己的库存。零售商有自己的库存，批发商有自己的库存，供应商有自己的库存，各个供应链环节都有自己的库存控制策略。由于各自的库存控制策略不同，因此不可避免地产生需求信息的扭曲现象，即所谓的需求变异放大现象，从而导致库存成本上升。这种库存管理状态并不是最优的。虽然供应链中每一个企业独立地保护各自在供应链中的利益不受意外干扰是有效的，这样做可能实现了局部优化，但是会影响供应链的整体优化。简单来说，如果供应链的各个不同企业根据各自的需要独立运作，就会导致重复建立库存，因而不能实现供应链全局的最低成本，整个供应链的总体库存也会随着供应链长度的增加而增加。

因此，在供应链思想的指导下，在二级库存管理系统中，供方和需方合作共同管理库存。而根据库存控制权的不同，就区分出了 VOI 和 VMI。

VOI 管理模式就是供应商将库存放在需方企业（比如制造商）那里，需方企业负责管理和控制库存，但所有权在需方取用之前还是归供应商所有。需方企业在取用后实现所有权转移，并在取用后再与供应商结算。在流通领域这种方式也称 **“寄售”**（consignment）。

VOI 模式的关键在于供需双方计划信息的共享协同，也就是需方要把自己的需求信息发布给供应商，供应商则主动补货给需方。这样需方实现了零财务库存和零提前期供应，随用随取，用后结算。因为结算发生在使用之后，所以这种模式一般发生在供需双方实力悬殊的两个企业之间，比如需方为汽车制造企业、大型家电企业等，而且库存放在需方企业，供应商也存在管理困难，要增加额外的仓储租借费用等问题。所以这种方式使供应商处于劣势，不符合供应链强调双赢的原则。

6.3.2 VMI 的基本思想

上述提到了 VOI 的不利之处，因此在 VOI 的基础上演化出了另外一种类似的库存管理模式：VMI。它同样要求供需双方信息共享和计划协同，但供需双方在一个相互同意的目标框架下由供应商控制和管理库存。与 VOI 不同，库存的所有权可为供应商或者需方所有，取决于双方的协议规定。相对 VOI 而言，因为供应商具有主控权，所以供应商可以灵活地调度库存的使用情况，比如供应给不同的用户从而更好地控制库存成本。结算也是根据双方的协议执行。这样供应商就不再处于劣势之中。

VMI 一般被认为是供需双方之间的一种合作性策略，以对双方来说都是最低的成本优化产品的可获得性。VMI 的目标是通过供需双方的合作，真正降低供应链上的总库存成本。

VMI 策略的关键措施主要体现在以下几个原则中。

- 合作精神（合作性原则）。在实施该策略时，相互信任与信息透明是很重要的，供应商和用户（零售商）都要有较好的合作精神，才能够相互保持较好的合作。
- 使双方成本最小（互惠原则）。VMI 解决的不是关于成本如何分配或谁来支付的问题，而是如何减少成本的问题。该策略可使双方的成本都减少。
- 框架协议（目标一致性原则）。双方都明白各自的责任，观念上达成一致的目标。例如库存放在哪里、什么时候支付、是否要管理费、要花费多少等问题都要回答，并且体现在框架协议中。
- 总体优化原则。供需双方能共同努力消除浪费并共享收益。

VMI 策略的主要思想是供应商在用户的允许下设立库存，确定库存水平和补给策略，并拥有对库存的控制权和决策权。精心设计的 VMI 系统，不仅可以降低供应链的库存水平、降低成本，而且用户还可获得高水平的服务，改进资金流，与供应商共享需求变化的透明性并获得更多用户的信任。

供应链聚焦

英特尔公司在将Atom推向市场后，面临着巨大的降低供应链成本的压力。一般来说，对于售价100美元的芯片，5.50美元的供应链成本是可以接受的，但是当时Atom新芯片的定价仅为20美元左右。英特尔当时已经将包装成本和配送成本压缩到最低了，所以，唯一可能再降低供应链成本的方向就是库存了。而其中的一个可能的选择就是降低库存的周转周期，当时英特尔持有足够高的库存水平以满足9周的订货周转周期。因此，英特尔做出了一个当时半导体行业认为不可能的决定：实施按订单生产。英特尔首先将马来西亚的一个制造工厂作为试点，通过流程优化，成功地提高了供应链的效率，从而大大缩短了订货周转周期。英特尔采取的改善措施主要包括：压缩芯片装配的测试时间，从原来的5天一次压缩到了一周2次；引入了SOP销售与运营计划体系；逐步融入了VMI体系。通过这些措施，英特尔终于成功地将库存周转周期从9周压缩到了2周，而供应链成本也大幅地降低了4美元。最终的1.50美元的成本相对于之前的5.50美元无疑是巨大的成功。

资料来源：http://www.scdigest.com/assets/On-Target/09-11-04-3.php。

6.3.3 实施VMI的意义

供应链管理的成功通常来源于理解并管理好库存成本和消费者服务水平之间的关系。VMI就是一种能使供应链合作伙伴共同减少成本、改进服务的先进理念，以下说明了实施VMI策略的必要性。

1. 减少供应链的总库存成本

需求的易变性是大部分供应链面临的主要问题，它既损害了供应链对客户的服务水平，也减少了产品收入。在过去的零售情况下，管理政策常常使销售的波动状况更糟。需求的不确定性、有冲突的执行标准、用户所用的计划表不同、用户行为互相孤立、产品短缺造成的订货膨胀等，使供应商无法把握需求的波动性。

许多供应商被VMI吸引是因为它降低了需求的不确定性。尽管来自客户的大订单越来越少，但生产商依然需要维持剩余能力或超额的成品存货量，这是为了确保能响应客户服务的要求，是一种成本很高的方法。VMI能够减少生产的盲目性，在一定程度上削弱产量的峰值和谷值，从而可维持小规模的生产能力和存货水平。

用户被VMI吸引是因为它解决了有冲突的执行标准带来的两难状况。比如，月末的存货水平对于作为零售商的客户来说是很重要的，但维持客户服务水平也是必要的，而这些标准是冲突的。零售商在月初储备货物以保证高水平的客户服务，然后使存货水平在月末下降以达到他们的库存目标（不管它对服务水平的影响）。在季末涉及财政报告时，这种不利的影响将更加明显。

在VMI中，补货频率通常由每月一次提高到每周甚至每天一次，这会使供应商和用户都受益。供应商在工厂可以看到更准确的需求信息。由于可以更好地利用生产及运输资源，供应商降低了成本，也降低了对缓冲存货的需求。供应商可以做出与需要相协调的补货决定，同时提高了“需求驱动”意识。客户从合理的低水平库存流转中受益。即使用户将所有权（物主身份）让渡给供应商，改善后的运输和仓储也会产生许多好处。此外，月末或季末的服务水平也会得到提高。

在零售供应链中，不同客户间的订货很少能协调，订单经常同时蜂拥而来，这就使得及时满足所有的递送请求变得十分困难。在VMI中，整个供应链的协调将支持供应商对平稳生产的需求，而不必牺牲客户服务水平和存储目标。

最后，VMI将使运输成本减少。如果处理得好，这种方法将会增加低成本的满载运输的比例，从而降低高成本的未满载货的比例。这可以通过供应商协调补给过程来实现，而不是在收到订单时再被动回应。另一个值得注意的是设计更有效的路线规划，例如，一辆专用的货车可以在途中停车多次，为某几位邻近的客户补货。

2. 提高服务水平

从零售商的角度来看，服务水平常常由产品的可获得性来衡量。当客户走进商店时，想买的产品却没有，这桩买卖就失去了。结果相当严重，因为失去一桩生意的“成本”可能是失去“信誉”。所以，在计划时，零售商希望供应商是值得信任的、可靠的。在商品销售计划中，零售商更希望供应商拥有极具吸引力的货架空间。因此，以可靠而著称的供应商可以获得更高的收入。在其他条件相同的情况下，双方都可以从改善了的服务中受益。

在VMI中，多客户补货订单、配送之间的协调大大改善了服务水平。一项不重要的配送可以推迟一两天，先完成主要的配送业务。类似地，相对于小的业务，可以先完成大的补货业务。由于有能力平衡所有合作伙伴的需求，所以供应商可以改善系统的工作状况而不用让任何个体客户冒险。它们向客户保证：客户最主要的需要将会受到最密切的关注。如果没有VMI，供应商很难有效地安排客户需求的先后顺序。

如果扩大有效解决现有问题的范围，服务水平就可以得到进一步提高。比如说，在缺货的时候，在多个客户配送中心之间平衡存货是十分必要的。有时，在客户间实行存货的重新平衡可能是最经济的方法。如果没有VMI，就无法这样做，因为供应商和客户都看不到整体存货的配置分布。在VMI中，当客户将货物返还给供应商时，供应商可以将其供给另一位客户，这时就实现了存货平衡。这种方法最坏的结果也就是多了一些运输成本而已。

另外的一个好处就是，VMI可以使产品更新，将会有更少的旧货在系统中流通，所以可以避免客户抢购。此外，新产品的上架速度将更快。由于有信息共享，货物更新时不用为推销而着急，并且可以让零售商保持“时尚”的好名誉。

VMI中运用的运输过程更进一步改善了客户服务。如果没有VMI，集中的客户和分散的配送中心之间的沟通障碍有时会使货物的运送被拒绝。VMI的供应商会预先规划如何补货和配送，以保证实现递送计划。

6.3.4 实施 VMI 的方法

要实施 VMI 策略，就要改变订单的处理方式，建立基于标准的托付订单处理模式。首先，供应商和批发商（分销商）要一起确定供应商订单业务处理过程所需要的信息和库存控制参数，然后建立一种订单的标准处理模式，如 EDI 报文标准，最后把订货、交货和票据处理各个业务功能集成在供应商一边。

库存状态透明性（对供应商而言）是实施 VMI 的关键。它使供应商能够随时跟踪和检查销售商的库存状态，从而快速响应市场的需求变化，对企业的生产（供应）状态进行相应的调整。为此需要建立一种能够使供应商和批发商（分销商）的库存信息系统透明连接的方法。

VMI 的策略实施可以分为如下几个步骤。

第一步，建立客户信息系统。要有效地管理销售库存，供应商必须能够获得客户的有关信息。通过建立客户信息库，供应商能够掌握需求变化的有关情况，把由批发商（分销商）进行的需求预测与分析功能集成到供应商系统中来。

第二步，建立销售网络管理系统。供应商要很好地管理库存，必须建立起完善的销售网络管理系统，保证自己产品的需求信息和物流畅通。为此，供应商必须：①保证自己产品条码的可读性和唯一性；②解决产品分类、编码的标准化问题；③解决商品存储运输过程中的识别问题。

第三步，建立供应商与批发商（分销商）的合作框架协议。供应商和批发商（分销商）一起协商，确定订单处理的业务流程以及库存控制有关参数，如再订货点、最低库存水平；确定库存信息的传递方式，如通过 EDI 或互联网技术等。

第四步，组织机构的变革。这一点也很重要，因为 VMI 改变了供应商的组织模式。传统上，由财务经理处理与客户有关的事情，引入 VMI 后，在订货部门产生了一种新的职务来负责控制客户的库存，负责库存补给和服务水平。

一般来说，以下情况适合实施 VMI 策略：零售商或批发商没有 IT 系统或基础设施来有效管理其库存；制造商实力雄厚并且比零售商市场信息量大；有较高的直接存储交货水平，因而制造商能够有效规划运输。

6.3.5 实施 VMI 的几种形式

1. “制造商—零售商” VMI 模式

这种模式通常存在于制造商作为供应链上游企业的情形中，制造商对其客户（如零售商）实施 VMI，如图 6-5 所示。图中的制造商是 VMI 的主导企业，负责对零售商的供货系统进行检查和补充，这种模式多出现在制造商是一个比较大的产品制造企业的情况下，制造商具有相当的规模和实力，完全能够承担起管理 VMI 的责任，如美国的宝洁就发起并主导了对大型零售商的 VMI 管理模式的实施。

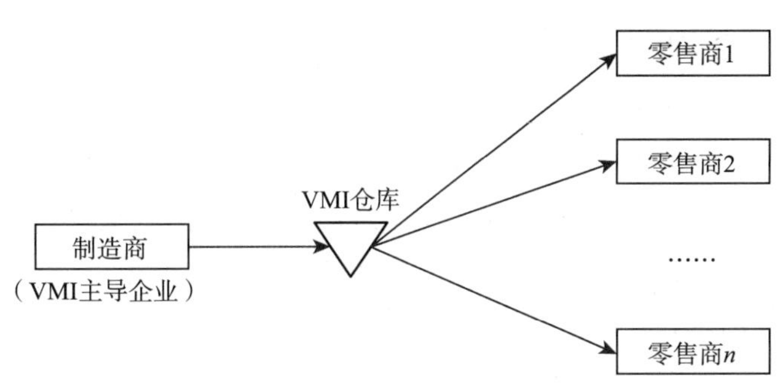

图 6-5 “制造商 – 零售商”VMI 模式

2.“供应商—制造商”VMI 模式

这种模式通常存在于供应商是供应链上实施 VMI 的上游企业的情况中，制造商要求其供应商按照 VMI 的方式向其补充库存，如图 6-6 所示。此时，VMI 的主导企业可能还是制造商，但它是 VMI 的接受者，而不是管理者，此时的 VMI 管理者是该制造商的上游的众多供应商。

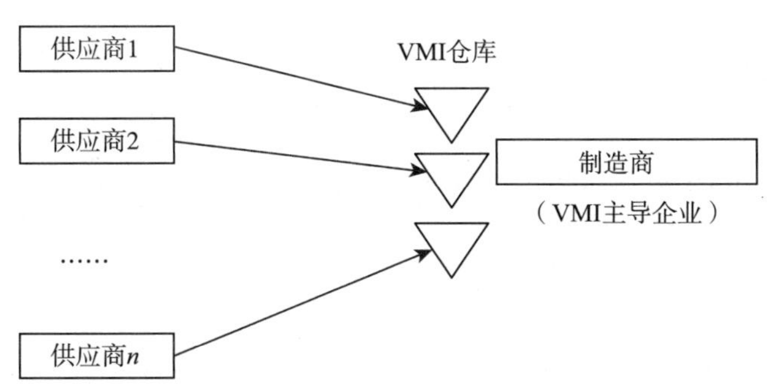

图 6-6 “供应商—制造商”VMI 模式

例如在汽车制造业，这种情况比较多见。一般来说，汽车制造商是这一供应链上的核心企业，为了应对激烈的市场竞争，它会要求它的零部件供应商为其实施 VMI 的库存管理方式。由于很多零部件供应商的规模很小、实力很弱，所以完全由这些供应商完成 VMI 可能比较困难。另外，由于制造商要求供应商按照 JIT 的方式供货，所以，供应商不得不在制造商的周边建立自己的仓库。这样会导致供应链上的库存管理资源重复配置。例如，调研发现，采用这种 VMI 方式的供应商，为了保证对制造商的供应，要比原有模式多出 5% 的成本。虽然表面上看这些库存管理成本是由供应商支付的，但是实际上仍然会分摊到供货价格里面去，最终对制造商也是不利的。

此外，这种 VMI 模式并不能保证对制造商装配环节的配套供应，装配线中断的概率很高。例如，假定上游有 10 个供应商，每个供应商负责一种零件的供应，并且每个供应商的服务水平都是 95%，那么，在制造商开始装配该种产品时，10 种零件都能配套供应的概念只有 0.95^{10}，即只有 60% 的概率能保证配套齐全。换句话说，在 10 次装配指令下达后，能够按期开工装配的次数只有 6 次，另外 4 次则可能出现停工待料的情况。所以，

近几年来这种 VMI 模式越来越少了。

3. “供应商—3PL—制造商” VMI 模式

为了克服第二种模式的弊端，人们创造出了新的方式：“供应商—3PL—制造商” VMI 模式。这种模式是引入了一个第三方物流（3PL）企业，由其提供一个统一的物流和信息管理平台，统一执行和管理各个供应商的零部件库存控制指令，负责完成向制造商生产线上配送零部件的工作，而供应商则根据 3PL 的出库单与制造商按时结算，如图 6-7 所示。

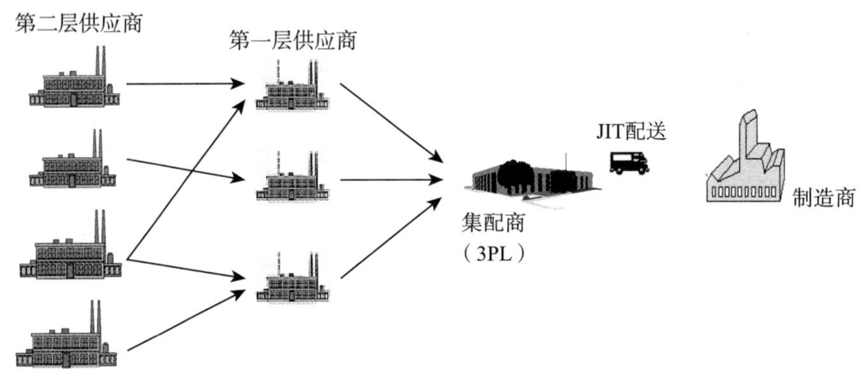

图 6-7 “供应商—3PL—制造商” VMI 模式

由 3PL 运作的 VMI 仓库可以合并多个供应商交付的货物，采用了物流集中管理的方式，因此形成了规模效应，降低了库存管理的总成本。这一模式的信息流和物流流程如图 6-8 所示。

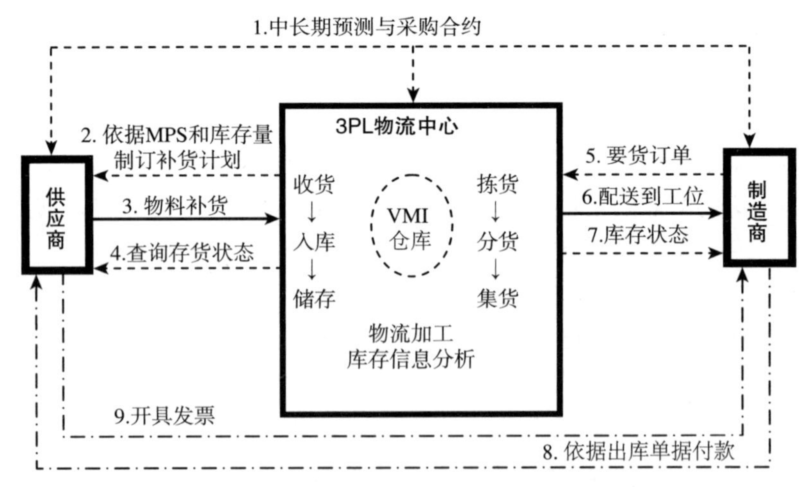

图 6-8 “供应商—3PL—制造商” VMI 信息流和物流传递示意图

这一模式的优点有：3PL 推动了合作三方（供应商、制造商、3PL）之间的信息交换和整合；3PL 提供的信息是中立的，预先达成框架协议，物料的转移标志着物权的转移；3PL 能够提供库存管理、拆包、配料、排序和交付，还可以代表制造商向供应商下达采购订单。供应商的物料提前集中在由 3PL 运营的仓库中，使得上游的众多供应商省去了仓储管理及末端配送的成本，从而大大提高了供应链的响应性并同时降低了成本，因此，也有人将这种 VMI 模式称为 VMI-Hub。

将 VMI 业务外包给 3PL，最大的阻力还是来自制造商企业内部。制造企业的管理人员对 3PL 是否可以保证 VMI 业务的平稳运作存在怀疑和不理解，也有人担心引入 3PL 后会失去自己的工作，还有人认为 VMI 业务可以带来利润，因此希望“肥水不流外人田”，把这一业务保留在公司以获得额外的“利润”。因此，为了使 VMI 能够真正为供应链带来竞争力的提升，必须对相关岗位的职责进行重新组织，甚至对企业文化进行变革。

6.3.6　VMI 与供应物流协同管理

VMI 不仅是降低供应链总体库存的有效方法，而且对于提高供应物流的协同性也有重要价值。

在加工 – 装配式的供应链中，零部件加工和产品装配往往在不同地区甚至不同国家进行，而且零部件种类繁多，加工工艺多样，各个零部件供应商又是独立的利益主体，这就导致生产过程中计划、组织、协调的困难。零部件从各地的供应商汇集到制造商处进行加工装配，而且对于制造商而言，各个零部件供应商紧密相关，缺少任何一种零部件都无法完成生产。供应物流协同不仅要多个供应商与制造商之间协同，还需要供应商之间的协同，这样既避免供应链停工待料，也能减少多余的库存，从而提高供应链企业的绩效。同时，供应商与制造商达到同步运作，才具有快速响应市场需求的能力。为实现这一目标，人们通过实践发现 VMI-Hub 管理模式的扩展可以较好地解决这一问题。

VMI-Hub 管理模式主要是由 3PL 进行运营和组织实施的。人们在实践中发现，这一模式不仅仅起到降低库存的作用，它在保证和协调零部件供应商向总装配企业同步供货方面以及在保证零部件的齐全配套方面具有独到的价值。所以，人们又将这一模式称为 Supply-Hub，即在协同供应方面的价值，如图 6-9 所示。

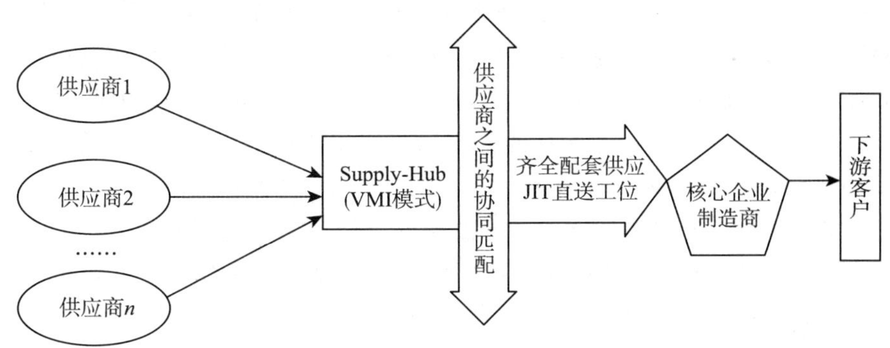

图 6-9　Supply-Hub 的供应物流协同模式

由图 6-9 可以看出，Supply-Hub 作为众多零部件供应商与核心企业制造商之间的协同组织，为上游供应商提供的是“集”的服务，即根据制造商的装配计划需求集中采购、运输和存储来自多个供应商的各种零部件。更为重要的是，它能够利用自己的信息系统对装配一种产品所需的零部件进行预先匹配，如果发现某种零部件有缺货的风险，就立即采取措施进行补货，把由于供应商缺件而引起的供应链中断的风险消除在萌芽状态。Supply-Hub 还可以在“集”的前提下按照制造商的要求将仓库中的零部件准时、齐套地直送到生产线的各个工位上，也就是说可以为制造商提供直送工位的“配”的服务。“集”的服务最能够体现多个供应商之间的协同供应；“配”的服务则是 JIT 实施效果的直接保证。

实现多个供应商之间的协同是 Supply-Hub 的核心价值以及创新所在，这是因为它能解决供应与需求双重不确定性带来的供应链风险问题。其中，供应的不确定性除了供应商各自的供应数量、时间、质量等不确定性，还包括相互关联的供应商与供应商之间的供应数量的匹配性、到货时间的同步性、生产进度（周期）的一致性等方面的不确定性或不协同性，而后者才是 Supply-Hub 所解决的主要问题。供应商除了发展与核心企业制造商的纵向关系，还需要再造供应商与供应商之间的新型战略合作伙伴关系。

6.4 联合管理库存

6.4.1 JMI 的基本思想

VMI 是一种供应链集成化运作的决策代理模式，它把客户的库存的控制权和决策权交给供应商，当然供应商也要承担更大的责任和风险，这样还是与供应链管理的双赢原则略有差距。因此，JMI 模式应运而生。它更强调风险分担、计划协同、共同管理，它是由供需双方根据协议共享信息并且共同监督需求和供应流程，体现了供应链企业之间互惠互利和合作共赢的关系。简单来说，它是对 VOI 和 VMI 的优化。JMI 与 CPFR 的基本思想具有很多的相似之处，但并不具有 CPFR 企业间共同决策、高度协同的功能。

JMI 的思想可以从分销中心的联合库存功能谈起。地区分销中心体现了一种简单的 JMI 的思想。传统的分销模式是分销商根据市场需求直接向工厂订货，比如汽车分销商（或批发商），根据顾客对车型、款式、颜色、价格等的不同需求，向汽车制造厂订货，需要经过较长时间货才能送达。但是因为顾客不想等待这么久的时间，因此各个分销商不得不进行库存备货，这样大量的库存使分销商难以承受以至于破产。据估计，在美国，通用汽车公司销售 500 万辆轿车和卡车，平均价格是 18 500 美元。假如分销商要维持 60 天的库存，库存费是车价格的 22%，一年总库存费用达到 3 亿～ 4 亿美元。而采用地区分销中心，就大大减缓了库存浪费的问题。图 6-10 为传统的分销模式，每个分销商直接向工厂订货，每个分销商都有自己的库存。而图 6-11 为采用分销中心后的分销模式，各个分销商只需要少量的库存，大量的库存由地区分销中心储备，也就是各个分销商把其库存的一部分交给地区分销中心负责，从而减轻了各个分销商的库存压力。分销中心就发挥了 JMI 的功能。分销中心既是一个商品的联合库存中心，同时也是需求信息的交流与传递枢纽。

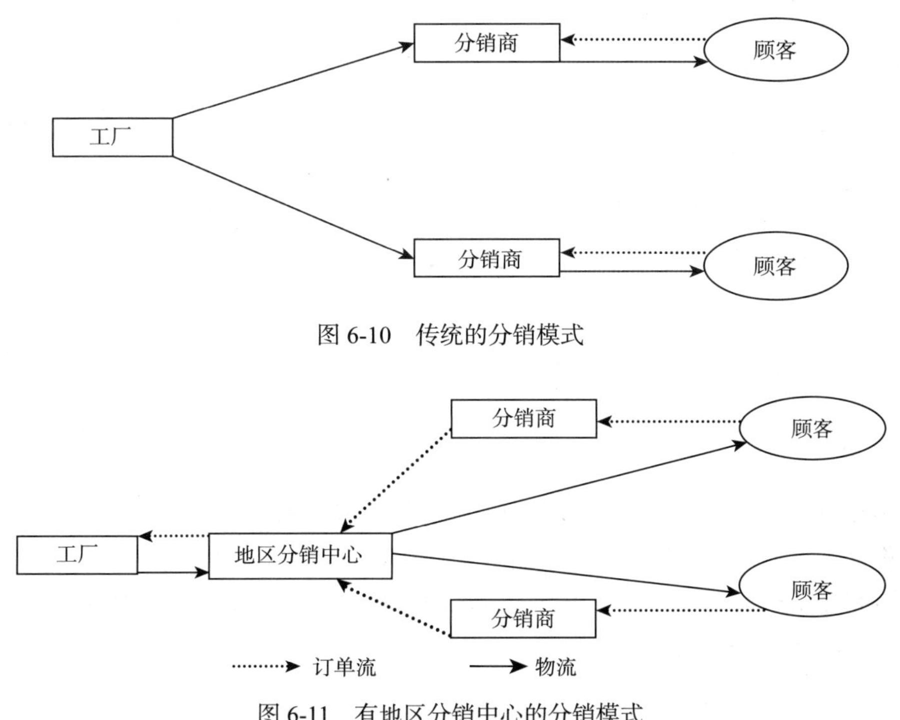

图 6-10　传统的分销模式

图 6-11　有地区分销中心的分销模式

从分销中心的功能我们得到启发，对现有的供应链库存管理模式进行了拓展和重构，提出了 JMI 新模式——基于协调中心的联合管理库存系统。在上述讨论的例子中，分销中心就是这个协调中心，它起着供需连接和供需协调的作用。

近年来，在供应链企业之间的合作中，更加强调双方的互利合作关系，JMI 就体现了战略供应商联盟的新型企业合作关系。

在传统的库存管理中，把库存分为独立需求库存和相关需求库存两种库存模式进行管理。相关需求库存问题采用物料需求计划（MRP）处理，独立需求库存问题采用订货点办法处理。一般来说，产成品库存管理为独立需求库存问题，而在制品和零部件以及原材料的库存控制问题为相关需求库存问题。图 6-12 为传统的供应链活动过程模型。在整个供应链过程中，从供应商、制造商到分销商，各个供应链节点企业都有自己的库存，供应商作为独立的企业，其库存（即产品库存）为独立需求库存，制造商的原材料库存、半成品库存为相关需求库存，而产品库存为独立需求库存，分销商为了应对顾客需求的不确定性也需要库存，其库存也为独立需求库存。

JMI 是解决供应链系统中由于各节点企业相互独立的库存运作模式导致的需求变异放大现象，提高供应链同步化程度的一种有效方法。JMI 和 VMI 不同，它强调双方同时参与，共同制订库存计划，使供应链过程中的每个库存管理者（供应商、制造商、分销商）都从相互之间的协调性考虑，保持供应链相邻两个节点之间的库存管理者对需求的预期一致，从而消除需求变异放大现象。任何相邻节点需求的确定都是供需双方协调的结果，库存管理不再是各自为政的独立运作过程，而是变成了供需连接的纽带和协调中心。

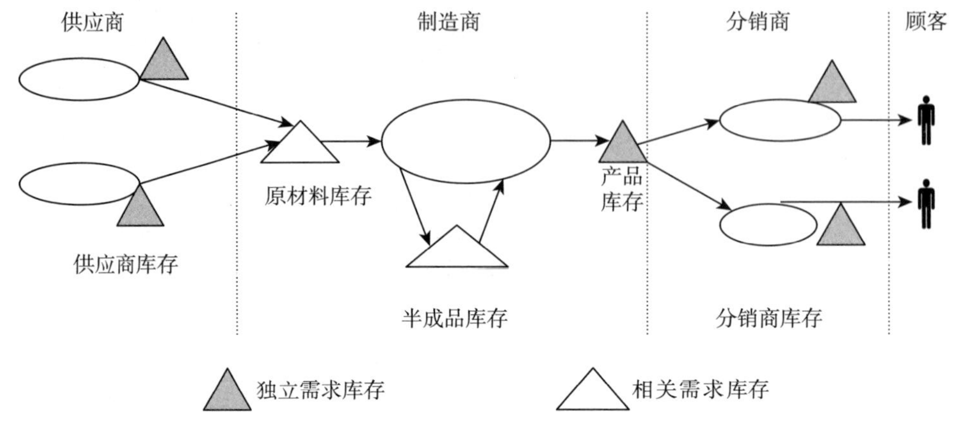

图 6-12 供应链活动过程模型

图 6-13 为基于协调中心的联合管理库存的供应链系统模型。其中，原材料联合库存和产销联合库存就是这个供应链中的联合管理库存协调中心，使供应链实现上下游企业之间协调的计划和共同的库存管理。和传统的库存管理模式相比，基于协调中心的库存管理有以下几个方面的优点。

- 为实现供应链的同步化运作提供了条件和保证。
- 减少了供应链中的需求扭曲现象，降低了库存的不确定性，提高了供应链的稳定性。
- 库存作为供需双方信息交流和协调的纽带，可以暴露供应链管理中存在的缺陷，为改进供应链管理水平提供依据。
- 为实现"零库存"管理、准时制采购以及精益供应链管理创造了条件。
- 进一步体现了供应链管理的资源共享和风险分担的原则。

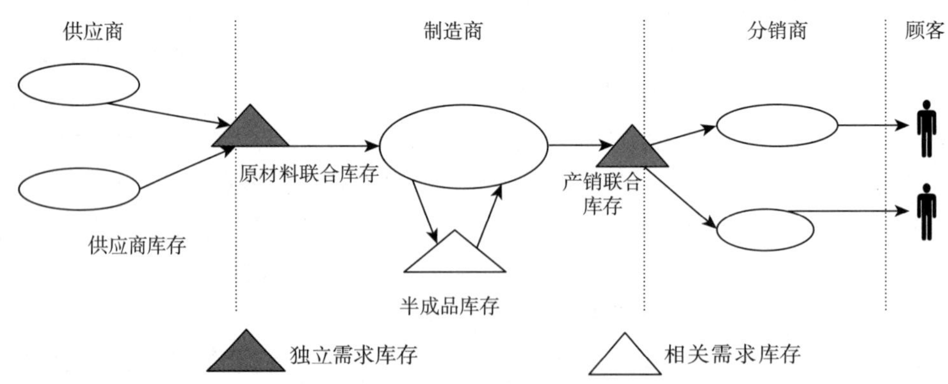

图 6-13 基于协调中心的联合管理库存的供应链系统模型

联合管理库存系统把供应链系统管理进一步集成为上游和下游两个协调管理中心，从而部分消除了由于供应链环节之间的不确定性和需求信息扭曲现象导致的供应链的库存波动。协调管理中心使供需双方共享需求信息，因而起到了提高供应链的运作稳定性的作用。

6.4.2　JMI 的实施策略

1. 建立供需协调管理机制

为了发挥 JMI 的作用，供需双方应从合作的精神出发，建立供需协调管理机制，通过相互协调作用明确各自的目标和责任，建立合作沟通的渠道，为供应链的 JMI 提供有效的机制。图 6-14 为供应商与分销商协调管理机制模型。没有一个协调的管理机制，就不可能进行有效的 JMI。

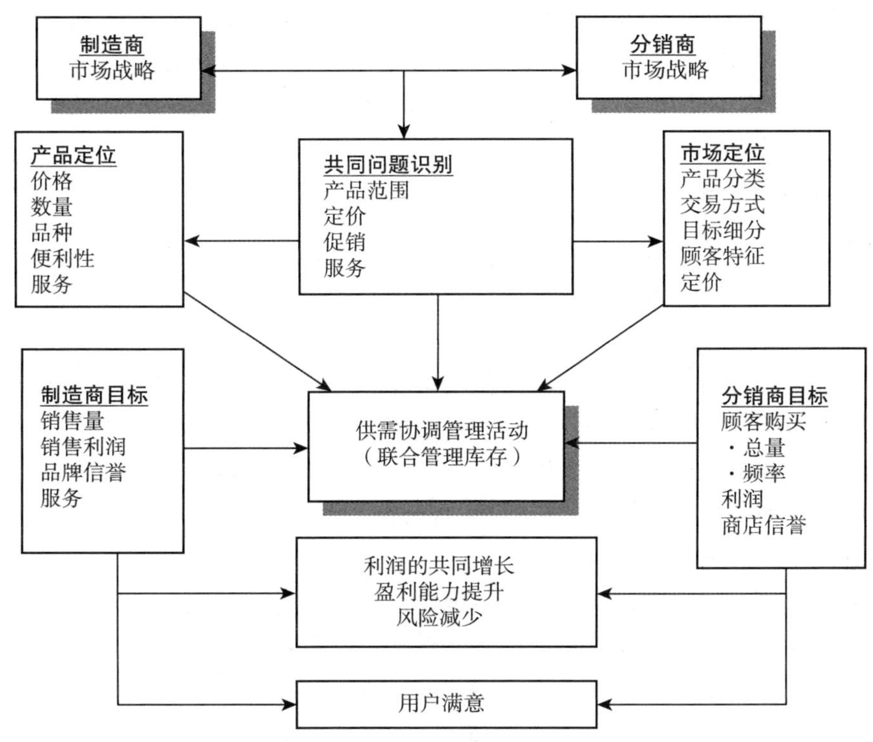

图 6-14　供应商与分销商协调管理机制

建立供需协调管理机制，应从以下几个方面着手。

（1）建立共同的合作目标。要建立 JMI 模式，首先供需双方应本着互惠互利的原则，建立共同的合作目标。为此，要理解供需双方在市场目标方面的共同之处和冲突点，通过协商形成共同的目标，如用户满意度、利润的共同增长、盈利能力提升、风险减少等。

（2）建立联合库存的协调控制方法。联合管理库存中心担负着协调供需双方利益的角色，起着协调控制器的作用。因此需要对库存优化的方法进行明确，内容包括库存如何在多个需求商之间进行调节与分配、库存的最大量和最低库存水平、安全库存的确定、需求的预测等。

（3）建立一种信息沟通的渠道或系统。信息共享是供应链管理的特色之一。为了提高整个供应链的需求信息的一致性和稳定性，减少由于多重预测导致的需求信息扭曲，应增加供应链各方获得需求信息的及时性和透明性。为此应建立一种信息沟通的渠道或系统，以保证需求信息在供应链的畅通和准确性。要将条码技术、RFID 技术、扫描技术、POS 系统和 EDI 系统集成起来，并且要充分利用互联网的优势，在供需双方之间建立一个畅通的信息沟通桥梁和联系纽带。

（4）建立利益分配和激励机制。要有效运行基于协调中心的库存管理，必须建立一种公平的利益分配制度，并对参与协调库存管理中心的各个企业（供应商、制造商、分销商或批发商）进行有效的激励，防止机会主义行为，增加协作性和协调性。

2. 发挥两种资源计划系统的作用

为了发挥 JMI 的作用，在供应链库存管理中应充分利用目前比较成熟的两种资源管理系统：MRP Ⅱ 和 DRP。原材料联合库存协调管理中心应用制造资源计划（MRP Ⅱ），而在产销联合库存协调管理中心则应用配送需求计划（DRP），这样就能把两种资源计划系统很好地结合起来。

3. 建立快速反应系统

快速反应（QR）系统是在 20 世纪 80 年代末从美国服装行业发展起来的一种供应链管理策略，目的在于减少供应链中从原材料到用户的过程的时间和库存，最大限度地提高供应链的运作效率。

快速反应系统在美国等西方国家的供应链管理中被认为是一种有效的管理策略，经历了三个发展阶段。一是商品条码化，通过对商品的标准化识别处理加快订单的传输速度；二是内部业务处理自动化，采用自动补库与 EDI 系统提高业务自动化水平；三是采用更有效的企业间合作，消除供应链组织之间的障碍，提高供应链的整体效率，如通过供需双方合作确定库存水平和销售策略等。

目前在欧美等西方国家，快速反应系统的应用已达到比较高级的阶段，通过合作计划、预测与补货等策略进行有效的用户需求反应。美国 Kurt Salmon 协会调查分析认为，实施快速反应系统后供应链效率大有提高：缺货大大减少，通过供应商与零售商的联合协作保证 24 小时供货；库存周转速度提高 1 ～ 2 倍；通过敏捷制造技术，企业的产品中有 20% ～ 30% 是根据用户的需求制造的。

快速反应系统需要供需双方的密切合作，而协调库存管理中心的建立可以为快速反应系统发挥更大的作用创造有利的条件。

4. 发挥第三方物流企业的作用

第三方物流企业是供应链集成的一种技术手段，它为用户提供各种物流方面的增值服务，如产品运输、订单选择、库存管理等。第三方物流系统的产生，一种是由一些大型公共仓储公司通过提供更多的附加服务演变而来的，另外一种是由一些制造企业的运输和分销部门演变而来的。

把 JMI 的部分功能代理给第三方物流系统来进行管理，可以使企业更加集中精力于自己的核心业务，第三方物流系统在供应商和用户之间起到了桥梁作用（见图 6-15）。第三方物流系统可以使企业获得诸多好处：

- 减少成本；
- 使企业集中于核心业务；
- 获得更多的市场信息；
- 获得一流的物流咨询；
- 改进服务质量；
- 快速进入国际市场。

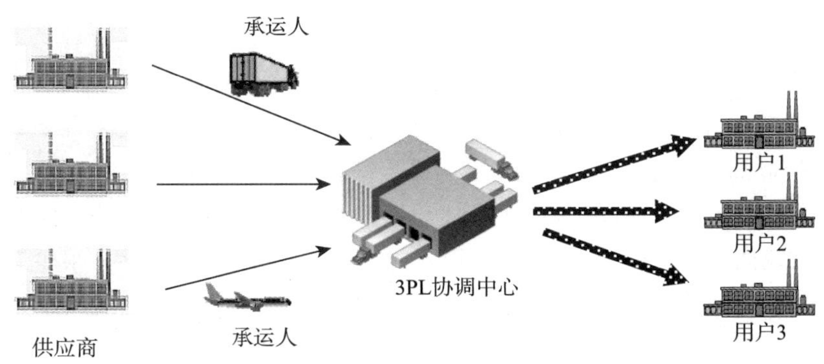

图 6-15 第三方物流系统在供应链中的作用

面向协调中心的第三方物流系统使供应与需求双方都取消了各自独立的库存，增加了供应链的敏捷性和协调性，并大大改善了供应链的用户服务水平和运作效率。

6.5 供应链多级库存优化与控制

不管是 VOI 或 VMI，还是基于协调中心的 JMI，都只是在一定程度上对供应链的局部优化控制，而要进行供应链的全局性优化与控制，则必须采用多级库存优化与控制方法。多级库存优化与控制是在单级库存控制的基础上形成的，目标是供应链资源的全局性优化。多级库存系统根据不同的配置方式，分为串行系统、并行系统、纯组装系统、树形系统、无回路系统和一般系统。

供应链管理的目的是使整个供应链各个阶段的库存最小，但是现行的企业库存管理模式往往从单一企业的角度或供需双方局部的角度来考虑库存问题，因而并不能使供应链整体达到最优。

多级库存控制的方法有两种：一种是非中心化（分布式）策略，另一种是中心化（集中式）策略。非中心化策略是各个库存点独立地采取库存策略，这种策略在管理上比较简单，但并不能保证整体供应链优化，如果信息共享度低，多数情况下产生的是次优的结果，因此非中心化策略需要更多信息共享。采用中心化策略，所有库存点的控制参数是同时决定的，考虑了各个库存点的相互关系，通过协调性办法促进库存的优化。但中心化策略在管理上协调难度大，特别是当供应链的层次比较多，即供应链的长度增加时，更增加了协调控制的难度。

6.5.1 供应链多级库存优化与控制的主要问题

供应链多级库存优化与控制应考虑以下几个问题。

（1）库存优化的目标问题。传统的库存优化无一例外都进行库存成本优化，在强调敏捷制造、基于时间的竞争的条件下，这种成本优化策略是否适宜？供应链管理的两个基本策略都集中体现了顾客响应能力的基本要求，因此在实施供应链库存优化时要明确库存优化的目标是什么，是成本还是时间？成本是库存控制中必须考虑的因素，但是，在现代市场竞争的环境下，仅优化成本这样一个参数显然是不够的，应该把时间（库存周转时间）的优化也作为库存优化的主要目标来考虑。

（2）明确库存优化的边界。供应链库存管理的边界即供应链的范围，在库存优化中，一定要明确库存优化的范围是什么。供应链结构有各种各样的形式，有全局供应链，包括供应商、制造商、分销商和零售商各个部门；有局部供应链，其中又分为上游供应链和下游供应链。在传统的所谓多级库存优化模型中，绝大多数是下游供应链，即关于制造商（产品供应商）—分销中心（批发商）—零售商的三级库存优化，很少有关于零部件供应商—制造商之间的库存优化模型，在上游供应链中，主要考虑的问题是供应商的选择问题。

（3）多级库存优化的效率问题。理论上讲，如果所有的相关信息都是可获得的，并能把所有的管理策略都考虑到目标函数中去，那么中心化的多级库存优化策略要比基于单级库存优化的策略（非中心化策略）好。但是，现实情况未必如此，当把组织与管理问题考虑进去时，管理控制的幅度常常是下放给各个供应链部门独立进行，多级库存控制策略的好处也许会被组织与管理的考虑所抵消。因此简单的多级库存优化并不能真正产生优化的效果，需要对供应链的组织、管理进行优化，否则，多级库存优化策略的效率是低下的。

（4）明确采用的库存控制策略。在单点库存的控制策略中，一般采用的是周期性检查与连续性检查策略。周期性检查库存策略主要有（nQ，s，R）、（S，R）和（s，S，R）等策略，连续库存控制策略主要有（s，Q）和（s，S）两种策略。⊖这些库存控制策略对于多级库存控制仍然适用。但是，到目前为止，多级库存控制都是基于无限能力的假设的单一产品的多级库存，对于有限能力的多产品的库存控制是供应链多级库存控制的难点和有待解决的问题。

下面，我们分别从成本优化和时间优化的角度探讨多级库存控制问题。

6.5.2 基于成本优化的多级库存控制

基于成本优化的多级库存控制实际上就是确定库存控制的有关参数：库存检查周期、订货点、订货量。

在传统的多级库存优化方法中，主要考虑的供应链模式是生产分销模式，也就是供应链的下游部分。我们进一步把问题推广到整个供应链的一般情形，即如图 6-16 所示的

⊖ 这几种策略的详细内容，读者可参考库存管理的其他专业书。

供应链模型。

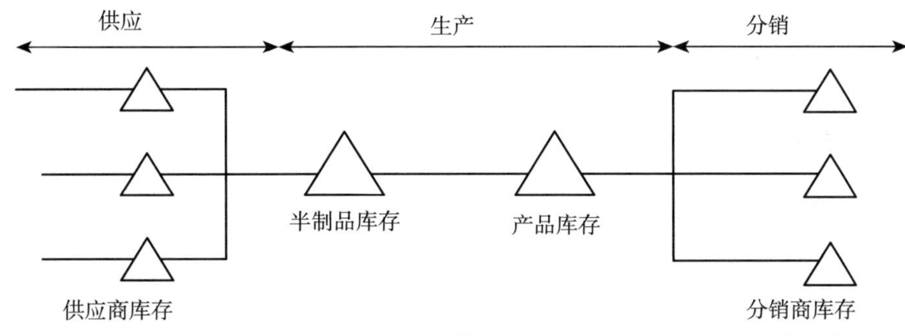

图 6-16　多级供应链库存模型

在库存控制中，考虑中心化（集中式）和非中心化（分布式）两种库存控制策略情形。在分析之前，首先确定库存成本结构。

1. 供应链的库存成本结构

（1）维持库存费用（C_h）。在供应链的每个阶段都维持一定的库存，以保证生产、供应的连续性。这些维持库存费用包括资金成本、仓库及设备折旧费、税收、保险金等。维持库存费用与库存价值和库存量的大小有关。维持库存费用沿着供应链从上游到下游有一个累积的过程，如图 6-17 所示。

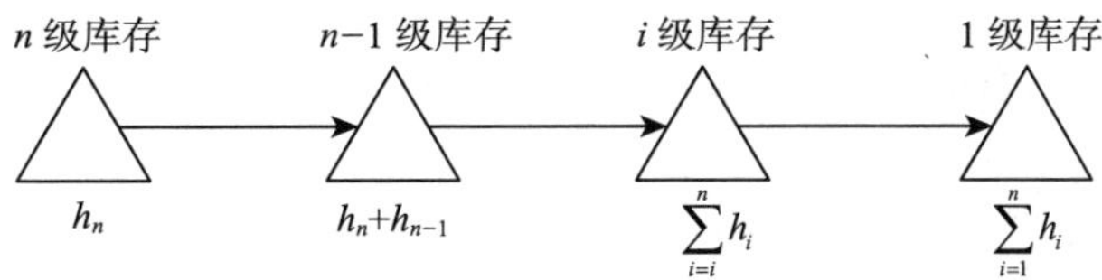

图 6-17　供应链维持库存费的累积过程

图 6-17 中的 h_i 为单位周期内单位产品（零件）的维持库存费用。如果 v_i 表示 i 级库存量，那么整个供应链的维持库存费用为：

$$C_h = \sum_{i=1}^{n} h_i v_i$$

如果是上游供应链，则维持库存费用是一个汇合的过程，而在下游供应链，则是分散的过程。

（2）交易成本（C_t）。**交易成本**（transaction cost）是指在供应链企业之间的交易合作过程中产生的各种费用，包括谈判要价、准备订单费用、商品检验费用、佣金等。交易成本随交易量的增加而减少。

交易成本与供应链企业之间的合作关系有关。通过建立一种长期的互惠合作关系，有利于降低交易成本，具有战略合作伙伴关系的供应链企业之间交易成本是最低的。

（3）缺货损失成本（C_s）。缺货损失成本是由于供不应求，即当库存 v_i 小于零的时候，造成市场机会损失以及用户罚款等。

缺货损失成本与库存量大小有关：库存量大，缺货损失成本小；反之，缺货损失成本高。为了减少缺货损失成本，维持一定量的库存是必要的，但是库存过多将增加维持库存费用。

在多级供应链中，通过提高信息共享的程度，增加供需双方的协调与沟通，有利于减少缺货损失。

总的库存成本为：

$$C=C_h+C_t+C_s$$

多级库存控制的目标就是优化总的库存成本 C，使其达到最小。

2. 库存控制策略

多级库存控制策略分为中心化库存控制策略和非中心化库存控制策略，接下来分别加以说明。

（1）中心化库存控制策略。目前关于多级库存的中心化库存控制策略的探讨不多，采用中心化库存控制策略的优势在于能够对整个供应链系统的运行有一个较全面的掌握，能够协调各个节点企业的库存活动。

中心化库存控制是将控制中心放在核心企业上，由核心企业对供应链系统的库存进行控制，协调上游与下游企业的库存活动。这样核心企业也就成了供应链上的数据中心(数据仓库)，担负着数据的集成、协调功能，如图 6-18 所示。

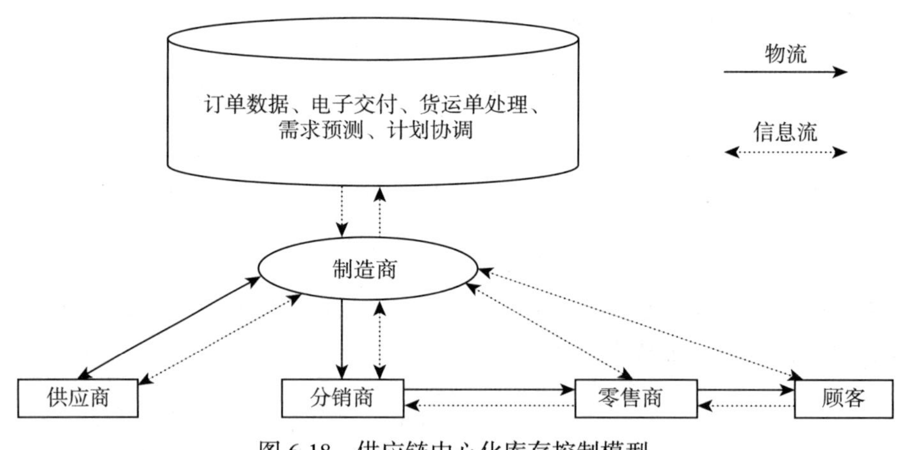

图 6-18 供应链中心化库存控制模型

中心化库存控制的目标是使供应链上总的库存成本最低，即

$$\min TC=\sum_{i=1}^{m}(C_{hi}+C_{ti}+C_{si})$$

公式中的 m 表示供应链网络中的阶，如供应商、制造商、分销商、零售商。

理论上讲，供应链的层次可以是无限的，即从用户到原材料供应商，整个供应链是 n 个层次的供应链网络模型，分一级供应商、二级供应商……k 级供应商，然后到核心企业(组装厂)；分销商也可以是多层次的，分一级分销商、二级分销商、三级分销商等，最后才到用户。但是，现实中供应链的层次并不是越多越好，而是越少越好，因此实际供应链的层次并不很多，采用供应 – 生产 – 分销这样的典型三层模型足以说明供应链的运作问题。图 6-19 为三级库存控制的供应链模型。

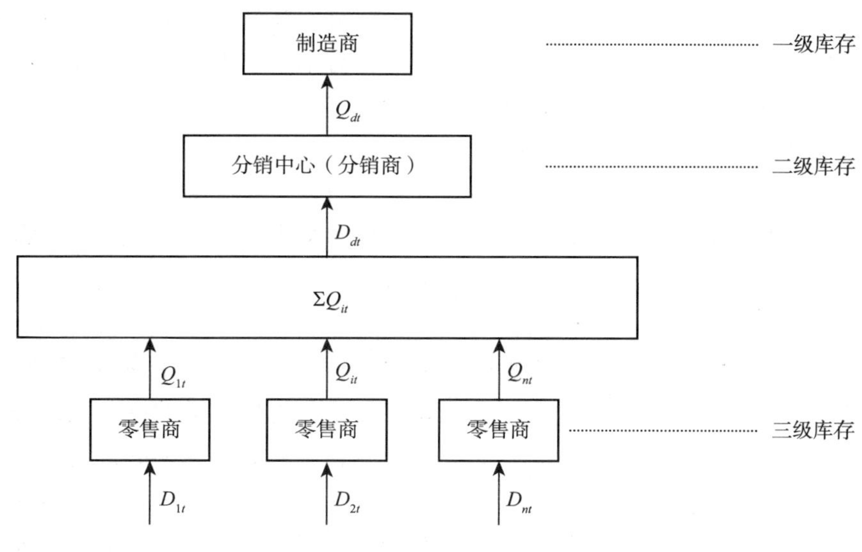

图 6-19 三级库存供应链

各个零售商的需求 D_{it} 是独立的，根据需求的变化确定的订货量为 Q_{it}，各个零售商的订货汇总到分销中心，分销中心产生一个订货单给制造商，制造商根据产品决定生产计划，同时对上游供应商产生物料需求。整个供应链在制造商、分销商、零售商三个地方存在库存，这就是三级库存。这里假设各零售商的需求为独立需求，需求率 d_i 与提前期 LT_i 为同一分布的随机变量，同时系统销售同一产品，即为单一产品供应链。这样一个三级库存控制系统是一个串行与并行相结合的混合型供应链模型，建立如下的控制模型：

$$\min\{C_{mfg}+C_{cd}+C_{rd}\}$$

模型中第一项为制造商的库存成本，第二项为分销商的库存成本，第三项为零售商的库存成本。

关于订货策略采用连续性检查还是周期性检查的问题，原则上讲两者都是适用的，但各有特点。问题在于采用传统的订货策略时，有关参数和供应链环境下的库存参数应有所不同，否则不能反映多级库存控制的思想。因此，不能按照传统的单点库存控制策略进行库存优化，必须寻找新的方法。

按照传统的固定量订货系统，其经济订货量为：

$$Q_i^*=\sqrt{\frac{2d_iC_{si}}{h_i}}$$

如果我们把这个算法作为多级库存的各个阶段的供应商或分销商的订货策略，那么就没有体现供应链的中心化控制的思想。为什么？因为这样计算的库存信息是单点库存信息，而没有考虑供应链的整体库存状态，所以，采用这样的计算方法实际上是优化单一库存点的成本而不是整体供应链的成本。

那么，如何才能体现供应链这种集成的控制思想呢？可以采用级库存取代点库存来解决这个问题。因为点库存控制没有考虑多级供应链中相邻节点的库存信息，所以容易造成需求变异放大现象。采用级库存控制策略后，每个库存点不再是仅检查本库存点的库存数据，而是检查处于供应链整体环境下的某一级库存状态。这个级库存和点库存不同，我们重新定义供应链上节点企业的库存数据，采用“级库存”这个概念：

供应链的级库存＝某一库存节点现有库存＋转移到或正在转移给其后续节点的库存

这样检查库存状态时不但要检查本库存点的库存数据，还要检查其下游需求方的库存数据。由于级库存策略的库存决策基于对下游企业的库存状态的完全掌握，因此避免了信息扭曲现象。建立在互联网/EDI技术基础上的全球供应链信息系统，为企业之间的快速信息传递提供了保证，因此，实现供应链的多级库存控制是有技术保证的。

（2）非中心化库存控制策略。非中心化库存控制是把供应链的库存控制分为三个成本归结中心，即制造商成本中心、分销商成本中心和零售商成本中心，它们各自根据自己的库存成本优化做出控制策略，如图6-20所示。非中心化库存控制要取得整体的供应链优化效果，需要增加供应链的信息共享程度，使供应链的各个部门都共享统一的市场信息。非中心化多级库存控制策略能够使企业根据自己的实际情况独立快速做出决策，有利于发挥企业的独立自主性和灵活机动性。

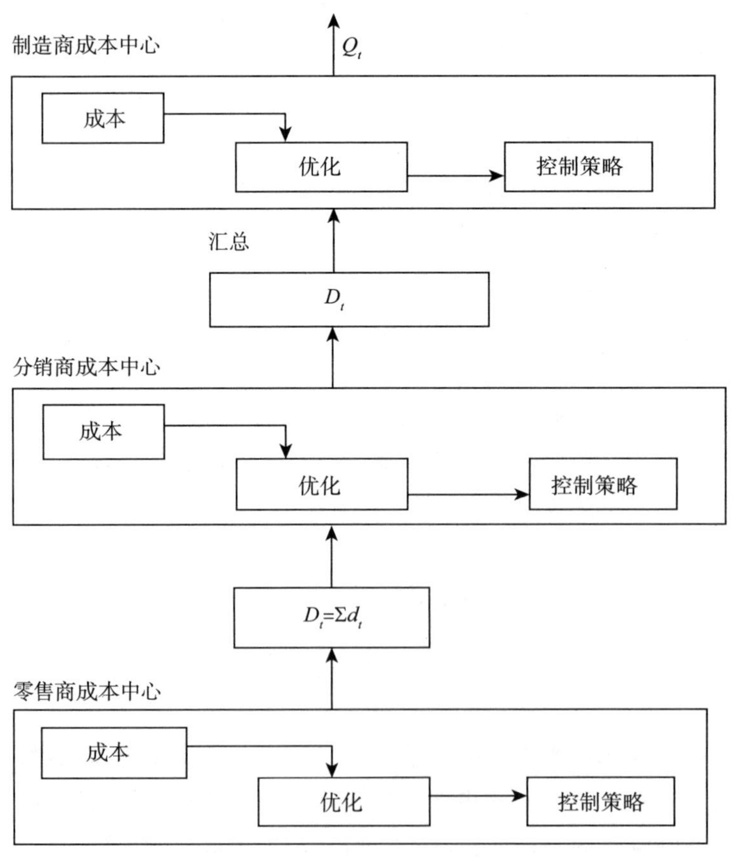

图6-20 非中心化库存控制模式

非中心化库存订货点的确定，可完全按照单点库存的订货策略进行，即每个库存点根据库存的变化独立地决定库存控制策略。非中心化多级库存优化策略需要企业之间具有较好的协调性，否则有可能导致各自为政的局面。

6.5.3 基于时间优化的多级库存控制

前面我们探讨了基于成本优化的多级库存控制方法，这是传统的做法。随着市场变化，市场竞争已从简单的成本优先的竞争模式转为时间优先的竞争模式，这就是敏捷制造的思想。供应链的库存优化不能简单地仅优化成本。在供应链管理环境下，库存优化还应该考虑对时间的优化，比如库存周转率的优化、供应提前期的优化、平均上市时间的优化等。库存时间过长对于产品的竞争力不利，因此供应链系统应从提高用户响应速度的角度提升供应链的库存管理水平。

本章小结

本章论述了供应链管理环境下库存管理中出现的一些新问题，从系统论和集成论的角度出发，研究了适应供应链管理的新的库存管理策略与方法。通过本章的学习，我们可以发现，在供应链管理环境下，由于企业运作的组织与管理模式都发生了变化，因此对库存管理也提出了更高的要求。为了满足供应链管理环境的要求，最大限度地提高供应链的整体竞争力，人们在实践中摸索出了新的库存控制模式，如供应商管理库存（VMI)、联合管理库存（JMI）等，这些新的库存策略与方法体现了一种完全不同于传统库存策略的管理思想。我们知道，库存控制模型（如EOQ模型）提出已将近百年，在这么多年的发展过程中，出现的库存控制模型难以计数，但是它们有一个共同点：都是站在使用者管理库存的角度来分析。而供应链管理导向的库存管理，有很多是站在供应商的角度来考虑如何使库存控制更有效的。这完全不同于延续多年的库存控制机制，我们应该对此加深理解。

关键术语

库存（inventory）

库存控制（inventory control）

补给策略（replenishment policy）

周期性检查模型（periodic review model）

连续性检查模型（continuous review model）

供应商拥有库存（vendor owned inventory，VOI）

供应商管理库存（vendor managed inventory，VMI）

联合管理库存（jointly managed inventory，JMI）

多级库存优化（multi-stage inventory optimization）

思考与练习

1. 简单阐述库存在企业运营中的重要性。
2. 订货点法库存管理基本策略包括哪几种？
3. 如何看待供应链整合下的库存问题？它与传统的企业库存管理有何不同？请举例说明。
4. 如何理解供应链管理中的不确定性？

它对供应链的库存管理会产生怎样的影响？作为供应链管理执行经理，如何控制供应链运作过程中的不确定性？

5. 怎样才能保证供应链上游供应端的物料供应的齐全配套性？为此，在库存管理上应做哪些创新？
6. 阐述VMI的基本思想。如果你是一位采购经理，你如何在实际管理中运用VMI？
7. 举例说明VOI、VMI、JMI三种库存管理模式的不同。
8. 比较联合管理库存思想与多级库存管理思想之间的异同点。
9. 供应链库存管理中涉及的成本主要包括哪些？

讨论案例　江铃发动机：从VMI到3PL-Hub

江铃发动机厂概况

江铃发动机厂是江铃汽车集团公司的全资子公司，从意大利引进VM发动机项目后成为国内为数不多的能达到欧Ⅲ、欧Ⅳ排放标准的先进发动机企业。江铃发动机厂旨在建立国内一流的发动机生产基地，为国内整车厂提供高品质的洁净绿色环保柴油动力。

江铃发动机厂为定位于生产中高档轿车和低档货车的整车厂提供产品，其发展战略为：建立独立自主的高档柴油发动机研发销售体系，通过培养快速多变的产品设计开发能力及供应链管理能力，以数字化的企业管理建立企业核心竞争力。

在这种发展战略和竞争策略的指导下，江铃发动机厂在筹建阶段就把建立全新的供应链管理模式放在了重要地位。

汽配供应链运作特点

汽车供应链是最复杂的供应链之一。以整车厂为核心的汽车供应链，仅第一层的上游供应商就有300～400家，形成了一条由汽车零部件供应商组成的供应链，故称为汽配供应链。一般情况下，整车厂为了降低成本如库存成本等，传统的做法是将供应链的零部件库存转移到上游供应商，以此达到降低成本的目的。因此，传统汽配供应链上的供应商面临的压力是非常大的。

实际上，整车厂也清楚，这种转移库存成本的做法对整个供应链是不利的，它们也曾尝试采用更先进的库存管理模式，如目前汽配行业供应链管理普遍采用的供应商管理库存（VMI）模式。但是，传统的由各个供应商自行管理的VMI模式存在着很大的局限性。首先，库存成本不过是从供应链核心企业——整车厂转移到了上游企业，供应链整体库存成并没有真正减少。其次，汽车配件的库存管理和准时配送到整车厂的装配线并不是供应商的优势所在，在这样的VMI模式下，供应商往往不能很快地响应整车厂的需求变化，不能及时提供整车厂所需要的零配件。再次，在传统的VMI模式下，往往需要在一些大型主机厂如整车厂或发动机厂附近建设数目庞大的供应商零件仓库，以便随时为整车厂提供零部件。但是，由于这些仓库分属于不同的零配件供应商，整车厂采购部门不仅需要处理与供应商繁杂的业务关系，同时也增加了自己的运作管理成本。最后，供应商即使都采用了VMI模式，但由于各种随机因素的存在，供应商之间并不能协调一致，也就不能保证整车厂装配对各种零部件的配套性要求，齐套性很差。

江铃发动机厂基于3PL-Hub的物流协同体系

正是看到了传统的汽配供应商在实施

VMI中的问题，江铃发动机在建厂时就对汽配供应链进行了创新，采用更先进的基于供应商整合VMI的、依托第三方物流企业的集配协同新模式（简称3PL-Hub模式）。

为此，江铃发动机厂与一家物流企业展开战略性合作，依托第三方物流企业构建以江铃发动机为核心的汽配供应链，由第三方物流企业承担零部件物流及库存管理，建成了基于3PL-Hub的供应链物流协同运作模式。

在这个模式中，江铃发动机厂的核心业务集中于产品开发及发动机总装，它有加工、总装、测试三个车间，将核心资源集中于发动机缸体、缸盖、曲轴三种零部件的生产。发动机所需的其他数百种零部件，则由专业化的零部件供应商供货，并由第三方物流企业承担零部件仓储与配送等物流业务。零部件供应商为江铃发动机厂供货形成的库存，在物权属性上仍然是VMI，但仓储运输、实物配送、库存管理等具体业务则由外包的第三方物流企业打理，借助于第三方物流的力量打造高效、敏捷的汽配供应链，大大减轻了零部件供应商独自实施VMI带来的各种烦琐事务及成本压力。

在江铃发动机厂的3PL-Hub模式中，第三方物流企业打造了一个Supply-Hub协同平台。该平台通过供应链管理信息系统将仓储中心、运输网络、物料搬运、装配线直送工位等要素联结在一起，对供应链上游的供应商、第三方物流企业以及江铃发动机厂的资源通过Supply-Hub进行整合，实现供应商与发动机生产线的协同运作。基于Supply-Hub平台的、由第三方物流实施的物流协同运作体系如图6-21所示。

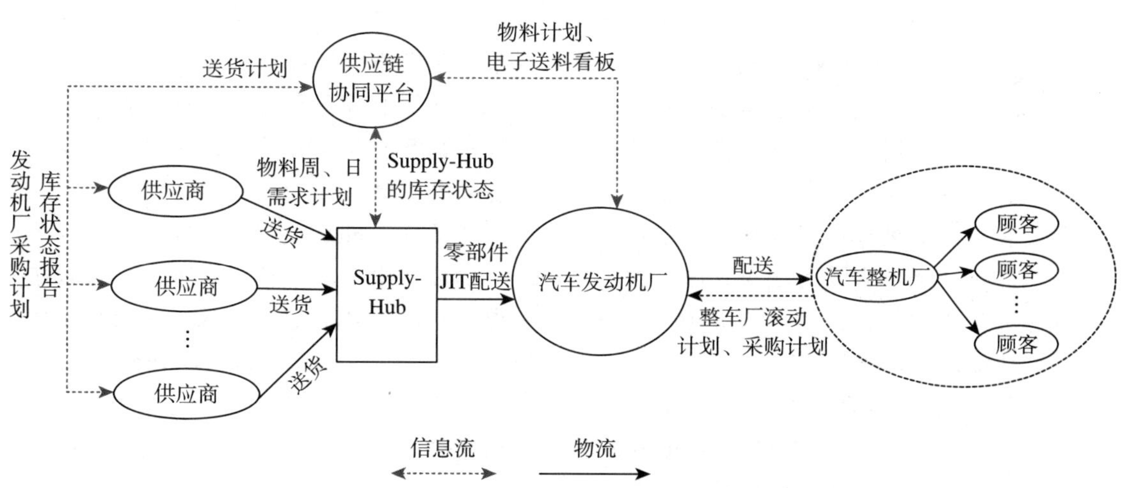

图6-21 江铃发动机厂的3PL-Hub物流协同运作体系示意图

Supply-Hub的主体运作流程及核心内容如下。

（1）汽车发动机厂根据下游整机厂的生产和采购订单以及需求预测制订生产计划，通过MRP系统产生外购件的采购计划和自制件生产计划，再分解为物料周、日需求计划，并将其在供应链协同平台即Supply-Hub上发布。

（2）各零部件供应商从该平台上获取各级采购计划和确认采购订单，实时查询其零部件在Supply-Hub的库存状况，并将送货计划发送到协同平台，与江铃发动机和第三方物流企业共享。

（3）江铃发动机厂通过Supply-Hub对整个物流过程进行监控，从物流需求计划的发布到获取供应商送货计划再到原材料的送达，江铃发动机厂进行全程跟踪，确保零部件及时入库。

（4）第三方物流企业根据Supply-Hub提供发动机装配的物流周、日需求计划，将零部件按照JIT的方式直送发动机生产车间，即所谓的直送工位配送。

（5）各个零部件供应商通过Supply-Hub掌握零部件的库存及生产进度等实时信息，与发动机厂实现协同设计、协同制造、协同供应等，保证江铃发动机供应链能够及时响应外部需求的变化。

基于3PL-Hub的汽配供应链协同运作的核心业务

围绕江铃发动机厂打造的3PL-Hub的终极目标是为江铃发动机厂提供敏捷、灵活、低成本的零部件配套供应服务，为此，必须抓好几项核心业务协同工作。

基于3PL-Hub的采购业务协同

（1）订单协同。江铃发动机厂将周采购订单和紧急采购订单信息发布到供应链协同平台，各个供应商根据权限获取相应的采购订单并生成自身的销售订单，同时做好备货发货工作；第三方物流企业根据订单信息做好入库准备。

（2）收发货协同。供应商根据订单要求备货后，发出发货通知（advance shipping notice，ASN）。ASN通过供应链协同平台传递到江铃发动机厂，同时也传递到第三方物流企业，便于第三方物流企业做好入库准备，同时江铃发动机厂可以对整个物流进行跟催。

（3）质量链管理。发动机的质量要求非常高，江铃发动机厂在采用3PL-Hub模式时，将质量管理融入整个供应链，以“质量链”的思维来管理零部件以及整个发动机生产过程的质量，从源头上把控产品的质量。从供应商、第三方物流以及江铃发动机厂在质量管理方面的协同来看，质量检验分为到货检验和生产过程中检验，到货检验不合格属于第三方物流与供应商交易范畴，不合格的零部件退给供应商，记入供应商质量考核；若在生产过程中检验发现零部件质量问题，如果是外废，则退回供应商，造成的损失则记入索赔；如果是内废，则重新领料。

基于3PL-Hub计划协同

为了降低整个供应链的库存和生产风险，江铃发动机厂采用“1+6”滚动计划体系，即1个月的采购订单（表示确定的需求），6个月的需求预测，与供应商保持生产和设计协同。

“1+6”滚动计划体系中各层计划所起的作用不同：滚动采购计划主要用于预测，可帮助供应商做好未来的生产计划；采购订单用于发布实际需求，供应商据此安排生产；物流日需求计划（包括工位、车间等信息）用于与3PL协同，安排好物流配送所需的资源。

基于3PL-Hub的第三方物流协同

供应商根据采购部门发出的采购订单备货后发出ASN，经过运输，货物到达第三方物流集配中心即Supply-Hub的仓库，完成入库工作。一般而言，进口零部件采用到货结算，国产零部件采用下线结算方式。

第三方物流企业为江铃发动机厂提供包括采购入库、直送工位以及配送到下游整车厂的一体化物流服务。在运作中，第三方物流企业根据发动机的销售发货单、直送工位的投料单和制造部门小批量取货的领料单生成指导下线结算的代管挂账确认单，经审核确认后入账。

基于 3PL-Hub 的下线结算协同

江铃发动机厂和供应商采取下线结算模式。虽然发动机售出之后江铃发动机才和供应商结算，但供应商能通过供应链平台清楚地看到自己每批配件的流向情况，从发运到第三方物流、质检、入库、在第三方物流的库存、再出库、上江铃的生产线、在生产线上的情况以及工费、料费情况，甚至配件损耗的情况，最后到下线出厂的情况等都可以清楚地掌握，信息透明度很高，这样供应商可以做好资源协调，在保证江铃发动机厂需求的情况下，使自己的收益达到最大化。

资料来源：根据龚凤美.基于 Supply-Hub 的供应链物流协同决策研究 [D]. 华中科技大学，2008 改编。

提示问题：从江铃发动机供应链的实践经验来看，你认为 3PL-Hub 模式在组织汽车零部件供应方面所面临的挑战是什么？该如何应对这些挑战，提出你的建议。

参考文献与延伸阅读

[1] ZIPKIN P H. Foundation of Inventory Management[M]. New York: McGraw-Hall Higher Education, 2000.

[2] THOMA D J, GRIFFIN P M. Coordinated Supply Chain Management [J]. European Journal of Operational Research, 1996, 94: 1-15.

[3] LEE H L, BILLINGTON C. Managing Supply Chain Inventory: Pitfalls and Opportunities [J]. Sloan Management Review, 1992 (Spring): 65-73.

[4] LEE H L, PADMANABHAM V, WHANG S. Information Distortion in a Supply Chain: The Bullwhip Effect [J]. Management Science, 1997, 43(4): 546.

[5] 陈荣秋，马士华.生产运作管理 [M]. 5 版.北京：机械工业出版社，2017.

[6] 马士华，崔南方，周水银，等.生产运作管理 [M]. 3 版.北京：科学出版社，2015.

[7] 林勇.供应链库存管理 [M]. 北京：人民交通出版社，2008.

[8] 李必强.现代生产管理的理论与方法 [M]. 武汉：华中理工大学出版社，1991.

[9] JESSOP D. Simplicity is the Key[J]. Supply Management, 1999.

[10] BAGANHA M P, COHEN M A.The Stabilizing Effect of Inventory in Supply Chain [J]. Operation Research, 1998, 46(3): 72-83.

[11] LATAMORE B. Customers-Suppliers Drawing Closer Through VMI[J]. APICS The Performance Advantage, 1999(July): 22-25.

[12] 陈杰，黄悦.同步化产品与供应链设计 [J]. 工业工程与管理，2013(2): 17-23.

[13] 高举红，李晓君.汽车行业闭环供应链超网络均衡研究 [J]. 计算机集成制造系统，2012(1): 169-175.

[14] DAVIS R A. 需求驱动的库存优化与补货：创建更高效的供应链 [M]. 柯晓燕，黎帧静，译.北京：人民邮电出版社，2015.

[15] 齐普金.库存管理基础 [M]. 马常松，译，宋京生，校译.北京：中国财政经济出版社，2013.

第 7 章　供应链管理环境下的采购管理

本章重点理论与问题

采购是指企业为实现销售目标，在充分了解市场要求的情况下，根据企业的经营能力，运用恰当的采购策略和方法，取得营销对路商品的经营活动过程。采购成本直接影响到企业的利润和资产回报率。在有的企业中，原材料及零部件的采购成本在生产成本中占的比例较高，一般在 30% 左右，有的甚至为 60% ～ 70%。过高的采购成本将会影响企业资金流动的速度，因此，在企业的管理活动中，采购活动一直是管理者关注的重点。在传统采购管理模式中，采购活动被看成单纯的买卖活动，只是为了补充消耗掉的材料库存，即为库存而采购，与供应商的关系也停留在交易关系的层次上，甚至把供应商看成盘剥的对象。在供应链管理的环境下，采购活动的范畴、价值和意义都发生了巨大的变化。采购管理的直接目标也从根据库存采购向以订单驱动方式进行转变，以适应新的市场经济。通过本章的学习，读者能够掌握采购管理的基本概念及采购过程的基本内容，能够认识传统采购管理的不足，了解供应链管理环境下采购管理的特点、意义与价值，掌握供应商关系管理的概念、供应商选择与评估的指标及方法，掌握采购过程中供应商关系管理的要点。最后，从提高供应链竞争力的角度掌握准时制采购的基本概念、特点和方法。

7.1　采购管理概述

7.1.1　采购及采购管理的含义

有效的货物或服务采购，对企业的竞争优势具有很大的影响。采购过程把供应链成员连接起来，保证供应链的供应质量。采购是入厂物流的前端活动，采购管理做得好与不好，直接关系到供应链的整体绩效。此外，在许多行业中，原材料投入成本占总成本的比例很大，投入原材料的质量影响成品的质量，并由此影响客户满意度和企业的收益。采购对收入和供应链关系起着决定性的作用，这样就不难理解为什么采购管理越来越受到重视了。

采购是一个复杂的过程，目前还很难对它进行统一的定义，根据不同的环境它可以有不同的定义。狭义地说，采购是企业购买货物和服务的行为；广义地说，采购是企业取得货物和服务的过程。然而，采购的过程并不仅仅是各种活动的机械叠加，而是一系列跨越组织边界的活动的成功实施。因此，对采购的定义可以是：用户为取得与自身需求相吻合的货物和服务而必须进行的所有活动。对采购活动进行的领导、组织、计划与控制的总称，就是**采购管理**（purchasing management）。

如图 7-1 所示，采购活动在供应链中在制造商和供应商之间起着纽带作用。制造商根据自己客户的订单制订生产计划，然后根据生产计划产生物料需求计划，再根据物料需求计划提出产品和服务采购申请。采购部门根据采购申请准备报价申请书、选择最佳供应商、准备订购单等活动。这些活动将供应商与制造商紧密联系起来。

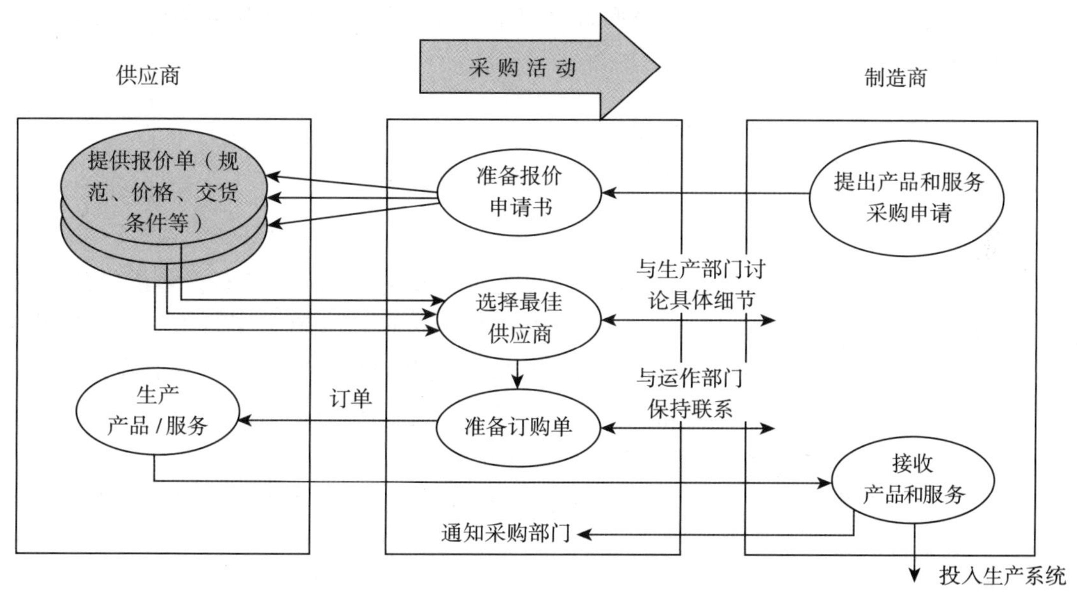

图 7-1 采购活动连接制造商和供应商

7.1.2 采购过程的组织与管理

不管采购的定义如何，我们都可以给出一般的采购过程所包括的基本活动，这些活动对于货物与服务的采购都是适用的。这些活动通常跨越企业内部的功能边界，如果在交易中不是所有职能部门均投入，就不能有效地完成采购过程。成功地实施这些活动，买卖双方都能取得尽量大的价值，也有助于供应链的价值最大化。

1. 采购过程的主要工作

（1）确定或重新估计用户的需求。采购一般是对新用户或老用户的需求做出反应。用户可以是企业外部的客户，也可以是企业内部的其他部门；既可以是集体用户（如企业或其他组织），也可以是最终消费者（个体）。采购活动是为了满足用户需求而进行的。用户的需求可以来源于订单，也可以来源于企业对市场需求的预测。在任何情况下，一旦需求被确认，采购过程就可以开始了。需求可以由企业的不同部门（如制造部门或销售部门）甚至由企业以外的人员来确定（比如用户）。

（2）定义和评估用户的需求。一旦需求确定下来，就必须以某种可以衡量的标准形式来定义和表示采购对象。标准可以是简单的，如复印用纸可以是一定数量的白纸，原材料可以按重量计量单位（如吨或公斤）或计数单位（如多少个、多少件等）。如果企业要购买高技术产品，标准会很复杂。通过这些标准，采购专业人员可以把用户的需求告诉潜在的供应商。

（3）自制与外购决策。在需求由外部供应之前，企业应决定由自己来制造产品或提供服务还是通过购买来满足用户的需求。即使做出了自己制造产品或提供服务的决定，企业也必须从外部供应商处购买某种类型的投入物。目前，这一步骤已变得越来越重要，因为越来越多的企业做出外包的决策，以便集中精力于自己的核心业务。

（4）确定采购的类型。采购的类型将决定采购过程所需的时间和复杂性。按时间和复杂程度不同，采购可以分为三种类型：

- 直接按过去的惯例采购或重新采购；
- 修正采购，需要对目前供应商或投入物做一些改变；
- 全新采购，由全新的用户需求引起的采购。

（5）进行市场分析。供应商可以处于一个完全竞争的供应市场（有许多供应商），或在一个寡头市场（有个别大的供应商），或垄断市场（一个供应商）。了解市场类型有助于采购专业人员决定市场供应商的数量、权力与依赖关系的平衡，确定哪种采购方式最有效（如谈判、竞争投标等）。有关市场类型的信息并不总是明显的，必须做一些研究，参阅有关历史资料、行业最新发展动态及行业协会信息等。

（6）确定备选供应商。找出所有能满足用户需求的供应商作为备选对象。在这一阶段，也可以把过去未被选中的供应商包括在内。在全球化的环境下，找出所有的供应商具有挑战性，需要进行一定的研究。如果企业规模很小，可以依靠常规使用的信息来源，如搜索引擎等。

（7）初步评估可能的资源。通过初步评估，选出可以满足用户需求的少数几家有实力的、优秀的供应商，以备进一步评估。在某些情况下，初步评估可能非常简单。例如，对于复印用纸，供应商可以定期检查手头有没有货；对于计算机配件，可能还需要内部技术人员进行一系列的测试。

（8）备选供应商的再评估。对于已经选出来的少数优秀的供应商，经过再评估后，就有可能确定哪家供应商最能满足用户的要求或期望。如果采购项目既简单又标准，并有足够数量的潜在供应商，那么可以通过竞争招标来实现。如果这些条件并不存在，则必须对供应商进行更加详细的评估，使用工程测试或模拟最终的使用情况。例如，对汽车的座位安全带进行测试。

（9）选择供应商。供应商的选取决定了买卖双方将建立的关系，这一活动也决定了如何维持与未被选上的供应商之间的关系。实际选取将依据依次讨论的数据来进行，如质量、可靠性、服务水平、报价等。

（10）采购执行的评价。供应商确定后，一旦完成相应的产品或服务供应之后，应对供应商的工作进行评价，以确定其能否真正满足本企业及用户的需求，这也是对采购进行“管理与控制”的活动。如果供应商的工作不能满足用户的需求，必须确定产生这些偏差的原因，并进行适当的纠正。

以上这些活动在实施过程中都会受到采购专业人员控制范围以外因素的影响，包括企业之间、企业内部的因素及政府的影响等外部因素。这些影响可以决定每一个活动执行的效率。比如，潜在供应商的财务问题会导致其他问题的出现，并有可能推翻前面所做的工作，需要重新进行供应商的选择。

2. 采购过程的招投标管理

采购管理工作中的关键一环，就是要确定最佳的供应商。最常用的确定供应商的方式有招标采购和非招标采购。招标采购是指由企业提出招标条件和合同条件，许多供应商同时投标报价。通过招标，企业能够获得价格更合理、条件更优惠的物资供应。招标分为公开招标和邀请招标两种方式。非招标采购是指以公开招标和邀请招标之外的方式取得货物、工程、服务所采用的采购方式。非招标方式分为询价、比价、议价等方式。

采购招投标管理分为招标准备工作、开标评标工作以及定标管理工作三个阶段。采购招投标流程如图 7-2 所示。

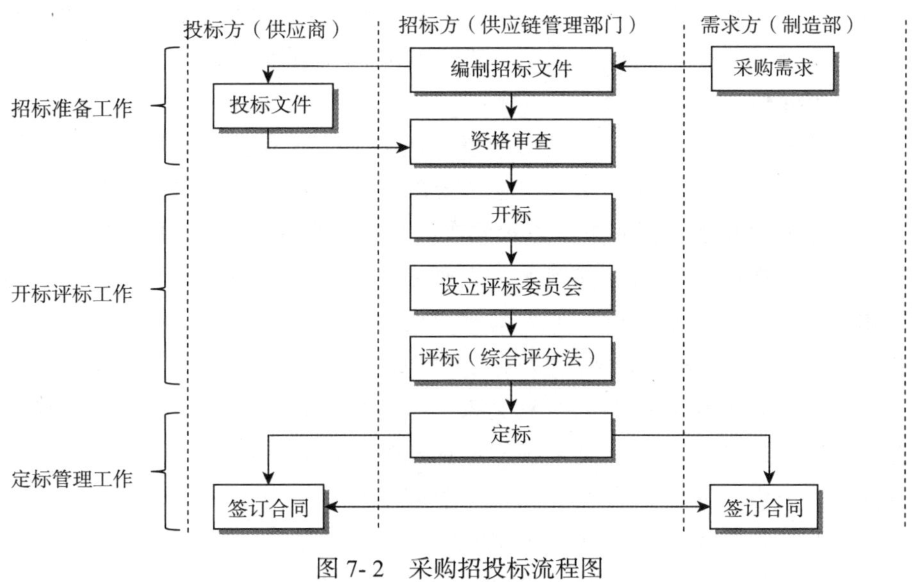

图 7-2 采购招投标流程图

7.2 供应链管理环境下的采购模式

7.2.1 传统采购模式及存在的问题

为准确理解**供应链管理环境下的采购模式**（purchasing mode under the supply chain management）的特点，首先了解一下**传统采购模式**（traditional purchasing mode）存在的主要问题。

1. 传统采购模式的特点

传统采购模式主要是“交易性采购”。在这种思想的影响下，采购就是一种普通的买卖活动。随着供应链管理理念的发展以及市场竞争的加剧，传统的采购思维模式越来越不适应时代的发展，采购管理开始向供应链采购模式发展。

传统采购具有局限性，采购管理的重点放在如何和供应商进行商业交易的活动上，其特点是比较重视交易过程中与供应商的讨价还价，通过供应商的多头竞争，从中选择价格最低的作为供应方。虽然质量、交货期也是采购过程中的重要考虑因素，但在传统的采购模式下，采购过程的重点（尤其是确定供应商的时候）放在价格谈判上。因此供应商与采购部门之间经常要进行报价、询价、还价等来回的谈判，并且多头进行，最后从多个供应商中选择一个价格最低的供应商签订合同，订单才确定下来。

2. 传统采购模式存在的问题

传统采购模式存在的问题主要表现在以下几个方面。

（1）传统的采购过程是信息不对称博弈过程。选择供应商在传统的采购活动中是一个首要的任务。在采购过程中，采购方为了能够从多个竞争性的供应商中选择一个最佳供应商，往往会保留私有信息。由于给供应商提供的信息越多，供应商的竞争筹码就越大，这样对采购方不利，因此采购方尽量保留私有信息，而供应商也会在和其他供应商的竞争中隐瞒自己的信息。这样，采购、供应双方都没有进行有效的信息沟通，这就是信息不对称博弈过程。

（2）验收检查是采购部门一项重要的事后把关工作，质量控制难度大。质量与交货期是采购方要考虑的两个重要因素，但在传统的采购模式下，要有效控制质量和交货期只能通过事后把关的办法，因为采购方很难参与供应商的生产组织过程和质量控制活动，相互的工作是不透明的。在质量控制上，主要依靠到货后的检查验收，即所谓的事后把关。这种缺乏合作的质量控制导致了采购部门对采购物品质量控制的难度增加。一旦出现不合格产品，即使能够检验出来，也可能会影响整个后续工作流程。

（3）供需关系是临时或短期的交易关系，竞争多于合作。在传统的采购模式中，企业通常将供应商看作竞争对手，是一种“零和竞争”模式。因此，供应与需求之间的关系是临时性的，或者短时期的合作，而且竞争多于合作。由于缺乏合作与协调，采购过程中各种抱怨和扯皮的事情比较多，很多时间消耗在解决日常问题上，没有更多的时间用来做长期性的计划工作。供需之间存在的这种缺乏合作的气氛加剧了运作不确定性。

（4）响应用户需求能力弱。由于供应与采购双方在信息沟通方面缺乏及时的信息反馈，在市场需求发生变化的情况下，采购方也不能改变供应一方已有的订货合同，因此采购方可能在需求减少时库存增加，需求增加时供不应求。重新订货需要增加谈判过程，供需之间对用户需求的响应没有同步进行，缺乏应对需求变化的能力。

7.2.2 基于供应链的采购管理模型

采购管理是供应链管理中的重要一环，是实施供应链管理的基础，图 7-3 为基于供应链的采购管理模型。

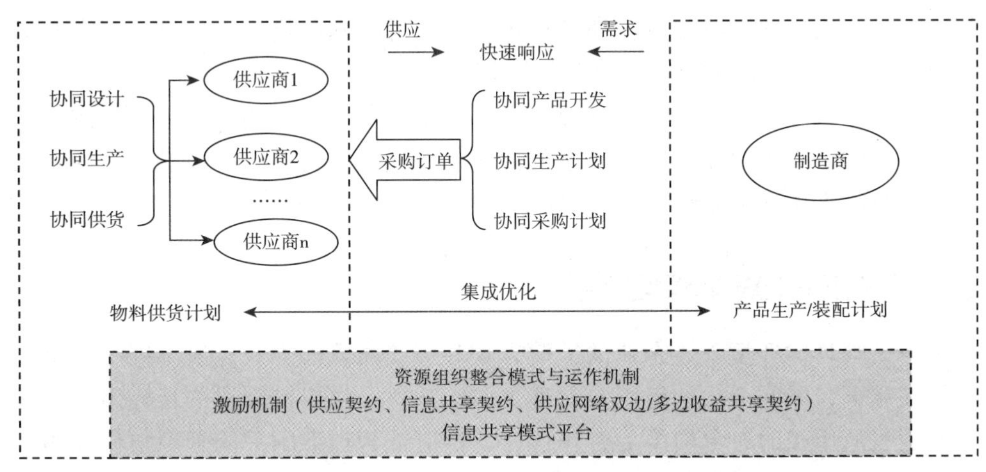

图 7-3 基于供应链的采购管理模型

在该模型中，整个采购过程的组织、控制、协调都是站在供应链集成优化的角度进行的。企业与供应商首先要建立起战略性合作伙伴关系，在产品开发、生产和供货方面形成协同运作的机制。生产和技术部门通过企业内部的管理信息系统根据订单编制生产计划和物料需求计划。供应商通过信息共享平台和协同采购机制，可以随时获得用户企业的采购信息，根据用户企业的信息预测企业需求以便备货，当订单到达时可以迅速组织生产和发货，货物质量由供应商自己控制。这个模型的要点是通过协同运作和信息共享降低供应链的不确定性，从而降低不必要的库存，提高采购工作质量。

实现基于供应链管理理念的采购管理，关键是本企业与供应商之间建立长期的合作伙伴关系，双方能够畅通无阻地进行供需信息的交流和共享。因此，设计一个适合于企业供应链管理及采购管理的信息处理系统是实现畅通的信息交流的关键。根据信息的来源及处理的走向不同，一般可将信息系统分成内部信息交流系统和对外信息共享系统。

（1）内部信息交流系统。关于信息处理系统的解决方案有很多，但它们对采购管理的关注很少，有的系统甚至不支持采购管理信息的处理。现有的 MRP 或 MRP Ⅱ 以及 ERP 系统都不能很好地支持基于供应链的采购管理，甚至缺乏专门为采购管理设置的数据库。因为它们只考虑如何合理地应用企业内部的资源来提高效率、降低成本，而极少考虑应用企业外部资源来创造价值。也有一些专用的采购管理信息处理系统，但它们大多是独立于其他系统之外的一个系统，没有很好地和企业系统集成起来。因此，建立基于供应链的采购系统，要将企业的采购信息与企业管理信息系统集成，为采购管理提供物料需求信息和库存信息。

（2）对外信息共享系统。信息技术的发展为企业与供应商的信息交流提供了很多平台，互联网、EDI 等已被广泛应用于商业信息传递中，其中 EDI 就是一种应用较为广泛的模式。EDI 是一种电子数据交换规范，双方使用同一种规范进行数据编辑和传递，利用企业之间的计算机网络来传递信息。它的特点是传递信息快、种类多、保密性好，但其费用昂贵，不适合中小型企业使用。目前，通过互联网与供应商共享信息是一种越来越普遍的选择。从效果来看，这种途径可以满足信息共享的需要，而价格要比 EDI 低很多，其 B/S 结构比较适合小型供应商使用。随着信息技术的进一步发展，将会有更好的技术平台用于供应链合作伙伴之间的信息共享。

为供应商提供信息技术支持是必要的，因为信息平台的使用要双方同时进行才可实现，而且平台的兼容性也是不得不考虑的内容。因此，要为供应商提供良好的信息技术支持，并保持在此领域的交流，以求整个系统的稳定。

7.2.3 基于供应链的采购管理特点

在供应链管理的环境下，企业的采购方式和传统的采购方式有所不同。在供应链管理理念的指导下，采购活动的组织与管理更多地从整个供应链最优的目标出发，对待供应商的态度也从压榨的对象转换为合作伙伴，供应链管理下的采购管理与传统的采购管理存在很大的差异性，这些差异主要体现在以下几个方面。

1. 从为库存而采购到为订单而采购的转变

在传统的采购模式中，采购的目的很简单，就是为了补充库存，即为库存而采购。采购部门并不关心企业的生产过程，不了解生产进度和产品需求的变化，采购过程缺乏主动性，采购部门制订的采购计划很难适应制造需求的变化。而在供应链管理模式下，采购活动是以订单驱动方式进行的，制造订单是在用户需求订单的驱动下产生的，然后制造订单驱动采购订单，采购订单再驱动供应商。供应商在接到采购订单后准备货物并按期交货。制造部门接收货物后通知采购部门，最后通知财务部门付款。订单驱动的采购业务如图 7-4 所示。这种准时制的订单驱动模式，使供应链系统得以准时响应用户的需求，从而降低了库存成本，提高了物流的速度和库存周转率。

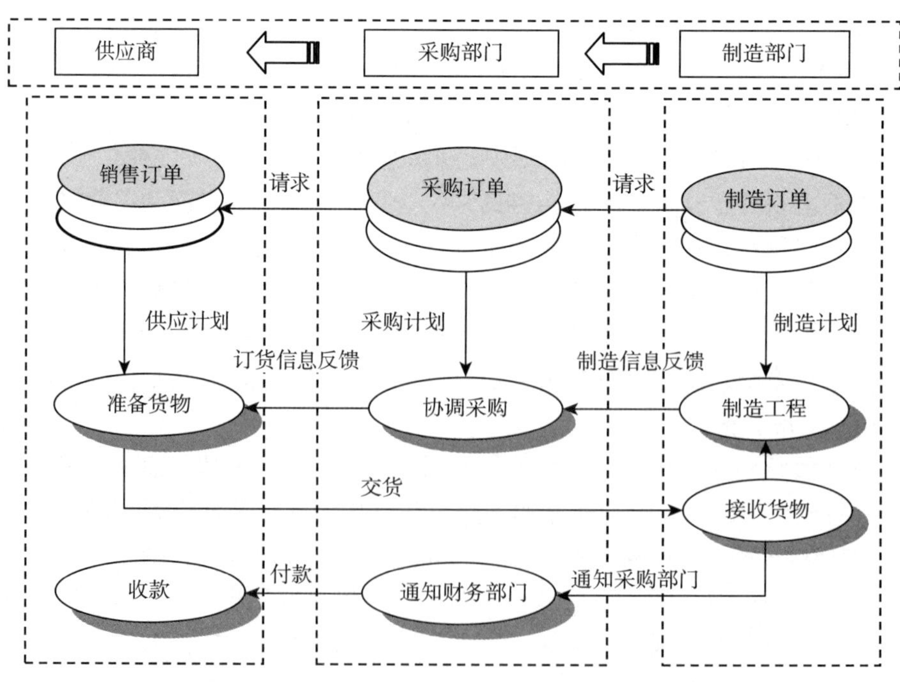

图 7-4　订单驱动的采购业务原理

订单驱动的采购方式有以下几个特点。

第一，供应商与制造商建立了战略合作伙伴关系，办理供应合同的手续大大简化，不再需要双方的询盘和报盘的反复协商，交易成本也因此大为降低。

第二，在协同供应链计划的协调下，制造计划、采购计划、供应计划能够并行进行，缩短了用户响应时间，实现了供应链的同步化运作。采购与供应的重点在于协调各种计划的执行，使制造计划、采购计划、供应计划保持同步。

第三，采购物资直接进入制造部门，减少了采购部门的工作压力和非增值的活动过程，实现供应链精益化运作。

第四，信息传递方式发生了变化。在传统采购模式中，供应商对制造过程的信息不了解，也无须关心制造商的生产活动，但在供应链管理环境下，供应商能共享制造部门的信息，提高了供应商的应变能力，减少了信息失真。同时在订货过程中不断进行信息反馈，修正订货计划，使订货与需求保持同步。

第五，实现了面向过程的作业管理模式的转变。订单驱动的采购模式简化了采购工作流程，采购部门的作用主要是沟通供应商与制造部门之间的联系，协调供应与制造的关系，为实现精益采购提供基础保障。

2. 从一般的交易管理向外部资源整合管理转变

传统的采购管理可以简单地认为就是买卖管理，这是一种交易式的活动，双方都缺乏一种战略性合作的意识。供应链管理视角下的采购就不仅仅是买卖活动了，对企业来说，这是一种外部**资源整合**（sourcing integration）管理。

那么，为什么要进行外部资源整合管理，以及如何进行有效的外部资源整合管理？

正如前面所指出的，传统采购管理的不足之处，就是企业与供应商之间缺乏合作、缺乏柔性和快速响应需求的能力。随着市场竞争的加剧，出现了个性化和准时制满足客户订单的需求，这无疑对企业的采购物流提出了严峻的挑战。

为了应对挑战，企业需要改变单纯为库存而采购的传统管理模式，需要增加和供应商的信息联系及相互之间的合作，建立新的供需合作模式，从而提高企业在采购活动上的柔性和对市场的响应能力。一方面，在传统的采购模式中，由于信息无法共享，供应商对采购部门的要求不能得到实时的响应；另一方面，对所采购物料的质量控制也只能进行事后把关，不能进行实时的控制。这些问题使供应链上的企业无法实现同步化运作。为此，供应链管理环境下的采购模式就是将简单的买卖行为上升到对外部资源（如供应商资源）整合的战略性管理上来，换句话说，外部资源整合管理就是与供应商资源建立战略性合作伙伴关系的管理。

实施外部资源整合管理也是实施精益化生产、“零库存”生产方式的要求。供应链管理中的一个重要思想是在生产控制中采用基于**订单流**（order flow）的准时制生产模式，使供应链企业的业务流程朝着精益管理方向努力，即实现生产过程的几个“零”化管理：零缺陷、零库存、零交货期、零故障、零（无）纸文书、零废料、零事故、零人力资源浪费。

供应链管理的思想就是系统性、协调性、集成性、同步性，外部资源整合管理是实现供应链管理思想的一个重要步骤——企业集成。从供应链企业集成的过程来看，它是供应链企业从内部集成走向外部集成的重要一步。

要实现有效的外部资源整合管理，制造商的采购活动应从以下几个方面着手进行改进。

一是和供应商建立一种长期的、互惠互利的战略性合作伙伴关系。这种合作伙伴关系保证了供需双方有合作的诚意以及参与双方共同解决问题的积极性。

二是支持与供应商之间建立质量改善和质量保证机制。传统采购管理的不足在于没有给予供应商在有关产品质量保证方面的技术支持和信息反馈。在定制化需求越来越强的今天，产品的质量是由顾客的要求决定的，而不是简单地通过事后把关所能解决的。在这样的情况下，质量管理的工作需要下游企业在提出相关质量要求的同时，及时把产品质量问题反馈给供应商，以便及时改进。对个性化产品的质量要提供有关技术培训工作，使供应商能够按照要求提供合格的产品和服务。

三是供应商参与产品设计和产品质量控制过程。同步化运营（同步性）是供应链管理的一个重要思想。通过同步化的供应链计划，供应链各企业在响应需求方面取得一致性的行动，增加供应链的敏捷性。实现同步化运营的措施是并行工程。制造商应该积极组织供应商参与到产品设计和质量控制过程中来，共同设计产品、共同制定有关产品质量标准等，使最终客户的需求信息能在产品开发和生产组织的早期就让供应商及时了解。

四是协调供应商的计划。一个供应商有可能同时参与多条供应链的业务活动，在资源有限的情况下必然会造成多方争夺供应商资源的局面。在这种情况下，下游企业的采购部门应主动参与供应商的计划协调。在资源可能出现冲突的情况下，保证供应商不至于因为资源紧张而对本企业产生影响，保证供应链能够正常运行，维护企业的利益。

五是建立一种新的有不同层次的供应商网络，并逐步减少供应商的数量，与供应商建立合作伙伴关系。在供应商的数量方面，一般而言，供应商越少越有利于双方的合作。但是，企业的产品对零部件或原材料的需求是多样的，因此不同企业的供应商的数量不同，企业应该根据自己的情况选择适当数量的供应商，建立供应商网络，并逐步减少供应商的数量，致力于和少数供应商建立战略伙伴关系。

外部资源整合管理并不是采购方（下游企业）付出单方面努力就能取得成效的，还需要供应商的配合与支持，为此，供应商也应该从以下几个方面提供协作：

- 帮助拓展用户（下游企业）的多种战略；
- 保证高质量的售后服务；
- 对下游企业的问题做出快速反应；
- 及时报告内部发现的可能影响用户服务的问题；
- 基于用户的需求，不断改进产品和服务质量；
- 在满足自己能力需求的前提下提供一部分能力给下游企业。

3. 从一般买卖关系向战略合作伙伴关系转变

供应链管理模式下采购管理的第三个特点是供应与需求的关系从简单的买卖关系向

双方建立战略合作伙伴关系转变。

在传统的采购模式中，供应商与需求企业之间是一种简单的买卖关系，无法解决一些涉及全局性、战略性的供应链问题，而基于战略合作伙伴关系的采购模式为解决这些问题创造了条件。这些问题如下。

第一，库存问题。在传统的采购模式下，供应链的各级企业都无法共享库存信息，各级节点企业都独立地采用订货点技术进行库存决策，不可避免地产生需求信息的扭曲现象，因此供应链的整体效率得不到充分的提高。但在供应链管理模式下，通过双方的合作伙伴关系，供需双方可以共享库存数据，采购的决策过程变得透明多了，减少了需求信息的失真现象。

第二，风险问题。供需双方通过战略性合作伙伴关系，可以降低由不可预测的需求变化带来的风险，比如运输过程的风险、信用风险、产品质量风险等。

第三，合作问题。通过建立合作伙伴关系可以为双方共同解决问题提供便利的条件。合作双方可以为制订战略性的采购供应计划而共同协商，不必为日常琐事消耗时间与精力。

第四，采购成本问题。通过合作伙伴关系，供需双方都因为降低交易成本而获得了好处。信息共享避免了信息不对称决策可能造成的成本损失。

第五，组织障碍。战略性合作伙伴关系消除了组织间的隔阂和障碍，为实现采购管理优化创造了条件。

4. 从交易买卖型采购向战略采购转变

供应链管理模式下采购管理的第四个特点是采购理念的升级，采购活动从交易买卖型采购转为战略采购。

传统的采购模式将战略采购和操作采购混合在一起，缺乏良好的监督机制（组织上的保障），管理资源得不到优化配置。采购部门认为将材料买回来就完成了任务，很少考虑生产环节与采购的联系，生产与采购的协调难度较大，容易出现扯皮现象。此外，采购部门对待供应商的态度过于狭隘，将供应商看作盘剥的对象，供应商的优化工作更无从谈起，容易陷入日常的琐碎业务。采购活动与技术开发的协调也容易出现脱节，使得企业中的采购、生产、技术开发等方面存在着不少的问题。随着供应链管理的理念不断深化，采购活动的组织方式出现了从一般操作式的采购向战略采购发展的趋势。

所谓战略采购，是指为使供应链稳健运营及提高自身的竞争力，通过与行业领先或对市场有重要影响力的供应商建立长期、稳定的合作伙伴关系，实现供需双方互惠共赢的一种新的采购业务模式。战略采购已成为全球领先企业降低成本和提升企业持续竞争优势的一个新兴而有效的工具。战略采购以降低采购的总拥有成本及提高供应链竞争力为目的，而不是片面追求最低采购价格。战略采购的关键是与供应商保持密切的合作伙伴关系，特别是重要的供应商、转换成本高的供应商。推进战略采购，建立双赢理念是战略采购中不可或缺的因素。战略采购不同于传统的对手间的价格谈判，而是强调在事实和信息共享的基础上进行协商，基于对市场的充分了解和企业自身的长远规划，与供应商在双赢理念指导下进行沟通。实施战略采购必须遵守四个原则：供应链总拥有成本最低、供应链双赢的战略合作伙伴关系、基于价值链的协作关系、持续性改进。

从企业战略的实施角度来说，战略采购是支持企业战略、供应链战略实施以及提高供应链的协调一致性和适应性的重要举措。

供应链聚焦

华为将可持续发展作为采购质量优先战略的重要组成部分，提升可持续发展在供应商认证、绩效评估和采购决策等环节的权重，深化与供应链中客户、供应商和行业组织的合作。

一方面，通过采购业务牵引供应商可持续发展，华为定期组织供应商同行对标学习，提升可持续发展管理能力，降低供应风险，提升客户满意度和供应链竞争力。华为定期针对共同关注的议题，邀请专家分享，组织现场研讨，组建线上线下同行对标学习小组，以低成本、本地化的方式快速学习行业最佳实践。这一方法在联合国全球契约（UNGC）中国网络获得最佳实践奖。2018 年，华为先后选取了火灾预防、环保合规、电池行业规范及二级供应商管理等议题，邀请 156 家供应商的 293 人参加了对标学习模式的赋能培训。

另一方面，华为还积极参与行业合作和行业标准化，将社会责任作为基本要求融入产品及其供应链运作，通过社会责任创新提升企业及供应链的竞争力。华为根据责任商业联盟（RBA）和国际电信行业联合审核合作组织（Joint Audit Cooperation，JAC）指引等行业标准，制定了供应商可持续发展协议并要求供应商签署。华为对所有新供应商进行可持续发展体系认证，评估供应商遵守法律法规和可持续发展协议的能力与水平，可持续发展体系认证不通过的供应商无法成为合格的供应商。2018 年，华为对所有 93 家拟引入供应商进行可持续发展审核，其中 16 家因为审核不合格而被拒绝。此外，华为还与专业机构合作实施了供应商环境保护、消防安全、职业健康专项提升项目，累计 96 家供应商受益。

资料来源：https://www.huawei.com/cn/about-huawei/sustain ability/win-win-development/develop_supplychain。

7.3 供应商选择的程序与方法

7.3.1 选择供应商时考虑的主要因素

供应链管理是一个开放系统，供应商属于该系统的一部分，供应商的选择会受到政治、经济和其他外界因素的影响。供应商选择的影响因素主要有以下几个方面。

（1）价格因素。价格因素主要是指供应商供给的原材料、初级产品（如零部件）或消费品组成部分的价格，供应商的产品价格决定了消费品的价格和整条供应链的投入产出比，对生产商和销售商的利润率产生了一定的影响。

（2）质量因素。质量因素主要是指供应商供给的原材料、初级产品或消费品组成部分的质量。原材料、零部件、半成品的质量决定了产品的质量，这是供应链生存之本。产品的使用价值是以产品质量为基础的。如果产品的质量低劣，该产品将会缺乏市场竞争力，并很快退出市场。而供应商所提供产品的质量是消费品质量的关键，因此，质量是一个重要因素。

（3）交货周期因素。对企业或供应链来说，市场是外在系统，它的变化或波动都会引起企业或供应链的变化或波动，市场的不稳定性会导致供应链各级库存的波动，由于交货提前期的存在，必然造成供应链各级库存变化的滞后性和库存的逐级放大效应。交货提前期越短，库存量的波动越小；企业对市场的反应速度越快，对市场反应的灵敏度越高。由此可见，交货周期也是重要因素之一。

（4）交货可靠性因素。交货可靠性是指供应商按照订货方所要求的时间和地点，将指定产品准时送到指定地点的能力。如果供应商的交货可靠性较低，必定会影响生产商的生产计划和销售商的销售计划及时机。这样一来，就会引起整个供应链的连锁反应，造成大量的资源浪费并导致成本上升，甚至会致使供应链解体。因此，交货可靠性也是较为重要的因素。

（5）品种柔性因素。在全球竞争加剧、产品需求日新月异的环境下，企业生产的产品必须多样化，以适应消费者的需求，达到占有市场和获取利润的目的。因此，多数企业采用了 JIT 生产方式。为了提高企业产品的市场竞争力，就必须发展柔性生产能力。而企业的柔性生产能力是以供应商的品种柔性为基础的，供应商的品种柔性决定了消费品的种类。

（6）研发能力因素。供应链的集成是未来企业管理的发展方向。产品的更新是企业进入市场的动力。产品的研发和设计不仅仅是生产商分内之事，集成化供应链要求供应商也应承担部分研发和设计工作。因此，供应商的研发和设计能力属于供应商选择机制的考虑范畴。

（7）特殊加工工艺能力因素。每种产品都具有其独特性，没有独特性的产品在市场中生存能力较差。产品的独特性要求特殊的生产工艺，所以，供应商的特殊加工工艺能力也是影响因素之一。

（8）其他影响因素，如项目管理能力、供应商的地理位置、供应商的库存水平等。

从近几年来的调查数据以及通过与一些企业管理人员的交谈可以发现，企业评价选择供应商时存在较多问题。

- 选择方法不科学。企业在选择供应商时主观成分过多，有时往往根据企业的印象来确定合作伙伴的选择，选择中还存在一些个人成分。
- 选择标准不全面。目前企业的选择标准多集中在产品质量、价格、品种柔性、提前期和批量等方面，没有形成一个全面的综合评价指标体系，不能对供应商做出全面、具体、客观的评价。
- 选择机制不配套。各个部门各行其是，有时使选择流程流于形式，最终根据个人好恶确定合作伙伴。
- 对供应链供应商关系的重要性认识不足，对待合作者的态度恶劣。

这些问题影响着企业建立供应商合作伙伴关系的基础，对整个供应链来说是不利的。

因此，建立科学、客观、完整的供应商选择与评估体系，对于企业的供应链能力提升具有重要的意义。

7.3.2 供应商寻源

从支撑供应链运作管理的角度可以看出，采购管理在其中扮演着非常重要的角色。为了使采购管理能够满足提升供应链竞争力的需要，要把供应商管理放在一个重要地位。缺少了供应商的支持，很难保证采购管理目标的实现，甚至会给供应链带来巨大的风险。在供应商管理的问题上，要想使供应商与本企业的供应链运作相协调，首先就是要找到最合适的供应商。需要根据不同的任务找到最佳的供应商，这项工作即为供应商寻源。

供应商寻源主要分为以下八步。

第一步，需求与机会评估。首先要根据企业生产和经营的战略需要，提出对供应商的各种需求，确认供应商的层级，如战略供应商或协作供应商或一般供应商等。在此基础上，有针对性地收集供应商信息，进行前期供应商实地考察、验证基本信息，收集潜在供应商的物料以及产品规格，制订初步执行方案，发现成本优化的机会，研究现有的成本优化方案。

第二步，准确定义采购品类。供应市场分析，建立公司采购物料的价格、采购量以及供应商档案，建立公司的采购流程、政策规定档案，明确公司的采购物料要求以及具体的规格标准，细致研究现有的采购方案，针对采购物料进行分类研究，根据成本目标进行优化，找到成本优化方案。

第三步，建立供应商资料库。在全球范围内寻找潜在的供应商，充分利用现有供应商库，制定供应商长名单，建立供应商的能力档案。研究供应商的技术表现，列出供应商的筛选标准，确定最终筛选标准，建立供应商的短名单。

第四步，制定采购战略。研究采购战略战术的业务影响以及市场的复杂度，对现有方案及其与目标的差距进行分析，评估全球的供应市场的情况，与供应商开展关于产品质量或成本改善机会的研讨会，确定公开招标 / 竞争性谈判的采购方式，修正成本优化目标，制定不同采购物料的采购策略。

第五步，确定实施路线。论证并调整完善采购策略，确定供应商筛选与开发的实施路线，确定谈判战略，制订与供应商的交流沟通方案。

第六步，选定供应商。举行供应商会议并进行报价征询，根据修正的筛选标准分析供应商的投标回执，还要进行供应商实地考察、实际成本分析、评估可能节约的成本，最终确定采用谈判战略或招标方式，与供应商达成最终合作意向。

第七步，执行采购交易。制订采购执行以及逐步过渡方案，评估采购物料的质量，测试供应商产品以及服务水平，计划并开始实施新供应商交易及新的价格和服务条款。

第八步，持续跟踪与改进。制定并执行供应商的跟踪及持续考核流程，与供应商进行定期的审查性会晤，定期评估供应商的能力及绩效表现，根据供应商的绩效确定后期改进的方向或更换新的供应商，总结经验教训并进行持续改善。

7.3.3　供应商选择与评估体系

供应商寻源从某种意义上说也是供应商选择和评估的过程，供应商评估的科学性直接影响着供应商寻源的结果。

供应商选择评估是指在供应商寻源阶段，对供应商的综合能力进行评价，确定供应商能否可以满足需求。为了选出最佳的供应商，需要建立适宜的选择与评估指标体系。在实际工作中，卡特模型是运用比较广泛的供应商评估模型。⊖因为10项评估指标的英文单词第一个字母都是“C”，所以又被简称为“10C”模型。卡特模型指标的构成为：能力（competency）、产能（capacity）、一致性（consistency）、过程控制（control of process）、价格（cost）、对质量的承诺（commitment to quality）、廉洁/企业社会责任（clean/CSR）、文化与关系（culture and relationship）、现金流（cash）与沟通（communications）。以卡特模型为基础细化并完善的评价内容如表7-1所示。

表7-1　供应商选择评估指标及内容

评价指标	评估内容
能力	确认供应商员工具备相应能力，如技术培训、取得的资质及经验
产能	必须在人员、设备、流程和知识方面拥有充足与合适的资源，不仅能满足现在的需要，还能满足未来的需要
一致性	供应商是否拥有可靠的物流配送能力（或与3PL合作的能力），能否做到每次交货都满足准时、可靠、一致性的要求
过程控制	供应商能否有效掌控自己的系统，包括资源控制、库存、成本和预算、采购和生产，评估供应商能否应对需求数量和型号的变化，拥有应急计划和业务持续性计划，实施过程监控并有纠正行动方案
价格	能够提供报价明细，除成本/价格之外，供应商必须计算总拥有成本，考虑运营、维护、物流服务成本，并有意愿进一步通过流程优化等降低价格
对质量的承诺	对质量的承诺包括：ISO 9001认证、质量手册、统计过程控制（SPC）、故障模式与影响分析（FMEA）、六西格玛、全面质量管理（TQM）、PPM和现场作业监控
廉洁/企业社会责任	是否有企业社会责任政策并与利益相关者就该政策进行沟通的证据及监控体系，例如，是否有健康与安全政策、可持续性政策、多样化和平等政策、CIPS职业道德准则
文化与关系	是否致力于建立在信任基础上的坦诚工作关系，采购部门能否与供应商的员工建立良好的工作关系，供应商能否理解采购方所追求的利益以及它们能增加哪些价值
现金流	对损益表和资产负债表进行财务比率分析，如盈利趋势和流动性比率
沟通	供应商是否已经完全实现信息和通信技术集成，方便信息对接

卡特模型不仅覆盖了大部分企业现有的供应商选择评估指标，而且还体现出世界一流企业供应商应具有的更加完善的优秀要素，比较符合我国企业在全球化供应链竞争中的战略发展目标。

除了以上所列的卡特模型外，还有很多人在这方面做了探讨。例如，Dickson在对美国数百家企业的经理调查后认为，产品的质量、成本和交货行为的历史是选择合作伙伴

⊖ DPSS顾问公司（Developing People Serving the Supply Chain）董事雷·卡特（Ray Carter）提出了供应商评估的“10C”模型。

的三大重要标准，他建立了一个包含 21 条评价准则的供应商选择指标体系（见表 7-2）。Dickson 的供应商评价准则虽然很全面，但是没有设置权重，不易区分不同指标的重要性。这一问题被后来的很多学者和实际管理者加以改进与完善，出现了分层次、有权重的供应商评价准则体系（见表 7-3）。不同的企业在选择供应商时可以根据自己的需要设计不同的评价准则。

表 7-2 Dickson 的供应商评价准则

排序	准则	排序	准则	排序	准则
1	质量	8	财务状况	15	维修服务
2	交货	9	遵循报价程序	16	态度
3	历史效益	10	沟通系统	17	形象
4	保证	11	美誉度	18	包装能力
5	生产设施 / 能力	12	业务预期	19	劳工关系记录
6	价格	13	管理与组织	20	地理位置
7	技术能力	14	操作控制	21	以往业务量

表 7-3 分层次、有权重的供应商评价准则

序号	评价准则（权重）	子准则（权重）
1	质量水平（0.25）	顾客拒收度（0.60） 工厂检验（0.40）
2	响应性（0.03）	紧急交货（0.70） 质量水平（0.30）
3	纪律性（0.04）	诚实（0.75） 程序遵循度（0.25）
4	交货（0.35）	
5	财务状况（0.06）	
6	管理水平（0.05）	企业制度执行情况（0.75） 业务水平（0.25）
7	技术能力（0.08）	解决技术问题的能力（0.80） 产品线宽度（0.20）
8	设备设施（0.14）	机器设备完好率（0.60） 基础设施水平（0.20） 布局合理性（0.20）

7.3.4 供应商选择的程序与方法

合作伙伴的评价、选择是供应链合作关系的基础。合作伙伴的业绩在今天对制造企业的影响越来越大，在交货期、产品质量、提前期、库存水平、产品设计等方面都影响着制造商。合作伙伴的评价、选择对企业来说是多目标的，包含许多可见和不可见的多层次的因素。

1. 合作伙伴综合评价、选择的步骤

合作伙伴综合评价、选择可以归纳为以下几个步骤（见图 7-5），企业必须确定各个

步骤的开始时间，每一个步骤对企业来说都是动态的（企业可自行决定先后和开始时间），并且每一个步骤对企业来说都是一次改善业务的过程。

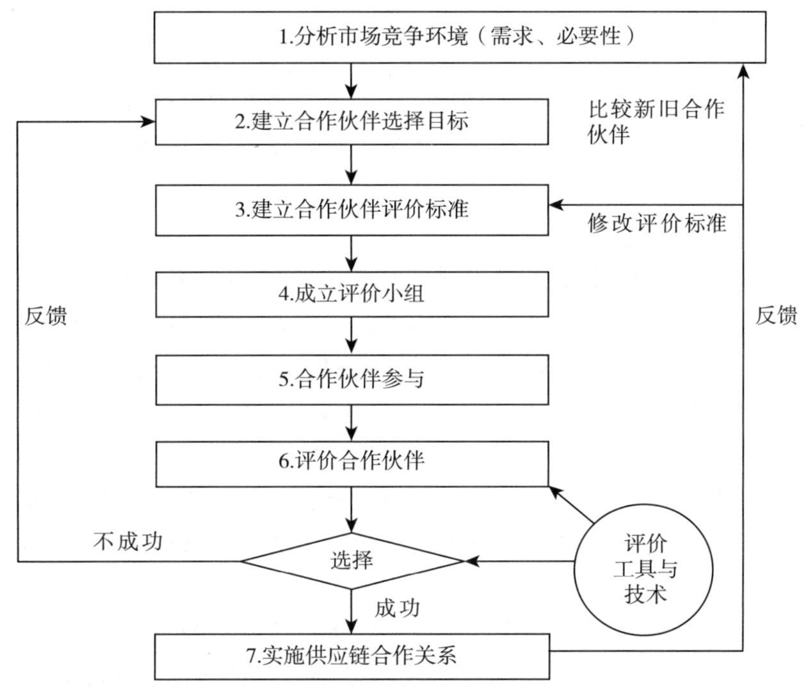

图 7-5　合作伙伴综合评价、选择步骤

步骤 1：分析市场竞争环境（需求、必要性）。

市场需求是企业一切活动的驱动源。基于信任、合作、开放性交流建立供应链长期合作关系，必须首先分析市场竞争环境。目的在于找到针对哪些产品市场开发供应链合作关系才有效，必须知道现在的产品需求是什么、产品的类型和特征是什么，以确认用户的需求，确认是否有建立供应链合作关系的必要。如果已建立供应链合作关系，则根据需求的变化确认供应链合作关系变化的必要性，从而确认合作伙伴评价、选择的必要性。同时分析现有合作伙伴的现状，分析、总结企业存在的问题。

步骤 2：建立合作伙伴选择目标。

企业必须确定合作伙伴评价程序如何实施、信息流程如何、谁负责，而且必须建立切合实际的目标。合作伙伴评价、选择不仅仅是一个简单的评价、选择过程，选择合作伙伴的过程也是企业自身和其他企业之间的一次业务流程重构过程，实施得好，还可带来一系列的附加利益。

步骤 3：建立合作伙伴评价标准。

合作伙伴综合评价指标体系是企业对合作伙伴进行综合评价的依据和标准，是反映由企业本身和环境所构成的复杂系统的不同属性的指标，是按隶属关系、层次结构有序组成的集合。要根据系统全面性、简明科学性、稳定可比性、灵活可操作性的原则，建立集成化供应链管理环境下合作伙伴的综合评价指标体系。不同行业与企业、不同产品需求、不同环境下的合作伙伴评价标准应是不一样的，但不外乎都涉及合作伙伴的业绩、设备管理、人力资源开发、质量控制、成本控制、技术开发、用户满意度、交货协议等可能影响供应链合作关系的方面。

步骤 4：成立评价小组。

企业必须建立一个小组以组织和实施合作伙伴评价工作。小组成员以采购、质量、生产、工程等与供应链合作关系密切的部门为主，兼有外聘的评审专家。小组成员必须有团队合作精神且具有一定的专业技能。评价小组必须同时得到制造商企业和合作伙伴企业最高领导层的支持。

步骤 5：合作伙伴参与。

一旦企业决定实施合作伙伴评价，评价小组必须与初步选定的合作伙伴取得联系，以确认它们是否愿意与企业建立供应链合作关系，是否有获得更高业绩水平的愿望。企业应尽可能早地让合作伙伴参与到评价的设计过程中来。由于企业的力量和资源是有限的，企业只能与少数的、关键的合作伙伴保持紧密合作，因此参与的合作伙伴不能太多。

步骤 6：评价合作伙伴。

评价合作伙伴的一个主要工作是调查、收集有关合作伙伴的生产运作等全方位的信息。在收集合作伙伴信息的基础上，就可以利用一定的工具和技术方法对合作伙伴进行评价。

在评价的过程之后有一个决策点，根据一定的评价工具与技术选择合作伙伴。如果选择成功，则可开始实施供应链合作关系；如果没有合适的合作伙伴可选，则返回步骤 2 重新开始评价选择。

步骤 7：实施供应链合作关系。

在实施供应链合作关系的过程中，市场需求将不断变化，可以根据实际情况的需要及时修改评价标准，或重新开始合作伙伴评价选择。在重新选择合作伙伴的时候，应给予旧合作伙伴足够的时间适应变化。

2. 供应链合作伙伴的评价准则

（1）评价准则（指标体系）的设置原则具体如下。

- 系统全面性原则。评价指标体系必须全面反映合作伙伴企业目前的综合水平，并包括企业发展前景的各项指标。
- 简明科学性原则。评价指标体系的大小也必须适宜，即指标体系的设置应有一定的科学性。如果指标体系过大、指标层次过多、指标过细，势必将评价者的注意力吸引到细小的问题上；而指标体系过小、指标层次过少、指标过粗，又不能充分反映合作伙伴的水平。
- 稳定可比性原则。评价指标体系的设置还应考虑到易于与国内其他指标体系相比较。
- 灵活可操作性原则。评价指标体系应具有足够的灵活性，以使企业能根据自己的特点以及实际情况对指标灵活运用。

对供应商来说，要想在所有的内在特性方面达到最佳是相当困难的，或者说是不可能的。例如，一个提供高质量产品的供应商就不可能有最低的产品价格。因此，在实际的选择过程中必须综合考虑供应商的所有主要影响因素。

（2）综合评价准则（指标体系）的一般结构。根据企业调查研究，影响合作伙伴选择的主要因素可以归纳为四类：企业环境、质量系统、生产能力、企业业绩。为了有效地评价、选择合作伙伴，我们可以框架性地构建三个层次的综合评价指标体系（见图 7-6，第三层略去了具体的细分指标）：第一层是目标层，包含以上四个主要因素，影响合作伙伴选择的具体因素建立在指标体系的第二层，与其相关的细分指标因素建立在第三层。

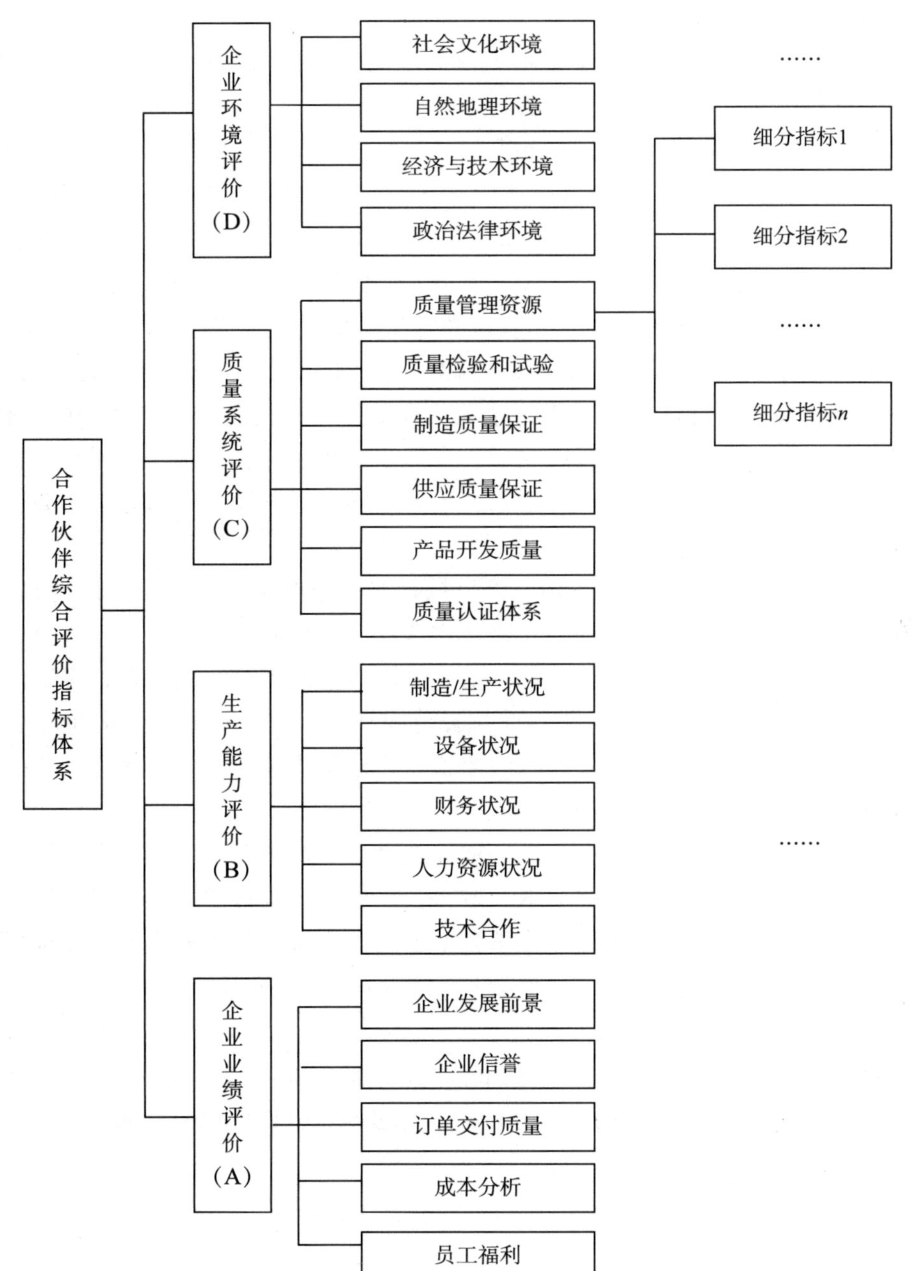

图 7-6　合作伙伴综合评价指标体系结构

需要强调的是，第三层的指标应该是可观测指标，也就是说，合作伙伴选择评价人员可以通过这一层的细分指标，观测到（或计算出）各个指标的分值，包括客观评价值和主观评价值，然后再做进一步分析。

3. 选择常用的方法

通过多年的理论与实践的发展，目前选择合作伙伴的方法较多，一般要根据供应单位的多少、对供应单位的了解程度以及物资需要的时间是否紧迫等要求来确定。目前，国内外常用的方法综述如下。

（1）直观判断法。直观判断法是根据征询和调查所得的资料并结合人的分析判断，对合作伙伴进行分析、评价的一种方法。这种方法主要是倾听和采纳有经验的采购人员的意见，或者直接由采购人员凭经验做出判断。其缺点是带有明显的主观性，因此常用于选择企业非主要原材料的合作伙伴，或用于选择合作伙伴时的初期淘汰过程。

（2）招标法。当采购数量大、合作伙伴竞争激烈时，可采用招标法来选择适当的合作伙伴。它是由企业提出招标条件，各招标合作伙伴进行竞标，然后由企业决标，与提出最有利条件的合作伙伴签订合同或协议。招标法可以是公开招标，也可以是指定竞标。公开招标对投标者的资格不予限制；指定竞标则由企业预先选择若干个可能的合作伙伴，再进行竞标和决标。招标法竞争性强，企业能在更广泛的范围内选择适当的合作伙伴，以获得供应条件有利的、便宜且适用的物资。但招标法手续较繁杂、时间长，不能满足紧急采购的需要，主要是因为企业对投标者了解不够，双方没有时间充分协商，造成货不对路或不能按时到货的后果。

（3）协商选择法。在供货方较多、难以抉择时，企业也可以采用协商选择的方法，即由企业先选出供应条件较为有利的几个合作伙伴，同它们分别进行协商，再确定适当的合作伙伴。与招标法相比，协商选择法由于供需双方能充分协商，在物资质量、交货日期和售后服务等方面较有保证。但由于选择范围有限，因此不一定能得到价格最合理、供应条件最有利的供应来源。当采购时间紧迫、投标单位少、竞争程度小、订购物资规格和技术条件复杂时，协商选择法比招标法更为合适。

（4）采购成本比较法。对质量和交货期都能满足要求的合作伙伴，企业需要通过计算采购成本来进行比较分析。采购成本一般包括售价、采购费用、运输费用等各项支出的总和。采购成本比较法是通过计算分析各个不同合作伙伴的采购成本，以选择采购成本较低的合作伙伴的一种方法。但这种方法容易造成唯“低价中标论”，从而牺牲必要的质量水平，形成质量事故隐患。

（5）**ABC 成本法**（activity-based costing approach）。菲利普·鲁德霍夫和约瑟夫·科林斯在 1996 年提出了基于活动的成本分析法。通过计算合作伙伴的总成本来选择合作伙伴，他们提出的总成本模型为：

$$S_i^B=(p_i-p^{\min})\times q+\sum_j c_j^B\times D_{ij}^B$$

式中 S_i^B——第 i 个合作伙伴的成本；

p_i——第 i 个合作伙伴的单位销售价格；

p^{min}——合作伙伴中单位销售价格的最小值；

q——采购量；

c_j^B——因企业采购相关活动导致的成本因子 j 的单位成本；

D_{ij}^B——因合作伙伴 i 导致的在采购企业内部的成本因子 j 的单位成本。

这个成本模型用于分析企业因采购活动而产生的直接和间接成本的大小。一般而言，企业将选择 S_i^B 值最小的合作伙伴。

（6）层次分析法（AHP 法）。层次分析法是 20 世纪 70 年代由著名运筹学家托马斯·萨蒂（Thomas Saaty）提出的，韦伯（Weber）等提出利用层次分析法选择合作伙伴。它的基本原理是根据具有递阶结构的目标、子目标（准则）、约束条件、部门等来评价方案，采用两两比较的方法确定判断矩阵，然后把判断矩阵的最大特征值对应的特征向量的分量作为相应的系数，最后综合给出各方案的权重（优先程度）。由于该方法让评价者对照相对重要性函数表，给出因素两两比较的重要性等级，因而可靠性高、误差小。不足之处是当遇到因素众多、规模较大的问题时，该方法容易出现问题，如判断矩阵难以满足一致性要求，往往难于进一步对其分组。它作为一种定性和定量相结合的工具，目前已在许多领域得到了广泛的应用。

（7）合作伙伴选择的人工神经网络算法。**人工神经网络**（artificial neural network，ANN）是 20 世纪 80 年代后期迅速发展的一门新兴学科，人工神经网络可以模拟人脑的某些智能行为，如知觉、灵感和形象思维等，具有自学习、自适应和非线性动态处理等特征。

这里将人工神经网络应用于供应链管理环境下合作伙伴的综合评价选择，意在建立更加接近于人类思维模式的定性与定量相结合的综合评价选择模型。通过对给定样本模式的学习，获取评价专家的知识、经验、主观判断及其对目标重要性的倾向。当对合作伙伴做出综合评价时，该方法可再现评价专家的经验、知识和直觉思维，从而实现了定性分析与定量分析的有效结合，也可以较好地保证合作伙伴综合评价结果的客观性。

基于人工神经网络的合作伙伴综合评价选择总体流程结构模型如图 7-7 所示。

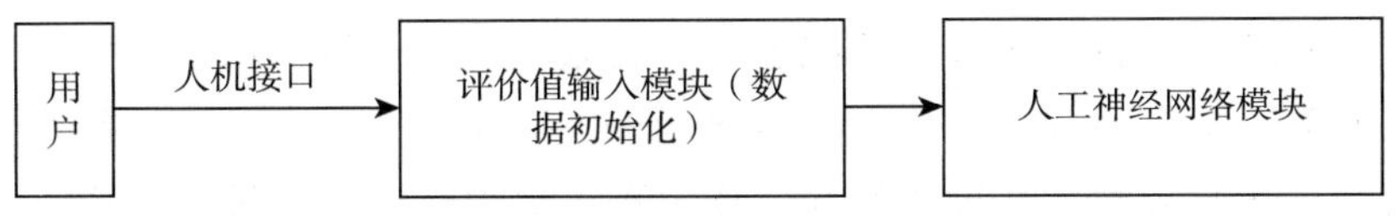

图 7-7 基于人工神经网络的合作伙伴综合评价选择总体流程结构模型

在选定评价指标组合的基础上，对评价指标做出评价，得到评价值之后，因各指标间没有统一的度量标准，难以进行直接的分析和比较，也不利于输入人工神经网络计算。因此，在用人工神经网络进行综合评价之前，应首先将输入的评价值通过隶属度函数的作用转换为 [0，1] 之间的值，即对评价值进行标准无量纲化，作为人工神经网络的输入，以使人工神经网络可以处理定量和定性指标。评价值输入模块处理功能结构如图 7-8 所示。

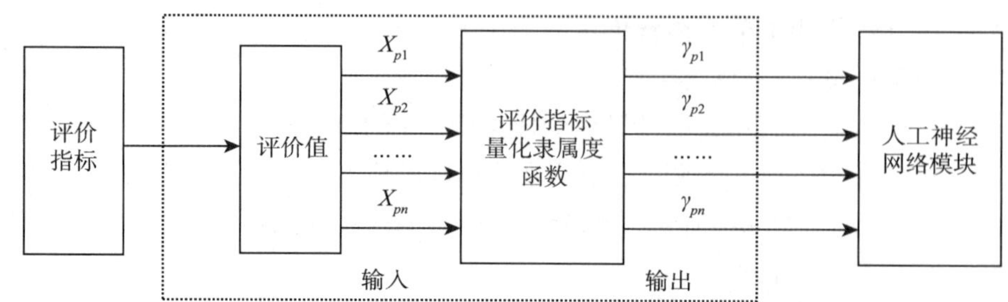

图 7-8 评价值输入模块处理功能结构示意图

在图 7-8 中，X_{pi} 表示第 i 个指标的评价值（输入值），γ_{pi} 表示第 i 个指标经量化后的评价值（输出值），它是 B-P 人工神经网络（以下简称 B-P 网络）的输入值。

人工神经网络模块是综合评价系统的重要组成部分，由 B-P 网络组成，主要完成网络结构的定义、样本的学习和通过 B-P 算法进行合作伙伴的综合评价计算等功能。

用于合作伙伴评价选择的 B-P 网络可以采用具有一个输入层、一个隐含层和一个输出层的网络结构。各层具有多个节点，每相邻两层之间单方向连接。

B-P 网络结构参数的选择是一个十分重要的工作，输入层和隐含层个数的增加会增强网络的表达能力，但也会影响其收敛速度。B-P 网络结构参数可在网络运行前设置定义，相应设置存于网络结构文件。

在通过计算得到网络的权值和阈值后，就可将经过初始化的评价值作为网络输入进行计算，从而得到评价输出。

7.4 供应商关系管理

供应商关系管理（supplier relationship management，SRM）是供应链采购管理中一个很重要的问题，它在实现准时制采购中有极其重要的作用。

在采购活动中提出客户关系管理并不是什么新概念。市场营销学早就提出了关系营销的思想，但是，供应链环境下的客户关系和传统的客户关系有很大的不同。市场营销学中的客户指的是最终产品的用户，而这里的客户是指供应商，不是最终用户。另外，从供应商与客户关系的特征来看，传统的企业关系表现为三种：竞争性关系、合同性关系（法律性关系）、合作性关系，而且企业之间的竞争多于合作，是非合作性竞争。供应链管理环境下的客户关系是一种战略性合作关系，提倡一种双赢机制。从传统的非合作性竞争走向合作性竞争以及合作与竞争并存是当今企业关系发展的一个趋势。

7.4.1 供应商管理原则

在供应链管理环境下，供应链合作伙伴关系管理需要考虑的主要问题之一就是合作伙伴的数量。这里所说的确定合作伙伴的数量（尤其是对供应商），指的是对同样一种零部件，是选择一家供应商单独供货，还是多选择几家共同供货。也就是说，对同一种零部件（原材料）是遵循单一供应商原则还是多供应商原则。两种不同的选择原则有不同的特点。

1. 单一供应商原则

单一供应商原则的优点主要表现在：节省协调管理的时间和精力，有助于与供应商发展合作伙伴关系；双方在产品开发、质量控制、计划交货、降低成本等方面共同改进；供应商早期参与供应链价值改进的贡献机会较大。但是单一供应商原则也有很大的风险，主要表现在：供应商的失误可能会导致整个供应链的崩溃；企业更换供应商的时间较长、成本较高；供应商有了可靠客户，会失去其竞争的原动力及应变、革新的主动性，以致不能完全掌握市场的真正需求等。在企业实际工作中，包括丰田公司在内的很多企业选择了单一供应商合作模式。虽然与丰田公司合作的供应商也确实出现过由于火灾烧毁了工厂而导致供货中断，给丰田公司带来了很大的损失，但是这么多年来，丰田公司始终坚持单一供应商原则。丰田公司认为，单一供应商原则给它带来的收益远远大于损失。关于单一供应商的风险问题，另有一个企业的负责人曾说，选择单一供应商原则当然有风险，但是"我们把所有的鸡蛋都放在一个篮子里，并且会非常小心地照看这个篮子"，从而减少风险带来的损失。有些大公司设置了供应关系管理经理岗位，与供应商保持密切的关系。

2. 多供应商原则

多供应商原则的优点主要表现在：通过多个供应商供货可以分摊供应环节中断的风险；可以激励供应商始终保持旺盛的竞争力（成本、交货期、服务）；可以促使供应商不断创新，因为一旦它们跟不上时代的步伐就会被淘汰。但多供应商原则也有缺点：供应商都知道被他人替代的可能性很大，缺乏长期合作的信心，从而降低了供应商的忠诚度；多供应商之间过度的价格竞争容易导致因偷工减料带来的潜在风险等。实际上，多供应商原则虽然能够避免单一供应商供货中断从而导致整个供应链中断的风险，但它也是有条件的。如果一个区域发生了突发状况，整个地区的供应商实际上也都无法保证供货。另外，一个供应商供货中断，其他供应商不一定有足够的产能保证需要。再有，因为现在的市场是全球性的，一个供应商的突发事件会给整个行业的客户带来采购问题。因此，多供应商原则未必能够降低供应链供货中断的风险。

供应链聚焦

苹果公司对供应商的风险防范一直比较在意。例如iPhone使用的"透明玻璃投射式电容技术"，最先由中国台湾地区厂商宸鸿研发而成，它希望成为苹果公司的供应商。苹果公司考察后认为该技术很好，但是苹果公司提出了一个让宸鸿意想不到的要求：宸鸿将这一技术教给其竞争对手胜华科技公司，由两家厂商共同为苹果公司供货，以免出现风险。苹果现任CEO库克特别强调，苹果公司历来重视由不同供应商供货。

资料来源：http://bbs.51touch.com/thread-24335-1-1.html。

综上所述，到底是采用单一供应商原则还是多供应商原则，供应链上的合作伙伴必须根据具体情况做出决策。

7.4.2 供应商合作伙伴关系类型

出于供应链紧密合作的需要，并且制造商可以在全球市场范围内寻找最杰出的供应商，以及为了使选择供应商的工作更为有效，可以把供应商合作伙伴关系分为不同的类型，进行有针对性的管理。

首先，可以将供应商分成两个不同的层次：重要合作伙伴和一般合作伙伴。重要合作伙伴是指少而精的、与制造商关系密切的供应商，而一般合作伙伴是指相对较多的、与制造商关系不很密切的供应商。供应链合作关系的变化主要影响重要合作伙伴，而对一般合作伙伴的影响较小。

其次，根据供应商在供应链中起的增值作用及其竞争实力，可将供应商分成不同的类别，分类矩阵如图 7-9 所示。图中纵轴代表的是供应商在供应链中的增值作用，用增值率表示，对一个供应商来说，如果它不能对供应链的增值做出贡献，那么它对供应链的其他企业就没有吸引力。横轴代表某个供应商与其他供应商之间的区别，主要是设计能力、特殊工艺能力、柔性、项目管理能力等方面竞争力的区别。

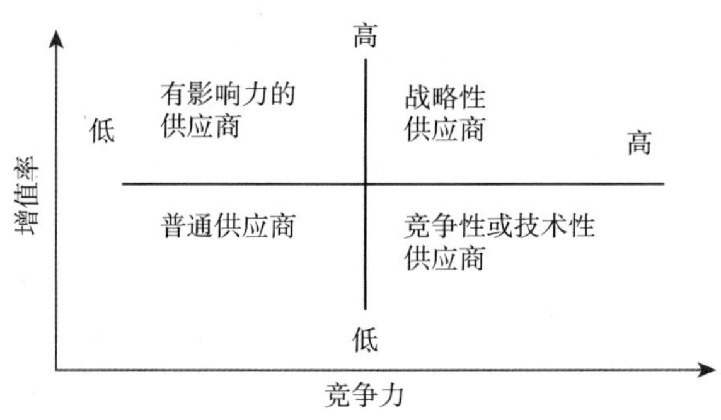

图 7-9 供应商分类矩阵

在供应链的实际运作中，企业应根据不同的目标选择不同类型的供应商。对长期合作而言，要求供应商能保持较高的竞争力和增值率，因此最好选择战略性供应商；对短期合作或某一短暂市场需求而言，只需选择普通供应商满足需求即可，以保证成本最小化；对中期合作而言，可根据竞争力和增值率对供应链的重要程度的不同，选择不同类型的供应商（有影响力的供应商或者竞争性或技术性供应商）。

7.4.3 双赢供应商关系管理

双赢关系已经成为供应链企业之间合作的典范，因此，要在采购管理中体现供应链的思想，对供应商的管理就应集中在如何和供应商建立以及维护、保持双赢关系上。

1. 信息交流与共享机制

信息交流有助于减少投机行为，有助于促进重要生产信息的自由流动。为加强供应商与制造商之间的信息交流，可以从以下几个方面着手。

- 供应商与制造商之间经常进行有关最终市场需求、生产成本、作业计划、质量控制信息的交流与沟通，保持信息的一致性和准确性。
- 实施并行工程。制造商在产品设计阶段让供应商参与进来，这样供应商可以在原材料和零部件的性能与功能要求上提供有关信息，为实施 QFD 的产品开发方法创造条件，把用户的价值需求及时转化为对供应商的原材料和零部件的质量与功能要求。
- 建立联合任务小组解决双方共同关心的问题。在供应商与制造商之间应建立一种基于团队的工作小组，由双方的有关人员共同组成，解决供应过程以及制造过程中遇到的各种问题。
- 供应商和制造商工厂互访。供应商与制造商采购部门应经常性地互访，及时发现和解决各自在合作活动过程中存在的困难与出现的问题，便于打造良好的合作气氛。
- 使用 EDI 和互联网技术进行快速的数据传输。

2. 供应商的激励机制

要保持长期的双赢关系，对供应商的激励是非常重要的，没有有效的激励机制，就不可能维持良好的供应关系。在激励机制的设计上，要体现公平、一致的原则。通过给予供应商价格折扣和柔性合同，以及采用赠送股权等，供应商和制造商能够分享成功，同时也使供应商从合作中体会到双赢的好处。

3. 合理的供应商评价方法和手段

要对供应商进行激励，就必须对供应商的业绩进行评价，使供应商不断改进。没有合理的评价方法，就不可能对供应商的合作效果进行评价，这将大大挫伤供应商的合作积极性和合作的稳定性。对供应商的评价要抓住主要指标或问题，比如交货质量是否改善了、提前期是否缩短了、交货的准时率是否提高了等。通过评价，把结果反馈给供应商，和供应商共同探讨问题产生的根源，并采取相应的措施予以改进。

4. 与供应商的长期契约的制定

传统采购管理的过程控制是企业监督并以合同为考核标准进行控制的。这种控制过程需要在每次采购之前签订一个购销合同，此合同必须尽量考虑到过程中会发生的任何情况，这是很难做到的。

基于供应链的采购管理的过程控制是通过长期契约来进行的。这种长期契约与传统合同所起的约束功能不同，它是维持供应链的一条“纽带”，是企业与供应商合作的基础。它提供一个行为规范，这个规范不但供应商应该遵守，企业自己也必须遵守。它应该包含以下内容。

（1）损害双方合作的行为的判定标准，以及此行为应受到的惩罚。企业与供应商的长期合作是实现基于供应链的采购管理的基础。任何有损于合作的行为都是有害的，不管此行为是供应商引起的还是企业自己引起的。因此，对这种行为的判定和惩罚是长期契约的必要组成部分。

（2）激励条款。对供应商的激励是使供应商参与供应链的一个重要条件。为供应商提供只有参与此供应链才能得到的利益是激励条款必须体现的。此外，激励条款应包含激励供应商提高质量控制水平、供货准时水平和供货成本水平等业务水平的内容，供应商业务水平的提高意味着采购过程更加稳定可靠，而费用也会随之降低。

（3）与质量控制相关的条款。在基于供应链的采购管理中，质量控制主要是由供应商进行的，企业只在必要时对质量进行抽查。因此，关于质量控制的条款应明确质量职责，还应激励供应商提高其质量控制水平。对供应商实行免检，是对供应商质量控制水平的最高评价。长期契约中应指出实行免检的标准和对免检供应商的额外奖励，以激励供应商提高其质量控制水平。

（4）对信息交流的规定。供应链企业之间任何有意隐瞒信息的行为都是有害的，充分的信息交流是基于供应链的采购管理良好运作的保证。长期契约应对信息交流提出保障措施，如规定双方互派通信员和规定每月举行信息交流会议等，防止信息交流出现问题。

还应该强调的是，长期契约应是合作双方共同制定的，双方在制定契约时处于相互平等的地位。长期契约在实行一段时间后应考虑进行修改，因为实际环境会不断变化，而且长期契约在制定初期也会有不合适的地方，一定的修改和增减是必要的。

供应链聚焦

戴尔为了能够与供应商建立良好的战略合作伙伴关系，采取了在多方面照顾供应商利益的策略，既支持了供应商的发展，也为打造自身供应链的竞争力奠定了坚实的基础。

首先，在利润上，戴尔除了补偿供应商的全部物流成本（包括运输、仓储、包装等费用）外，还要让其享受供货总额3%～5%的利润，这样供应商才有发展机会。其次，在业务运作上，还要避免因零库存导致的采购成本上升。戴尔一般都要向供应商承诺长期合作，然而万一有因预测失误而导致的库存，戴尔也尽量将其消化，以减轻供应商的压力，保证其利益。最后，戴尔调动供应链上各个企业的积极性，充分发挥整个供应链的能量。比如，让各地区的供应商同时作为该地区销售代理商之一，这样供应商又可以从中得到另外一部分利润。这种由单纯的供应商身份向供货及销售代理商双重身份的转变，使“物品采购供应—生产制造—产品销售”各环节更加紧密结合，也真正实现了企业由商务交易向战略合作伙伴关系的转变，真正实现了风险共担、利润共享的双赢目标。

资料来源：https://www.sohu.com/a/123804191_545630。

7.5 供应链管理环境下的准时制采购策略

7.5.1 准时制采购的基本思想及意义

1. 准时制采购的意义

准时制采购（JIT purchasing）又叫 JIT 采购，是一种先进的采购模式，也是一种管理哲理。它的基本思想是：在恰当的时间、恰当的地点，以恰当的数量、恰当的质量提供恰当的物品。它是从准时制生产发展而来的，为了消除库存和不必要的浪费而进行持续性改进。要进行准时制生产必须有准时制供应，因此准时制采购是准时制生产管理模式的必然要求。它和传统的采购方法在质量控制、供需关系、供应商的数目、交货期的管理等方面有许多不同，其中关于供应商的选择（数量与关系）、质量控制是核心内容。

准时制采购包括供应商的支持与合作以及制造过程、货物运输系统等一系列的内容。准时制采购不但可以减少库存，还可以加快库存周转速度、缩短提前期、提高购物的质量、获得满意交货等。

2. 准时制采购实践分析

为了对准时制采购的目的、意义和影响因素有一个初步的了解，美国加利福尼亚州立大学的研究生对汽车、电子、机械等企业的准时制采购的效果进行了一次问卷调查，共调查了 67 家美国企业。这些企业有大有小，其中包括著名的 3Com 公司、惠普公司、苹果公司等。这些公司有的是制造商，有的是分销商，有的是服务企业，调查对象为公司的采购与物料管理经理。调查的有关内容分别如表 7-4 至表 7-7 所示。

表 7-4　影响准时制采购成功的关键因素

因素	肯定回答（%）
与供应商的关系	51.5
管理的措施	31.8
适当的计划	30.3
部门协调	25.8
进货质量	19.7
长期的合同协议	16.7
采购物品的类型	13.6
特殊的政策与惯例	10.6

表 7-5　准时制采购解决的问题

问题	肯定回答（%）
空间减少	44.8
成本减少	34.5
改进用户服务	34.5
及时交货	34.5
缺货问题	17.2
改进资金流	17.2
提前期缩短	10.3

表 7-6　实施准时制采购的困难因素

因素	肯定回答（%）
缺乏供应商的支持	23.6
部门之间协调性差	20.0
缺乏对供应商的激励	18.2
采购物品的类型	16.4
进货质量差	12.7
特殊的政策与惯例	7.1

表 7-7　与供应商有关的准时制采购问题

问题	肯定回答（%）
很难找到好的供应商	35.6
供应商不可靠	31.1
供应商太远	26.7
供应商太多	24.4
供应商不想频繁交货	17.8

从以上调查结果可以得出以下几个方面的结论。

第一，准时制采购成功的关键是与供应商的关系，而最困难的问题也是缺乏供应商的支持。供应链管理所倡导的战略合作伙伴关系为实施准时制采购提供了基础性条件，因此在供应链环境下实施准时制采购比在传统管理模式下实施准时制采购更具现实意义和可能性。

第二，很难找到好的供应商也是影响准时制采购的重要因素，如何选择合适的供应商就成了影响准时制采购的重要条件。在传统的采购模式下，企业之间的关系不稳定，具有风险性，影响了合作目标的实现。供应链管理模式下的企业是战略合作伙伴，为准时制采购奠定了基础。

第三，缺乏对供应商的激励是准时制采购的另外一个影响因素。要成功地实施准时制采购，必须建立一套有效的供应商激励机制，使供应商和用户一起分享准时制采购的好处。

第四，准时制采购不单是采购部门的事情，企业的各部门都应为实施准时制采购创造有利的条件，为实施准时制采购而共同努力。

3. 意义

准时制采购对于供应链管理思想的贯彻实施有重要的意义。从前面的论述中可以看到，供应链环境下的采购模式和传统采购模式的不同之处在于前者采用订单驱动的方式。订单驱动使供需双方都围绕订单运作，也就实现了准时制、同步化运作。要实现同步化运作，采购方式就必须是并行的，当采购部门产生一个订单时，供应商就开始着手物品的准备工作。与此同时，采购部门编制详细的采购计划，制造部门也进行生产的准备过程，当采购部门把详细的采购单提供给供应商时，供应商就能将物资在较短的时间内交给用户。当用户需求发生改变时，制造订单又驱动采购订单发生改变，这样一种快速的改变过程，如果没有准时制采购方法，供应链企业将很难适应。准时制采购增加了供应链的柔性和敏捷性。

综上所述，准时制采购策略体现了供应链管理的协调性、同步性和集成性，供应链管理需要准时制采购来保证供应链的整体同步化运作。

7.5.2 准时制采购的特点

从表 7-8 中可以看出，准时制采购和传统采购方式有许多不同之处，主要表现在以下几个方面。

表 7-8 准时制采购与传统采购的区别

项目	准时制采购	传统采购
采购批量	小批量，送货频率高	大批量，送货频率低
供应商选择	长期合作，单源供应	短期合作，多源供应
供应商评价	质量、交货期、价格	质量、价格、交货期
检查工作	逐渐减少，最后消除	收货、点货、质量验收
协商内容	长期合作关系、质量和合理的价格	获得最低价格

（续）

项目	准时制采购	传统采购
运输	准时送货、买方负责安排	较低的成本、卖方负责安排
文书工作	文书工作少，需要的是有能力改变交货时间和质量	文书工作量大，改变交货期和质量的采购单多
产品说明	供应商革新、强调性能宽松要求	买方关心设计、供应商没有创新
包装	小、标准化容器包装	普通包装、没有特别说明
信息共享	快速、可靠	一般要求

（1）选择较少的供应商，甚至单源供应。传统的采购模式一般是多头采购，供应商的数目相对较多。从理论上讲，采用单源供应比多源供应好。一方面，供应商管理比较方便，也有利于降低采购成本；另一方面，有利于供需双方之间建立长期稳定的合作关系，质量上比较有保证。但是，采用单一的供应源也有风险，比如供应商出于意外原因中断交货，以及供应商缺乏竞争意识等。

在实际工作中，许多企业也不是很愿意成为单一供应商。原因很简单，一方面供应商是具有较强独立性的商业竞争者，不愿意把自己的成本数据披露给用户；另一方面，供应商不愿意成为用户的一个产品库存点。实施准时制采购，需要减少库存，库存成本原先是在用户一边，现在转移到供应商。因此，用户必须意识到供应商的这种忧虑。

（2）对供应商的选择标准不同。在传统的采购模式中，供应商是通过价格竞争选择的，供应商与企业的关系是短期的合作关系，当发现供应商不合适时，企业可以通过市场竞标的方式重新选择供应商。但在准时制采购模式中，由于供应商和企业是长期的合作关系，供应商的合作能力将影响企业的长期经济利益，因此对供应商的要求就比较高。在选择供应商时，需要对供应商进行综合评估，在评价供应商时价格不是主要的因素，质量是最重要的标准，这种质量不单指产品的质量，还包括工作质量、交货质量、技术质量等多方面内容。高质量的供应商有利于建立长期的合作关系。

（3）对交货准时性的要求不同。准时制采购的一个重要特点是要求交货准时，这是实施精益生产的前提条件。交货准时取决于供应商的生产与运输条件。作为供应商来说，要使交货准时，可从以下几个方面着手。第一，不断改进生产条件，提高生产的可靠性和稳定性，减少由于生产过程的不稳定导致的延迟交货或误点现象。作为准时制供应链管理的一部分，供应商同样应该采用准时制生产管理模式，以提高生产过程的准时性。第二，为了提高交货准时性，运输问题不可忽视。在物流管理中，运输问题是一个很重要的问题，它决定着准时交货的可能性。特别是全球化的供应链系统，运输过程长，而且可能要先后使用不同的运输工具、需要中转运输等，要进行有效的运输计划与管理，使运输过程准确无误。

（4）对信息共享的需求不同。准时制采购要求供需双方信息高度共享，保证供应与需求信息的准确性和实时性。由于双方的战略合作关系，生产计划、库存、质量等各方面的信息都可以及时进行交流，以便出现问题时能够及时处理。

（5）制定采购批量的策略不同。小批量采购是准时制采购的一个基本特征。准时制采购和传统采购模式的一个重要不同之处在于，准时制生产需要减少生产批量，直至实现"一个流生产"，因此采购物资也应采用小批量办法。当然，小批量采购自然会增加运输次数和成本，对供应商来说，这是很为难的事情，特别是供应商在国外等远距离的情形，在这种情况下实施准时制采购的难度就更大，可以通过混合运输、代理运输等方式，或尽量使供应商靠近用户等办法解决。

7.5.3 准时制采购的基本原则

在供应链管理模式下，准时制采购工作的基本原则就是要做到五个恰当：恰当的数量、恰当的质量和时间、恰当的地点、恰当的价格、恰当的来源。

（1）恰当的数量。在传统的采购模式中，采购活动主要是围绕补充库存进行的，而在供应链管理模式下，采购活动是以订单驱动方式进行的。制造订单驱动采购订单，采购订单再驱动供应商。这种准时制订单驱动模式，使供应链系统得以准时响应用户的需求，从而降低库存成本，提高了物流的速度和库存周转率。越来越多的企业在近年来逐步实行了订单驱动的采购方式。采购数量根据企业的订单计划而定，根据订单实际需求而采购，降低了库存成本，提高了经济效益。

（2）恰当的质量和时间。质量与交货期是采购方要考虑的重要因素。在传统的采购模式下，要有效控制质量和交货期只能通过事后把关的办法，因为采购方很难参与供应商的生产组织过程和质量控制活动。相互的工作是不透明的，往往通过国际、国家标准等进行检查验收。而供应链管理思想要求系统性、协调性、集成性、同步性。外部资源管理是实现供应链管理思想的重要步骤——企业集成。它是企业从内部集成走向外部集成的重要一步，可以从以下几方面进行提高。

第一，和供应商建立一种长期的、互惠互利的合作关系，这种合作关系保证了供需双方能够有合作的诚意和共同解决问题的积极性。

第二，提供信息反馈和教育培训支持：

- 及时把供应商的产品质量问题反馈给供应商，便于迅速解决问题；
- 按照 ISO 9000、ISO 14000 和 ISO 18000 的要求建立内外部信息交流渠道，双方及时进行各种信息交流；
- 对个性化的产品提供有关技术资料，使供应商能够按照要求提供合格的产品和服务；
- 对供应商进行 ISO 14000 和 ISO 18000 体系标准的培训，使其在生产时符合国家环保和生产安全等方面的要求。

第三，参与供应商的产品质量控制过程。

在选择供应商时，选择那些质量管理体系完善（通过 ISO 9000 的企业优先）、设备先进、技术国内领先的企业作为合作伙伴。

定期对供应商进行考察、评定。主要考察其计量、质量、技术管理水平、产品合格率、设备技术状况等。

制定各种严格的标准要求，促使供应商提高产品质量。

（3）恰当的地点。在选择产品交货地点时应考虑各种因素，如价格、时间、产品种类。

（4）恰当的价格。物资价格的确定是采购的重要环节，为保证物资价格恰当、合理，可以从以下几方面来确定价格：

- 采取大宗原料、辅料、包装材料集中招投标；
- 对于质量稳定、价格合理、长期合作的供应商优先考虑；
- 通过信息交流和分析，考察供求关系，了解物资价格的变动趋势。

（5）恰当的来源。在传统的采购模式中，供需双方之间的关系是临时性的，没有更多的时间来做长期性预测与计划工作，而供应链管理模式使供需关系从简单的买卖关系向双方建立战略合作伙伴关系转变。

- 战略合作伙伴关系消除了供应过程的各种障碍，为实现准时制采购创造了条件；
- 可以降低由于不可预测的需求变化所带来的风险，比如运输过程中的风险、信用风险、产品质量风险等；
- 通过战略合作伙伴关系，双方可以为制订战略性采购供应计划共同协商，不必为日常琐事消耗时间与精力。

7.5.4 准时制采购的方法

前面分析了准时制采购的特点和优点，从中我们看到准时制采购方法和传统采购方法的显著差别，要实施准时制采购，以下三点是十分重要的：

- 选择最佳的供应商，并对供应商进行有效管理是准时制采购成功的基石；
- 供应商与用户的紧密合作是准时制采购成功的钥匙；
- 卓有成效的采购过程质量控制是准时制采购成功的保证。

在实际工作中，如果能够根据以上三点开展采购工作，那么成功实施准时制采购的可能性就很大了。

如何有效地实施准时制采购呢？下面几点可以作为实施准时制采购的参考。

（1）创建准时制采购班组。世界一流企业的专业采购人员有三个责任：寻找货源、商定价格、发展与供应商的合作关系并不断改进。专业化、高素质的采购队伍对实施准时制采购至关重要。为此，首先应成立两个班组。一个是专门处理供应商事务的班组，该班组的任务是评估供应商的信誉、能力，或与供应商谈判签订准时制订货合同，向供应商发放免检签证等，同时要负责对供应商的培训与教育。另外一个是专门消除采购过程中的浪费的班组。这些班组人员对准时制采购的方法应有充分的了解和认识，必要时应对其进行培训。如果这些人员本身对准时制采购的认识和了解都不彻底，就不可能指望与供应商的合作了。

（2）制订计划，确保准时制采购策略有计划、有步骤地实施。制定采购策略以及改进当前采购方式的内容包括如何减少供应商的数量、供应商评价、向供应商发放签证等。在这个过程中，企业要与供应商一起商定准时制采购的目标和有关措施，保持经常性的信息沟通。

（3）精选少数供应商，建立合作伙伴关系。选择供应商应从以下几个方面考虑：产品质量、供货情况、应变能力、地理位置、企业规模、财务状况、技术能力、价格及供应商的可替代性等。

（4）进行试点工作。先从某种产品或某条生产线开始，进行零部件或原材料的准时制供应试点。在试点过程中，取得企业各个部门的支持是很重要的，特别是生产部门的支持。通过试点总结经验，为正式的准时制采购实施打下基础。

（5）搞好供应商培训，确定共同目标。准时制采购是供需双方共同的业务活动，单靠采购部门的努力是不够的，还需要供应商的配合。只有供应商也对准时制采购的策略和运作方法有了认识与理解，其才愿意提供支持和配合，因此需要对供应商进行教育培训。通过培训，大家取得一致的目标，相互之间就能够很好地协调准时制采购工作。

（6）向供应商颁发产品免检合格证书。准时制采购和传统采购方式的不同之处在于买方不需要对采购产品进行过多的检验手续，要能够达到这一点，需要供应商能够提供100%的合格产品。当供应商达到这一要求时，就向其颁发免检证书。

（7）实现配合准时制生产的交货方式。准时制采购的最终目标是实现企业的准时制生产，为此，要实现从预测的交货方式向准时制适时交货方式的转变。

（8）持续改善、扩大成效。准时制采购是一个不断完善和改进的过程，需要在实施过程中不断总结经验教训，从降低运输成本、提高交货的准确性、提高产品的质量、降低供应商库存等各个方面进行改进，不断提高准时制采购的运作绩效。

从前面对准时制采购原理和方法的探讨中可以看到，供应商与制造商的合作关系对于准时制采购的实施是非常重要的，只有建立良好的供需合作关系，准时制采购策略才能得到彻底贯彻落实，并取得预期的效果。

从供应商的角度来说，如果不实施准时制采购，那么由于缺乏和制造商的合作，库存、交货批量都比较大，而且在质量、需求方面都无法获得有效的控制。通过建立准时制采购策略，制造商的准时制思想扩展到供应商，加强了供需之间的联系与合作，在开放性的动态信息交互下，面对市场需求的变化，供应商能够做出快速反应，提高了供应商的应变能力。对制造商来说，通过和供应商建立合作关系，实施准时制采购，管理水平得到提高，制造过程与产品质量得到有效的控制，成本降低，制造的敏捷性与柔性增加。

本章小结

良好的开始是成功的一半。供应是一个企业的源头，有效的采购无疑成为企业绩效的制约因素，越来越多的企业开始重视自己的采购管理。尤其是在供应链管理环境下，虽然采购的基本过程是一致的，但是基于供应链的采购模式与传统的采购模式存在很大的差别。在供应链管理环境下，采购模式重视从采购管理向外部资源整合管理的转变，强调从一般买卖关系向战略合作伙伴关系的转变。在供应链管理环境下，强调企业之间对市场需求的快速响应，准时制采购所强调的在恰当的时间、恰当的地点，以恰当的数量、恰当的质量提供恰当的物品的思想，可以保证供应链运作的柔性和敏捷性，不但可以减少库存，还可以加快库存周转速度、缩短提前期、提高购物的质量、获得满意交货等，体现了供应链管理的协调性、同步性和集成性。供应链管理需要准时制采购来保证供应链的整体同步化运作。在准时制采购思想指导下，就必须更加强调供应商关系管理，与经过有效评价选择的供应商实现共赢。

关键术语

采购管理（purchasing management）

传统采购模式（traditional purchasing mode）

供应链管理环境下的采购模式（purchasing mode under the supply chain management）

供应商关系管理（supplier relationship management，SRM）

准时制采购（JIT purchasing）

思考与练习

1. 如何界定采购的定义？举例描述采购的过程。
2. 传统采购模式的主要特征是什么？
3. 比较分析供应链环境下的采购管理模式与传统采购管理模式之间的特点。
4. 简述战略采购对供应链协调运作的意义和价值。
5. 如何理解不同的供应商管理原则？
6. 讨论供应商管理中的竞争关系模式和双赢关系模式之间的异同。
7. 供应商的选择受哪些因素的影响？试建立相应的评价指标体系。
8. 供应商选择的一般步骤包括哪几个阶段？
9. 实地调研一家企业，分析其在供应商关系管理方面的经验及问题。
10. 准时制采购的意义和特点是什么？准时制采购应该遵循什么原则？

讨论案例　L公司的零星采购问题

L公司是国内一家有名的民营汽车制造企业。为了改善公司各职能部门和车间的工作流程，进一步提升公司内部管理水平，公司在每年的年终都会举行一次为期4天的公司级沟通交流会。参会人员为公司总经理、职能部门全部工作人员以及车间班组长以上人员（包括班组长）。这不，在今年的年终沟通交流会上，涂装车间（以下简称“涂装”）的班组长们正在向总经理抱怨他们的服务部门——零星采购部（以下简称“零采”）给他们的工作带来的种种不便。

涂装A：现在零采的喷枪到货时间越来越长了，误了不少事儿，有时采购回来的东西还不是我们要的。

涂装B：并且采购回来的工作服、手套还有防毒面具质量越来越差了，工作服一穿上就起毛球。

涂装C：是呀，客户对汽车的表面质量是很看重的，它就好比人的一张脸，所以在涂装车间里，对工作环境洁净度要求很高。工作服表面的毛球对车身表面质量影响很不好，会引起颗粒，还得我们返工，很麻烦，并且导致我们的一次下线通过率很低。

涂装 B：其实，我们有时觉得某一批工作服的质量还可以，可下一次零采给我们送的工作服牌子又换了。工作服的牌子和供应商变了很多个，所以质量也很不稳定。

总经理：你们可以跟零采的工作人员说呀，让他们采购你们以前用过的质量较好的工作服。

涂装 C：这些都不知道跟他们说了多少次了，可每次零采的人都说现在给你们采购回来工作服已经不错了，还挑三拣四的。这样我们也不知道给线上的员工怎么交代，只好让他们每天到公司先把工作服洗了，用风机吹干。

涂装 A：对于喷枪，其实我们自己也知道一些牌子，质量也不错，并且比零采的采购价格还要低些。

第二天，在零采分会场上，总经理把这些问题反馈给零采相关工作人员，可回答又是一番情景。

零采 A：我们其实也很想缩短零采周期，但有些过程不是我们所能控制的，我们只能做好力所能及的。现在都没有供应商愿意与我们合作了，原因是我们的付款周期越来越长，而且在我们公司一批货款要经过 13 道关才能批下来，很烦琐。

零采 B：虽然财务申报整个程序是走电子流程，但每道关的处理越来越不及时，现在每次都要我们去催，还要听他们的难听话。

零采 A：还有的车间上报计划时很随意，有时只是给我们打个电话说要什么什么东西。问到要什么品牌时，他们说和上次一样的那种，有的已经是很长时间之前采购的了，我哪里还能记得清楚？还要在记录中一个一个地查……他们自己应该有一个完整的零采备案。

零采 B：有些有特殊要求的工具，我们不太懂，但车间又不派个人和我们一起去市场上采购。我们辛苦地采购回来，他们又说不行，还得重新采购，这样肯定是耽误使用了。我们真是两边受气！

提示问题：L 公司的零星采购到底存在哪些问题？如果你是该公司的总经理，你会怎么办呢？

参考文献与延伸阅读

[1] GENTRY J J. Carrier Involvement in Buyer-supplier Strategic Partnerships[J].Journal of Physical Distribution & Logistics Management, 1996, 26(3): 14-25.

[2] EXON-TAYLOR M. Enterprise Management—the Logical Integration of Supply Chain[J]. Logistics Information Management, 1996, 9(2): 16-21.

[3] PRIDA B, GUTIERREZ G. Supply Management: From Purchasing to External Factory Management[J]. Production & Inventory Management Journal, 1996, 37(4)38-43.

[4] CHENG T C E, PODOLSKY S. Just-in-time Manufacturing: An Introduction[M]. London: Champan & Hall, 1998.

[5] 梅纳，霍克，克里斯托弗 . 战略采购

和供应链管理：实践者的管理笔记[M]. 张凤，樊丽娟，译．北京：人民邮电出版社，2016.

[6] 陈志祥．供应链管理模式下的生产计划与控制研究[D]. 武汉：华中科技大学，2000.

[7] 王加林，张蕾丽．物流系统工程[M]. 北京：中国物资出版社，1987.

[8] 亚黛尔－希莱．适时管理与人[M]. 郭镜明，郭宇峰，译．上海：上海人民出版社，1995.

[9] 蒙茨卡，特伦特，汉德菲尔德．采购与供应链管理[M]. 王晓东，刘旭敏，熊哲，译．北京：电子工业出版社，2008.

[10] 贝利，法摩尔，克洛克，等．采购原理与管理[M]. 王增东，李梦瑶，等译．北京：电子工业出版社，2009.

[11] PETRUZZI N C, et al. The Newsvendor Model with Consumer Search Cost[J].Production and Operations Management, 2009, 18(6): 693-704.

[12] 伯特，帕特卡维奇，平克顿．供应管理[M]. 何明珂，等译．北京：中国人民大学出版社，2012.

[13] 莱桑斯，法林顿．采购与供应链管理(原书第9版)[M]. 胡海清，译．北京：机械工业出版社，2018.

第 8 章　供应链管理环境下的生产计划与控制

本章重点理论与问题

供应链管理思想对企业最直接、最深刻的影响是企业家决策思维方式的转变：从传统、封闭的纵向思维方式向开放的横向思维方式转变。生产计划与控制是企业管理的主要内容之一，供应链管理思想无疑会对此带来很大的影响。与传统的企业生产计划与控制方法相比，在信息来源、信息的集成方法、计划的决策模式、计划的运行环境、生产控制的手段等许多方面，供应链管理环境下的生产计划与控制方法都有显著不同，本章对这个问题进行了深入的分析和探讨，阐释了适应供应链管理环境的生产计划与控制的新方法。本章首先分析了传统生产计划与控制方法和供应链管理思想的差距，进而分析供应链管理对生产计划与控制提出的新要求。根据供应链管理的要求，本章提出了一个适应供应链管理环境的新生产计划与控制总体模型，并分析了该模型的特点。在生产控制方面，本章提出了以增强信息共享与信息交流为目的的协调控制策略：信息跟踪机制。此外，本章还介绍了供应链新的生产组织模式：大批量定制和延迟制造。

8.1　传统生产计划与控制和供应链管理思想的差距

前几章我们探讨了供应链管理及供应链的构建等问题，现在把目光转到供应链管理运作中另一个焦点问题——**生产计划与控制**（production planning and control）上来。供应链管理思想对企业管理的最大影响是对现行生产计划与控制模式提出的挑战，因为企业的经营活动是以顾客需求驱动的、以生产计划与控制活动为中心展开的，只有建立面向供应链管理的生产计划与控制系统，企业才能真正从传统的管理模式转向供应链管理模式。我们探讨现行生产计划与控制和供应链管理思想的差距，目的就是要找出现行生产计划与控制模式和供应链管理思想不相符的地方，从而提出新的适应供应链管理的生产计划与控制模式，为供应链管理运行机制的建立提供保证。

传统的企业生产计划的基本特征是以某个企业的物料需求为中心展开的，缺乏和供应商及分销商、零售商的协调，企业的计划制订没有考虑供应商以及下游企业的实际情况，不确定性对库存和服务水平的影响较大，库存控制策略也难以发挥作用。实践证明，供应链上任何企业的生产和库存决策都会影响供应链上其他企业的运作管理行为，因此，一个企业的生产计划与库存优化控制不但要考虑本企业内部的业务流程，更要从供应链整体出发，进行全面的优化控制，打破以某个企业物料需求为中心的生产管理界限，充分了解用户需求并与供应商在经营上保持协调一致，实现信息共享与集成，以顾客化的需求驱动顾客化的生产计划，获得柔性及敏捷的市场响应能力。

传统生产计划与控制模式和供应链管理思想的差距主要表现在以下几个方面。

1. 决策信息来源的差距（多源信息）

生产计划的制订要依据一定的决策信息，即基础数据。在传统的生产计划与控制决策模式中，计划决策的信息来自两个方面：一是需求信息，二是资源信息。需求信息又来自两个方面：一是用户订单，二是需求预测。通过对这两方面信息的综合，得到制订生产计划所需的需求信息。资源信息则是指生产计划决策的约束条件。在以后的讨论中我们将看到，供应链管理环境下需求信息和企业资源的概念与传统概念是不同的。信息多源是供应链管理环境下的主要特征，多源信息是供应链环境下生产计划的特点。另外，在供应链环境下资源信息不仅来自企业内部，还来自供应商、分销商和用户。约束条件放宽了，资源的扩展使得生产计划的优化空间扩大了。

2. 决策模式的差距（决策群体性、分布性）

传统的生产计划决策模式是一种集中式决策，而供应链管理环境下生产计划决策模式是分布式的群体决策过程。基于多代理的供应链系统是立体的网络，各个节点企业具有相同的地位，有本地数据库和领域知识库。在形成供应链时，各节点企业拥有暂时性的监视权和决策权，每个节点企业的生产计划决策都受到其他企业生产计划决策的影响，需要一种协调机制和冲突解决机制。当一个企业的生产计划发生改变时，其他企业的计划也需要做出相应的改变，这样供应链才能获得**同步化**（synchronization）的响应。

3. 信息反馈机制的差距（递阶、链式反馈与并行、网络反馈）

企业的计划要想得到很好的贯彻执行，需要有效的监督控制机制作为保证。要进行有效的监督控制必须建立一种信息反馈机制。传统的企业生产计划的信息反馈机制是一种链式反馈机制，也就是说，信息反馈是企业内部从一个部门到另一个部门的直线传递，由于递阶组织结构的特点，信息传递一般是从底层向高层信息处理中心（权力中心）反馈，形成和组织结构平行的信息递阶的传递模式。

供应链管理环境下企业的信息传递模式和传统企业的信息传递模式不同。以团队工作为特征的多代理组织模式使供应链具有网络化结构特征，供应链管理模式不是递阶管理，也不是矩阵管理，而是网络化管理。生产计划信息传递不是沿着企业内部的递阶结构（权力结构）而是沿着供应链不同的节点方向（网络结构）传递。为了实现供应链的同步化运作，供应链企业之间信息的交互频率也比传统的企业信息传递频率大得多，因此应采用并行化信息传递模式。

4. 计划运行环境的差距（不确定性、动态性）

供应链管理的目的是使企业能够适应多变的市场环境的需要。企业置身于这样一个复杂多变的环境中，增加了影响企业生产计划运行的外界环境的不确定性和动态性。供应链管理环境下的生产计划是在不稳定的运行环境下进行的，因此要求生产计划与控制系统具有更高的柔性和敏捷性，比如提前期的柔性、生产批量的柔性等。传统的制造资源计划就比较缺乏柔性，因为它以固定的环境约束变量来应对不确定的市场环境，这显然是不行的。供应链管理环境下的生产计划涉及的多是订单化生产，这种生产模式动态性更强。供应链管理环境下的生产计划与控制要更多地考虑不确定性和动态性因素，使生产计划具有更高的柔性和敏捷性，从而使企业能对市场变化做出快速反应。

8.2 供应链管理环境下生产计划与控制的特点

8.2.1 基于供应链的分布式生产计划与控制系统

供应链是一个跨越多企业、多厂家、多部门、多地域的网络化组织，一个有效的供应链企业计划系统必须保证企业能快速响应市场需求，如图 8-1 所示。有效的供应链企业计划系统集成企业所有的计划和决策业务，包括需求预测、库存计划、资源配置、设备管理、渠道优化、生产作业计划、物料需求与采购计划等。供应链是由不同企业组成的企业网络，有紧密型的联合体成员，有协作型的伙伴企业，有动态联盟型的战略伙伴。作为供应链整体，以核心企业为龙头，把各个参与供应链的企业有效地组织起来，优化整个供应链的资源，以最低的成本和最快的速度生产最好的产品，最快地满足用户需求，以达到快速响应市场和用户需求的目的。这是供应链企业计划最根本的目的和要求。

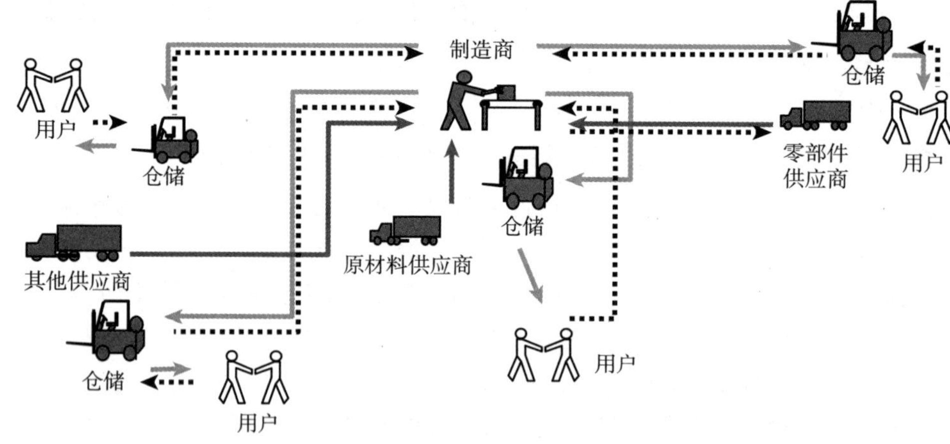

图 8-1 分布式生产计划与控制系统

供应链企业计划工作需要考虑以下几个方面的问题。

- 供应链企业计划的方法与工具。目前用于供应链企业计划的方法与工具主要有供应链管理、企业资源计划、配送需求计划 / 物流资源计划、先进生产计划及调度（APS）等。
- 供应链企业计划的优化方法。供应链企业计划的优化方法用得比较多的有约束理论（theory of constraint，TOC）、线性规划、非线性及混合规划方法、随机库存理论与网络计划模型等。

- 供应链企业的计划类型。根据供应链企业计划的对象和优化状态空间，有全局供应链计划和局部供应链计划。
- 供应链企业计划的层次性。根据供应链企业计划的决策空间，分为战略供应链计划、战术供应链计划和运作供应链计划三个层次。

与供应链环境下的企业计划的特点一样，供应链环境下的企业生产控制和传统的企业生产控制模式也不尽相同。供应链管理需要更多的协调机制（企业内部和企业之间的协调），体现出了供应链竞争力的本质属性。供应链环境下的生产协调控制内容包括以下几个方面的内容。

（1）生产进度控制。生产进度控制的目的在于依据生产作业计划检查零部件的投入和出产数量、出产时间和配套性，保证产品能准时装配出厂。供应链环境下的进度控制与传统生产模式的进度控制不同，因为许多产品是协作生产或转包的业务，相对于传统的企业内部的进度控制而言，其控制的难度更大，必须建立一种有效的跟踪机制进行生产进度信息的跟踪和反馈。生产进度控制在供应链管理中有重要作用，因此必须研究供应链企业之间的信息跟踪机制和快速反应机制。

（2）供应链的生产节奏控制。供应链的同步化计划需要解决供应链企业之间的生产同步化问题，只有各供应链企业之间以及企业内部各部门之间能够保持步调一致，供应链的同步化才能实现。供应链形成的准时制生产系统，要求上游企业准时为下游企业提供必需的零部件。如果供应链中任何一个企业不能准时交货，都会使供应链不稳定或中断，导致供应链对用户的响应性下降，因此严格控制供应链的生产节奏对供应链的敏捷性是十分重要的。

（3）提前期管理。基于时间的竞争是20世纪90年代出现的一种新的竞争策略，具体到企业的运作层，主要体现为提前期管理，这是实现QR、ECR策略的重要内容。在供应链环境下的生产控制中，提前期管理是实现快速响应用户需求的有效途径。缩短提前期、提高交货期的准时性是保证供应链获得柔性和敏捷性的关键。缺乏对供应商不确定性的有效控制是供应链提前期管理的一大难点，因此，建立有效的供应提前期的管理模式和交货期的设置系统是供应链提前期管理中值得研究的问题。

（4）库存控制和在制品管理。库存在应对需求不确定性时有积极的作用，但它又是一种资源浪费。在供应链管理模式下，通过实施多级、多点、多方管理库存的策略，对提高供应链环境下的库存管理水平、降低制造成本有着重要意义。这种库存管理模式涉及的部门不仅仅是企业内部。基于JIT的供应与采购、供应商管理库存（VMI）、联合管理库存（JMI）等是供应链库存管理的新方法，对降低库存都有重要作用。因此，建立供应链管理环境下的库存控制体系和运作模式对提高供应链的库存管理水平有重要作用，是供应链企业生产控制的重要手段。

8.2.2　同步化供应链企业计划

许多软件商目前都在推出供应链管理软件，其中ERP是提出最早、发展最快的一个系统，具有一定的供应链计划功能。ERP 是对 MRP Ⅱ 的发展。ERP 的特点在于财务控制和多工厂生产的协调与结合，为企业制订周密的供应链计划提供系统支持。

在当今顾客驱动的环境下，制造商必须具有在面对不确定性事件时不断修改计划的能力。要做到这一点，企业的制造过程、数据模型、信息系统和通信基础设施必须无缝地连接且实时地运作，因此同步化供应链企业计划的提出是企业最终实现敏捷供应链管理的必然选择。

同步化供应链企业计划能使计划的修改或执行中的问题在整个供应链上获得共享与支持，物料和其他资源的管理是在实时的拉动方式下进行的。

同步化供应链企业计划通过在 ERP 中加入新的技术来实现，充分利用开放系统的概念，通过集成工具协同同步化供应链管理。同时，同步化计划能够支持供应链分布、异构环境下的“即插即用”要求。要实现这一点，必须使供应链中的信息达到同步共享。建立在 EDI/ 互联网技术上的供应链信息集成平台，为供应链企业之间的信息交流提供了共享窗口和交流渠道，同时保证了同步化供应链企业计划的实现。因此，新的供应链企业生产计划与控制系统和组织模型要充分考虑这一特点。

同步化供应链企业计划的提出是为了挑战供应链运行中的各类约束。供应链运行中有来自采购的约束，有来自生产的约束，也有来自销售的约束。这些约束的不良后果会导致“组合约束爆炸”。因此，要实现同步化供应链企业计划，一方面要建立起不同的供应链系统之间的有效通信标准，基于互联网的 TCP/IP 协议形成信息交流和协作的规范化、标准化流程等；另一方面要建立起协调机制和冲突管理服务。供应链系统各个代理之间既有同步的协作功能，也有独立的自主功能，当供应链的整体利益和各个代理的个体利益相冲突时，必须得到快速的协商解决，这样供应链的同步化才能实现。因此，建立分布的协调机制对同步化供应链企业计划的实现是非常重要的。

要实现同步化供应链企业计划，必须建立起企业之间的合作机制及透明的信息共享机制。供应链企业之间的合作方式主要有同时同地、同时异地、异时同地和异时异地四种情形。因此供应链企业的合作模式表现为四种模式：同步模式、异步模式、分布式同步模式、分布式异步模式。基于多代理的供应链组织管理模式，实现了由传统的递阶控制组织模式向扁平化网络组织的过渡，实现了网络化管理。

8.2.3 供应链管理环境下的生产计划

如前所述，供应链管理是本企业与具有战略合作伙伴关系的企业通过物流、信息流和资金流的紧密合作来获取更广泛的资源。在日常的运作中，必须考虑供应链运作模式不同于传统的企业运作模式。在制订供应链的生产计划的过程中，必须解决好以下三方面的问题，才能实现供应链管理的目标。

1. 柔性约束

柔性实际上是对承诺的一种完善。承诺是企业对合作伙伴的保证，在这一基础上企业间才能具备基本的信任，合作伙伴也因此获得了相对稳定的需求信息。然而，由于承诺的下达超前于承诺履行的时间，尽管承诺方一般来讲都会尽力使承诺与未来的实际情况接近，但误差是难以避免的。柔性的提出为承诺方缓解了这一矛盾，使承诺方有可能修正其原有的承诺。承诺与柔性是供应合同签订的关键要素。

对生产计划而言，柔性具有多重含义。

第一，如果仅仅根据承诺的数量来制订计划是容易的，但是柔性的存在使这一过程变得复杂。柔性是双方共同制定的一个合同要素，对需方而言，它代表着对未来变化的预期；对供方而言，它是对自身所能承受的需求波动的估计。本质上，供应合同使用有限的可预知的需求波动代替了可以预测但不可控制的需求波动。

第二，下游企业的柔性对企业的计划产量造成的影响在于，企业必须选择一个在已知的需求波动下最为合理的产量。企业的产量不可能覆盖需求的整个变化区域，否则会造成不可避免的过量库存。在库存费用与缺货费用之间取得一个均衡点是确定产量的一个标准。

第三，供应链上的企业是上下游贯通的，企业在确定生产计划时还必须考虑上游企业的利益。在与上游企业的供应合同之中，上游企业除了表达对自身所能承受的需求波动的估计外，还表达了对自身生产能力的权衡。可以认为，上游企业供应合同中反映的是相对于该下游企业的最优产量，这是因为相对于该下游企业，上游企业可能同时为多家企业提供产品，因此，下游企业在制订生产计划时应该尽量使需求与合同的承诺量接近，帮助上游供应企业达到最优产量。

2. 生产进度

生产进度信息是企业检查生产计划执行状况的重要依据，也是滚动制订生产计划过程中用于修正原有计划和制订新计划的重要信息。在供应链管理环境下，生产进度计划属于可共享的信息。这一信息的作用如下。

第一，供应链上游企业通过了解对方的生产进度情况实现准时供应。企业的生产计划是在对未来需求做出的预测的基础上制订的，它与生产过程的实际进度一般是不同的，生产计划信息不可能实时反映物流的运行状态。供应链企业可以借助现代网络技术，使实时的生产进度信息能被合作方所共享。上游企业可以通过网络和双方通用的软件了解下游企业的真实需求信息，并准时提供物资。在这种情况下，下游企业可以避免不必要的库存，而上游企业可以灵活主动地安排生产和调拨物资。

第二，原材料和零部件的供应是企业进行生产的首要条件之一，上游企业在修正原有的计划时应该考虑下游企业的生产状况。在供应链管理下，企业可以了解到上游企业的生产进度，然后适当地调节生产计划，使供应链上的各个环节紧密地衔接在一起。其意义在于可以避免企业与企业之间出现供需脱节的现象，从而保证整条供应链企业的整体利益。

3. 生产能力

企业要完成一份订单，不能脱离上游企业的支持，因此在编制生产计划时要尽可能借助外部资源，要考虑如何利用上游企业的生产能力。任何企业在现有的技术水平和组织条件下都具有一个最大的生产能力，但最大的生产能力并不等于最优生产负荷。当上下游企业之间稳定的供应关系形成后，上游企业从自身利益出发，更希望所有与之相关的下游企业在同一时期的总需求与上游企业自身的生产能力相匹配。上游企业对生产负荷量的期望可以通过合同、协议等形式反映出来，即上游企业提供给每一个相关下游企业一定的生产能力，并允许一定程度的浮动。这样，下游企业在编制生产计划时就必须考虑上游企业在生产能力上的约束。

8.2.4 供应链管理环境下生产计划的制订要点

在供应链管理下，企业的生产计划编制过程有了较大的变动，在原有的生产计划制订过程的基础上增添了新的特点。

1. 具有纵向和横向的信息集成过程

这里的纵向是指供应链由下游向上游的信息集成，而横向是指生产相同或类似产品的企业之间的信息共享。

在生产计划过程中，上游企业的生产能力信息在生产计划的能力分析中独立发挥作用。通过在主生产计划和投入出产计划中分别进行的粗、细能力平衡，上游企业承接订单的能力和意愿都反映到了下游企业的生产计划中。同时，上游企业的生产进度信息也和下游企业的生产进度信息一起作为滚动编制计划的依据，其目的在于保持上下游企业间生产活动的同步。

外包决策和外包生产进度分析是集中体现供应链横向集成的环节。外包所涉及的企业都能够生产相同或类似的产品，或者说这些企业在供应链网络中属于同一产品级别。企业在编制主生产计划时所面临的订单在两种情况下可能转向外包：①企业本身或其上游企业的生产能力无法承受需求波动所带来的负荷；②承接的订单通过外包所获得的利润大于企业自己生产获得的利润。无论在何种情况下，都需要承接外包的企业的基本数据来支持企业的获利分析，以确定是否外包。同时，由于企业对该订单客户负有直接的责任，因此也需要承接外包的企业的生产进度信息来确保对客户的供应。

2. 扩展了能力平衡在计划中的作用

在通常的概念中，**能力平衡**（capacity balancing）只是一种分析生产任务与生产能力之间差距的手段，再根据能力平衡的结果对计划进行修正。在供应链管理下的生产计划过程中，能力平衡发挥了以下作用：

- 为主生产计划和投入出产计划进行修正提供依据，这也是能力平衡的传统作用；
- 能力平衡是进行外包决策和零部件（原材料）急件外购的决策依据；
- 在主生产计划和投入出产计划中所使用的上游企业的能力数据，反映了其在合作中愿意承担的生产负荷，这可以为供应链管理的高效运作提供保证；
- 在信息技术的支持下，对本企业和上游企业的能力状态的实时更新使生产计划具有较高的可行性。

3. 计划的循环过程突破了企业的限制

当企业独立运行各自的生产计划系统时，一般有三个信息流的闭环，而且都在企业内部：

主生产计划—粗能力平衡—主生产计划

投入出产计划—能力需求分析（细能力平衡）—投入出产计划

投入出产计划—车间作业计划—生产进度状态—投入出产计划

在供应链管理下，生产计划的信息流跨越了企业，从而增添了新的内容：

主生产计划—供应链企业粗能力平衡—主生产计划

主生产计划—外包计划—外包工程进度—主生产计划

外包计划—主生产计划—供应链企业生产能力平衡—外包计划

投入出产计划—供应链企业能力需求分析（细能力平衡）—投入出产计划

投入出产计划—上游企业生产进度分析—投入出产计划

投入出产计划—车间作业计划—生产进度状态—投入出产计划

需要说明的是，以上各循环中的信息流都只是各自循环所必需的信息流的一部分，但它们可对计划的某个方面起决定性作用。

8.3 供应链管理环境下生产计划与控制的方法

8.3.1 供应链管理环境下的集成生产计划与控制系统

在生产计划与控制系统的集成研究中，有学者于1995年提出了一个三级集成计划与控制系统模型，即把主生产计划、物料需求计划和作业计划三级计划与订单控制、生产控制和作业控制三级控制系统集成起来。该模型的核心在于提出了制造资源网络和能力状态集的概念，并对如何建立制造资源网络和生产计划提前期的设置提出了相应模型与算法，并在ERP软件开发中运用了这一模型。在集成化供应链的概念没有出现之前，这一理论模型是完善的。但是理论总要随实际需求而不断发展，随着集成供应链管理思想的出现，该模型对资源的概念、能力的概念的界定都没有体现出供应链管理思想，没有体现扩展企业模型的特点。理论的发展和实践都要求我们提出新的体现集成化供应链管理思想的生产计划与控制理论模型，以适应全球化制造环境下全球供应链管理企业的生产管理模式的要求。

1. 概念的新拓展

（1）供应链管理对“资源”概念内涵的拓展。传统的企业资源计划（ERP）对企业资源这一概念的界定是局限于企业内部的，并统称为物料，因此ERP的核心是物料需求计划。在供应链管理环境下，资源分为**内部资源**（in-source）和**外部资源**（out-source），因此，资源优化的空间由企业内部扩展到企业外部，即从供应链整体系统的角度进行资源的优化。

（2）供应链管理对“能力”概念内涵的拓展。生产能力是企业资源的一种，在一般的ERP系统中，常把资源问题归结为能力需求问题或能力平衡问题。但正如资源一样，

ERP对能力的利用也局限于企业内部。供应链管理把资源的范围扩展到供应链系统，对能力的利用范围也因此扩展到了供应链系统全过程。

（3）供应链管理对“提前期”概念内涵的扩展。提前期是生产计划中一个重要的变量，在ERP系统中这是一个重要的设置参数。但ERP系统一般把它作为一个静态的固定值来对待（为了反映不确定性，后来人们又提出了动态提前期的概念）。在供应链管理环境下，并不强调提前期是否固定，重要的是交货期、准时交货，即供应链管理强调准时制：准时制采购、准时制生产、准时制配送。

2. 生产管理组织模式

供应链管理环境下的生产管理组织模式和现行的生产管理组织模式有一点显著的不同就是，在供应链管理环境下生产管理是开放性的、以团队工作为组织单元的多代理制的，图8-2显示了这种多代理制的供应链生产管理组织模式。

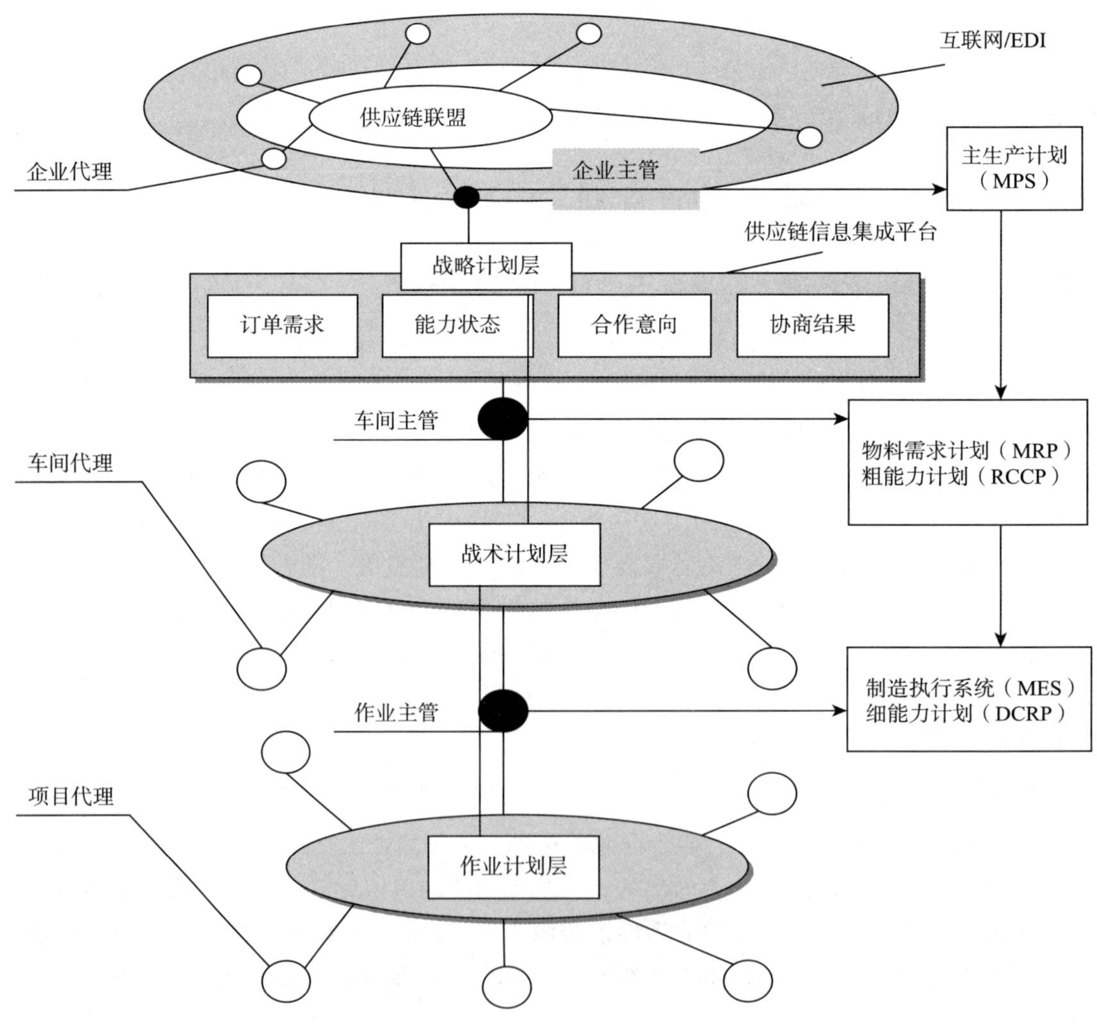

图8-2 供应链管理环境下的生产管理组织模式

企业内部也是基于多代理制的团队工作模式，团队有一名主管负责团队与团队之间的协调。**协调**（coordination）是供应链管理的核心内容之一，供应链管理的协调主要有三种形式，即供应—生产协调、生产—分销协调、库存—销售协调。

3. 生产计划信息组织与决策过程特征

供应链管理环境下的生产计划信息组织与决策过程具有以下几个方面的特征。

（1）开放性。经济全球化使企业进入全球开放市场，不管是基于虚拟企业的供应链，还是基于供应链的虚拟企业，开放性是当今企业组织发展的趋势。供应链是一种网络化组织，供应链管理环境下的企业生产计划信息已跨越了组织的界限，形成了开放性的信息系统，决策的信息资源来自企业内部与外部，并与其他组织共享。

（2）动态性。供应链环境下的生产计划信息具有动态性，是市场经济发展的必然。为了适应不断变化的顾客需求，使企业具有敏捷性和柔性，生产计划信息随市场需求的更新而变化，模糊的提前期和模糊的需求量要求生产计划具有更多的柔性与敏捷性。

（3）集成性。供应链是集成的企业群，是扩展了的企业，供应链环境下的企业生产计划信息是来自不同信息源的信息的集成，集成了供应商、分销商甚至消费者和竞争对手的信息。

（4）群体性。供应链环境下的生产计划决策过程具有群体性特征，这是因为供应链是分布式的网络化组织，具有网络化管理的特征。供应链企业的生产计划决策过程是一种群体协商过程，企业在制订生产计划时不但要考虑企业本身的能力和利益，同时还要考虑合作企业的需求与利益，是群体协商决策过程。

（5）分布性。供应链企业的信息来源在地理上是分布的，信息资源跨越部门和企业，甚至全球化，通过互联网 /EDI 等信息通信和交流工具，企业能够把分布在不同区域和不同组织的信息进行有机的集成与协调，使供应链活动同步进行。

8.3.2 生产计划与控制总体模型及其特点

根据前面的分析，我们提出供应链管理环境下的生产计划与控制总体模型，如图 8-3 所示。

1. 生产计划的特点

第一，该模型在 ERP 系统中提出了基于业务外包和资源外用的生产决策策略与算法模型，使生产计划与控制系统更适应以顾客需求为导向的多变的市场环境的需要。生产计划控制系统更加灵活，具有更大的柔性，更能适应按订单生产企业的需要。

第二，该模型把成本分析纳入了生产作业计划决策过程中，真正体现了以成本为核心的生产经营思想。而传统的 ERP 系统中虽然有成本核算模块，但作用仅仅是事后结算和分析，并没有真正起到成本计划与控制的作用，这是对 ERP 系统的一个改进。

第三，基于该模型的生产计划与控制系统充分体现了本书提出的供应链管理思想，即基于价值增值与用户满意的供应链管理模式。

2. 生产控制模式的特点

在生产控制模式方面，该模型也有一定的特色。

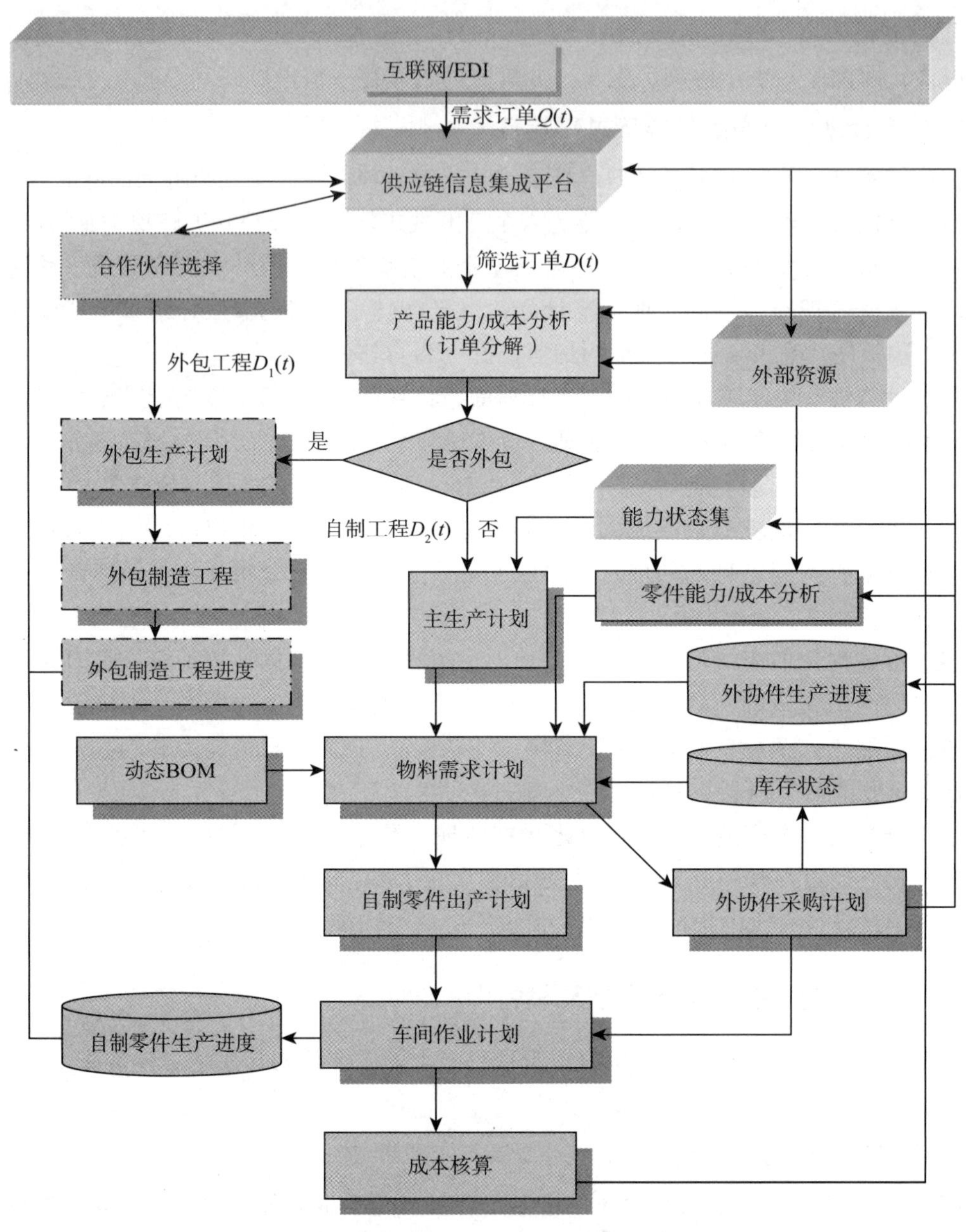

图 8-3 供应链管理环境下的生产计划与控制总体模型

（1）订货决策与订单分解控制。在对用户订货与订单分解控制决策方面，模型设立了订单控制系统，用户订单进入该系统后，要进行三个决策过程：价格 / 成本比较分析；交货期比较分析；能力比较分析。最后进行订单的分解决策，分解产生两种订单（在管理软件中用不同的工程号表示）：外包订单和自制订单。图 8-4 为订货决策与订单分解控制流程。

（2）面向对象的、分布式、协调生产作业控制模式。从宏观上讲，企业是这样的对象体：它既是信息流、物流、资金流的始点，也是三者的终点。对生产型企业对象进一步分析，企业由产品、设备、材料、人员、订单、发票、合同等各种对象组成，企业之

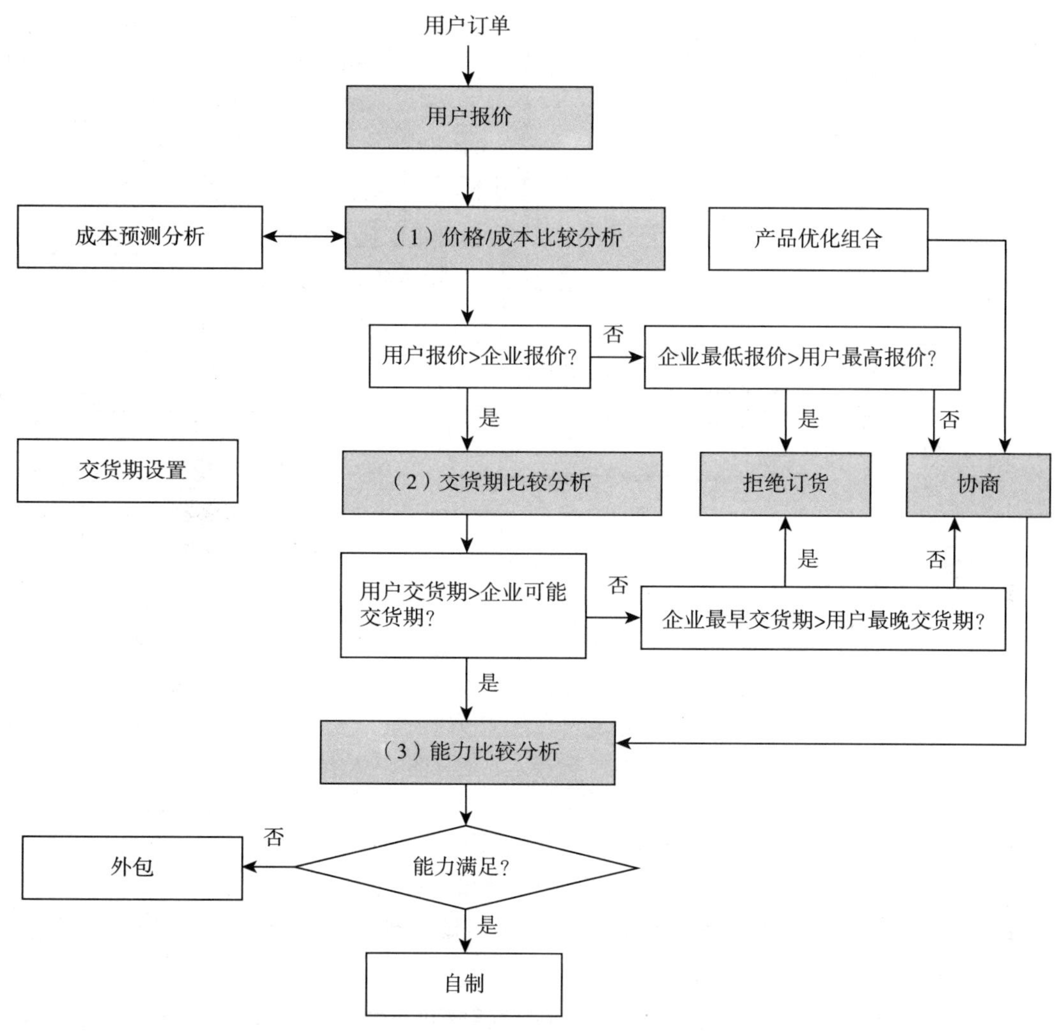

图 8-4 订货决策与订单分解控制流程

间最重要的联系纽带是“订单”，企业内部及企业间的一切经营活动都是围绕订单运作的，通过订单驱动其他企业活动，如采购部门围绕采购订单而运作，制造部门围绕制造订单而运作，装配部门围绕装配订单而运作，这就是供应链的订单驱动原理。

面向对象的生产作业控制模式从订单概念形成开始就考虑了物流系统各目标之间的关系，形成面向订单对象的控制系统。在控制过程中，主要完成以下几个方面的任务：对整个供应链各个业务流程进行面向订单监督和协调检查；规划一个订单工程的计划完成日期和完成工作量度指标；对订单工程对象的运行状态进行跟踪监控；分析订单工程完成情况，并与计划进行比较分析；根据顾客需求变化和订单工程完成情况提出切实可行的改进措施。

订单控制过程可以用订单运行流程图简要说明（见图 8-5）。

面向对象的、分布式、协调生产作业控制模式有以下几个特点：

- 体现了供应链的集成观点，从用户订单输入到订单完成，供应链各部门的工作紧紧围绕订单来运作；

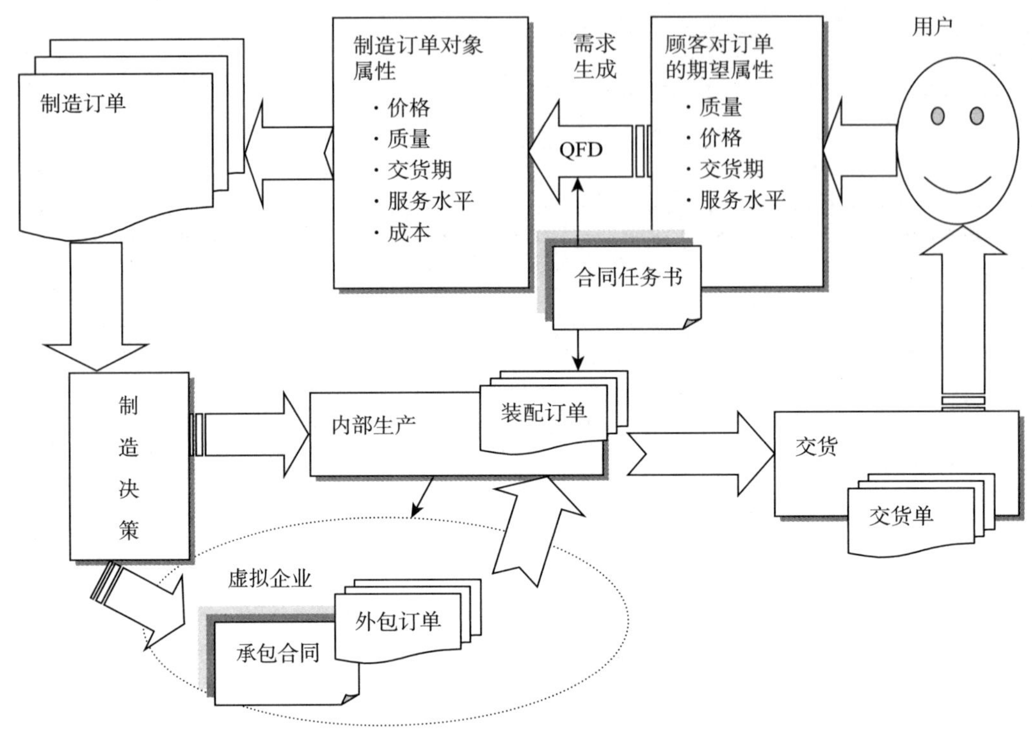

图 8-5　订单运行流程图

- 业务流程和信息流保持一致，有利于供应链信息跟踪与维护；
- 资源的配置原则更为明确统一，有利于资源的合理利用和管理；
- 顾客需求订单转化为生产计划订单，采用模糊预测理论和 QFD 相结合，使生产计划执行更靠近顾客需求；
- 体现纵横一体化企业集成思想，在供应链横向采取订单驱动的方式，而在纵向则采用基于资源约束的生产控制方法。

供应链管理环境下这种面向对象的、分布式、协调生产作业控制模式最主要的特点是信息的相互沟通与共享。建立供应链信息集成平台（协调信息的发布与接收），及时反馈生产进度有关数据，修正生产计划，以保证供应链各企业都能同步执行。

8.3.3　合作计划、预测与补货

1. 问题提出的背景

在传统的供应链实际运行中，由于制造商与零售商的活动是分离的，因此经常出现信息共享缺位导致的问题。例如，某种产品的实际需求是比较平稳的，如人们日常生活中的米、面、油等。受到人类生活特征的影响，这类产品每天的消费数量比较平稳，生产企业可以根据某地区的人口预测出市场需求。但是，实际市场运行情况并非如此简单。比如说，零售商出于提高销售量的目的，经常会开展一些促销活动。显而易见，在促销

期间，销售量往往会增加。实际上，很多商品在促销期间销量上升只是将未来需求提前实现而已，在促销过后的一段时间内，市场上的销售量往往会低于正常情况下的数量，因为消费者已经在促销期间将未来需求的产品提前购买了，结果人为地造成需求的剧烈波动，如图 8-6 所示。按道理讲，零售商促销也是很正常的行为，但是如果制造商不知道零售商促销活动的话，就会出现生产的盲目性，造成库存过多或过低的情况，给制造商和零售商都带来不必要的损失。

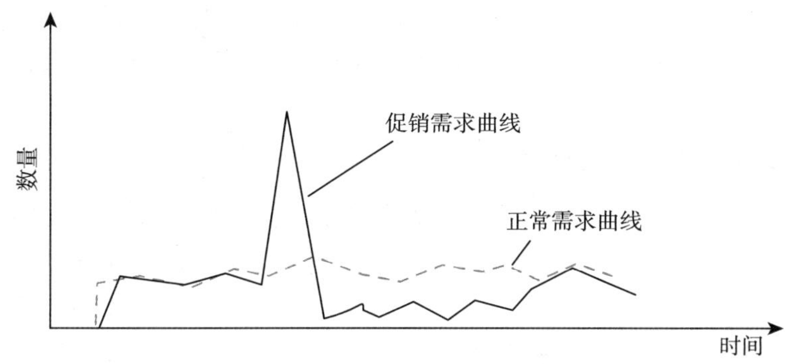

图 8-6　正常需求与促销活动下的需求特征

人们在意识到了这类情况之后，开始就解决之道进行了艰苦的探索。其中，贡献最大的当属 CPFR 方法的产生。

2. CPFR 的概念

合作计划、预测与补货（collaborative planning, forecasting and replenishment, CPFR）是 1995 年由沃尔玛主导和提出的供应链管理的一个新模式，尤其用于供应链环境下的生产计划与控制方面，它能够克服单个企业独自制订计划带来的种种问题。

CPFR 是一种供应链计划与运作管理的新哲理，它应用一系列的处理和技术模型，提供覆盖整个供应链的合作过程，通过共同管理业务过程和共享信息来改善零售商与供应商的合作伙伴关系，提高预测的准确度，最终达到提升供应链效率、减少库存和提高消费者满意度的目的。CPFR 有三个指导性原则：

- 供应链业务伙伴框架结构和运作过程以消费者为中心，并且面向价值链的运作；
- 供应链业务伙伴共同负责开发共享的消费者需求预测系统，以驱动整个价值链计划；
- 供应链业务伙伴均承诺共享预测并在消除供需过程的障碍上共担风险。

3. CPFR 的产生过程和发展

1995 年，国际著名的商业零售连锁店沃尔玛及其供应商 Warner Lambert、世界上最大的企业管理软件商 SAP、国际著名的供应链软件商 Manugistics、美国著名的咨询公司 Benchmarking Partners 5 家公司联合成立了零售供应和需求链工作组，进行 CPFR 研究和探索，其目的是开发一组业务过程，使供应链上的成员能够利用它实现从零售商到制造企业的功能合作，显著改善预测准确度，降低成本、库存总量和现货百分比，发挥出供应链的全部效率。在实施 CPFR 后，Warner Lambert 公司零售商品满足率从 87% 增加到 98%，新增销售收入 800 万美元。在 CPFR 取得初步成功后，由 30 多个单位组成了 CPFR 理事会，并与自愿行业间商业标准（voluntary inter industry commerce standards，VICS）理事会一起致力于 CPFR 的研究、标准制定、软件开发和推广应用工作。美国商务部资料表明，1997 年，美国零售商品供应链中的库存价值约为 1 万亿美元，CPFR 理事会估计，通过全面实施 CPFR，可以减少 15% ～ 25% 的库存，即 1 500 亿～ 2 500 亿美元。由于 CPFR 巨大的潜在效益和市场前景，一些著名的企业软件商如 SAP、Manugistics、Logility、PeopleSoft、i2 Technologies 等公司都在开发 CPFR 软件系统与从事相关的服务。

4.CPFR 与其他合作模式的关系

在 CPFR 提出之前，关于供应链伙伴的合作模式主要有**合作预测与补货**（aggregate forecasting and replenishment，AFR）和联合管理库存（JMI）、供应商管理库存（VMI）等。AFR 是商业贸易伙伴交互作用中应用最广泛的方法，用于预测的核心数据来自辛迪加数据和销售历史数据，采用制造者推动供应链的方法。AFR 缺乏集成的供应链计划，可能会导致高库存或低订单满足率。VMI 可以避免 AFR 的一些问题，VMI 的一项关键技术是应用供应链的能力管理库存，这样需求和供应就能结合在一起，制造商就能够得到零售分销中心仓库返回数据和 POS（point of sale）数据，然后利用这些信息规划整个供应链的库存配置。VMI 方法虽然有诸多优点，但缺乏系统集成。JMI 预测与补货方法相对较新，这种方法以消费者为中心，着眼于计划和执行更详细的业务，供应链经常应用**工作组**（team work）方法处理关键问题，使合作双方在了解对方运作的增强相互作用等方面得到改善，结果有助于发展贸易伙伴的信任关系。JMI 在每个公司内增加了计划执行的集成，在消费者服务水平、库存和成本管理方面取得了显著的效果，但 JMI 的建立和维护成本高。

5. CPFR 的业务模型

CPFR 的业务模型的业务活动可划分为计划、预测和补货 3 个阶段，包括 9 个主要流程活动，如图 8-7 所示。这 9 个步骤可以分为 5 个层次。

第一步，供应链合作伙伴之间达成 CPFR 合作协议。这一步是第一个层次，是供应链合作伙伴之间（零售商、分销商和制造商）为合作关系建立指南和规则，共同达成一个通用业务协议，包括对合作的全面认识、合作目标、保密协议、资源授权、合作伙伴的任务和成绩的检测。

第二步，组织联合工作小组，制订共同工作计划。这是第二个层次，供应链合作伙伴相互交换战略和业务计划信息，以发展联合业务计划。合作伙伴首先建立基于合作伙伴关系的联合工作小组，然后定义分类任务、目标和策略，并建立合作项目的管理要素，如订单最小批量、交货期、订单间隔等。

第三步，创建销售预测。利用零售商 POS 数据、因果关系信息、已计划事件信息创建一个支持共同业务计划的销售预测。

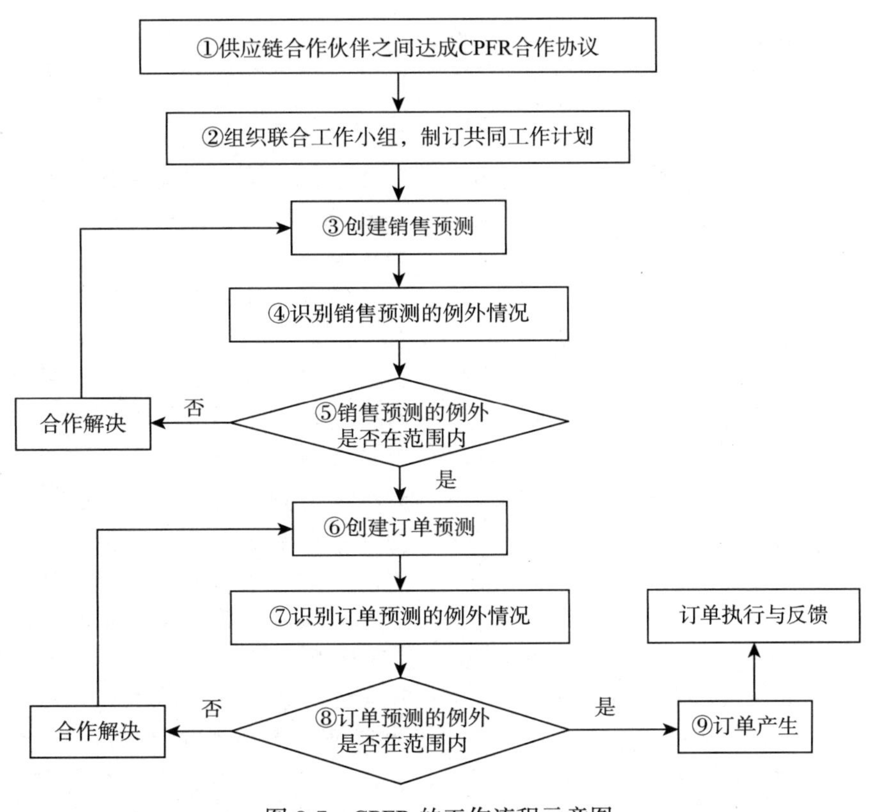

图 8-7 CPFR 的工作流程示意图

第四步，识别销售预测的例外情况。识别分布在销售预测约束之外的项目，每个项目的例外准则需在第一步中得到认同。

第五步，销售预测例外项目的解决 / 合作，即判断销售预测的例外是否在范围内。通过查询共享数据、电子邮件、电话、交谈、会议等解决销售预测例外情况，并将产生的变化提交给销售预测（第三步）。

第三步至第五步构成第三个层次。

第六步，创建订单预测。合并 POS 数据、因果关系信息和库存策略，产生一个支持共享销售预测和共同业务计划的订单预测，提出分时间段的实际需求数量，并通过产品及接收地点反映库存目标。订单预测周期内的短期部分用于产生订单，预测周期外的长期部分用于计划。

第七步，识别订单预测的例外情况。识别分布在订单预测约束之外的项目，例外准则在第一步已建立。

第八步，订单预测例外项目的解决 / 合作，即判断订单预测的例外是否在范围内。通过查询共享数据、电子邮件、电话、交谈、会议等调查研究订单预测例外情况，并将产生的变化提交给订单预测（第六步）。

第六步至第八步构成第四个层次。

第九步，订单产生。将订单预测转换为已承诺的订单，订单产生可由制造商或分销商根据能力、系统和资源来完成。这是第五个层次。

供应链聚焦

汉高集团（Henkel）是德国大型清洁产品供应商，20世纪90年代后期，公司深受订货预测和供应链管理实施乏力所困，存货水平高得无法接受，产品输出缓慢，运输效率低下。

通过分析发现主要原因是公司没有一个贯穿供应链的计划系统，无法整合连续补充的预测计划，无法预测目标市场需求的确切数量，导致生产组织的盲目性。

1999年，汉高集团与西班牙最大的零售连锁集团Eroski，共同实施了CPFR。

Eroski以Consum品牌经营着47个大卖场、800个超级市场和2 000多个特许经营超市。两家公司当时已有很多业务往来。但是，由于传统上单打独斗的运作方式，汉高的销售预测中有50%的误差，缺货现象十分严重，而且在Eroski庞大的500家商店提供服务的中转仓库出货经常出错，给两个企业都带来了不利的影响。

针对这种情况，两个企业决定实施CPFR。为此，双方成立了一个小型的工作小组来开展工作。开始时，每周交换一次订货信息，每15天交换一次销售预测，每4个月交换一次促销计划表。为了提高合作效率，双方还开发了基于互联网的工作平台。

随着CPFR合作实验的进行，1999～2000年，平均错误率从50%下降到5%。同时，控制在20%的合理误差率范围内的预测比率从20%上升到75%。其他方面也取得了满意的效果：98%的客户满意度、5天的供货期、2%的缺货率、大于85%的预测可靠性、98%的卡车满载率等。

汉高集团与Eroski的CPFR实践也并非一帆风顺。首先面对的困难就是如何建立CPFR的复杂工作模式，如何打破双方保守的思维方式；其次是改变旧有的习惯，如何鼓励数据的自由流动。通过采取措施，双方逐步解决了这些问题，使CPFR的实践取得了预期的效果。

资料来源：http://www.doc88.com/p-550559334372.html。

6. CPFR实施中的关键因素

在CPFR实施过程中，获得成功的关键因素有以下几个。

（1）以“双赢”的态度看待合作伙伴和供应链的相互作用。企业必须了解整个供应链过程以发现自己的信息和能力在何处有助于供应链，进而有益于最终消费者和供应链合作伙伴。换句话说，基于CPFR的供应链获得成功的一个关键是从“零和竞争”的传统企业关系到“双赢”合作关系的转变。

（2）为供应链成功运作提供持续保证以及共同承担责任。这是基于CPFR的供应链成功运作所必需的企业价值观。每个合作伙伴对供应链的保证、权限和自身能力均不同，合作伙伴应能够调整其业务活动以适应这些不同。无论处于哪个职责层，合作伙伴坚持其保证和责任将是供应链成功运作的关键。

（3）实现跨企业、面向团队的供应链。团队不是一个新概念，建立跨企业的团队会造成一个新问题：团队成员可能参与其他团队，并与其合作伙伴的竞争对手合作。这些竞争对手互相存在“盈利/损失”关系，团队联合的深度和交换信息的类型可能造成多个CPFR团队中人员的冲突。在这种情况下，必须有效地构建支持完整团队和个体关系的公司价值系统。

（4）制定和维护行业标准。公司价值系统的另一个重要组成部分是对行业标准的支持。每个公司有一个单独开发的过程，这会影响公司与其合作伙伴的联合。行业标准必须制定，既便于实施的一致性，又允许公司间的不同，这样才能被有效应用。开发和评价这些标准有利于合作伙伴的信息共享和合作。

8.3.4 供应链下多工厂生产计划优化模型

企业要想完成一份订单，不能脱离上游供应商和下游分销商的支持，因此，在编制生产计划时要尽可能考虑供应链上的合作伙伴。另外，有的制造商可能在不同地域有多个工厂，每个工厂有不同的生产能力，所以，在制订生产计划时既要考虑不同企业的合作，又要考虑同一企业不同地域的生产工厂的能力及贴近市场的情况。这就是人们所说的多工厂条件下生产计划的制订问题。

任何企业在制订生产计划时都会考虑生产能力和资源约束。过去，在传统的生产管理思想的影响下，各个企业一般只能考虑本企业的生产能力及资源约束，没有将上下游企业的情况综合起来，因此，在完成最终市场所需要的订单时，整个供应链的总成本并不能达到最优。供应链管理理论出现之后，这种情况有所改善。现在，已有一些供应链上的核心企业在制订生产计划时将供应链作为一个整体进行优化，将供应链上的企业的生产能力与市场需求总体上进行匹配。这样一来就使得整个供应链在完成订单的过程中总成本达到最低，合作伙伴共同分享节省下来的成本，共同受益。

假设有一个供应链系统如图 8-8 所示。该供应链上的核心制造商拥有两个工厂 P_1、P_2，可由三家供应商 S_1、S_2、S_3 提供零部件，生产出的产品可由三个仓储中心 W_1、W_2、W_3 向两个市场 C_1 和 C_2 分拨。现在的问题是，假定某一时刻获得了 C_1 和 C_2 两个市场的需求订单，制造商的管理人员应该如何制订生产计划，以便在满足两个市场需求量的情况下使整个供应链的成本最低？

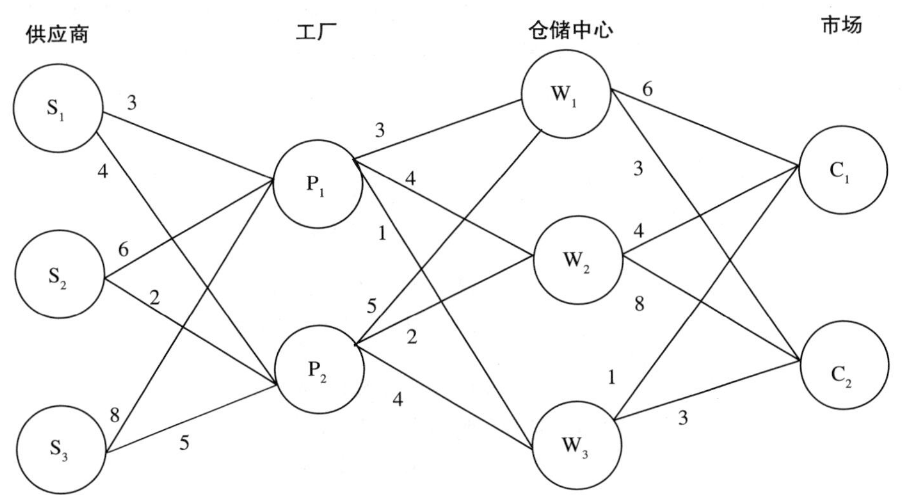

图 8-8 供应链环境下的多工厂生产系统

1. 符号约定

S_i——供应商 i 的生产能力，i=1，2，…，n；

P_j——本企业工厂 j 的生产能力，j=1，2，…，m；

W_k——仓储中心 k 的处理能力，k=1，2，…，v；

C_p——市场 p 的需求量，p=1，2，…，x；

FP_t——设置工厂 t 的固定成本，t=1，2，…，y；

FW_u——设置仓储中心 u 的固定成本，u=1，2，…，z；

S_{ij}——供应商 i 向工厂 j 交货的数量；

P_{jk}——工厂 j 向仓储中心 k 进货的数量；

W_{kp}——仓储中心 k 向市场 p 出货的数量。

图 8-8 中两个节点之间连线上的数字表示单位产品的运输成本（元 / 单位）。

2. 供应链下生产计划优化算例

仍以如图 8-8 所示的供应链系统为例，假设已知如下数据。

S_1 = 2 000 单位，S_2 = 3 000 单位，S_3 = 4 000 单位。

P_1 = 5 000 单位，P_2 = 6 000 单位。

W_1 = 4 000 单位，W_2 = 7 000 单位，W_3 = 2 000 单位。

C_1 = 4 000 单位，C_2 = 3 000 单位。

FP_1 = 500 000 元，FP_2 = 750 000 元。

FW_1 = 80 000 元，FW_2 = 60 000 元，FW_3 = 45 000 元。

根据上述决策目标，给出以下目标函数及相关约束条件。

目标函数：

$$\min TC = 3S_{11}+4S_{12}+6S_{21}+2S_{22}+8S_{31}+5S_{32}+3P_{11}+4P_{12}+P_{13}+5P_{21}+2P_{22}+4P_{23}$$
$$+6W_{11}+3W_{12}+4W_{21}+8W_{22}+10W_{31}+3W_{32}+500\ 000a+750\ 000b+80\ 000c+60\ 000d+45\ 000e$$

式中，TC 为总成本；a、b、c、d、e 为 0-1 变量。约束条件分为供应约束、需求约束、仓储中心平衡约束、工厂生产能力平衡约束及其他约束，先分列如下。

供应约束：

$$\text{对供应商}\begin{cases}S_{11}+S_{12}\leqslant 2\ 000\\S_{21}+S_{22}\leqslant 3\ 000\\S_{31}+S_{32}\leqslant 4\ 000\end{cases}$$

$$\text{对工厂}\begin{cases}P_{11}+P_{12}+P_{13}\leqslant 5\ 000a\\P_{21}+P_{22}+P_{23}\leqslant 6\ 000b\end{cases}$$

$$\text{仓储中心}\begin{cases}W_{11}+W_{12}\leqslant 4\ 000c\\W_{21}+W_{22}\leqslant 7\ 000d\\W_{31}+W_{32}\leqslant 2\ 000e\end{cases}$$

需求约束：

$$\begin{cases} W_{11} + W_{21} + W_{31} \geqslant 4\ 000 \\ W_{12} + W_{22} + W_{32} \geqslant 3\ 000 \end{cases}$$

仓储中心平衡约束：

$$\begin{cases} P_{11} + P_{21} = W_{11} + W_{12} \\ P_{12} + P_{22} = W_{21} + W_{22} \\ P_{13} + P_{23} = W_{31} + W_{32} \end{cases}$$

工厂生产能力平衡约束：

$$\begin{cases} S_{11} + S_{21} + S_{31} = P_{11} + P_{12} + P_{13} \\ S_{12} + S_{22} + S_{32} = P_{21} + P_{22} + P_{23} \end{cases}$$

其他约束：

a、b、c、d、e 为 0-1 变量（取 0 或 1）

非负条件：

$$S_{ij} \geqslant 0,\ P_{jk} \geqslant 0,\ W_{kp} \geqslant 0$$

以上模型建立起来之后，可以选择任何支持线性规划算法的软件进行求解。本例选用 LINGO 8.0 版本，求出的结果为：

$$\min TC=3\times 1\ 000+4\times 1\ 000+2\times 3\ 000+5\times 2\ 000+4\times 1\ 000+2\times 6\ 000$$
$$+4\times 4\ 000+8\times 3\ 000+500\ 000+750\ 000+60\ 000=1\ 389\ 000\text{（元）}$$

最优计划方案为：供应商 S_1 向工厂 P_1 提供 1 000 单位的零部件、向工厂 P_2 提供 1 000 单位的零部件，供应商 S_2 向工厂 P_2 提供 3 000 单位的零部件，供应商 S_3 向工厂 P_2 提供 2 000 单位的零部件。然后，工厂 P_1 向仓储中心 W_2 提供 1 000 单位的产品、工厂 P_2 向仓储中心 W_2 提供 6 000 单位的产品。最后，仓储中心 W_2 向市场 C_1 配送 4 000 单位的产品，向市场 C_2 配送 3 000 单位的产品。这样运作下来，总成本（除原材料、直接生产成本外）是 1 389 000 元，具体物流过程如图 8-9 所示。

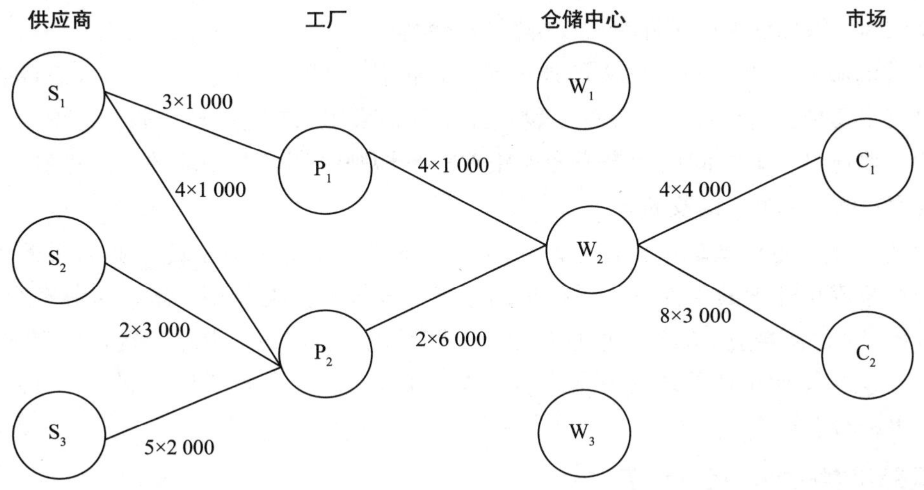

图 8-9 供应链环境下的多工厂生产计划优化结果

8.4 供应链管理环境下生产系统的协调机制

8.4.1 供应链的协调机制

要实现供应链的同步化运作，需要建立供应链的协调机制。协调供应链的目的在于使信息能无缝、顺畅地在供应链中传递，减少因信息失真而导致的过量生产、过量库存现象的发生，使整个供应链能根据顾客的需求保持步调一致，也就是使供应链能够同步化响应市场需求变化。

供应链的协调机制有两种划分方法。根据协调的职能可划分为两类：一类是不同职能活动之间的协调与集成，如生产—供应协调、生产—销售协调、库存—销售协调等协调关系；另一类是同一职能不同层次活动的协调，如多个工厂之间的生产协调。根据协调的内容划分，供应链的协调可划分为信息协调和非信息协调。

8.4.2 供应链的协调模式

供应链的协调模式分为中心化协调、非中心化协调和混合式协调三种。中心化协调模式把供应链作为一个整体纳入系统，采用集中方式决策，因而忽视了代理的自主性，也容易导致“组合约束爆炸”，对不确定性的反应比较迟缓，很难适应市场需求的变化。非中心化（分散）协调模式过分强调代理模块的独立性，对资源的共享程度低，缺乏通信与交流，很难做到供应链的同步化。比较好的协调控制模式是分散与集中相结合的混合式协调模式。各个代理一方面保持各自的独立性运作，另一方面参与整个供应链的同步化运作体系，保持了独立性与协调性的统一。

8.4.3 供应链的信息跟踪机制

供应链各个代理之间是服务与被服务的关系，服务信息的跟踪和反馈机制可使企业生产与供应同步进行，消除不确定性对供应链的影响。因此，应该在供应链系统中建立服务跟踪机制，以降低不确定性对供应链同步化的影响。

供应链的服务跟踪机制为供应链提供两方面的协调辅助：信息协调和非信息协调。非信息协调主要指完善供应链运作的实物供需条件，采用 JIT 生产与采购、运输调度等；信息协调主要通过企业之间的生产进度的跟踪与反馈来协调各个企业的生产进度，保证按时完成用户的订单并及时交货。

供应链企业在生产系统中使用跟踪机制的根本目的是保证对下游企业的服务质量。只有在企业集成化管理的条件下，跟踪机制才能够发挥最大的作用。跟踪机制在企业内部表现为客户（上游企业）的相关信息在企业生产系统中的渗透。其中，客户的需求信息（订单）成为贯穿企业生产系统的一条线索，成为生产计划、生产进度控制、物资供应相互衔接和协调的手段。

1. 跟踪机制的外部运行环境

跟踪机制的提出与对供应链管理的深入研究密不可分。供应链管理下企业间的信息集成从以下三个部门展开。

（1）采购部门与销售部门。采购部门与销售部门是企业间传递需求信息的接口。需求信息总是沿着供应链从下游传至上游，从一个企业的采购部门传向另一个企业的销售部门。因为我们讨论的是供应链管理下的销售与采购环节，稳定、长期的供应关系是前提，所以可将注意力集中在需求信息的传递上。

从常用的概念来看，企业的销售部门应该对产品交货的全过程负责，即从订单下达给企业开始，直到交货完毕的全过程。然而，当供应链管理下的战略合作伙伴关系建立以后，销售部门的职能就简化了。销售部门在供应链上下游企业间仅仅是一个信息接口。它负责接收和管理有关下游企业需求的一切信息，除了单纯意义上的订单外，还有下游企业对产品的个性化要求，如质量、规格、交货渠道、交货方式等。这些信息是企业其他部门的工作所必需的。

同销售部门一样，在供应链管理下采购部门的职责也得以简化。采购部门原有的工作是保证生产所需的物资供应。它不仅要下达采购订单，还要确保采购的物资保质、保量按时入库。在供应链管理下，采购部门的主要工作是将生产计划系统的采购计划转换为需求信息，以电子订单的形式传递给上游企业。同时，它还要从销售部门获取与采购的零部件和原材料相关的客户个性化要求信息，并传达给上游企业。

（2）制造部门。制造部门的任务不仅仅是生产，还包括对采购物资的接收以及按计划对下游企业配套件的供应。在这里，制造部门实际上兼具运输服务和仓储管理两项辅助功能。制造部门能够完成如此复杂的工作，原因在于生产计划部门对上下游企业的信息集成，同时也依赖于战略合作伙伴关系中的质量保证体系。

此外，制造部门还要在制造过程中实时收集订单的生产进度信息，经过分析后提供给生产计划部门。

（3）生产计划部门。在集成化管理中，企业的生产计划部门肩负着大量的工作。企业生产计划部门集成了来自上下游生产计划部门、企业自身的销售部门和制造部门的信息，主要功能有三个。

一是滚动编制生产计划的功能。来自销售部门的新增订单信息，来自企业制造部门的订单生产进度信息，来自上游企业的外购物资的生产计划信息，以及来自上游企业的需求变动信息，这四部分信息共同构成了企业滚动编制生产计划的信息支柱。

二是保证对下游企业的产品供应的功能。下游企业的订单并非一成不变，从订单到达时起，供需双方的内外环境就一直不断变化，最终的供应时间实际上是双方不断协调的结果，其协调的工具就是双方不断滚动更新的生产计划。生产计划部门按照最终的协议指示制造部门对下游企业进行供应。这种供应是与下游企业生产计划相匹配的准时制供应。由于生产出来的产品不断发往下游企业，因此制造部门不会有过多的在制品和成品库存压力。

三是保证上游企业对本企业的供应。这一功能与上一功能是相对应的。生产计划部门在制造部门提供的实时生产进度分析的基础上结合上游企业传递的生产计划（生产进度分析）信息，与上游企业协商确定各批订单的准确供货时间。上游企业将按照约定的时间将物资发送到本企业。采购零部件和原材料的准时制供应降低了制造部门的库存压力。

图 8-10 为以上几点论述的示意图。

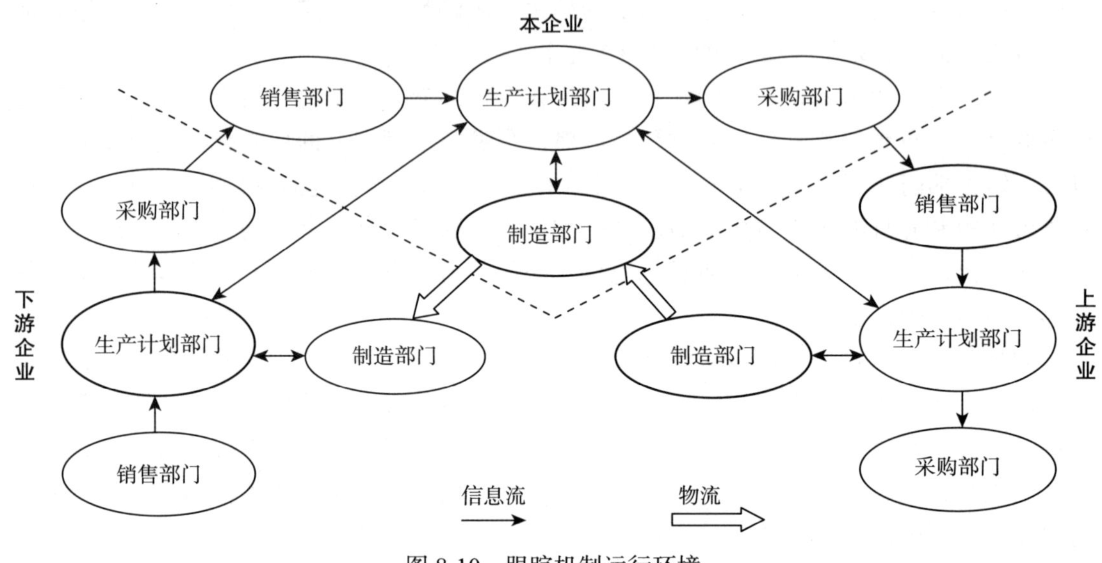

图 8-10 跟踪机制运行环境

2. 生产计划中的跟踪机制

（1）建立订单档案。在接到下游企业的订单后，建立针对上游企业的订单档案，其中包含了客户对产品的个性化要求，如规格、质量、交货期、交货方式等具体内容。

（2）外包订单跟踪分析。对于外包给合作企业的计划，要实时进行分析，根据计划执行情况采取相关措施。

（3）车间作业计划跟踪分析。车间作业计划用于指导具体的生产活动，具有高度的复杂性，一般难以严格按订单的划分来调度生产，但可以要求在加工路线单上注明本批生产任务的相关订单信息和相关度信息。在整个生产过程中实时地收集和反馈订单的生产数据，为跟踪机制的运行提供来自基层的数据。

（4）采购计划跟踪分析。采购部门接收的是按订单下达的采购信息，它们可以运用不同的采购策略来完成采购计划。订单的作用主要体现在以下两个方面。

- 将采购部门与销售部门联系起来。下游企业的个性化需求可能涉及原材料和零部件的采购，采购部门可以利用订单查询这一信息，并提供给各上游企业。
- 建立需求与生产之间的联系。采购部门的重要任务之一就是在上游企业的生产过程与本企业订单之间建立对应关系。这样，企业可以了解到订单生产所需要的物资在上游企业中的生产情况，还可以提供给上游企业准确的供货时间。

3. 生产进度控制中的跟踪机制

生产控制是生产管理的重要职能，是实现生产计划和生产作业管理的重要手段。虽然生产计划和生产作业计划对生产活动已做了比较周密而具体的安排，但随着时间的推移，市场需求往往会发生变化。此外，各种生产准备工作不周全或生产现场偶然因素产生的影响，也会使计划产量和实际产量之间产生差异。因此，必须及时对生产过程进行监督和检查，发现偏差，进行调节和校正工作，保证计划目标的实现。

这里主要讨论内嵌于生产控制中的跟踪机制及其作用。生产控制有许多具体的内容，我们仅以具有普遍意义的生产进度控制作为讨论的对象。

生产进度控制的主要任务是依照预先制订的作业计划，检查各种零部件的投入和产出时间、数量以及配套性，保证产品能准时产出，按照订单承诺的交货期将产品准时送到客户手中。

由于建立了生产计划的跟踪机制，因此生产进度控制的相应工作就是在加工路线单中保留子订单信息。此外，生产进度控制运用了多种分析方法，如在生产预测分析中的差额推算法，生产均衡性控制中的均衡系数法，生产成套性控制中的甘特图等。这些方法同样可以运用到跟踪机制中，不过分析的目标不再仅是计划的执行状况，还包括对各订单的分析。

在没有跟踪机制的生产系统中，由于生产计划中隐去了订单信息，生产控制系统无法识别生产过程与订单的关系，也无法将不同的订单区别开来，因此仅能控制产品的按计划投入和产出。使用跟踪机制的作用在于对订单的生产实施控制，保证对客户的服务质量。

（1）按优先级保证对客户的产品供应。保证订单中各种物料的供给才能保证订单的准时完工，这也就意味着对客户服务质量的保证。在一个企业中，不同的订单总是有着大量的相同或类似的零部件同时进行加工。在车间生产的复杂情况下，由于生产实际与生产计划的偏差，在制品未能按时到位的情况经常发生。在产品结构树中处于低层的零部件的缺件破坏了生产的成套性，必将导致高层零部件的生产计划无法执行，这是一个逐层向上的恶性循环。

较好的办法是将这种可能产生的混乱限制在优先级较低的订单内，保证高优先级的订单的生产成套性。当发生意外情况时，总是认为意外发生在低优先级的订单内，使高优先级的订单能够获得物资上的保证。在低优先级订单的优先级不断上升的情况下，总是优先保证高优先级的订单，必然能够保证对客户的服务质量。相反，在不能区分订单的条件下是无法使用这种办法的。“拆东墙补西墙”式的生产调度，会导致在同一时间加工却在不同时间使用的零部件互相挤占，给后续生产造成隐患。

（2）在企业间集成化管理的条件下保证下游企业所需要的实时计划信息。对本企业而言，这一要求就意味着使用精确实时的生产进度数据来修正预订单项对应的每一个订单的相关计划记录，保持生产计划的有效性。在没有相应的跟踪机制的情况下，同一个生产计划、同一批半成品都可能对应着多份订单，实际上无法度量具体订单的生产进度。可见，生产控制系统必须建立跟踪机制才能实现面向订单的数据搜集，生产计划系统才能够获得必要的信息，以实现面向客户的实时计划修正。

8.5 基于大批量定制和延迟制造思想的供应链生产组织

8.5.1 大批量定制生产的定义与基本思想

大批量定制（mass customization，MC）一词是由斯坦·戴维斯（Stan Davis）首先创造的，他从哲学上的矛盾论等理论出发，提出“大批量”是整体，“定制”是部分，这两者在企业中可以不是对立关系，而是一种“对立统一”的关系，因而 MC 是一个“合成词”。MC 系统可以像大批量生产（MP）时代一样以低价格吸引客户，同时却又如先工业时代那样独立地对待客户的个性化需求。后人在戴维斯的基础上将 MC 的定义升华为一种能力：通过高度敏捷、柔性和集成的过程，为每一个客户提供独立设计的产品和服务。它的核心思想之一是要求企业以类似于 MP 生产模式的时间和成本生产出具有个性化（客户化）的产品。它是一种指导企业参与市场竞争的哲理，要求企业时刻从长远利益角度来考虑其与客户的关系，以让客户满意作为最高的追求目标之一，从而吸引并永远地留住客户。

MC 的基本思想是：将手工定制的生产问题通过产品重构和过程重构转化或者部分转化为批量生产问题。对客户而言，生产的产品是定制的、个性化的；而对厂家而言，定制产品主要采用 MP 生产方式。手工定制根据某一客户的特定需要生产一种产品或提供一种服务；MC 则用一种经济的方法实现它，企业以客户为中心，在预先设计好的模块的基础上加以新的零部件设计和制造。

MC 在具体实现上表现为：企业根据市场预测，按照 MP 或 MTS 生产模式生产无个性特征的**通用产品**，并在此基础上，根据客户订单的实际要求，通过对通用产品的重新配置和变形设计为客户提供个性化的定制产品，从而实现**定制生产**（customized production，CP）和 MP 的有机结合。MC 模式的关键是实现产品标准化和制造柔性化之间的平衡。MC 是矛盾统一体：大批量生产使企业获得低成本产出，但无法实现多样化；定制生产可以极大限度地满足客户的个性化需求，但可能导致高成本和长交货期。这是两种完全不同的管理模式和组织方式，而 MC 则是这两者的有机统一。

MP 与 MC 在许多方面存在差异。传统的 MP 系统组织结构等级化，工人重复劳动多，提供低成本、标准化的产品和服务。而 MC 强调在可配置环境、人员、工艺和技术下的柔性和快速响应，以低价格满足客户需求，人员富有独立性，管理系统具有有效的联络机制。

在 MP 环境下，客户被动地接受标准产品，使得通过规模经济获得市场拓展和价格削减成为可能。标准产品和定制产品的价格差异使得企业追逐均质市场下的需求聚类。在不稳定的市场环境下，客户需求难以统一化，这时 MC 模式就显示出其优势，因为在 MC 模式下企业更了解也更容易满足客户需求。

从经济学角度看，MP 模式获得了**规模经济**（economy of scale），MC 模式获得了**范围经济**（economy of scope）。如图 8-11 所示，“客户愿意支付的价格”与“MP 成本线”之间的差额构成了 MP 模式的规模经济，而“客户愿意支付的价格”与“MC 成本线”之间的差额构成了 MC 模式的范围经济。在其他因素相同的情况下，客户愿意为定制化产品支付更高的价格。

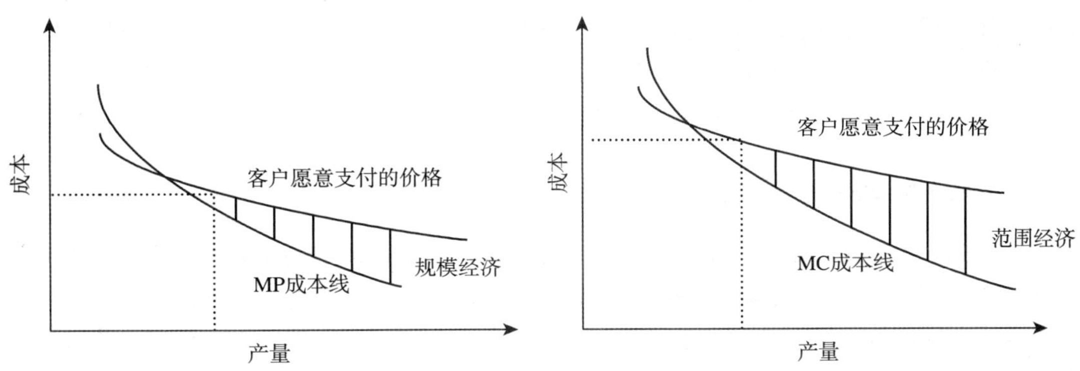

图 8-11　MP 模式的“规模经济”和 MC 模式的“范围经济”

MC 模式是建立在 MP 模式基础之上的体现个性化的一种生产模式，它显示了“低成本下的个性化”的魅力。尽管 MC 模式与传统的 MP 模式在产品生产数量上有相似之处，但这两种生产模式的本质是不同的，表 8-1 对这两种生产模式进行了比较。

表 8-1　MC 模式与 MP 模式的比较

比较项目	MP 模式	MC 模式
焦点	通过稳定性和控制力来取得高效率	通过灵活性和快速响应来实现多样化与定制化
目标	以几乎人人都买得起的低价格开发、生产、销售、支付产品和服务	开发、生产、销售、交付客户买得起的具有足够的多样化和定制化的产品与服务
关键特征	稳定的需求	分化的需求
	统一的大市场	多元化的细分市场
	低成本、质量稳定、标准化的产品和服务	低成本、高质量、定制化的产品和服务
	产品开发周期长	产品开发周期短
	产品生命周期长	产品生命周期短

此外，在 MC 模式中，技术创新扮演着重要角色，新技术的产生和应用不仅增强了产品的适应能力与产品的多样化，同时使得多品种产品的生产更加经济。

MP 基本技术对 MC 的实施起着非常重要的作用，比如 JIT 就从生产批量上为 MC 奠定了基础，而 MC 模式的成功与否实际上取决于企业能否在小批量上成功运用 MP 技术。从这个意义上来说，MC 模式是 MP 模式的现有 MP 技术的改进和拓展。由于 MC 系统本身具有复杂性，我们还不能断言 MP 模式已经完成了历史使命；相反，许多企业还不适合采用 MC 模式，只能采用 MP 模式。

概括起来，MC 模式的基本思想主要体现在以下三个方面：

- 从产品全生命周期考虑所有的产品研制过程，通过系列化、模块化、通用化、标准化等思想降低产品的生产总成本，缩短产品的研制时间；
- 通过具有柔性和不断改变属性的有机组织，充分发挥员工的积极性、创造性和团结互助精神，增强企业的自适应能力；
- 采用自动的先进制造技术，使客户对产品的所有个性化要求得到全面、细致的反映，并与客户建立永久的“伙伴”关系，最终实现 MC 的目标。

虽然持续改善使相当多的企业获得了比传统 MP 模式更低的生产成本和更高的质量，但 MC 模式使贝尔、Atlantic 等企业更进了一步，这些企业不仅生产产品的成本低、质量高，而且可以根据单个客户的特殊要求进行定制。

8.5.2 延迟制造的基本思路

MC 是一项系统工程，需要经营理念、组织结构、业务流程的全方位转变，依赖众多的管理技术（如 JIT、精益生产）和工程技术如标准化技术、现代产品设计方法、并行工程、计算机辅助设计 / 计算机辅助制造集成和可重构制造系统。而在众多的 MC 实现手段中，延迟制造技术涵盖整个供应链，是 MC 的核心策略。

Anderson 于 1950 年提出了**延迟制造**（postponement）的概念，他认为产品可以在接近客户购买点时实现差异化，即实现差异化延迟。一般制造企业的产品生产流程包括零部件生产和装配，而基于延迟制造的供应链流程尽量延长产品的标准化生产，将最终的产品工艺和制造活动延迟到接受客户订单之后，在这一过程中，通过加上新的产品特征或采用通用模块装配个性化产品来实现定制化。表 8-2 将传统运作方式与延迟制造进行了对比，我们可以看到，延迟制造不仅解决了市场不确定性问题，在品种和批量上实现了柔性，缩短了订货周期，而且降低了生产运作的复杂性，这与 MC 要适应客户个性化需求、降低多样化成本和快速响应的目标是一致的。

表 8-2 传统运作与延迟制造策略对比

比较项目	传统运作	延迟制造
不确定性	具有品种和数量的不确定性	通过延迟降低品种和数量的不确定性
批量	流水线生产，实现规模经济	定制化生产，批量柔性化
库存水平	零部件和成品库存水平高	通过模块化和柔性化降低库存水平
提前期	长	准确反应，不超过订货周期
供应链方法	限制品种，获取效率优势	降低运作复杂性，提高柔性

MC 环境下延迟制造的目标是将由于客户个性化需求引起的活动延迟到接受客户订单之后，为实现这一目标，就必须“减少定制量”，这是延迟制造策略的基本思路。所谓“减少定制量”就是在保证满足个性化需求的条件下尽可能地减少产品中定制的部分，即要求最大限度地采用通用的、标准的或相似的零部件、生产过程或服务等，从而实现大批量和定制的统一。

供应链聚焦

某涂料制造商在实施 MC 之前，由本企业设计、制造、包装所有的产品，零售商只负责销售涂料产品，如图 8-12 所示。由于一个企业无论怎样增加花色和品种，也无法满足客户的个性化需求，致使很多客户流失。后来，它实施基于 MC 的延迟制造策略，制造商只负责大批量地生产配制各种涂料的基料，而将调色配制的工序下移到零售商那里，通过合作完成涂料的后续工序。零售商根据客户的爱好，完全个性化地（包括色彩和需要的数量）配制各种涂料，最大限度地满足了不同客户的需要。制造商也从减少品种、增大批量、减低成本中获得了好处。

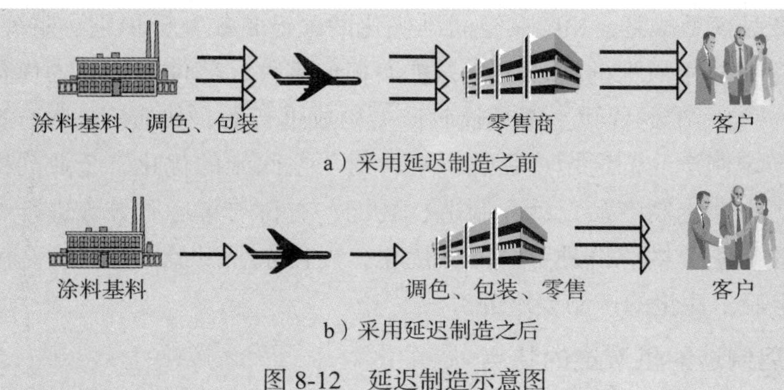

图 8-12 延迟制造示意图

8.5.3 面向延迟制造的供应链设计

有效的供应链管理是企业实施延迟制造获得成功的关键因素之一，关系到企业如何对资源进行重新整合和优先行为重新排列的过程，以及如何通过价值链获得竞争优势。面向延迟制造的供应链设计要能够做到：①建立一个相互联系的信息网络，包括经过挑选的供应商；②在低库存和快速交货服务中成功地获得平衡；③供应商积极参与产品设计；④以合理的交货成本高效地将正确的产品在确定的时间送到客户手中。

1. 客户订单分离点与延迟制造

客户订单分离点（customer order decoupling point，CODP）实际上就是客户订单完成过程（设计过程、制造过程、装配过程、交付过程与售后服务过程）中定制活动开始的那一点。它是企业生产活动中从基于预测的库存生产转向响应客户需求的定制生产的转折点。在该点处对计划的制订和优化不再依据预测，而是依据客户订单和企业自身的资源配置。CODP 左边的活动为“推动”式，右边的活动为“拉动”式。延迟制造实质上就是实现 CODP 在供应链上的后移，从而降低制造过程的复杂性，减少因客户订单中的特殊需求而在设计、制造及装配等环节增加的各种费用。CODP 是制造过程中的某一点，也是供应链上的某一点，它是与企业供应链密切相关的。

CODP 分为时间维 CODP（time dimension customer order decoupling point，TCODP）与空间维 CODP（space dimension customer order decoupling point，SCODP）。时间维描述从客户提出订单到定制产品交付给客户的时间历程。MC 在时间维优化的关键在于通过产品设计、制造、装配、交付与售后服务等过程中的最佳资源合理利用，有效地延迟 TCODP。TCODP 就是客户订单完成过程中的某一点，在该点处对过程的优化不再依据客户订单，而是根据企业自身的资源配置情况。时间维的优化主要是针对作业过程进行的，如生产计划的制订和各种方式的作业调度。对时间维的优化，企业不应采用零碎的办法，必须针对产品设计、制造和交付过程和整个供应链的配置进行重新思考，采用各种集成等方法，使企业能够以最大效率运转，以最小的库存满足客户订单。

空间维又称“结构维”或“成本维”，产品质量与成本的优化是沿着该维度进行的，主要通过对不同产品、部件或零件中的相似性部分归并处理，从而达到延迟 CODP 的目的，一般采用产品模型描述。MC 在空间维优化的关键是在充分识别、整理和利用零件、部件和产品中存在的相似性的基础之上，扩大相似零件、部件和产品的优化范围，有效地延迟 SCODP。空间维的优化主要是针对产品构成进行的，如通用件的选择、定制零部件的结构设计与定制产品的通用产品选择等。对于空间维的优化，企业同样不能采取零碎的办法，必须在对定制产品设计、制造、装配、交付与售后服务等进行综合考虑的基础上，基于企业的整个供应链进行全方位优化，以使企业以最低的成本、满足客户要求的质量为客户定制个性化的产品或服务。

2. 面向延迟制造的供应链的特点

MP 环境下传统的集成化供应模式并不适用于延迟制造，实施延迟制造必须有相应的供应链管理模式的支持。面向延迟制造的供应链具有以下几个特点。

（1）供应链结构的动态性。延迟制造模式下的供应链实际上是一个虚拟供应链。在 MP 环境下，由于企业产品品种单一且长期保持不变，因此供应链上下游之间可维持长期的合作关系。而在 MC 环境下的延迟制造中，由于市场需求的个性化和易变性，企业为了抓住市场机遇会不断调整供应链合作伙伴以结成新的联盟。因此，相对于 MP，在延迟制造的供应链结构中，稳定是暂时的，不稳定则是长期的。

（2）它是以提高响应速度为主要目标的敏捷供应链。在 MP 环境下，供应链根据预测数据安排生产，供应链的目标在于提高供应链的效率和降低供应链成本。与 MP 相比，在 MC 环境下的延迟制造中，供应链存在着时间上的劣势，供应链管理的主要问题在于如何快速而低成本地向定制客户提供产品。延迟制造环境下的供应链是以敏捷为主、敏捷与精益相结合的精敏供应链。

（3）信息流的作用更突出。传统的供应链管理分析一般都由以下三个方面的因素组成：流动于企业内部和外部各种物流网络的物理产品，即物流；供应商、制造商、分销商、零售商和客户之间的资金往来，即资金流；整个供应链上的各种信息交互，即信息流。在延迟制造模式下，制造商需要更准确和及时地获取上游供应商和下游最终客户的信息才能实现客户驱动生产，因此信息变得更加重要。

（4）它是基于互联网的信息技术密集型供应链。延迟制造的实施需要依赖以互联网为代表的现代信息技术。延迟制造与电子商务有着紧密的联系，电子商务为延迟制造提供了快捷、方便的途径，是企业与客户“一对一”对话的有效手段。供应链中的各节点（包括各层次的供应商、制造商、3PL、分销商）通过互联网技术相互连接，加快信息在各节点之间的相互传递和共享。

8.5.4 面向延迟制造的供应链运作模型

一般认为，供应链有两种不同的运作方式，一是推动式，二是拉动式，如图 8-13 所示。推动式的供应链运作方式以制造商为核心，产品生产出来后从分销商逐级推向最终用户；零售商处于被动接受的地位，各个企业之间的集成度较低，通常采取提高安全库存量的办法来应对需求变动，因此整个供应链上的库存量较高，对需求变动的响应能力较差。拉动式供应链的驱动力产生于最终用户，整个供应链的集成度较高，信息交换迅速，可以根据用户的需求实现定制化服务，采取这种运作方式的供应链系统库存量较低。

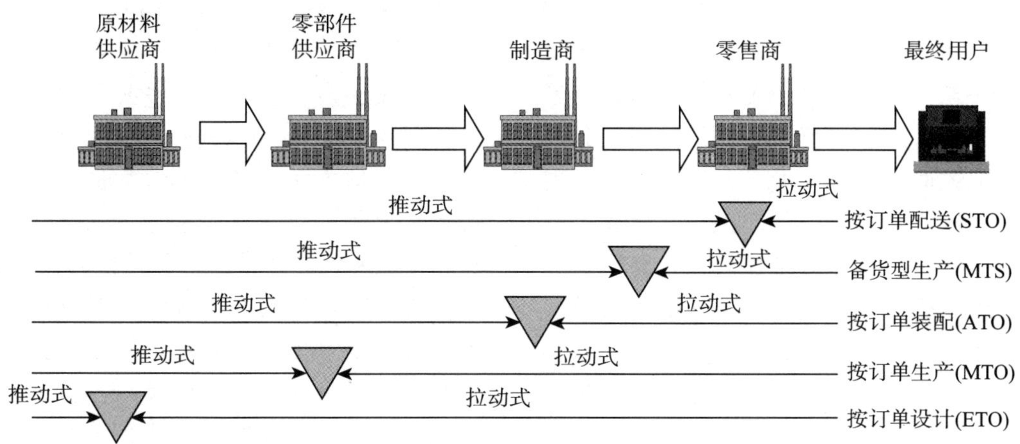

图 8-13　推动式和拉动式供应链模型

由于 MC 环境下的延迟制造实现的是规模经济和范围经济的结合，因此在延迟制造环境下应采取“拉动为主、推拉结合”式供应链。

在“拉动为主、推拉结合”的供应链中，生产和销售是根据客户订单来安排的，供应链的后阶段是需求拉动型的，从而减少了由需求预测引起的长鞭效应。

延迟制造环境下“拉动为主、推拉结合”式供应链模型如图 8-14 所示。这是一个以装配点为 CODP 的供应链模型，在装配之前，原材料供应商和零部件供应商都是根据需求的历史数据采用按库存生产的 MP 生产方式，而在装配中心，延迟制造得以实现，成品的装配延迟到接受客户订单之后。

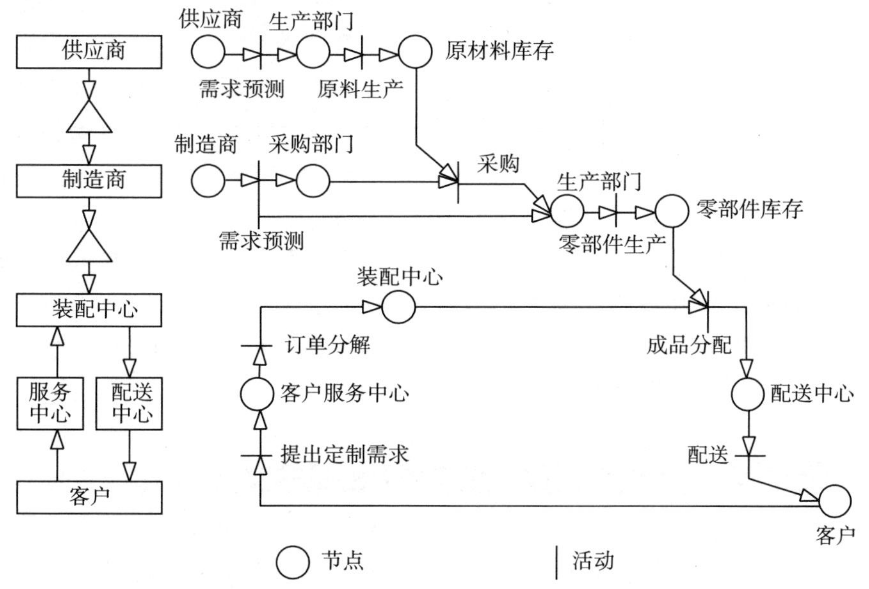

图 8-14　“拉动为主、推拉结合”式供应链模型

本章小结

通过本章的介绍我们可以发现，供应链管理环境下的生产管理从内涵到外延都发生了巨大的变化。它跳出了经典生产管理理论与方法针对单个企业的范畴，向前扩展到了各层供应商，向后延伸到了批发商、零售商乃至最终用户。这种扩展影响了现有运作管理理论的发展。在本章，通过分析传统生产计划与控制方法与供应链管理思想的差距，我们可以发现供应链管理对生产计划与控制提出了新要求，根据新要求，一个新的生产计划与控制总体模型被构造出来了。虽然该模型仍显得比较粗糙，但它已经反映出生产与运作管理发展的特点。在生产计划方法方面，介绍了合作计划、预测与补货（CPFR）的思想，它完全突破了传统的单一企业各自为政的局限，使合作企业之间能够共同对最终需求进行预测，大大提高了预测的准确性。在生产控制方面，强调了增加供应链合作伙伴之间的生产信息共享与信息交流，这样可以反映供应链系统中生产物流的状态，实现有目的地协调与控制。在适应供应链生产组织要求方面，介绍了基于大批量定制及延迟制造的生产组织模式，将大批量生产的规模效应和客户个性化效应较好地结合起来，能够适应多变的客户需求。

关键术语

同步化（synchronization）
能力平衡（capacity balancing）
协调（coordination）
大批量定制（mass customization，MC）
延迟制造（postponement）
生产计划与控制（production planning and control）
合作计划、预测与补货（collaborative planning，forecasting and replenishment，CPFR）

思考与练习

1. 供应链环境下生产计划与控制具有哪些特点？
2. 供应链管理环境下生产制造的要点是什么？
3. 供应链管理环境下生产的协调机制应从哪几个方面入手建立？
4. 供应链管理环境下企业间的信息集成主要从哪几个部门展开？举例说明。
5. 合作计划、预测与补货（CPFR）的核心思想是什么？实施 CPFR 的难点是什么？如何才能有效应用 CPFR？
6. 大批量定制的运行机制是什么？怎样才能通过供应链管理实现大批量定制的思想？
7. 什么是延迟制造？它对供应链企业的生产组织有哪些启发？延迟制造对实现大批量定制有何作用？

讨论案例　海尔供应链生产能力的战略部署

随着海尔经营规模的扩大和流程再造，海尔物流从 2001 年开始不断优化供应链，特别是在保证企业生产能力方面，海尔更是从供应链整体优化的角度对供应商与海尔的衔接做了大量开创性工作。

海尔打破了与供应商之间传统的买卖

关系，在青岛、合肥、大连、武汉、贵州等制造基地建设以海尔为中心的供应链，引进艾默生、三洋等数十家国际顶尖供应商在当地投资建厂，建立配套工业园，而供应商可以直接参与海尔的产品设计。一个具有世界竞争力的家电优势产业集群初步形成，全球供应链资源网的整合使海尔获得了快速满足用户需求的能力。

以青岛海尔工业园为例，到2004年年底，海尔在青岛城区与开发区等周边地区累计引进74家供应商，其中国外企业33家（位于胶州的海尔国际工业园已经聚集了三洋压缩机、艾默生电机等20多家国际化分供商），国内行业龙头企业24家，其中从珠三角地区吸引企业14家，从长三角地区吸引企业5家；组件、部件配套企业12家，零部件配套企业55家，原材料配套企业7家，累计引进资金42.5亿元。

为了使海尔供应链形成规模效应和集群效应，通过工业园的布局模式，海尔集成了众多的关键供应商（如前所述），形成了新的海尔工业园，其布局模式如图8-15所示。供应商将工厂建在海尔供应商工业园内，与海尔的生产线之间仅一个大棚之隔，供应商零部件生产完成后，可以利用专用的工装容器，直接通过工厂之间的运输通道准时运送到海尔的生产线上，提高了供应的准时性，也体现了海尔“以时间消灭空间”的理念。

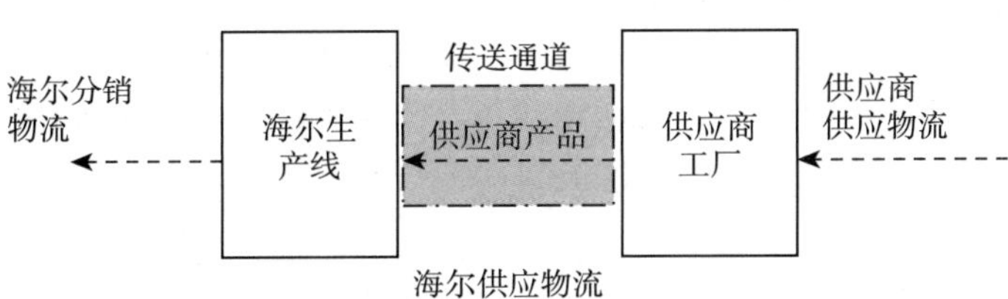

图8-15　海尔工业园产业链布局模式示意图

2004年以前，海尔主要吸引供应商在海尔周边建厂，从2004年海尔开始自己购买土地修建厂房，然后租用给供应商，以此提高工业园的吸引力。海尔品牌效应和供应商集群可以进一步提升双方的速度竞争优势、成本竞争优势和市场竞争优势。海尔可以依靠其强大的研发和制造优势，保证海尔产品技术的领先性，增加产品的技术含量，保持自己的发展优势。

对海尔内部来讲，供应链的建设使海尔对客户订单的响应速度更快、成本更低，在竞争中不断超越竞争对手。供应商在周边地区建厂后，由于距离缩短，实现了JIT的准时供货。园区内的供应商生产完成之后，直接向海尔的生产线按订单补货，实现线到线（line to line）的供货，以最快的速度响应全球用户的订单，此举还降低了供应商的库存。同时，供应商参与海尔产品的前端设计与开发，海尔能够根据用户的需求与供应商零距离沟通，保障了海尔整机技术的领先性。比如艾默生参与海尔洗衣机电机的开发后，生产出技术领先的变频洗衣机；三洋参与海尔冰箱的设计开发后，变频冰箱技术领先创造了市场；另外一些电源线、电脑板厂参与到海尔标准化的整合工作中之后，使海尔零部件的数量大大减少，通用化大大提高，增强了海尔的成本竞争力。供需双方由于“零距离”响应，在物流成本与物流质量方面实现了“零库存”与“零缺陷”，做到了与供应商的双赢，整条供应链的竞争力增强。

对海尔的供应商来讲，它们通过与海

尔合作可享受青岛市提供的优惠产业政策以及实现了与海尔就近供货，一方面，可以提高质量、成本、交货期方面的竞争力，不但获得更多、更稳定的来自海尔内部的大订单，而且还可获得全球其他企业的订单，保证了较高的盈利水平；另一方面，它们的新材料与新技术可以优先应用到海尔的各种产品上，实现了技术优先转化为生产力，大大提高了自身的竞争力。

海尔通过近7年的家电供应链的建设，在青岛周边地区的家电供应链形成以下特点。

- 中国北方最大的家电用压缩机配套基地，年产压缩机1 200万台。
- 全国最大的家电用塑料加工配套基地，塑料配套的加工能力达到15万吨。
- 全国最大的家电用钣金加工配套基地，钣金配套的加工能力达到35万吨。
- 全国家电最完整的供应链，能够垂直整合5层上下游供应商。
- 从供应链到产业平台逐步升级，初步融入大青岛的跨国采购中心的框架。由于海尔供应链各环节的供应商出口份额逐年增加，海尔物流全球采购额不断扩大，这些均与大青岛的跨国采购迅速接轨，形成了供应链带动跨国采购与出口的半岛产业平台。

对青岛市政府来讲，创造一流的投资环境，使青岛逐步形成家电产业链制造基地，不但发展了当地经济，而且扩大了当地的就业。2004年，海尔在青岛地区的采购额达244亿元，仅当地化配套就占51%，使青岛与山东成为全国家电零部件制造聚集的强市与强省。另外，随着海尔配套厂的逐步扩大，其研发中心也纷纷转移到青岛，如艾默生已经将全球电机的研发中心逐步转移到青岛，使青岛制造基地的技术水平不断提升。

资料来源：根据海尔物流案例调研报告改编而成。

提示问题：从海尔的供应链整体能力战略布局的做法来看，你认为这种供应链模式能够给海尔的订单生产与交付带来哪些影响？是否存在风险？怎样消除潜在的风险？

参考文献与延伸阅读

[1] 陈荣秋．生产计划与控制：概念、方法与系统[M]. 武汉：华中理工大学出版社，1995.

[2] FERNANDO F, et al.An Empirical Study of Flexibility in Manufacturing [J]. Sloan Management Review, 1995.

[3] GU P, SOSALE S. Production Modularization for Life Cycle Engineering[J]. Robotics and Computer Integrated Manufacturing, 1999,15: 387-401.

[4] PINE J, VICTOR B, BOYTON A. Making Mass Customization Work[J]. Harvard Business Review, 1993,71(5): 108-111.

[5] JIAO J. Design for Mass Customization by Developing Product Family Architecture[C].ASME Design Engineering Technical Conferences, 1998.

[6] 周俊．MC模式下的生产输出及定制程度优化研究[D]. 合肥：中国科学技术大学，2002.

[7] HART C. Mass Customization:

Conceptual Underpinning，Opportunities and Limits[J]. International Journal of Service Industry Management, 1995, 6(2): 36-45.

[8] 祁国宁，韩永生，陈俊．计算机集成产品工程 [M]. 北京：中国经济出版社，1999.

[9] 李仁旺，祁国宁，顾新建，等．大批量定制生产及其实施方法初探 [J]. 中国机械工程，2001(4):405-408.

[10] 徐福缘，李敏，顾新建，等．实施大批量定制的基本思路及其时空集成优化模型 [J]. 管理工程学报，2002, 16(2): 50-52.

[11] 周晓，马士华．面向顾客化大量生产的 MRP Ⅱ 改进方案 [J]. 工业工程，2002(4): 26-30.

[12] 李仁旺．大批量定制的若干理论与方法问题研究 [D]. 杭州：浙江大学，1999.

[13] 邵晓峰，季建华，黄培清．面向大规模定制的供应链模型的研究 [J]. 制造业自动化，2001, 23(6): 22-25.

[14] KREIPL S, PINEDO M. Planning and Scheduling in Supply Chains: An Overview of Issues in Practice[J].Production and Operations Management, 2004,13(1): 77-92.

[15] 卡桑，特维施．运营管理：供需匹配的视角 [M]. 任建标，译．北京：中国财政经济出版社，2006.

[16] 霍尔韦格，皮尔．第二汽车世纪 [M]. 陈荣秋，等译．北京：机械工业出版社，2006.

[17] 陈荣秋，马士华．生产运作管理 [M]. 5 版．北京：机械工业出版社，2017.

第 9 章 供应链管理环境下的企业组织设置与运行管理

本章重点理论与问题

作为一个概念和现实存在，供应链已远远超出了单一组织的范围。供应链管理实际上应该包括供应链组织内部各功能部门之间的集成，以及供应链上下游组织之间的整合。整合的内容包括商流、物流、信息流、资金流等，集成的对象包括制造资源、组织、业务、流程等。传统企业组织是建立在传统管理模式下的，主要以劳动分工和职能专业化为基础，组织内的部门划分非常细，各部门的专业化程度较高。这种组织形式及与其相伴的业务流程适合于 20 世纪 80 年代以前的市场环境，那时的市场变化相对比较稳定。而在当今市场需求波动很大、经营模式发生变化的情况下，传统的组织模式则显现出不适应性。在供应链管理的概念提出后，人们发现企业中传统的组织结构和运行管理模式在实施供应链管理的过程中出现了不同程度的不适应性，因此，探讨供应链管理思想下的供应链组织结构形式和运行管理问题就显得十分必要。在本章中，为了使读者能够对企业组织管理有一个全面认识，我们首先分析了传统企业组织设置和运行的特征，然后从供应链管理的视角提出业务流程重构，并根据供应链管理的需要重新设计组织结构体系，确定供应链管理部门的职能。在供应链组织体系设计的基础上，本章还讨论了供应链管理实施的执行系统，介绍了由战略合作决策层、运作管理层和执行控制层构成的整体运作执行系统。最后，本章讨论了供应链管理绩效评价的指标体系与评价方法等方面的问题。

9.1 传统企业组织结构特征分析

企业组织管理是一个既古老又年轻的话题。现行企业的组织结构大都是根据职能部门专业化的原理设置的。企业所实行的按**职能专业化**（functional specialization）处理企业业务流程的管理模式，可以追溯到 200 多年前英国经济学家亚当·斯密在《国富论》中提出的劳动分工理论。亚当·斯密把零件制造过程分解为一道道简单的工序。由于每道工序的工人都只从事相同内容的加工活动，因此在大大提高了专业化程度和劳动效率的同时也降低了成本，对大量生产标准化产品的企业来说收效甚大。后来，美国的亨利·福特对这种思想进行了创造性发展，建成了世界上第一条汽车生产流水线，显著提高了汽车制造企业的生产率，成为许多企业争相学习的典范。这种劳动分工的思想后来又被应用到企业管理的组织结构设计上。从职能专业化的角度出发，将企业管理划分成许多职能，形成了许多分工细致的职能部门，管理流程更加专业化，大大提高了管理的效率。这一模式一直到今天都还占主导地位。

专业化分工之所以能够提高效率，原因在于分工使劳动者或管理者成为某一方面的专家，进而提高处理某一问题的单位效率。虽然专业化分工有如此多的优点，但是在由人组成的管理系统中，系统的总效率并不等于单个环节效率的简单汇总。同时，为了便于控制，这种分工还具有权力平衡、制约作用。这种基于分工原则的权力平衡是为了将失误降到最低限度，因而在管理系统内某一方面的任务需要由几个部门的人一起完成，通过这个过程来相互制约，能够使失误率降低。这种方式无疑是企业管理所需要的，但它也降低了效率，特别是在现代信息社会中在有大量信息需要处理的情况下，一项工作花在检查、核对、协调上的时间大大延长，从而降低了专业化分工带来的效率。

为了对专业化分工后的职能部门进行有效的管理、协调和控制，企业组织是按等级制构成的，典型的组织结构如图 9-1 所示。这种组织结构的特点是多职能部门、多层次、严格的等级制度，从最高管理者到基层员工形成了一个等级森严的“金字塔”形的组织体系。这种组织结构适合于稳定的市场环境、大规模生产、以产品为导向的时代。它通过各部门的简单重复劳动来赢得整个企业的效率，但代价是整体工作时间延长、系统反应速度慢。一项业务要流经不同部门、不同层次，大量的时间和资金都浪费在这些不增值的活动中了。

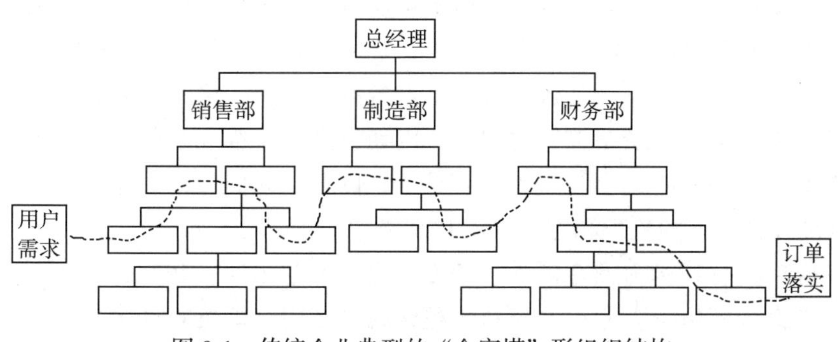

图 9-1　传统企业典型的“金字塔”形组织结构

如果说在工业化时代比较稳定的市场环境中，在产品供不应求、企业员工作为“经济人”而存在以及企业强调规模经济的情况下，流程片段化的危害性还不是很明显的话，那么，随着信息化时代的到来，市场环境日趋不确定，顾客的要求越来越个性化，企业员工强调自我实现，企业不仅追求规模经济效益，更强调时间经济，在这种情况下这种片段化的企业流程就使得企业越来越难以满足多方的要求，组织结构显得越来越僵硬。一项任务要顺序地流经各职能部门，虽然各职能部门的专业化程度提高了，但由于要等上一环节的工作完成后才能开始下一环节的工作，结果一个完整的任务或项目所包含的各项作业在职能部门之间被分解得支离破碎，既造成部门之间在衔接中的长时间等待，又使各部门增加了很多重复劳动，大大延长了完成任务所花费的时间。

为了减少时间和资金的浪费，人们曾进行过艰苦的探索。例如，早在 20 世纪 70 年代人们就利用计算机和信息技术建立**管理信息系统**（management information system, MIS），进入 21 世纪后又开发出了企业资源计划（ERP）系统，试图通过计算机技术来提高企业的管理效率。但是，无论是MIS还是ERP，在企业中应用的效果都不尽如人意，原因在于采用计算机技术后的管理系统并没有发生根本变化，只是在原有的管理系统中加入了计算机管理的成分，而且出于某些原因并不是所有的部门都安装了计算机。那些没有被纳入计算机管理信息系统的部门仍然是低效率的手工操作，这样它们与其他采用了计算机的部门差距更大了。这样的组织设计对业务流程没有产生根本性影响，因为它没有触及业务流程的变化，只是传统业务流程的计算机化而已，如图9-2所示。

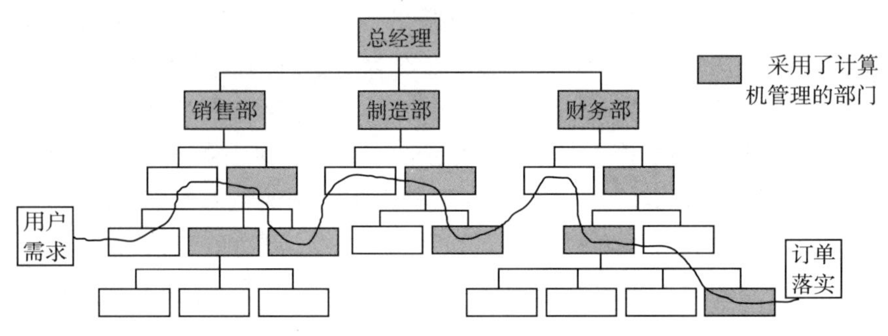

图9-2　传统企业采用计算机管理后的“金字塔”形组织结构

信息技术应用于企业管理却没有释放其潜能的原因之一就是企业在应用信息技术时总是遵循旧的或业已存在的方式做事，而不是注重工作应该怎样去做，然后考虑如何应用信息技术来辅助实现它。办公自动化信息系统的初衷是为了实现“无纸化办公”，结果却导致更多纸张的使用。不管是否有价值，报告越来越多，格式越来越漂亮。人们不惜花费数天时间去写报告并绘制精美的图表，以期得到高一级主管的认可或批准。在办公自动化软件上制作和修改文字及图表太容易了，以至于人们一遍一遍地修改完善。可问题在于，处理办公事务的流程和方式并没有改变。

企业在应用信息技术为顾客提供服务方面也会经常出现一些问题。运用计算机信息系统处理技术直接模仿手工业务处理和流程，就是在用计算机对许多不合理的业务和流程进行自动处理。由于人们是按照计算机的要求工作而不是按照顾客的要求办事的，因此有可能导致工作次序不如手工灵活，反而降低了服务质量。

以上分析表明，如果传统的业务流程不改变，即使采用了先进的信息技术，也不会对工作有根本性的帮助。同样，实施供应链管理也必须在组织结构上进行变革，要建立起适应供应链管理时代的业务流程和组织架构。要做好这些工作，首先要对企业业务流程重构有所了解。

9.2　业务流程重构的基本内涵

9.2.1　业务流程重构

通过以上分析，我们可以清楚地看出为适应新的竞争环境而对传统企业组织模式及业务流程进行改革的必要性。迈克尔·哈默教授于1990年在《哈佛商业评论》上首先提出了企业**业务流程重构**（business process reengineering，BPR）的概念。他发现对传统的企业工作流程计算机化后，并没有给企业带来预期效益，主要原因之一是没有触及传统的管理模式。因此，要想取得实效，首先必须分析企业的业务流程，剔除无效活动，对其进行彻底的重新设计，而计算机只是新业务流程的使能器。三年后，迈克尔·哈默与詹姆斯·钱皮教授合作出版了《企业再造》(*Reengineering the Corporation*)一书。该书的问世引起学术界和企业界的广泛重视，并使BPR成为近20年来企业管理研究和实践的热点之一。

BPR之所以能引起广泛的重视，与企业面临的竞争环境分不开。当前各国企业都处在一个科学技术飞速发展、产品生命周期越来越短、用户需求越来越趋于多样化的时期，都面临着竞争激烈、瞬息万变的市场环境。要想在这样的环境中生存和发展，企业就必须不断地采取各种管理措施来增强自身的竞争力。不少企业耗巨资引入计算机技术和信息技术，希望利用先进的信息技术来提高企业对外界变化的反应速度。

在国外，有些企业把建立计算机化的管理信息系统称为企业**业务流程工程化**(business process engineering，BPE)。BPE实际上就是按照工程化的方法在企业建立计算机管理信息系统，以提高企业的业务处理流程的效率。然而，采用新的信息处理技术的长期实践并没有使企业得到或没有完全得到其所期望的结果。起初，人们认为产生这种现象的原因是计算机系统不够先进，总在计算机硬件、软件上找原因，结果促进了计算机、数据库、信息网络等技术的飞速发展，但企业组织结构和业务流程仍旧未发生大的变化。这样，一方面，信息技术越来越先进；另一方面，组织结构上的问题对企业提高应变能力的阻力越来越大。矛盾的加剧使人们逐渐认识到，企业能否利用信息技术来提高自身的竞争力，在很大程度上取决于由谁来应用与如何应用这些技术。过去开发MIS或ERP却没有取得成功的企业都处在原有的组织结构和管理方式之下，改变的只是用计算机模仿手工劳动的业务流程，造成了先进的信息技术迁就于落后的管理模式的后果。这样实施ERP，当然难以达到预期目标。因此，就需要来一个“BPR”，即重新构造管理流程和与其相匹配的管理信息系统。于是，企业的业务流程重构思想产生了。它是“为了在反映企业绩效的关键因素如成本、质量、服务和交货速度等方面取得重大进展而对企业整个活动过程所进行的根本性重新设计”。可见，BPR是伴随管理信息系统在企业中的应用而产生的新思想，是企业实现高效益、高质量、高柔性、低成本的战略措施。

BPR的核心思想是要打破企业按职能设置部门的管理方式，代之以业务流程为中心，重新设计企业管理过程，因而受到了改革中企业的欢迎，也得到了企业管理学术界的重视。而企业实践和学术研究的结果又推进了BPR研究的发展。

供应链聚焦

BPR的实践对企业的管理效果产生了巨大影响。福特汽车公司北美财会部运用业务流程重构的例子给我们留下深刻的启示。福特汽车公司北美财会部原有500多人负责账务与付款事项。改革之初，管理部门准备通过工作合理化和安装新的计算机系统将人员减少20%。后来，当他们发现日本一家汽车公司的财会部只有5个人时，就决定采取更大的改革动作。他们分析并重新设计了付款流程。原付款流程（见图9-3）表明，当采购部的采购单、接收部的到货单和供应商的发票这三张单据验明一致后，财会部才付款，财会部要花费大量时间查对采购单、接收单、发票上共14个数据项是否相符。重新设计付款流程（见图9-4）后，通过计算机将采购部、接收部和财会部连接成网络，采购部每发出一张采购单，就将其送入联网的实时数据库中，无须向财会部递送采购单复印件。当货物到达接收部后，由接收人员对照检查货单号和数据库中的采购单号，相符后也送入数据库。最后由计算机自动检查采购记录和接收记录，自动生成付款单据。实施新流程后，财会部的人员减少了75%，实现了无发票化，提高了准确性。

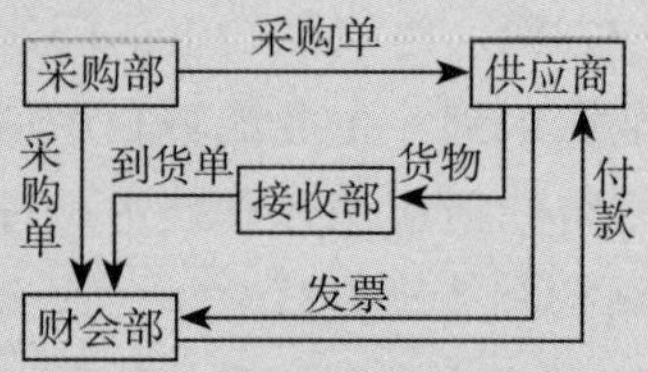

图9-3　原有付款流程

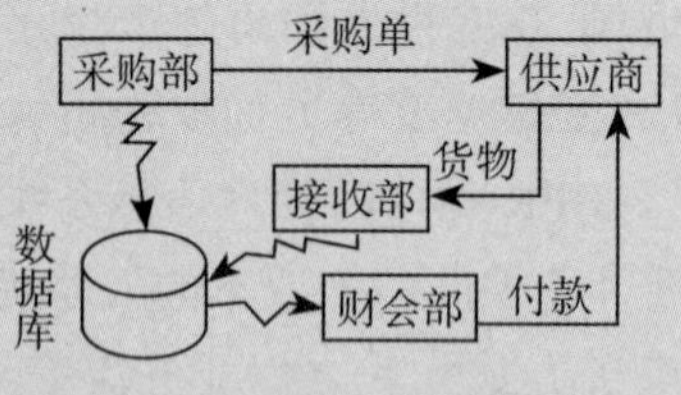

图9-4　新的付款流程

资料来源：Hammer M. Reengineering Work: Don't Automate, Obliterate [J]. *Harvard Business Review*, 1990, 68:104-112.

企业管理模式的改变，特别是与全面信息系统化相结合所产生的直接经济效益是巨大的。

美国惠普公司（HP）人事管理部的改革也是这方面的成功案例。惠普公司的人事管理部原来由分散在50多个分公司和120个销售办事处的50多个分支机构组成，下设的各个分支机构没有人事决策权，用人申请必须经过总公司的裁定。低层经理如果要招聘人员，需要自下而上层层申请。总公司自上而下，层层批复，通过贯穿于公司的整套机构才能完成，互不了解彼此的需要。这种效率低下的人事工作流程不仅对应聘者而言太过烦琐，而且对需要用人的经理而言也难以忍受。为此，惠普的人事管理改革首先着眼于员工求职过程，设立了专门的招聘系统（EMS），由"应聘响应中心"统一接收申请人的人事材料，经过初步处理后，发往美国各地的惠普人事部门，人事信息就可以通过EMS得到共享。以此为开端的惠普人事管理部改革，为惠普的人事工作带来了巨大的效益。1990～1995年，减少人员1/3，调整人员比例（人事工作者人数/总员工数）从1/53到1/75。惠普人事副总裁称，仅人员一项减少，每年就能为公司节省约5 000万美元，同时大大提高了服务质量，显示出明快、高效的工作作风。

另一个杰出的案例是美国通用电气（GE）公司。GE公司在杰克·韦尔奇的领导下，自20世纪80年代初就发起了一场组织扁平化的管理革命，按照韦尔奇的说法就是：去除藩篱，管理越少越好。韦尔奇在1993年召开的股东年会上阐述了他去除藩篱的想法：GE公司能够表现得如此突出，并不是由于我们管理得好，而是由于管理得少。"去除藩篱"的具体说法就是：去除水平的壁垒（内部部门之间、公司和顾客之间、公司和供应商之间）和垂直的壁垒（大公司衍生出来的阶层组织）。到了1993年夏天，"去除藩篱"成为GE公司的核心价值观，GE公司也基本完成了企业的管理革命工作，建立了一套新的高效率的管理体制。在这个基础之上，1999年年初，韦尔奇再次借助互联网发动了一场"摧毁你的业务"的运动，对

GE 公司的所有业务流程进行了 e 化，用韦尔奇自己的话说：电子商务给 GE 公司内部官僚主义的棺材钉上了最后一颗钉子。韦尔奇发动了这场任何一家美国大企业都不曾实施过的巨大变革，他成了先驱者和巨大的成功者。事实上当时没有人知道该如何称呼这项举动，但时至今日我们很清楚，这就是组织再造，就是以流程化的扁平式管理组织取代职能化的层级管理组织。至于 GE 公司由此取得的巨大成功和经济利益，早已尽人皆知。

资料来源：https://www.doc88.com/p-009202163083.html。

9.2.2 基于 BPR 的企业组织结构

BPR 中有一个关键概念，也是它有别于传统职能分工的地方，就是对经营流程的定义。所谓经营流程，不是指个别业务部门的工作程序，而是指“输入一个以上的东西，对顾客产生价值的输出行为的集合”，是对企业整体业务流程而言的。BPR 对流程的定义不仅要求在企业组织结构中减少甚至消除那些不产生附加价值的中间环节，以使经营流程完整化、一体化，更要求应以经营流程为企业组织的主干，彻底改造企业的组织结构模式，只有这样才能发挥出现代管理理论的威力。

基于 BPR 的企业组织应包括以下几个方面的内容。

（1）企业应是流程型组织。将属于同一企业流程内的工作合并为一个整体，使流程内的步骤按自然的顺序进行，工作应是连续的而不是间断的。整个企业组织结构应以关键流程为主干，彻底打破旧的按职能分工的组织结构。

（2）流程经理的作用。所谓流程经理，就是管理一个完整流程的最高负责人。流程经理不仅要起到激励、协调的作用，而且应有实际的工作安排、人员调动、奖惩的权力。这是有别于矩阵式组织结构中的项目经理的地方。项目经理的组织方式形式上与流程重构是一样的，由各个部门的人组成一个完整的流程，但他们只是这个项目的召集人或者是一个协调者，没有实权，难以保证这个流程不受本位主义的干扰。

（3）职能部门的价值。虽说在同一流程中不同领域的人相互沟通与了解能创造出新的机会，可同一领域的人之间的交流也很重要。而这种职能部门正好为同一职能、不同流程的人员提供了交流的机会。当然，在新的组织结构中，这种职能部门的重要性已退居于流程之后，不再占主导地位，它更多地转变为了激励、协调、培训等。

（4）人力资源部门的重要性。在基于 BPR 的企业组织结构中，在信息技术的支持下，执行人员被授予更多的决策权，并且将多个工作汇总为一个，以提高效率。这对人员的素质要求更高，因而在 BPR 条件下，人力资源的开发与应用显得更重要。

（5）现代信息技术的支持和使能作用。BPR 本身就是“以信息技术使企业再生”。也正是由于现代信息技术使得多种工作汇总、迅速决策、信息快速传递、数据集成、共享成为可能，才推动 BPR 和组织创新，彻底打破了原有模式。现代信息技术已成为新型企业的物理框架，对整个企业组织的各方面起着支持作用。

从以上几个方面得出的基于 BPR 的企业组织结构如图 9-5 所示。

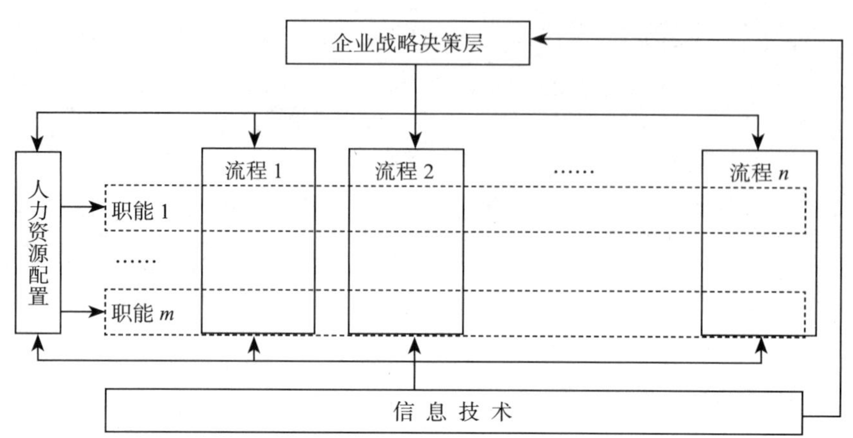

图 9-5 基于 BPR 的企业组织结构

9.2.3 几点启示

通过以上几个方面的讨论，BPR 的实践可以给我们带来以下几点启示。

第一，BPR 是在打破原来职能分工的基础上，按业务流程或按具体任务来进行重新组合。它不是在原有部门上的专业化划分，也不是对原有业务的计算机化。

第二，BPR 不是靠循序渐进的改进来提高管理效率，而是一种跃进式的改革。按照 BPR 创始人的说法，BPR 通过对原有组织进行彻底的重构来获得改观。这一点与日本企业管理者崇尚的渐进法是有较大区别的。

第三，BPR 要求从跨部门的角度来考察主要业务流程。如果福特汽车公司只对财会部进行重构，并不会产生如此大的实际效益，只有将采购部、接收部等部门综合考虑，才可能取得成功。这与过去只在局部范围内调整业务内容是不一样的。

第四，信息技术不是将原有业务处理自动化，而是成为新工作流程的使能器。BPR 出现在信息时代是有其历史原因的。实际上，人们过去也认识到了专业划分带来的弊端，但是，由于没有支持信息共享的技术平台，即使有革新的想法，也没有实现革新的手段。而在信息技术高度发达的今天，人们可以借助于信息技术和网络技术，消除那些冗长的、不增加价值的活动，因此，信息技术就成了 BPR 的使能器。

BPR 的这些思想对我们设计供应链管理下的企业业务流程有很深刻的指导意义。

9.3 供应链管理组织结构

供应链管理是管理学的细分领域，分析供应链管理问题离不开管理学的基本原理。供应链管理模型没有统一的范式，但不管采用哪一种模型来描述供应链管理活动，在其管理体系中最基础性的工作就是组织职能的设置。组织职能是为确保实施企业管理活动所提供的人员、材料、组织结构等基础材料及组织中进行部门划分、权力分配与工作协调的过程。因此，组织结构是所有管理活动的基本保证，供应链管理中的所有职能都需要通过组织体系落实。

9.3.1　企业供应链管理组织结构

2010 年之后，供应链管理已在全球范围内取得了广泛认同，并成为许多企业组织创新的基础。在这样的环境下，以适应供应链管理为核心的企业组织变革被提上议事日程，出现了以供应链管理为核心职能的管理部门。

从组织管理理论可知，为了加强对供应链管理的领导，企业必须明确对供应链的领导方式的设置。通过研究世界一流企业的案例，人们可以发现，许多世界一流企业实行以总部直接管控供应链运行为主导的方式，为此在企业高层中设置专职的或者分管供应链的副总裁，也有的企业在分管副总裁下设置专职的供应链执行官，称为首席供应链执行官（chief supply chain officer，CSCO）等类似岗位，专司整个公司供应链的管理并直接向上级领导汇报。德勤在一项报告中提到，在 2004 年《财富》世界 500 强公司中只有 8% 的公司仅有一名主管负责整个供应链，到 2016 年，这一数字已经上升到 68%。2019 年，梅西百货宣布任命 Dennis Mullahy 为首席供应链执行官，负责梅西百货所有产品从采购到店内和网上分销的全过程，并处理包括供应链系统、可持续性和供应商多样性的问题。这就意味着越来越多的供应链管理人员逐渐走上了企业高层岗位。

例如，图 9-6 为某跨国公司的供应链管理组织结构。首席供应链执行官所领导的供应链运营团队主要承担客户服务、采购、物流等方面的职责。供应链管理团队结合企业发展，制定全公司的供应链发展战略及下层级子公司具体的供应链运营考核指标，领导企业各个单位贯彻落实公司总体的供应链发展战略。

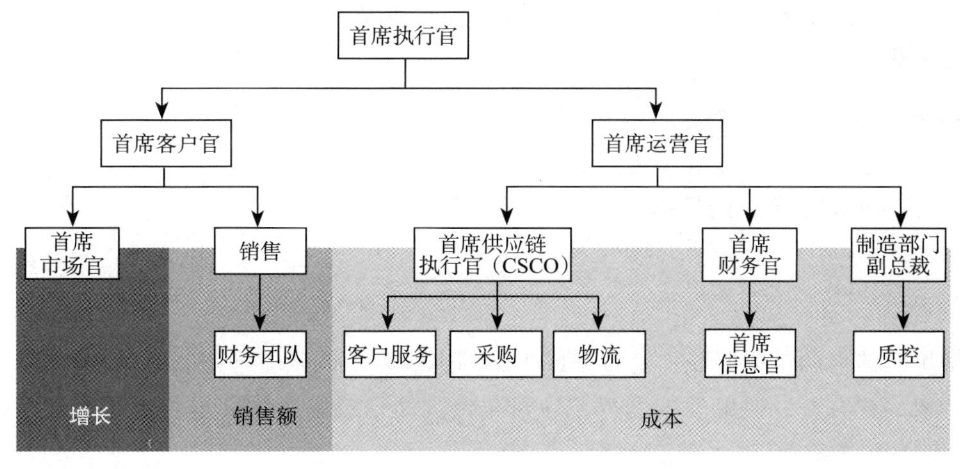

图 9-6　企业供应链管理组织结构示意图

资料来源：CECERE L M. 供应链量化管理 [M]. 魏计美，译. 北京：人民邮电出版社，2016.

如同企业中的其他职能部门一样，供应链管理组织的设置对实现供应链管理目标具有十分重要的作用。一个好的供应链组织体系及功能配置，可以有效地推动供应链战略的落地与实施，并取得预期效果。因此，设计好并且运行好供应链管理组织体系非常重要。

9.3.2 供应链管理部门的主要职能

1. 供应链管理部门的主要职能

以一个典型的生产型企业的供应链管理为例，图 9-7 给出了常见的供应链管理组织结构（图中略去了其他职能部门，如销售管理部、人力资源管理部及财务管理部等）。传统的管理职能划分方法将企业的计划、采购、制造和物流管理安排给不同的部门分别管理，这些部门往往习惯从部门利益最大化出发考虑问题，不同职能部门之间容易产生冲突。如今这种做法已经开始改变。如图 9-7 所示，企业与供应链运作有关的活动集中在一个部门，由部门领导统一协调和控制这些管理职能，企业因此可在一张办公桌上做出统一决策，避免顾此失彼。

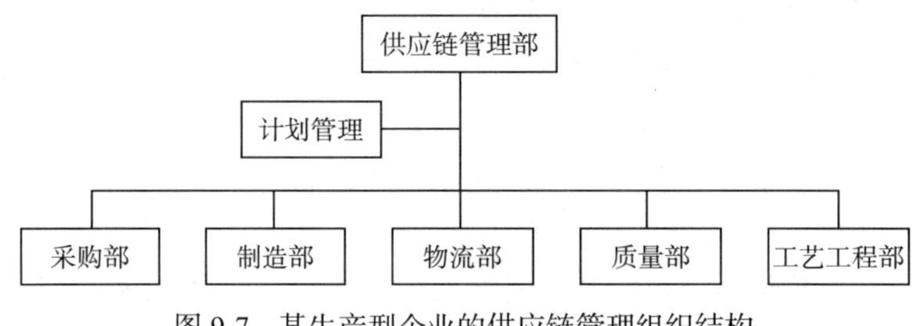

图 9-7　某生产型企业的供应链管理组织结构

以图 9-7 为基础，简要叙述供应链管理各个部门的主要职能。

（1）供应链管理部的主要职能：保证订单及时交付；缩短订单履行周期；快速响应紧急客户订单；控制供应链总成本；加快库存周转速度。

（2）采购部的主要职能：

- 根据客户订单及企业产品创新寻源采购；
- 供应商选择与绩效考核管理；
- 及时处理紧急采购订单；
- 缩短采购周期、降低采购成本；
- 提高原材料库存周转率。

（3）制造部的主要职能：及时完成下达的生产订单；压缩平均制造周期；降低在制品及产成品库存；及时响应并完成紧急订单；提高精益生产管理水平，降低制造成本；提高产能利用率。

（4）物流部的主要职能：

- 及时完成入厂物流任务；
- 履行订单交付出厂物流及末端配送任务；
- 压缩物流处理周期，及时响应及交付紧急物流任务；
- 协调供应链物流运作，降低物流管理总成本。

（5）质量部的主要职能：提高产品合格率；提高质检响应速度；提高检验设备利用率。

（6）工艺工程部的主要职责：

- 及时解决工程技术问题；
- 提高紧急工程技术问题解决速度；
- 提高设备利用率。

当然，不同的企业对供应链管理部门的职能设置有所不同，可以根据实际需要科学设置部门的工作职能。

2. 供应链管理主管的主要职责

一般而言，以供应链管理为主导的管理组织和领导体系都要设置供应链管理主管（如总经理）这一岗位，该岗位的功能和作用十分重要，其担当的主要职责包括：

- 制定和组织实施供应链战略规划和年度供应链计划；
- 优化企业的供应链体系；
- 统筹整个供应链的信息流、物流、资金流的整合；
- 负责供应链运营指标的制定与考核，提高企业供应链的运营能力；
- 战略供应寻源，调查和掌握供应渠道，确定供应商层级及战略定位，制定准入规则、管理和考核办法；
- 在企业并购、收购活动中，负责对待购标的企业的供应链状况进行调查，为日后的供应链整合提供依据和支撑；
- 推进企业绿色供应链、社会责任等工作的落实；
- 负责供应链管理团队建设、人才培养。

9.3.3 构建新的管理组织时应注意的问题

要成功实施新的供应链管理模式，需要遵循以下原则或在以下几个方面注意。

（1）实现从职能管理到面向业务流程管理的转变。强调管理面向业务流程，将业务的审核与决策点定位于业务流程执行的地方，缩短信息沟通的渠道和时间，从而提高对客户和市场的反应速度。

（2）注重供应链整体流程最优的系统思想。要求理顺和优化业务流程，强调流程中每一个环节上的活动尽可能实现最大化增值，尽可能减少无效的或不增值的活动。从整体流程全局最优（而不是局部最优）的目标出发，设计和优化流程中的各项活动，消除本位主义和利益分散主义。

（3）建立“扁平化”组织。要求先设计流程，而后依流程建立企业组织，尽量消除纯粹的中层“领导”。这不仅降低了管理费用和成本，更重要的是提高了供应链各层组织的运转效率及其对市场的反应速度。

（4）充分发挥每个人在整个业务流程中的作用。BPR要求权力下放，将决策点定位于业务流程执行的地方，这要求业务处理流程中的人员的素质整体提高并富有团队合作精神，将个人的成功与其所处流程的成功作为一个整体来考虑，构建具有自我学习机制的有机组织。

（5）面向客户和供应商整合企业业务流程。当前时代的竞争不是单一企业与单一企业的竞争，而是一个企业的供应链（由供应商、企业制造车间、分销商、客户等组成的一个关系紧密的供应链）与另一个企业的供应链之间的竞争，这要求企业在实施 BPR 时不仅要考虑企业内部的业务处理流程，还要对客户、企业自身与供应商组成的整个供应链业务流程进行重新设计，并尽量实现企业与外部单点接触，这不仅有利于流程畅通，而且有利于提高内外部客户的满意度。

（6）利用 IT 手段缓解业务分散与管理集中之间的矛盾。在手工管理方式下，由于受到人的管理能力局限性的约束，一般必须采用授权分工管理，而授权分工管理必然会在一定程度上导致决策分散化，影响决策的有效性。因此，在设计和优化供应链的业务流程时，企业要尽可能利用 IT 手段实现信息的一次处理与共享使用机制，将串行工作流程改造为并行工作流程，协调业务分散与管理集中之间的矛盾。

总之，实施新的管理模式可以帮助企业在正确的时间、正确的地点，以最低的成本提供正确数量的合格的原材料、零部件和产品。这是一种“共赢”的局面——供应商、生产商、销售商、客户等可通过互联网／物联网／ EDI 整合成一体，使信息快速、准确地流动，从而使每一方都获得最大效益。企业实施新的经营管理模式后，可以提高企业整体经营决策水平，从而使企业能在激烈的市场竞争中把握机会，脱颖而出！

9.4 供应链管理实施的执行系统

全球信息网络技术的发展、全球化市场的形成及技术变革的加速，给企业带来了难得的机遇和严峻的挑战，企业面临着不断缩短交货期、提高质量、降低成本和改进服务的压力，所有这些都要求企业应具备对不断变化的市场需求做出科学预测和快速反应的能力。供应链作为“由获取物料并加工成中间件或成品，再将成品送到用户手中的一些企业和部门构成的网络”，包括从订单的发送和获取、原材料的获得、产品制造到产品交付给用户的整个过程，涉及原材料供应商、零部件加工者及标准件供应商、最终产品制造商、产品批发分销商和最终用户，并将他们看成企业经营的合作伙伴。应该用系统工程统筹规划企业的各种物流、信息流、资金流和工作流，减少损失，从而降低整个供应链的成本，以求整体活动的最优化。供应链已成为现代企业进行全球市场竞争的重要战略。

为了改善供应链合作伙伴关系、提高预测的准确性和供应链效率、减少库存、提高消费者满意度，必须有效加强供应链管理过程的监控与协调。

9.4.1 供应链管理的实施方式

供应链管理的实施方式主要有两种：中枢式和平台式。

中枢式的供应链管理实施通常由重点的某个或少数几个企业巨头牵头。这少数的几个企业往往是某行业或某地区的核心企业，是在某些方面具有领导性或垄断性的企业。

供应链管理实施的原始目标或者是解决这几个企业间的协同作业问题，或者是解决核心企业与外围供应商及代理间的协作问题。核心企业通常是供应链管理的投资方，当然也是最大受益方，因为协同作业的模式往往由其主控。外围企业通过参与这种供应链管理也成为受益方，体现在它们与核心企业协同作业带来信息共享、通过参与提升自身的管理水平。

平台式的供应链管理实施通常由某行业协会或行业联盟或某个平台型企业牵头。它采用的模式通常是：把平台型企业看作供应链的整合者，由其定义供应链各方的协作模式并组织实施和管理事务。供应链企业是这个平台的使用者，按照服务协议缴纳服务使用费。这种方式的特点是：供应链的参与者不具有太强的垄断性；供应链管理模式由多方参与定义；平台型企业作为经营者须兼顾多方的利益。

其实供应链管理实施的两种方式各有所长，有时候在运作模式上也是相互借鉴的。比方说东南亚的电子与半导体产业就有两种模式：我国台湾地区的光宝与威盛 OEM 厂商同英特尔和戴尔的供应链协同就采用中枢式；在东南亚较有名的 E2open 采用平台式。随着供应链管理服务这一新的业态在我国的快速发展，供应链企业借助供应链服务企业的平台实现管理目标的案例越来越多。

9.4.2　供应链运行管理的核心目标：协同

供应链管理实施的核心内容是倡导供应链协同运行。如前面几章所介绍的那样，供应链管理的本质是客户和供应商通过有效的协调运作，消除由于传统管理模式的不协同（或称不协调）而产生的浪费（即不增值的活动），以及因局部利益最大化而产生的价值损失。提高供应链协同运行水平给企业带来的效益是巨大的。

供应链协同运行在业务流程层面主要包括以下几个方面的内容：需求和预测数据的协同、采购订单作业协同、生产计划和供应能力协同、质量管理与品质认证协同、价格与成本信息共享等。依据协同运行的范围又可分为企业与外部合作伙伴间的协同、企业内部各部门或各事业部间的协同。

供应链聚焦

VMI、ECR 和 CPFR 都可以用来改善供应链的协同运行水平。例如，Nabisco 是一家全球性的食品生产商，Wegmans 是一家美国的食品零售商，两家公司在计划、预测和供货方案等方面进行合作，使得 Nabisco 的果仁种植者的销售收入提高了 32%，同时 Wegmans 公司的销售额增长了 29%，供货周期缩短了 17%。

资料来源：http://www.ancc.org.cn/News/article.aspx?id=349。

9.4.3　供应链执行管理系统模型

实施供应链协同运行的难度是很大的，因为供应链上的企业都是独立的利益实体，追求商业利益最大化是企业的天性，所以，实现供应链的协同运行需要有机制及组织上的保证。

为了实现供应链协同管理的目标，供应链企业间除了需要有一种长期合作的战略伙伴关系外，还需要建立完整的供应链执行管理系统，包括合作伙伴选择、协调契约、激励机制、风险防范机制、供应链动态信息获取与集成、提供供应链运行状态信息，以便为决策者提供有效信息。这里提出了一个一体化的供应链系统运行管理与动态控制解决思路，如图 9-8 所示。这一模型将战略合作决策层、运作管理层和执行控制层集成起来，使其成为保证供应链管理系统有效运行的支持体系。

1. 战略合作决策层

第一个层次是战略合作决策层，它是指供应链系统中的某个需求方企业在把相关业务委托给供应链中的供给方企业时，为了能更有效地达到资源共享、共同占领市场的目的而选择合作伙伴的决策过程。如果合作伙伴选择不当，就会给将来的供应链系统运行埋下风险隐患。因此，这一层次涉及的是供应链管理的战略性决策，它的决策正确与否将给整个供应链系统带来长期影响。

供应链系统中各个企业通过委托来减少企业间的交易成本，这也是供应链管理思想的主要出发点。在选择供应链合作企业时，为防止在不完全信息的情况下做出决策所带来的风险，要建立信息共享渠道，尽可能了解合作伙伴的真实状况。但是，供应链企业在运作中会产生各种不同类型的信息，并不一定能够精确地反映出决策者所需要的信息，这就需要对各种信息（有些是模糊信息）进行处理，借助专家系统来支持合作伙伴选择决策。

在进行战略合作决策时，必须统一考虑供应链管理的战略层、战术层和执行层。供应链管理模式已被人们看作企业的一种发展战略，在进行战略合作伙伴选择时，企业就要考虑到今后运作中的管理问题。现实中的情况往往是选择合作伙伴与下一步的运作管理是脱节的，这是由于合作伙伴的选择和供应链运行管理在职能上分属不同的部门，因此也就难免出现各自为政的现象。

2. 运作管理层

第二个层次是运作管理层。通过第一个层次的工作，企业选定了自己的合作伙伴，确定了合作对象和合作内容，并且通过对双方而言都是最佳的供应契约确定下来彼此的权利和义务。接着要做的工作就是日常的运作计划的制订，这里所说的运作计划是对整个供应链系统而言的。因为供应链系统能否协调运行，在很大程度上取决于是否有一个合理的、指导全局的整体运作计划，尤其是对上游的供应商来说，它能否与需求方企业保持同步制造以降低在制品库存，就要看整个供应链的计划安排是否合理。制订整个供应链系统的生产与销售运作计划，使整个供应链的所有企业能够在“一个计划”思想指导下安排各自的生产与销售活动。目前市场上多数的 ERP 软件都可以满足这一层次的功能需求，少数软件（如 SAP）在这方面有着出色的功能。此处对该层的功能不再赘述。

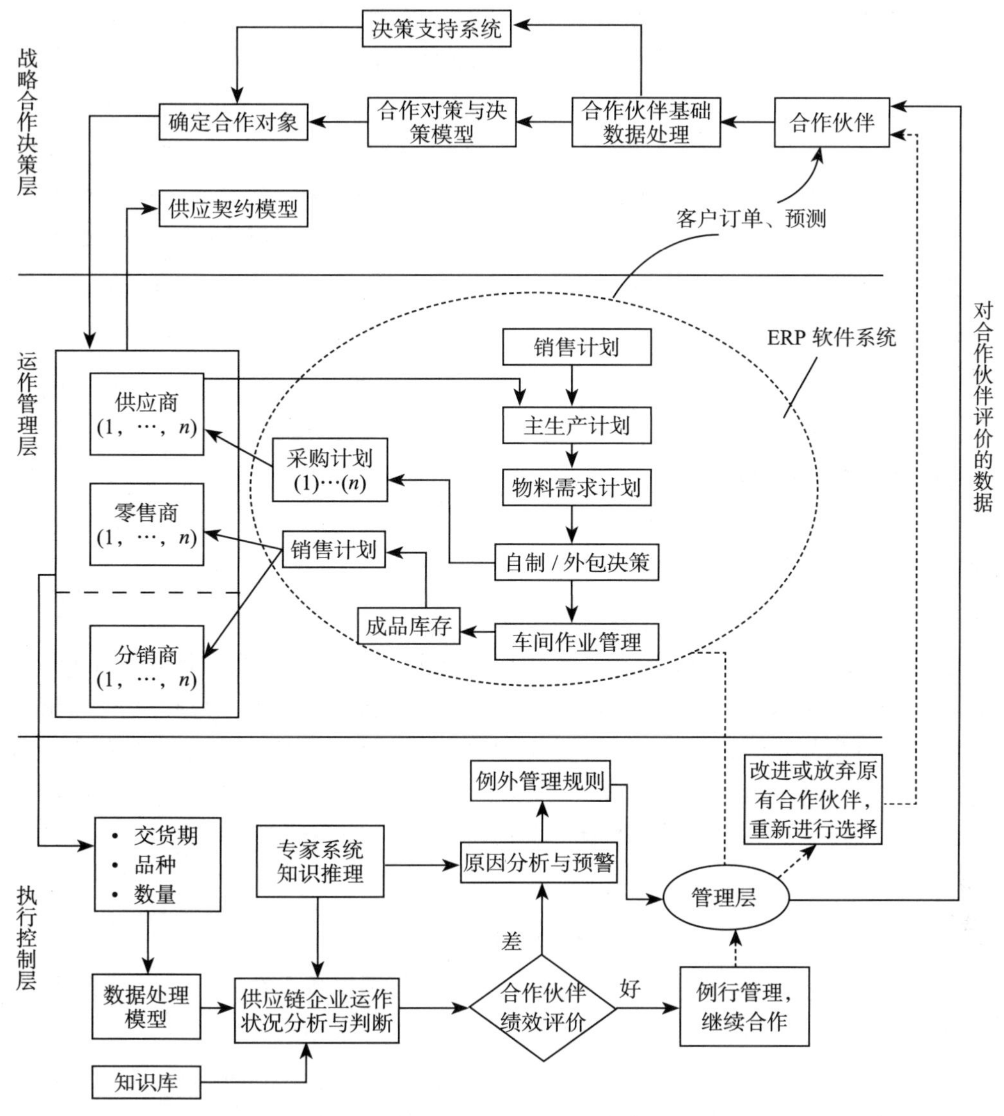

图 9-8　供应链系统运行管理的整体解决思路框架模型

3. 执行控制层

第三个层次是执行控制层，其主要功能是在供应链系统具体执行供应链运作计划的过程中，及时搜集来自合作伙伴的计划执行信息并进行处理与评价，与绩效指标及供应链稳定运行的指标相比较，以使企业能够随时监督供应链系统的运行状况。一旦出现异常情况，它就会向管理人员发出警示，管理人员就可以采取预先制定的应急措施，防止供应链系统发生波动 / 风险而给各个企业带来损失，避免出现供应链中断等损失。但是，这一点是目前供应链管理研究和实践中较为薄弱的环节。据调查了解，很多企业都没有对合作伙伴在供应链运行中产生的各种数据进行系统的收集和处理，无法通过这些数据预先估计供应链系统中存在的潜在风险，因而也就不可能事先做好准备，往往是风险真的出现后陷于被动局面。这就要求企业在完成了合作选择的战略性决策和供应链系统运作计划的战术性决策后，还应该花费更大的力气对战略性和战术性决策执行过程进行监控。离开了这个环节，任何正确的决策都难以顺利实施，因为执行过程中的情况是随时变化的，如果不能对异常情况及时采取补救措施，就会影响整个战略目标的实现。之所以提出供应链执行信息管理系统，目的就是要把供应链日常运行中产生的数据（如供应商交货期、数量、品种等）一一记录下来，并且通过一定的模型进行分析，从而推断出某个供应商的状况是否处于正常情况。如果统计数据表现出某些异常信息，执行信息管理系统就会发出警报，提醒管理人员及时分析该供应商为何出现交货不正常的情况，并及时采取紧急处理措施，消除风险隐患，以防止实际损失的出现。如果正常，则继续采用例行管理措施。

9.5 供应链绩效评价

9.5.1 供应链绩效评价应遵循的原则

随着供应链管理理论研究的不断发展和供应链实践的不断深入，为了科学、客观地反映供应链的运行情况，应该考虑建立与之相适应的**供应链绩效评价**（supply chain performance measurement）方法，并确定相应的绩效评价指标体系。反映供应链绩效的评价指标有其自身的特点，内容比现行的企业评价指标更为广泛，它不仅仅代替会计数据，同时还提出了一些方法来测定供应链的上游企业是否有能力及时满足下游企业或市场的需求。在实际操作上，为了建立有效评价供应链绩效的指标体系，应遵循如下原则：

- 突出重点，要对关键绩效指标进行重点分析；
- 采用能反映供应链业务流程的绩效指标体系；
- 评价指标要能反映整个供应链的运行情况，而不是仅仅反映单个节点企业的运营情况；
- 尽可能采用实时分析与评价的方法，要把绩效度量范围扩大到能反映供应链实时运行的信息上去，因为这要比仅做事后分析有价值得多；
- 在衡量供应链绩效时，要采用能反映供应商、制造商及用户之间关系的绩效评价指标，把评价的对象扩大到供应链上的相关企业。

9.5.2 供应链绩效评价指标

为了能有效地评价供应链的实施给企业群体带来的效益，方法之一就是对供应链的运行状况进行必要的度量，并根据度量结果对供应链的运行绩效进行评价。供应链绩效评价主要有以下四个方面的作用。

第一，用于对整个供应链的运行效果做出评价。主要考虑供应链与供应链之间的竞争，为供应链在市场中的存在（生存）、组建、运行和撤销的决策提供必要的客观依据。目的是通过绩效评价获得整个供应链的运行状况，找出供应链运作方面的不足，及时采取措施纠正。

第二，用于对供应链上各个成员企业做出评价。主要考虑供应链对其成员企业的激励，吸引企业加盟，剔除不良企业。

第三，用于对供应链内企业与企业之间的合作关系做出评价。主要考虑供应链的上游企业（如供应商）为下游企业（如制造商）提供产品和服务的质量，从客户满意度的角度评价上游和下游企业之间的合作伙伴关系的好坏。

第四，除了对供应链企业运作绩效的评价外，这些指标还可起到对企业的激励作用，包括核心企业对非核心企业的激励，也包括供应商、制造商和销售商之间的相互激励。

为了实现这些作用，供应链的绩效评价一般从三个方面考虑。

（1）内部绩效度量。它主要是对供应链上的企业内部绩效进行评价，常见的指标有成本、客户服务、生产率、良好的管理、质量等。

（2）外部绩效度量。它主要是对供应链上的企业之间运行状况进行评价。外部绩效度量的主要指标有客户满意度、最佳实践标杆等。

（3）供应链综合绩效度量。21 世纪的竞争是供应链与供应链之间的竞争，这就引起人们对供应链总体绩效和效率的日益重视，要求提出能从总体上观察透视供应链运作绩效的度量方法。这种透视方法必须是可以比较的。如果缺乏整体的绩效衡量，就可能出现制造商对客户服务的看法和决策与零售商的想法完全背道而驰的现象。供应链综合绩效的度量主要从客户满意度、订单响应时间、成本、资产增值等几个方面展开。除了一般性统计指标外，供应链的绩效还辅以一些综合性的指标如供应链生产效率来度量，也可通过某些由定性指标组成的评价体系来反映，例如客户满意度、企业核心竞争力、核心能力等。

9.5.3　供应链绩效评价的一般方法

针对传统财务评价供应链管理中的问题和缺陷，出现了不同的供应链绩效评价方法：ROF 法、SCOR 模型、ABC 成本法和平衡供应链计分法等。

1. ROF 法

该方法由比蒙（Beamon）于 1999 年提出，为了避免传统绩效评价中出现的问题，他提出了三个方面的绩效评价指标，可以反映出供应链的战略目标：**资源**（resources）、**产出**（output）以及**柔性**（flexibility）。资源评价和产出评价在供应链绩效评价中已经得到了广泛的应用，而柔性指标则在应用中比较有限。这三种指标具有不同的目标。资源评价（成本评价）是高效生产的关键，产出评价（客户响应）必须达到很高的水平以保持供应链的增值性，柔性评价则要达到在变化的环境中快速响应。它们之间是相互作用、彼此平衡的。

比蒙认为供应链评价系统必须从这三个方面进行评价：

- 资源评价包括库存水平、人力资源、设备利用、能源使用和成本等方面；
- 产出评价主要包括客户响应、质量以及最终产品的数量；
- 柔性评价主要包括范围柔性和响应柔性两种。

2. SCOR 模型

SCOR 模型体现了“从供应商的供应商到客户的客户”的供应链管理思想，覆盖从订单到付款开发票等所有客户交互环节，从供应商的供应商到客户的客户的所有物流转运，所有的市场交互，对总体需求的了解和每个订单的执行。与此同时，SCOR 模型还提供了涵盖整个供应链的绩效评价指标（见表 9-1）。

表 9-1 SCOR 模型定义的供应链绩效

绩效属性	定义
可靠性	按预期执行任务的能力，可靠性侧重于过程结果的可预测性。可靠性属性的典型指标包括准时、正确的数量、良好的质量
响应速度	执行任务的速度，向客户提供产品的速度。例如，周期时间指标
敏捷性	应对外部影响的能力，响应市场变化以获得或保持竞争优势的能力。SCOR 敏捷性指标包括可适应性和风险总体价值
成本	供应链流程的运行成本，包括人工成本、材料成本以及管理和运输成本。典型的成本指标是销售货物的成本
管理效率（资产）	有效利用资产的能力。供应链中的资产管理策略包括减少库存和外包，指标包括：供应和产能利用率及库存天数

3. ABC 成本法

传统成本会计在计量基础上采用成本随着产品的加工而流动，产品制造费用等间接费用按照数量或加工工时在产品之间进行分配，作业成本会计（ABC）提出成本动因和增值 / 非增值作业的概念，认为生产成本的计量应该建立在分解为成本动因的作业上，从而突出了作业流程中的核心作业 / 资源。这就为更精确地评价供应链的成本、作业分布奠定了基础。ABC 成本法并不是替代传统成本方法来进行绩效测量，而是从另一个方面为供应链绩效评价提供信息来源。

4. 平衡供应链计分法

在实践过程中，人们倾向于平衡运作各个方面的绩效指标，同时反映供应链整体战略的执行情况，以体现集成、跨流程指标和诊断性指标之间的相互作用，着重强调企业战略在绩效评价中所扮演的重要角色。结合罗伯特・卡普兰和戴维・诺顿（1991 ～ 1996）两人在《哈佛商业评论》上发表的平衡计分法，将其转换为供应链的绩效评价系统工具，建立起合理的平衡供应链计分法。

平衡计分法的概念反映在一系列指标之间形成平衡，即短期目标和长期目标、财务指标和非财务指标、滞后型指标和领先型指标、内部绩效和外部绩效之间的平衡。企业管理的注意力从短期目标的实现转移到兼顾战略目标的实现，从对结果的反馈思考转为对问题原因的实时分析。平衡计分法具有四个主要的特征：

- 平衡计分法以单一的形式将公司竞争力的各个角度的指标表现出来，防止次优行为的出现，以使对公司绩效有更为全面的理解；
- 平衡计分法假定和企业未来信息系统紧密相关；
- 平衡计分卡不是简单地将指标列示出来，而是将其分为四个类型，每种类型都提供了衡量公司绩效的特定角度；

- 对绩效指标的选择必须以与公司战略的紧密联系为基础。

平衡计分法分为四个方面，这四个方面代表了三个主要的利益相关的群体——股东、客户、内部员工，确保组织从系统观的角度反映战略的实施。

（1）客户角度。企业为了获得长远、出色的财务业绩，就必须创造出令客户满意的产品和服务。平衡计分法给出了两套绩效评价方法：一是企业针对在客户方面期望达到的绩效所采用的评价指标，主要包括市场份额、客户保有率、客户获得率、客户满意等；二是对第一套指标的各项内容进行细分，逐层细分，制定出评分表。

（2）内部流程运作角度。此方面是平衡计分法与传统绩效评价的显著区别之一。传统绩效评价虽然加入了生产提前期、产品质量回报率等评价指标，但是往往停留于单一部门绩效，改造这些指标只能有助于组织生存，而不能使组织具备独特的竞争优势。平衡计分法从满足投资者和客户需求的角度出发，在价值链上针对内部业务总流程进行分析。内部运作考虑如何经营才能满足或超越客户的需求。四种绩效属性得以考虑：质量导向的评价、基于时间的评价、柔性导向的评价和成本指标。

（3）改进学习角度。这为其他方面的绩效突破提供了手段。平衡计分法实施的目的和优势之一就是避免短期行为，强调未来投资的重要性，同时不局限于传统的设备改造升级，而是更注重员工系统和业务流程的投资。平衡计分法注重分析现有能力和满足需求的能力之间的差距，将注意力集中在内部技能和能力上，这些差距将通过员工培训、技术改造、产品服务得以弥补。评价指标包括新产品开发循环期、新产品销售比率、流程改进效率等。

（4）财务角度。企业各个方面的改善只是实现目标的手段，而不是目标本身。企业所有的改善都应通向财务目标。平衡计分法将财务方面作为所有目标评价的焦点。如果说每项评价指标是综合绩效评价制度这条纽带的一部分，那么因果链上的结果还是“提高财务绩效”。卡普兰和诺顿从产品 / 服务生命周期的相关阶段选择评价指标，包括成长期、持续期、收获期。成长期的指标包括销售量、新加盟客户及流程改进；持续期包括投资回收期、现金流、经济附加值（EVA）；收获期则基于现金流分析，包括收益量等。

平衡计分法在这四个方面的主要目标及其相互关系如图 9-9 所示。

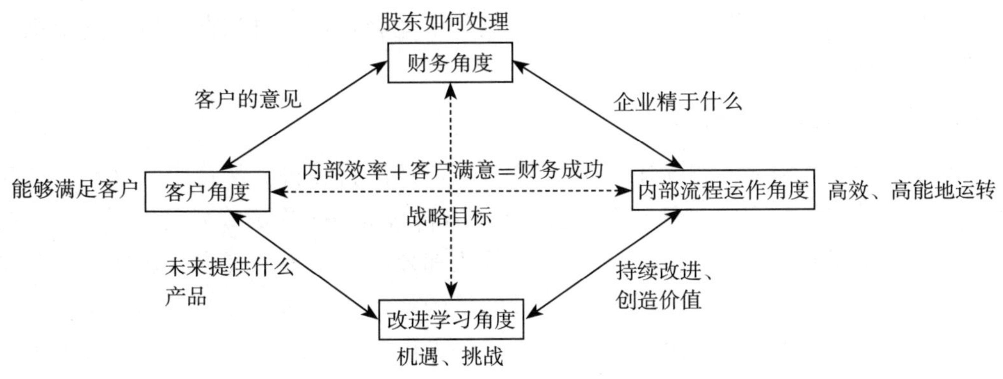

图 9-9 平衡计分法四个角度的关系

9.5.4 供应链绩效评价的重点

1. 供应链组织的角度

供应链组织的角度和业务流程重构是相近的。在构建特定的供应链组织结构的基础上，评价供应链组织绩效和提高整体重构效果都是十分重要的。

（1）柔性。供应链的组织形式就是为了能够更好地适应竞争激烈的市场，提高对用户的服务水平，及时满足用户的要求，如交货期、交货数量、商品质量以及用户对产品/服务的某些特殊要求。为了提高供应链的柔性，还需要互联网等信息技术的支持，以加快市场信息在供应链中的反馈速度和供应链中各企业的响应速度。柔性的高低就成为评价供应链组织结构合理性的一个指标。

（2）集成度。供应链不同于传统单个企业，它将供应链中的企业加以集成，使得企业的资源能够共享，获得优势互补的整体效益。供应链集成度是指企业间信息集成、物流集成和管理集成的程度及发挥的作用等。集成度的高低或者说整体优势发挥的大小，关键在于信息集成和管理集成，即需要形成信息中心和管理中心。

（3）协调性。供应链是不同企业之间的集成链网，每个企业又是独立的利益个体，所以供应链比企业内部各部门之间的协调更加复杂、更加困难。供应链的协调性包括利益协调和管理协调。利益协调必须在供应链组织结构构建时对链中各企业之间的利益分配加以明确。管理协调则要适应供应链组织结构所要求的计划和控制管理以及信息技术的支持，协调物流、信息流的有效流动，降低整个供应链的运行成本，提高供应链对市场的响应速度。

（4）简洁性。供应链是物流链、信息链，也是一条增值链，它的构建并不是任意而为的。供应链中每一个环节都必须是价值增值的过程，非价值增值过程不仅增加了供应链管理的难度，增加了产品/服务成本，而且降低了供应链的柔性，影响了供应链中企业的竞争实力。因此，在设计供应链的组织结构时，必须慎重选择供应链中的企业，严格分析每一环节是否存在真正的价值增值活动。

（5）稳定性。供应链是一种相对稳定的组织结构形式，影响供应链稳定的因素一是供应链中的企业，它必须是具有优势的企业，即要有竞争力，如果供应链中的企业不能在竞争中长期存在，必然影响整个供应链的存在；二是供应链的组织结构，比如供应链的长度，如果供应链的环节过多，信息传递过程中就会存在信息扭曲，造成整个供应链的波动，稳定性就差。

2. 供应链采购供应的角度

现在有很多文献谈到从采购供应的角度对供应链进行评价。从这个角度看，供应链管理与从传统采购物料部门演化而来的**供应基**（supply base）集成战略是等同的。它的思想是扩展传统企业的行为，通过具有共识的优化和效率目标来选择交易伙伴，形成供应链战略合作伙伴关系。实际上，供应链管理的目的就是在共同目标的基础上建立一个虚拟企业，有效地管理单一法人的流程与运作。可见供应链管理的内容主要侧重于供应基的设计，如供应商、制造商的选择等；供应战略；外包战略、生产计划、生产作业计划和跟踪控制、库存管理；供应商与采购管理等。

从采购供应的角度评价供应链绩效主要包括以下四个方面。

（1）提前期的评价。它是一种有效考虑整个组织经营的全面指标。缩短采购提前期涉及很多方面，过长的调整准备期、频繁的停机时间、不协调的工作日程、不可靠的供应商、过长的运输时间以及大规模的存货等一系列问题，都可能导致采购提前期过长。过长的提前期表现为供应链中的运输周期、加工周期、储存周期较长，并引起高额成本。

（2）柔性的评价。所谓柔性，是指系统具备的针对外部或内部干扰导致的变化而做出调整的能力。由于供应链的运行处于不确定性环境下，因此当客户需求发生变化时，供应方的柔性就成为其生存的关键因素。奈杰尔·斯莱克（Nigel Slack）定义了两种柔性：**范围柔性**（range flexibility）和**响应柔性**（responsiveness flexibility）。前者指运营可以变动的程度和范围；后者指运营可以变动的时间性，即响应速度。高柔性可以提高客户满意度，增强对需求变动的应变能力，降低过期订货和错过机会的可能性，也有利于增强开拓新市场和新产品的能力。

（3）鲁棒性的评价。鲁棒性是指变化过程中的稳健性和强壮度。对供应方而言，鲁棒性意味着在与委托人的合作中，即使委托人的需求在一定程度上发生变化，供应方仍然能够保证产品质量、正常交货、运营，从而保证供应链整体的稳定运行。

（4）成本的评价。从供应链整体运营的角度出发，采购供应系统所产生的成本一般通过供应链总成本来反映，包括供应链通信成本、供应链总库存费用及各节点企业外部运输总费用，用以反映供应链运营的成本效率。供应链通信成本包括各节点企业之间的通信费用、供应链信息系统开发和维护费等；供应链总库存费用包括各节点企业在制品库存和成品库存费用、各节点之间在途库存费用；各节点企业外部运输总费用等于供应链所有节点企业之间运输费用的总和。

3. 供应链物流管理的角度

从这个角度看，人们在评价物流系统的运行绩效时提出了很多基于时间、阶段的库存管理工具和计划，如配送需求计划、物料需求计划、制造资源计划等，用于提高物流的可视性，降低需求不确定性。物流的改进对于改善整个供应链的客户服务水平、减少库存量、降低运输成本都有着极大的推进作用。

（1）物流速度指标。物流速度就是物流业务中相关行为的数据传输、计划更新以及执行速度。

- 数据传输速度：各项业务中关键数据如计划、预测、项目联系等各种信息的传输速度。
- 计划更新速度：计划调整、重新制订的速度，以及运输和产品调整能够满足计划进度变动的能力。
- 执行速度：通过减少制造、包装、运输的时间来缩短提前期，以最少的时间满足客户服务的要求，以此来考核物流需求的执行速度。

（2）物流的可变性。它反映了对客户物流需求变动的柔性，以及客户定制化、运输要求变动的处理能力。

（3）物流的可视性。物流的可视性描述了供应链系统中合作伙伴共享信息的程度，以及合作伙伴进入企业内部服务器获取相关信息的程度。这样做的目的是提高供应链的整体运作透明度，消除由于信息不透明而引起的物流中断甚至更大的问题。

物流的可视性可以分为企业内部和企业之间两个方面。企业内部重要员工和相关部门可以获得生产计划以及预测信息，这是更好地进行客户化服务的基础。对内部员工而言，信息共享使得他们意识到自身在整个组织中的作用。供应链企业之间的可视性为了解合作伙伴和客户的库存状况、销售计划、产品销售情况等提供了及时信息，使企业能够及时掌握供应链的运行状态，主动做好计划修改、物流重整等应变性工作，改善整个供应链的绩效。

本章小结

供应链管理思想得到越来越多企业界人士的认可，但在具体组织与运行过程中存在很多问题，最大的一个问题就是传统组织结构与先进供应链管理思想之间的不适应性甚至冲突。从美国物流企业组织结构的演变可以看出：随着管理思想的演变，组织结构必须进行同步的变迁。而在实施供应链管理思想时，更应注意业务流程重构、系统观、扁平组织、人力资源、信息技术等问题，要清楚定义供应链管理部门的职能以及主管的职责。除了组织结构的设置之外，在供应链管理的实际工作中还必须加强对运作过程的监控与协调，通过建立供应链执行管理系统来管理供应链实施的核心内容：从战略合作决策层、运作管理层、执行控制层三个层次来进行管理和优化控制。在供应链管理中，必须自始至终牢记管理的最根本的目的：提高企业的运营绩效、实现资产增值、提升企业在市场上的竞争力，因此，供应链管理的重要组成部分之一就是供应链运作绩效评价。为此，要科学制定供应链管理绩效评价指标体系，采用科学的评价方法，通过绩效管理促使供应链的能力不断迈向更高层次。

关键术语

业务流程重构（business process reengineering，BPR）

管理职能（management function）

职能专业化（functional specialization）

供应链绩效评价（supply chain performance measurement）

思考与练习

1. 试举例论述传统企业组织结构的特征。
2. 企业管理组织结构如何设计才能适应企业创新发展的要求？
3. 企业业务流程重构（BPR）对设计供应链管理的组织结构有何启发？需要注意哪些问题？
4. 供应链管理职能应该设置？你认为应该将哪些职能纳入供应链管理的范畴？
5. 阐述供应链管理主管（如首席供应链执行官）的岗位职责。

6. 作为供应链管理主管，如何构建和实施供应链执行管理系统模型？
7. 供应链执行管理系统的执行控制层包括哪些具体功能？
8. 供应链绩效评价的特点是什么？
9. 如何正确设计供应链绩效评价指标体系？

讨论案例 从物流到供应链：宝供战略转型

“以后如果有人问我，我们的产品是什么，我会说我们的产品是企业的竞争力。”在宝供大厦四楼的办公室里，宝供物流企业集团有限公司市场部经理谢家涛面带笑容地对记者说。说这话时，他手上正拿着一本厚厚的关于宝供由第三方物流企业向供应链一体化解决方案提供商转型的调研规划报告。

在一个小型的媒体见面会上，宝供的总裁刘武和IBM工商企业事业部南中国区经理黄建新一起亮相，宣布宝供将与IBM合作，为企业提供供应链一体化解决方案，并证实了宝供由第三方物流企业向供应链服务商进行战略转型的消息。

“这说明宝供不再满足于只是充当企业物流规划执行者的角色，而是想成为企业物流规划的参与者甚至是主要的制定者。”一位在物流及其相关行业摸爬滚打多年的人士对记者这样评价宝供此次战略转型的意图。

储运利润摊薄，宝供携手IBM瞄准新的利润源

作为国内较为成功的第三方物流企业，宝供在短期内似乎并无利润之忧。从承包一个铁路货运转运站到成为业内的翘楚，刘武和宝供的故事一度被人当作国内第三方物流兴起的典范而广为流传。但不可忽视的是，物流行业的整体利润正日趋摊薄，这是不争的事实。随着传统行业的竞争日趋激烈，这些企业为获得竞争优势而纷纷在压缩成本方面下功夫，储运成本在很多时候成了它们下手的首要目标。“现在企业对物流服务的要求提高了，但所愿意付出的价格一直在往下降。”谢家涛说。例如，一辆载重为5吨的7.2米长的货车从广州开到上海，挣的钱短短两三年就少了将近50%，刨除燃油、车辆损耗和沿途的路桥收费等各项成本，跑一趟下来还赚不了百来块钱。

许多企业缺乏对从上游原材料供应商、内部生产流程到下游仓库配送商、承运商直到零售商等物流环节的全过程的整体规划，这样因在物流的某一环节压缩成本而导致整体成本上升的事情时有发生，许多企业正在为供应链问题付出高昂的代价。有人分析，就像前些年出现巨额亏损的康佳，其亏损的主要原因在于巨量的库存，主要是其销售渠道和销售策略出现了问题，更进一步说，就是因为它的供应链出现了问题。该人士向记者表示，国内家电类的企业因供应链不畅而造成的成本损失一般要占到其年营业额的10%左右。问题之所在恰恰是市场之所在。该人士给出了这样的一组数据来说明问题：假设全国有1 000家家电企业，这些企业的年平均营业额为2.5亿元，那么这些企业每年因供应链不畅而造成的成本损失就将高达250亿元。按照国际惯例，进行供应链整合第一年的收费为这一数字的10%左右，也就是25亿元。这还只是家电行业，整个市场空间有多大，费用就可想而知了，并且这里面还没有计算实施供应链方案所带来的储运业务收入的增加。

此外，随着专业分工的细化，越来越多的企业开始将主要精力放在自己的核心竞争力上。除了主要技术的研发和产品主要部件的生产之外，越来越多的业务正在被外包出去，它们愿意花在上游的原料采购及下游的产品销售环节的精力也在变少。在这种情况下，它们也就更加希望与自己合作的物流公司能以专业公司的身份对整个物流体系提出一个一揽子解决问题的方案，而不需要它们去为这些问题操心。这些都在推动着物流企业向供应链方向靠拢。

也正是在这种背景下，宝供提出了要向供应链方向转型。刘武表示，为了确保转型，宝供目前主要采取了三个方面的措施。一是对运作资源进行整合，宝供投入巨额资金在广州、上海、苏州、合肥等地建设大型的物流基地；二是加强信息技术，实施先进的ERP系统；三是提高人员素质，邀请专家加盟，充实物流规划方面的人员，并实施加深员工对供应链认识的人员培训计划——“北极星计划”。在外部，宝供也在力图为这种转型创造条件，一方面，宝供将由其主办的第六届物流技术与管理研讨会的主题定为“供应链变革——问题与解决方案”；另一方面，宝供还与IBM联系合作，以期利用IBM在信息技术方面的优势共同切入供应链服务这一市场。

信息不透明，利益难平衡，宝供胜算几何

“以后我们的主要业务，一是与需要服务的企业一起制订一个合理的供应链解决方案，二是通过我们的物流服务来确保这个方案的实施以达到目标。”谢家涛说。

“宝供的这步转型应该说已经涉及了其核心价值的转移，它以后的利润着眼点和现在将会有很大的区别。”一位在物流及其相关行业摸爬滚打多年的人士对记者分析道。在他看来，宝供以物流专业公司的身份参与到企业物流计划的制订中来，对以前的销售、生产、采购等单个环节的物流业务做综合性的规划，以自身的专业经验为企业提供更为优化的物流方案，这不仅能为企业压缩物流成本，也使得宝供在传统物流企业运输费、仓储费等收入的利润空间不断缩小的条件下获得一个新的主要利润来源。“通俗一点说，就是宝供以前主要靠储运业务赚钱，以后则主要靠供应链解决方案来赚钱了。”

在谢家涛看来，宝供转型的底气主要来自三个方面：一是宝供丰富的专业经验，二是宝供在业内较高的运作水平，三是宝供的人力资源水平及由此带来的较高的规划和执行能力。他表示，宝供不仅要以自身的专业经验与企业共同制订一个合理的方案，更要具体执行这个方案来确保达到目标。因而，对宝供服务的企业而言，宝供提供的方案将显得更有可信度和可操作性。

但在另外一些人看来，宝供要向供应链服务商的角色转型，面临的困难也不小。

首要的困难来自信息的透明化。目前国内的第三方物流企业主要的服务对象都是三资企业。刘武也对记者坦陈，宝供自身80%的客户也都是这一类的企业，国内目前应用第三方物流的传统企业只占2%～3%。供应链的整合，尤其是对上游供应商原材料采购的物流整合直接牵涉到企业自身的生产计划等核心信息，要使这部分信息做到透明化很难。

更大的困难来自各企业相互间的利益平衡问题。供应链整合的一大基础在于分工细化的各环节企业专注于自身的核心竞争力。对国内许多缺乏领先技术的企业来说，它们的比较优势就在于生产和营销等环节。目前国内许多企业都拥有一个庞大的营销体系，这不仅是它们的利润来源之一，更是它们同下游的经销商讨价还价的一张底牌。如果在供应链整合的过程中需要对这一环节进行调整，那么会遇到的阻力可想而知。

资料来源：http://www.guangzhou-logistics.com/wlal/wlala/200612/65654.html。

提示问题：宝供向供应链服务商角色转型所面临的困难，除了上述案例中提到的几点外，你认为还有哪些更为艰巨的挑战？

参考文献与延伸阅读

[1] 王伟，齐二石．基于BPR的企业组织结构研究[J]. 西北大学学报（自然科学版），1999(2).

[2] 杨国荣．谈“四大名著”中的供应链管理思想[J]. 商业时代，2013(5).

[3] HUGHES J, RALF M，MICHELS B. Transform Your Supply Chain: Releasing Value in Business[M]. Berlin: Thomson Business Press, 1998.

[4] 鲍尔索克斯，克劳斯．物流管理：供应链过程的一体化[M]. 林国龙，等译．北京：机械工业出版社，1999.

[5] 薛明德，王茂林，杨波．物流系统规划与设计[M]. 北京：企业管理出版社，2004.

[6] 骆温平．物流与供应链管理[M]. 北京：电子工业出版社，2002.

[7] 巴罗．企业物流管理：供应链的规划、组织和控制（原书第2版）[M]. 王晓东，等译．北京：机械工业出版社，2006.

[8] 张艳阳．企业物流组织变革探析[J]. 中国煤炭经济学院学报，2001（4）：39-41.

[9] 庞美荣．世界企业物流组织的实践与发展[J]. 武汉工业学院学报，2000(3):37-39.

[10] 马士华．供应链运作管理的框架模型[J]. 计算机集成制造系统，2002(8): 43-47.

[11] 廖巍，刘勤．供应链设计与管理[M]. 北京：中国物资出版社，2007.

[12] 辛奇－利维 D，卡明斯基 P，辛奇－利维 E. 供应链设计与管理：概念、战略与案例研究（原书第3版）[M]. 季建华，邵晓峰，译．北京：中国人民大学出版社，2010.

[13] 兰伯特．供应链管理：流程、伙伴、业绩（原书第2版）[M]. 王平，译．北京：北京大学出版社，2007.

[14] 王丽杰，王雪平，潘子胥．基于信息系统策略的供应链管理策略与绩效的关系研究[J]. 商，2013(1):30.

[15] 波尔斯特夫，罗森鲍姆．卓越供应链：SCOR模型使用手册（原书第3版）[M]. 何仁杰，虞毅峰，译．北京：中信出版社，2015.

[16] HOFMANN E，BECK P，FÜGER E. The Supply Chain Differentiation Guide[M]. Berlin: Springer Berlin Heidelberg, 2013.

[17] HANLEY T, HALDOWSKY J. 工业4.0悖论：克服数字化转型道路上的脱节[R]. Deloitte insights，2019.

第 10 章　供应链风险管理

本章重点理论与问题

在新的竞争环境下，供应链管理作为一种新的管理模式与方法，在给企业带来价值与竞争力的同时，因为各种不确定性因素的存在也增加了供应链上企业的风险。随着供应链构成的复杂性不断增加，供应链的脆弱性也在增加，随之而来的是越来越多的供应链风险事件。因此，积极地进行供应链风险防范和管理，对提升企业和供应链的敏捷性起着举足轻重的作用。这不仅对企业界的实践，也对学术界的研究提出了更大的挑战。本章从风险的含义、风险识别、风险分析、风险应急响应及建立风险管理机制等方面介绍供应链风险管理的基础理论和方法，并阐述了供应链风险管理体系、风险管理措施等方面的内容，还讨论了弹性供应链重构相关理念及其重点关注的问题，以及协助企业有效地设计和重构供应链的途径，从而使企业能够更好地应对供应链风险，以获得持续性发展。

10.1　供应链风险管理概述

10.1.1　现实中典型的供应链风险事件

近几年来，随着供应链的复杂性不断增加，供应链的脆弱性也在逐渐增加，各种供应链风险事件让很多企业损失惨重。下面列举若干典型的供应链风险事件。

- 2000 年，美国新墨西哥州飞利浦公司的第 22 号芯片厂发生火灾，爱立信公司因此损失了 4 亿美元的销售额，市场占有率也从原来的 12% 下降为 9%，最后竟退出了全球手机市场。
- 思科公司 2001 年因为需求预测失误造成 25 亿美元的存货报废。
- 2002 年 9 月，美国西海岸发生工人罢工事件，由于这里是我国的中远集团进入美国的主要门户，罢工事件致使中远集团在两周内损失至少 2 400 万美元。
- 2001 年的“9・11”恐怖袭击使得北美的机场被迫关闭，致使美国国内数千条供应链中断，造成难以估计的损失。
- 2005 年，雀巢奶粉碘含量超标，宝洁 SK-Ⅱ被诉含有有害成分，肯德基、麦当劳部分产品被发现含有苏丹红一号。

- 2009 年的丰田召回事件。
- 2011 年日本大地震，震垮了许多企业，导致生产中断从而引发下游供应链瘫痪。

上述这些供应链风险事件，有些事件是自然灾害或恐怖分子袭击导致的，这些事件对供应链管理者来说是不可控的。而更多的事件则是由人为因素引发的，这类事件绝大部分是由于供应链风险管理缺失造成的。不管何种因素导致供应链出现风险问题，最后的损失都是难以估计的，有些企业甚至因此破产倒闭，多年的经营心血毁于一旦。面对各种风险事件或突发事件的冲击，供应链如何保持稳健运行，并能尽快从各种危机和冲击中恢复过来，尽量减少损失，成为 21 世纪供应链管理的重要内容。我们必须特别重视供应链风险管理问题。

供应链聚焦

继英国数码相机连锁店 Jessops 和电器连锁店 Comet 相继宣布申请破产保护后，2013 年 1 月 14 日，全球著名的音乐、DVD 和电脑游戏零售巨头 HMV 宣告申请破产。HMV 起源于英国作曲家爱德华·埃尔加 1921 年在伦敦牛津大街 363 号创办的一个唱片零售店，鼎盛时期在全球 7 个国家的总店面数达到 815 家。随着互联网的快速发展，数字音乐、网上商城、音乐视像下载和销售网站对传统的连锁零售模式产生了巨大的冲击。根据英国娱乐零售商协会公布的数据，2012 年，英国数字娱乐消费达到 10 亿英镑，为历年来最高，比 2011 年上涨 11.4%，这意味着 1/4 的娱乐市场已经数字化、网络化。需求模式的变化无疑是 HMV 失败的关键原因之一。

资料来源：http://it.chinairn.com/News/20130122/085142176.html; http://language.chinadaily.com.cn/bbc/ent/2013-01/05/content_16084757.htm。

10.1.2 风险管理

1930 年，风险管理萌芽，1938 年以后，美国企业对风险管理开始采用科学的方法，并逐步积累了丰富的经验。1950 年，风险管理发展成为一门学科，1970 年，风险管理在全球受到关注。1983 年在美国召开的风险和保险管理协会年会上，世界各国专家学者云集纽约，共同讨论并通过了《101 条风险管理准则》，它标志着风险管理的发展进入了一个新的阶段。

一般人对于风险的观念及定义到现在仍然相当模糊，因为它表达的其实是一个抽象而笼统的概念。风险的特性是在强调未来的可能性，以及未事件发生的不确定性。如果一个事件或活动没有不确定性，风险也就不会存在。

根据《韦氏词典》对风险的解释“损失的可能性或危害的结果”，风险有两层含义：一是易变化的特性和状态，缺乏肯定性，也就是不确定性；二是具有无常的、含糊的或未知性质的事物。

许多学者都尝试着去定义风险，目前比较公认的对风险的定义主要是 V. W. Mitchell（1995）的观点，他认为风险是组织或个人发生损失的概率以及损失的严重性两者的组合；任一事件的风险为事件的发生概率与事件发生的后果的乘积。由此可知，风险包含两项基本组成：一是损失，二是不确定性。

中华人民共和国国家标准《供应链风险管理指南》（GB/T 24420—2009）对风险的定义为：**风险**（risk）是不确定性对目标实现的影响。

总之，关于风险的研究主要有两种视角：一是不确定性视角，二是损失性视角。从更切合实际的角度来看，应该将不确定性视角和损失性视角综合起来，这样更能反映风险的本来面目。

10.1.3 供应链风险和供应链风险管理的含义

同样，供应链所面临的市场竞争环境也存在着大量的不确定性。只要存在不确定性，就存在一定的风险。不确定性是指当引入时间因素后，对事物的特征和状态不可充分地、准确地加以观察、测定和预见。供应链企业之间在合作过程中存在着各种产生内在不确定性和外在不确定性的因素，因此需要进行风险管理。

供应链系统是一个复杂的系统，其风险是很难界定的，不同学者从不同角度来定义。国外学者对供应链风险的研究是从研究供应风险开始的，Mitchell（1995）认为，它是由各成员企业中员工的教育层次等因素的不同以及供应市场的特征（如市场结构的稳定性、市场利率的变化等）导致供应上的不足而带来的风险。G. A. Zsidisin 等人（2003）将供应风险定义为“供应不及时而导致货物和服务质量的降低”。也有学者按照风险的一般方法，将供应链风险分为可控制和不可控制的风险：不可控制的风险，如恐怖主义行为、严重的劳工停工、自然灾害等；可控制的风险，如供应商资格、来源方的产品和服务等。但是，他没有给供应链风险一个确切的定义，也没有具体分析区别的依据。

根据德勤咨询公司 2004 年发布的一项供应链研究报告，供应链风险是指对一个或多个供应链成员产生不利影响或破坏供应链运行环境，从而使得供应链管理达不到预期目标甚至导致失败的不确定性因素或意外事件。

英国克兰菲尔德大学管理学院（2002）把供应链风险定义为供应链的脆弱性，供应链风险因素的发生通常会降低供应链运行效率，增加成本，甚至导致供应链的破裂和失败。有效的供应链风险管理将有利于供应链安全运行，降低运行成本，提高供应链的运行绩效。

中华人民共和国国家标准《供应链风险管理指南》（GB/T 24420—2009）也对供应链风险进行了定义：**供应链风险**（supply chain risk）是指有关供应链的不确定性对目标实现的影响。

因此，我们可以认为，供应链风险包括所有影响和破坏供应链安全运行，使其不能达到供应链管理预期目标，造成供应链效率下降、成本增加，导致供应链合作失败或解体的各项不确定性因素和意外事件，既包括自然灾害带来的风险事件，也包括人为因素产生的风险事件。

为了提高供应链的竞争力，获取竞争优势，企业需要高度重视供应链风险管理，它不仅是供应链管理理论体系的核心内容之一，而且是供应链管理的内在要求。企业必须采取措施避免可能对供应链产生破坏的风险，尽量降低风险给供应链带来的损失，使供应链在受到风险事件冲击后能够迅速恢复到正常运行状态。这些目标只有通过合理的风险管理与控制措施才能达成。

那么，所谓**供应链风险管理**（supply chain risk management），就是为了提高供应链运行的稳健性而在风险分析、风险识别、风险应对及供应链危机恢复过程中所采取的风险应对计划、组织、协调与控制活动的总称。

10.1.4 供应链风险的客观性和特性

1. 供应链风险的客观性

无论是自然界中的各种自然灾害，还是社会领域中的冲突、意外事故或战争，都不以人的主观意志为转移而客观存在，它们的存在和发生就整体而言是一种必然现象。像许多风险一样，供应链风险的发生也是客观和必然的，其本身是不可避免的，主要表现在以下几个方面。

（1）供应链本身结构的复杂性导致了风险的客观存在。从组织结构来看，供应链是一个复杂的网络，由具有不同目标且相互独立的经营主体组成。因此，供应链的运作相比单个企业的运作要复杂得多，物资从供应源进入供应链到变成商品到达最终用户手中，经过了原材料供应体系、制造体系和分销体系的众多节点企业，包括运输、储存、装卸、搬运、包装、流通加工、配送、信息处理等诸多环节，其间伴随着商流、物流、信息流和资金流的发生。虽然整个供应链是一个利益共同体，但各节点企业有各自的经营战略、目标市场、技术水平、管理制度以及企业文化等，甚至同一个企业可能同时属于多个相互竞争的供应链，这些都增加了供应链管理的复杂性和难度，从而导致了风险的产生。

（2）供应链所处内外部环境的不确定性导致了风险的客观存在。将供应链当成一个系统来看，其面临的不确定性环境包括两方面：系统外部环境的不确定性和系统内部环境的不确定性。系统外部环境的不确定性主要指自然环境、市场需求环境、经济环境、政策环境、竞争环境以及资源环境等因素，这些都是客观存在的，并且是不能改变的，供应链只能调整自身去适应；系统内部环境的不确定性主要指供应链上各节点企业运作的不确定性，比如原材料供应商方面的运输问题、货源问题造成的不确定性，制造商方面由于生产系统的可靠性、计划执行的偏差、关键人员的临时短缺导致的不确定性，还有分销企业在配送、渠道设置方面的不确定性等，这些内部不确定性也是不能完全避免的。因此，系统内外部环境中这些不确定性因素的客观存在也决定了供应链风险的客观存在。

（3）供应链全球化趋势增加了风险。从过去盛行的"本地化"生产与营销策略转向"全球化"生产和营销是一大趋势。现在通过远程采购、全球生产和装配，供应链可以从地球的一端延伸至另一端。比如一些电子产品，可在中国台湾地区采购零部件，在新加坡组装，最后在美国总装，然后卖到全球市场。全球化的采购和生产可能降低采购成本和劳动力成本，但也可能带来更长的提前期、更多的安全库存和更高的报废率，增加了风险。另外，全球化的趋势使得供应链企业的分布范围更广，而劳动力成本低的地区或国家往往政局不太稳定，容易发生战乱，从而影响供应和生产，增加供应链运作的风险。

供应链风险的范围、程度、频率以及形式、时间等都可能表现各异，但它总会以独特的方式表现自己的存在，是一种必然事件。人们收集的有关供应链风险的资料越多，对供应链风险的认识越高，供应链风险的规律性就越容易被发现或接近于被发现。

供应链聚焦

2008年2月18日，巴西矿石生产商淡水河谷公司在其官方网站公布了它与新日本制铁公司、日本钢铁公司、韩国浦项制铁公司达成的2008年度铁矿石基准价，其中大部分铁矿石的价格上涨幅度为65%，品位较高的卡拉加斯粉价格涨幅高达71%。该协议中的价格从4月起开始执行。此消息一经传出，就在巴西国内钢铁行业引起一场不小的波动。一直以来对进口铁矿石依赖性很强的众多国内钢铁生产企业，开始纷纷通过钢材涨价来转移铁矿石价格上涨带给它们的成本压力。市场数据显示，2月份国内20多家钢铁厂都在1月份钢材产品提价的基础上再度调高了出厂价。作为汽车生产的主要原料，钢材成本在汽车行业总成本中占有相当大的比重，一辆自重1吨的汽车，制造时所需要的钢材一般在1.5吨至2吨之间，而商用车由于车身本身用钢量较大，商用车企业所遭受的成本压力也相对比较大。面对这种情况，商用车生产企业就会一方面提高商用车的售价，另一方面向汽车物流等下游服务行业施加压力，敦促其降低服务价格。

资料来源：中华人民共和国商务部，http://www.mofcom.gov.cn/article/i/dxfw/nbgz/201301/20130100011674.shtml。

2. 供应链风险的特性

供应链风险除了具有上述的客观性之外，还具有以下几点特性。

（1）动态性。供应链管理目标的实现是供应链整合优化的过程。实现供应链目标的过程受到内部和外部各种因素的影响，不同的成员企业和业务面临的风险因素不同。其中有些因素随着环境和资源的变化及供应链管理目标的调整，可能会转化为供应链风险因素。供应链因外部客观环境或内部结构而产生风险，这些供应链风险决不会静止、僵化不变，而是随着风险处理的正确性与及时性降低或升高。因此，供应链风险将与供应链的运作相伴存在，具有动态性特征。正因为供应链风险的动态性，所以即使是如星星之火般的小风险，也有可能变成燎原之火的巨型风险。供应链风险变化的每一阶段几乎都具有因果连锁效应，所以不能忽视供应链风险的动态性。

（2）复杂性与多样性/多层次性。供应链网络的复杂性导致供应链风险的来源呈现复杂性的特征。供应链从构建起就面对许多风险，它不仅要面对单个成员企业面对的系统风险与非系统风险，还要面对由供应链特有的组织结构所决定的企业之间的合作风险、技术与信息资源传递风险、文化冲突风险及利润分配风险等。因此相比一般企业的风险，供应链风险类型多、范围广，也更为复杂。另外，供应链的结构呈现层次化及网络化，不同层次的供应链成员如核心企业、供应商、经销商、协作层企业，它们对供应链运作的影响程度不同，同样的风险对不同层次的供应链成员的影响程度也不同。

（3）传递性。传递性是供应链风险最显著的特性，也是由供应链自身组织结构所决定的。供应链从产品开发、原材料采购、生产加工到仓储配送整个过程，都是由多个供应链节点企业共同参与完成的，根据流程的顺序，各节点企业的工作形成了一个交错的混合网络结构，其中某一项工作既可能由一个企业完成，也可能由多个企业共同完成；某一个企业既可能参与一个环节，也可能参与多个环节。各节点环环相扣，彼此依赖和相互影响，任何一个节点出现问题，都可能波及其他节点，进而影响整个供应链的正常运作。供应链是链式生产结构，源头的企业可以通过这种结构把一定的风险传递到下游企业，下游企业也可能通过信息流、资金流等途径把风险传递给上游企业。一个企业产生风险，造成生产、销售等困难，那么，整条供应链都要受到牵连。长鞭效应便是由这种传递性引起的。传递性会利用供应链系统的联动性，使风险对供应链系统造成破坏，给上下游企业以及整个供应链带来损害和损失。供应链整体的效率、成本、质量指标取决于节点指标。各节点均存在风险，而供应链整体风险由各节点风险传递而成。

（4）此消彼长性。各种风险之间往往是互相联系的，采取措施消除一种风险可能会导致另一种风险加剧；同样，供应链上某个企业采取的措施可能会增加供应链上其他企业的风险。供应链中的很多风险是此消彼长的，一种风险的减少会引起另一种风险的增加。一方面，企业内部一种风险的减少会导致另一种风险的增加。比如企业为了加强与供应商的长期战略合作，可能会采用单一或少数供应商原则，而这无疑增加了供应中断风险。另一方面，供应链系统内各节点企业之间风险是此消彼长的，即某一企业风险的减少可能会导致相关的企业风险的增加。比如制造商为了减少自身的库存风险，要求上游供应商采用 JIT 方式送货，而这必然导致上游供应商送货成本增加和库存积压。因此，在研究供应链风险以及加强对供应链风险的控制时就要充分考虑风险之间的相互影响，对此消彼长的风险进行权衡以确保供应链整体风险最小。

由以上论述可知，风险在供应链日常运营中是客观存在的，而且随着供应链的全球化发展，这种风险会越来越大。为了降低由于各种不确定性因素引发供应链中断或其他危机而导致的损失，我们就要加强对供应链的风险管理，提高供应链弹性或柔韧性，使供应链始终能稳健地运行。

10.2 供应链风险识别与风险分析

供应链风险管理的核心在于风险识别、风险分析以及对危机发生后的响应。过去，人们习惯将风险理解为自然界的不确定性事件，如地震、飓风、冰雪灾害、流行病等突发性的非常规性事件。这些事件基本上是不可预测的，但也并不是每天都会出现，不过一旦发生，就会对人类社会造成很大的影响，有时甚至是灾难性的。而供应链管理中的风险因素，除上述这些非常规性事件外，更多的是常规性的，但是这些风险并没有引起管理者的充分注意。因此，我们识别供应链风险，必须同时注意自然灾害产生的风险以及人为因素产生的风险，并能清楚地识别不同的供应链风险。

10.2.1 供应链风险的类型

1. 按风险来源分类

Jüttner 等（2003）根据对制造、零售和物流行业的多个公司的调研结果，将供应链风险的来源分成三类：**环境风险源**（environment risk sources）、**网络风险源**（network risk sources）和**组织风险源**（organizational risk sources），如图 10-1 所示。其中网络风险源又包括三种不同的来源：所有权不明、供应链复杂性引起的上下游协调问题（如长鞭效应等）和因为惰性而产生的响应速度太慢。

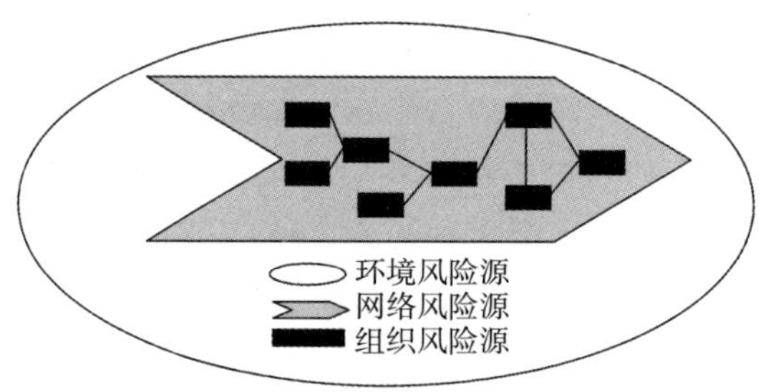

图 10-1　供应链风险源

资料来源：Jüttner 等（2003）。

Mason 和 Towill（1998）把供应链风险来源分成五个相互交错的类型：**环境风险源**（environmental risk sources）、**需求风险源**（demand risk sources）、**供应风险源**（supply risk sources）、**流程风险源**（process risk sources）和**控制风险源**（control risk sources）。

（1）环境风险源。它主要是指由外在不确定性因素造成的风险，大致可以分为四类。

- 政治，例如海湾战争引起的石油危机、“9・11” 恐怖袭击等。
- 疾病与自然灾害，例如爆发口蹄疫、禽流感、甲型 H1N1 流感和突然发生的火灾、地震等。
- 社会，例如 2008 年爆发的金融风暴、迪拜债务危机等。
- 经济，例如汇率波动、国家经济政策变化等。

（2）需求风险源。在出厂物流中可能会发生的任何风险，基本都归属于需求风险的范畴，以及产品需求的变动，包括季节性变化、流行趋势所引起的需求变化、新产品上市等。需求风险源主要来自供应链企业的客户，客户增加或减少订单都会引发供应链风险。

（3）供应风险源。供应风险是一个多层面的概念，供应风险源大致分为两大类（见表 10-1）。一类来自供应商自身，包括新产品开发、供货质量出现问题，以及供货突然中断等。另一类源于供应市场特征，主要包括单一 / 有限货源以及市场短缺等。

表 10-1　供应风险源

供应商	供应市场特征
新产品开发 配送过程中突发状况	单一 / 有限货源 市场短缺

（续）

供应商	供应市场特征
与上游供应商的关系 供应商对客户应尽的义务 供货质量出现问题 价格 / 成本上升 供货不足 科技落后 供货突然中断	商品价格上涨 供应商位于同一区域 供应商是否拥有专利

资料来源：Zsidisin（2003）。

（4）流程风险源。流程风险源指的是供应链中各伙伴之间合作的执行以及连接方式，当因产品的不同特性而采用不同的供应链策略时，特定供应链上的合作关系以及执行方式也会随之改变。如果能根据不同的产品及市场特性采用适合的供应链合作流程，就可以大大降低风险。

（5）控制风险源。控制风险源指的是供应链中决策的机制、政策，或是规定，包括订购量、批量以及安全库存。

严格意义上，流程风险源和控制风险源并不能算是真正的风险源，但是二者能够主导风险事件发生后果持续扩大或是得以减缓。比如，当客户需求突然间发生变动，如果关于订购量的政策不具有弹性，那么这个需求变动所带来的后果将被放大。流程风险源和控制风险源其实像是供应链中各企业作业的内部结构，二者的完善与弹性将决定环境风险源、供应风险源以及需求风险源对供应链所造成的影响程度。

Jüttner（2005）将 Mason 和 Towill（1998）划分的五种风险源对应的风险归纳为两大类：环境风险、供应风险和需求风险作为一个风险来源，因为这些风险都是由外部事件引起的；流程风险和控制风险则作为另一种风险来源，因为它们本身不产生风险，但是可以减少或扩大风险。在对很多公司进行调研后，Jüttner（2005）进一步指出，企业确定自身的风险来源在当今越来越复杂的供应链中变得十分重要；同一风险对整条供应链都会产生相似的影响，确定风险来源的范围应该扩大到整条供应链。

2. 按风险类别分类

参考 Jüttner 等（2002）的分类架构，可按照风险因素的不同类别归纳出以下几类供应链风险。

（1）内部供应链风险。它主要指供应链系统内部产生的风险，如各企业之间潜在的互动博弈与合作引发的风险、信息传递风险、文化差异风险、利润分配风险和能力风险等。主要包括如下几种。

组织风险（organizational risk）。企业组织内部供应链风险问题从组织内部层面探讨风险的来源，包括人力资源、质量管理、管理者决策以及新产品开发，涉及人员、设备以及技术，其中任何一项出现错误，就可能会造成组织供应链的损失。

库存风险（inventory risk）。库存的存放地点、种类、数量以及补充方式，必须与整体供应链相结合。当预测失真、调度或存活系统出现问题时，均可能造成损害。

采购风险（purchasing risk）。采购的目的是必须要以适当的成本在适当的时间、正确的地点，以最有效率的方式将产品或服务顺利交给需求方。采购的每一阶段都隐含着风险，比如采购成本过高就可能导致竞争力降低，无法满足客户需求。

配送风险（distribution risk）。配送的主要目的在于让产品流动，尽可能快速地交付客户所需产品，同时符合生产进度。若发生运输设备故障或人为状况、缺货严重，无法迅速回应配送，或是沟通不畅，以至于配送信息发生错误，都可能影响到配送及其成本。

财务风险（financial risk）。财务风险是组织之间的现金流动风险，包括费用收入及支出、对整个供应链的投资、现金以及财产处置、账款出纳流程及系统面临的风险。财务风险存在于整体供应链中，无论上、中、下游都有可能出现外部环境风险或是内部运营状况。

（2）相关网络风险。它主要指合作伙伴关系网络和信息网络形成的风险。

合作伙伴关系风险（partnership relationship risk）。伙伴关系是一种组织间的临时性关系，当彼此同意改变个别的经营方式而相互整合、共享利益时就形成这种伙伴关系。这种关系建立于彼此间的信任关系下，一旦这种关系有所变化，将影响整条供应链。

信息风险（information risk）。在互联网时代，从订单到交货，都是通过网络技术的协助来交易，一旦信息网络出现问题或是系统出错，将会严重影响到供应链上信息的传递，从而引发供应链风险。

（3）外部供应链风险。它主要指供应链外部因素所产生的风险，主要包括政治风险、自然风险以及市场风险。

政治风险（political risk）。政治风险并不是只包括狭隘的政治法律因素所造成的风险，而是包括所有因为政治变动而改变企业利润或目标的风险。从供应链角度出发，政治风险的含义是因政治变动因素导致供应链传递发生阻碍，如战争、革命、内乱、对自由贸易的限制、税制变动、外汇法令变动与管制所造成的风险。这类风险对企业而言很难避免与控制，只能依靠自身的调整来适应改变。

自然风险（natural risk）。这类风险来自自然灾害或偶发性意外事件，如地震、火灾、水灾、疫情等灾害。这类风险虽然属于偶发性风险，但是一旦发生，所造成的损失往往难以估计，企业只能事前多做保险与防范措施，使损失降到最低。

市场风险（market risk）。市场风险主要指市场、产业以及新产品三者之间的不确定性所造成的供应链阻碍，包括客户需求的不确定性以及新产品的风险。现今产品生命周期逐渐缩短，产品不断推陈出新，影响了产品线，造成供应链风险。

3. 按风险的性质分类

（1）重大突发非常规风险。重大突发非常规风险是指由于社会突发事件（如恐怖袭击和突发战争）或者是自然灾害（如几十年甚至百年一遇的冰雪、地震等）所引发的供应链风险。这类风险的特点是一击致命，一旦发生将使得整个供应链瘫痪。这类风险往往是不可预测或很难预测的，但是，就其发生的概率而言是相当低的。这类风险的管理重点是如何建立危机应急响应机制，一旦真的发生了风险灾害事件，要迅速采取事后补救措施，最大限度地减少损害。

（2）常规风险。与重大突发非常规风险不同，供应链企业在日常运作中还受到另一类风险的影响。这类风险事件发生的频率很高，每次发生对供应链的危害并非一击致命，有时甚至小到不能引起人们的注意。例如，在供应链企业日常运作中经常出现的诸如订单延迟、生产过程中断、库存过高、质量不过关、服务水平下降等现象。但是，由于人们的忽视，这类风险可以在企业中不断地累积（包括时间上的累积和范围上的累积），经历一个从量变到质变的过程，一旦爆发就会给供应链企业造成巨大的打击。

在各类文献中，对供应链风险及其来源描述比较全面的是 Chopra 和 Sodhi，他们对各种供应链风险进行了总结，把风险的类型归结为中断风险、延误风险、系统风险、预测风险、知识产权风险、采购风险、应收账款风险、库存风险、生产能力风险（见表 10-2）。各种不同的风险又有其独立的风险来源，其中大部分都包含在表 10-2 中，还有一些如知识产权风险，其来源包括供应链的垂直整合及外包等。

表 10-2 供应链风险及其来源

风险类型	风险来源
中断风险 （disruption risk）	• 自然灾害 • 劳动纠纷 • 供应商破产 • 战争与恐怖事件 • 依赖唯一的供应商，同时后备供应商的生产能力和敏捷性差
延误风险 （delay risk）	• 供应商的生产利用率过高，无缓冲空间 • 供应商敏捷性差 • 产品质量差或供应失败 • 过境或中转时处理环节过多
系统风险 （system risk）	• 信息基础设施崩溃 • 系统整合或系统网络过于庞杂 • 电子商务
预测风险 （forecast risk）	• 前置时间长、季节性因素、产品多样性、生命周期短、客户基础薄弱等造成预测不准确 • 促销、激励、供应链缺乏可见性以及产品短缺使需求夸大，导致“长鞭效应”和信息失真
知识产权风险 （intellectual property risk）	• 供应链垂直整合 • 全球外包和全球市场
采购风险 （purchasing risk）	• 汇率波动 • 依赖单一供应源的主要部件以及原材料百分比 • 行业的生产利用率 • 长期合同与短期合同
应收账款风险 （receivable risk）	• 客户的数量 • 客户的财务实力
库存风险 （inventory risk）	• 产品报废率 • 产品库存持有成本 • 产品价值 • 需求与供应的不确定性

（续）

风险类型	风险来源
生产能力风险 （capacity risk）	• 生产力成本 • 生产力弹性

资料来源：Chopra 和 Sodhi（2004）。

10.2.2 供应链风险识别

供应链**风险识别**（risk identification）是供应链风险管理的首要步骤。风险识别是指对供应链所面临的及潜在的风险加以判断、归类和鉴定其性质的过程。风险的识别过程首先是对供应链上各节点的构成与分布的全面分析与归类；其次是对各节点所面临的和潜在的风险以及发生风险损害的可能性的识别与判断；最后是对风险可能造成的后果与损失状态的归类和分析。必须强调的是，风险识别不仅要识别供应链所面临的风险，更重要也是更困难的是对各种潜在风险的识别。在此基础上，还要鉴定可能发生的风险的性质，即可能发生的风险属于动态风险还是静态风险，是可管理风险还是不可管理风险，等等。只有这样，供应链才能针对不同的风险采取有效的应对措施。

1. 供应链风险识别的程序

Walter（2007）指出，供应链风险识别有五个主要步骤：

- 第一步，定义整体供应链流程；
- 第二步，将整体流程细化为一系列彼此独立又相关的运作活动；
- 第三步，系统地审视每一项运作活动的细节；
- 第四步，识别存在于每一项运作活动中的风险及其特点；
- 第五步，描述最具影响的风险。

识别风险绝非易事，尤其是在第四步中，许多正式的工具被开发利用来识别现实中所发生的风险。其中有些工具具有普遍使用意义，可以用来识别任何一种风险，如历史数据分析法、头脑风暴法、因果分析法、事故树分析法、流程图、可能性冲击矩阵、情景规划等。另外一些工具方法则专门用来识别供应链风险，如供应链图视图法和审计、关键路径法。

以上这些识别风险的工具，有的需要通过分析过往事件，有的需要集思广益，有的则需要直接分析运作活动，才得以充分发挥作用。

2. 分析过往事件

（1）根本原因分析法——“五个为什么”。当有的风险事件确实已经发生时，识别未来可能风险的最简单方式就是对于过往事件发生的原因不断地提出问题和进一步挖掘，从而确定这种风险在未来发生的可能性。比如：

提问：发生的风险事件是什么？

回答：接到一位客户的投诉，原因是我们没有提供让他满意的服务。

提问：为什么？

回答：因为我们缺货。

提问：为什么？

回答：因为我们的供应商没有按时送货。

提问：为什么？

回答：因为我们的订单送出去晚了。

提问：为什么？

回答：因为采购部门将所有的订单都延迟递交了。

提问：为什么？

回答：因为招聘的新人没有得到充分的培训。

问到最后，就能很明确地知道问题出在采购部门，尤其是负责招聘和培训的员工。此时，经理可以评估类似事件再次发生的概率，明确这个风险事件是不是具有重要影响的事件。这种方法可以被称为"五个为什么"，或者，给出一个更正式的说法——**"根本原因分析"**（root cause analysis，RCA）。

根本原因分析的目标是找出：

- 问题（发生了什么）；
- 原因（为什么发生）；
- 措施（什么办法能够阻止问题再次发生）。

根本原因分析是一项结构化的问题处理法，用以逐步找出问题的根本原因并加以解决，而不是仅仅关注问题的表征。根本原因分析是一个系统化的问题处理过程，包括确定和分析问题原因，找出问题解决办法，并制定问题预防措施。在组织管理领域内，根本原因分析能够帮助利益相关者发现组织问题的症结，并找出根本性的解决方案。

这种方法的优点在于：它分析调查了现实中所发生的风险，并且清晰地显示出问题与原因之间的关联性；局限性在于：这种方法认为问题的根本原因比较单一，而实际情形往往要复杂得多。

（2）**因果图**（cause and effect diagram）。我们可以用因果图表示风险事件与其发生的各级原因之间的联系。因果图还被称为鱼刺图，或是**石川图**（Ishikawa diagram），是由日本质量控制兼统计专家石川馨教授发明的一种图解法，用以辨识和处置事故或问题的原因（见图10-2）。石川馨教授在1943年首次运用因果图帮助川崎钢铁厂的工程师们理解造成生产问题的各因素之间是如何相互关联的。

这种方法的优点在于，通过结构性的工作方法，全盘考虑造成问题的所有可能原因，找出造成问题的根本原因，而不是只看那些显著的表面原因，同时运用有序的、便于阅读的图表格式阐明因果关系。在整个项目过程中，团队成员个人的学习、理解和分析，亦有利于增强组织的流程知识。局限在于对极端复杂、因果关系错综复杂的问题，发挥的效用不大。

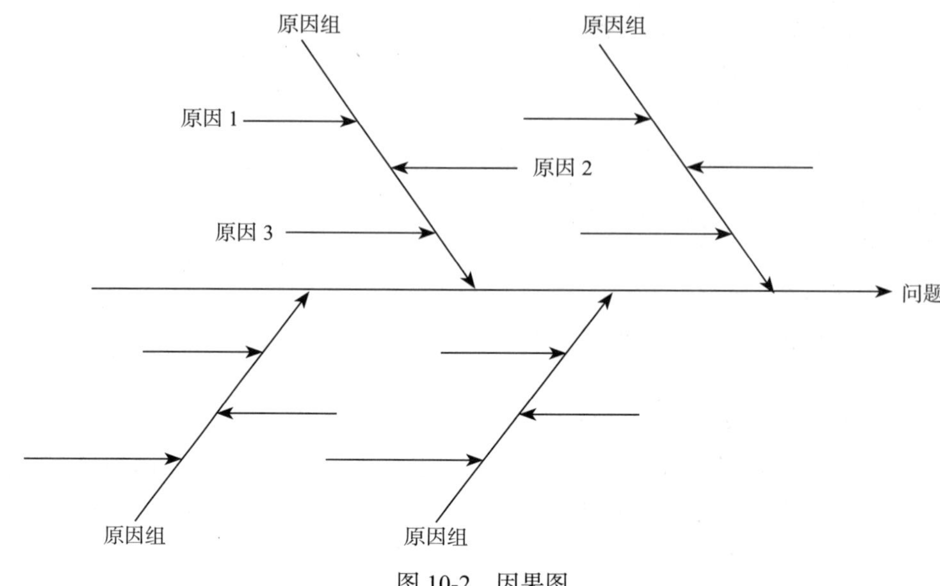

图 10-2　因果图

（3）**帕累托分析法**（Pareto analyses）。根据以往发生的风险事件频率图，可以归纳出将来最有可能再次发生的风险事件。帕累托图的绘制基础是 80/20 法则：80% 所发生的风险后果是由 20% 的主要原因造成的。

帕累托分析法首先将导致某种风险结果的各种可能原因按照其数量的大小递减排序，横坐标表示原因，纵坐标表示结果数量或累计百分比，分析出主要原因供决策者参考。

根据帕累托规则，20% 的原因往往造成 80% 的问题，如果条件有限，不能 100% 解决问题，只要专注 20% 的原因，就能够取得解决 80% 的问题的成效。因此在风险识别的过程中，帕累托分析法常被用来找出问题的主要原因，它是一种有效且得到广泛应用的方法。

（4）**风险项目检查列表**（checklists）。企业在不同的运作活动中会出现各种各样的风险，可以形成一个“列表”。这个列表为企业的管理人员提供了另一个识别风险的思路，就是检查列表中已经有哪些风险。风险项目检查列表可以来自同一组织的不同供应链，也可以来自其他企业，或是行业范围内的论坛、研究机构、咨询机构研究讨论出的标准项目。

风险项目检查列表的优势在于，企业的管理人员不需要从头开始，而是可以基于之前的宝贵经验，迅速找到答案。与此同时，这种方法也受到了许多的批评：风险列表中列出了大量的详细的潜在风险项目，但其中很多风险微不足道，不必引起足够的重视；而往往列表中被忽略的一些风险，对某些企业来说却是十分重要的。企业要注意防范出现以下倾向：

- 只列出一些常规风险，忽略了那些基本上不为人所知的风险；
- 列表提供了太多应对风险的可选择的方案，但是对实际发生的风险缺乏足够的指导作用；

- 只给出常规风险的应对方案，却忽略了“创新性风险”;
- 集中关注风险在单一组织内的影响，忽视了供应链的跨界影响作用。

3. 集思广益

（1）**访谈**（interviews）。如果对于过往风险事件的分析还是无法为未来风险的发生、防范提供更多的信息，那么管理人员就要开始着手准备收集新的信息。最为直接的方法就是对具有相关知识背景、经验丰富的人员进行访谈。他们对于风险的发生状况最为熟悉和了解，从他们那里收集风险的详细信息，不仅组织起来简单方便，并且迅速。但从另一个角度看，由于个人观点取决于个人的知识积累，因此访谈法的缺点在于还要考虑到他们的个人偏见、技能的缺乏，总体而言，这种方法缺乏预测力。

（2）**专家会议**（group meetings）。如果个人的观点不具有可信度，那么可以组织专家小组，让他们研究讨论企业的各项运作活动，最终形成一份重要风险的列表。这种专家会议小组的形式多种多样，可以是严谨正式的，也可以是非正式和非结构化的。

正式的专家会议小组讨论，首先是个人陈述，接下来围绕陈述的要点展开讨论，并最终得出结论。这种正式的讨论形式并不适合那些在会议中不善言辞以及在正式的组织中容易感到局促紧张的人。同时，正式小组的讨论结果往往趋向于保守且无创意。Bowman 和 Ash 的研究发现，相比个人访谈，小组讨论所得到的结果往往更冒进、更具风险性，其原因在于：一方面，“集体”的形式容易导致责任分散；另一方面，在小组讨论中，相比性格温和或沉默寡言的成员，个性过于坦率、更有影响力的成员的观点更为极端。

避免正式讨论所带来的负面作用的方法就是减少正式的程序，比如可以展开更为宽松、接受度更高的头脑风暴的形式。头脑风暴通过会议形式，采用自由畅谈、禁止批评的规则，鼓励所有参加者在自由愉快、畅所欲言的气氛中，通过相互之间的信息交流毫无顾忌地提出自己的各种想法。没有了规则的拘束，参加者没有心理压力，有利于在短时间内得到更多创造性的成果。头脑风暴的安排要注意：确定参加会议人员时一般以 8 ～ 12 位专家为宜，集中讨论供应链风险。参与人数太少不利于交流信息，而人数太多则不容易掌握局面，并且每个人发言的机会相对减少。

在开会前要做好准备工作，将会议的时间、地点、所要解决的问题、可供参考的资料和设想、需要达到的目标等事宜一并提前通知参加者，让大家做好充分的准备，了解议题的背景和外界动态。

整个会议要有严格的时间规划，最好是 2 ～ 3 小时。

（3）**德尔菲法**（Delphi method）。任何一个专家会议都难免遇到权威人士发表的意见影响他人，而有些专家碍于情面，不愿意发表与其他人不同的意见，或者发言时间过长导致偏题。要解决这样的问题，可以通过问卷调查的方法来收集信息。

组织 15 名（一般不要超过 20 人）供应链方面的专家成立专家小组。向所有专家发出问卷，收集他们对于供应链风险的看法。将各位专家第一次的问卷意见汇总、分析整理，再分发给各位专家，让专家比较自己同他人的不同意见，修改自己的意见和判断。所有的回复均采用匿名或背靠背的方式，使得每一位专家都能独立自主地做出自己的判断。

将所有专家的修改意见收集起来、汇总，再次分发给各位专家，以便做第二次修改。逐轮收集意见并向专家反馈信息是德尔菲法的主要环节。收集意见和信息反馈一般要经过三四轮。在向专家进行反馈的时候，只给出各种意见，并不说明发表各种意见的专家的姓名。这一过程重复进行，直到每一个专家不再改变自己的意见或者专家的意见逐渐趋同。

4. 分析运作活动

（1）**流程分析图**（process charts）。流程分析图法是指企业风险管理部门将整条供应链的生产过程的所有环节系统化、顺序化，制成流程图，从而便于发现企业面临的风险。这种方法强调根据不同的流程对每一阶段和环节逐个进行调查分析，找出风险存在的原因，从中发现潜在风险的威胁，分析风险发生后可能造成的损失及其对全部生产过程造成的影响。

Jüttner（2005）做过的一项研究调查发现，供应链图视图法和头脑风暴法这两种方法是企业使用最为广泛的识别风险的方法，其中有 60% 的企业一直或经常使用这两种方法。

（2）**流程控制**（process control）。在生产过程中，原料、交通、天气、设备、员工、情绪、时间、压力等一系列细节的波动是不可避免的。这些波动有的是微小的，但它们始终存在，这就是为什么交货提前期总会有变动。有观点认为，来自供应链计划的变动会产生风险，因此，要识别主要的风险，就要监督运作活动，找到最容易出现“波动”的运作领域。

监督“波动”最简单的方式就是制作流程控制图（见图 10-3），控制图画在平面直角坐标系中，纵坐标表示观测到的目标特征值，图中中心线表示计划目标值，上下两条水平线表示目标值的上限与下限。如果数值一直在上下限内，说明流程活动在控制范围内，风险很小，当数值出现明显的趋势变化或频频出界时，表明波动异常，风险已经开始上升。

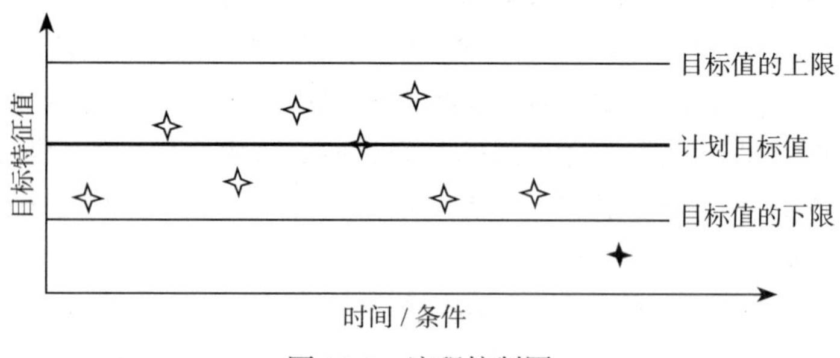

图 10-3　流程控制图

5. 供应链风险识别应注意的问题

（1）风险意识。风险识别作为一项科学的管理活动，本身要有组织性和制度性，特别是对供应链这种特殊的企业群而言，风险识别的制度性更为重要。但是很多企业对风险的认识还处于非常初级的阶段。比如，企业的管理人员已经意识到了某类风险，但是他们认为向高级管理人员汇报风险情况就等于承认他们自身能力不足，如果他们并不是特别熟悉企业的各项运作活动，足以帮助消除风险，或者面对这样的风险，他们自身并没有掌握足够的相关知识和技能，也就意味着他们无法解决问题。那么，这些管理人员会隐藏即将发生的风险，假装它们并不存在。另外一个忽视风险的动机在于，最先发现风险的人，通常会被赋予解决这一问题的责任（即使并不是他们的职责所在），他们没有足够的知识和技能来处理，风险远远超出其控制范围。因此，在风险识别时一定要强制地规范，要求每一个节点企业按要求运作，配合风险管理主体定期进行风险识别的工作。

（2）系统性。上面类似的情况同样会出现在组织层面。供应链上的每一个节点企业都希望其他的成员尽可能地降低它们的风险，这使得每个企业都不愿意承认自身存在风险，因为它们如果承认自身的风险，很有可能会因此失去很多商机，获利的可能是那些没有那么开诚布公的竞争对手。

供应链风险识别不能局限于某一个企业、某一个环节或某一个方面，而要识别整个供应链系统的全部风险，包括识别供应商、供应商的供应商、制造商、用户、用户的用户所有的风险，还包括识别原材料和零部件的采购供应环节、制造环节、分销环节以及整个运作过程中的物流运输环节的所有风险。总之，要从系统全局全方位地识别和分析整个供应链的风险。

10.2.3 供应链风险分析

前面讲述了识别供应链风险的各种方法。接下来分析这些风险可能造成的影响，根据这些影响的程度大小，企业管理人员要按照轻重缓急来处理这些风险。

风险分析（risk analysis）有两种方法。第一种是定性的分析方法，即对风险列表里的每一项风险，都给出详细的描述：

- 风险的性质——定性地描述风险；
- 后果——定性地描述潜在的损失或获利；
- 可能性——主观确定风险是否会真实发生；
- 范围——风险影响的对象，比如供应商、交付、成本、服务等；
- 责任——风险所在的职能部门以及承担控制风险的责任方；
- 利益相关者——受风险影响的人员以及他们的预期；
- 目标——通过风险管理希望达到的目标；
- 相关——与其他风险的关联性；
- 运作活动的改变——缓和风险带来的影响；
- 企业现有风险管理方法以及成功的程度；
- 提高风险管理的建议和新政策。

这些细节可以更细致地描述风险的性质，有助于更好地理解风险的影响与其所造成的后果，为之后的讨论打下良好的基础，但是只从定义上出发，这些描述很难给出任何数量值。

在风险列表上给出一些数量值，这就需要利用风险分析的第二种方法——定量分析。定量分析方法对于风险发生的严重性及后果可以给出较为精准和客观的评价。

风险分析中有很多种不同类型的定量分析方法，这些方法都基于两个因素：风险事件发生的可能性，以及风险事件确实发生后所造成的结果。通过这两个因素，可以计算期望值来评估风险：

事件期望值 = 概率（probability）× 结果（consequence）

如果交货有 10% 的概率延迟，延迟损失是 20 000 欧元，那么延迟的期望值为 2 000（=10% × 20 000）欧元。

我们所谈到的期望值，强调的是风险多次发生的平均结果，而不是风险每次发生的结果。在上面的例子中，交货有 90% 的概率不会延迟，因此就不会造成损失，但还是有很小的可能性造成 20 000 欧元的递延损失成本，而不是 2 000 欧元。这说明对很多风险而言，除非相关的风险事件确实发生，否则风险并不会产生影响。仓库确实有发生火灾的风险，但如果不着火，是没有真实风险的。

除了发生概率和发生结果这两个核心因素之外，也有研究者提出考虑增加其他的因素。最具代表性的第三个考虑因素是风险管理的不完美性，其数值可能是企业管理人员发现风险并在风险事件发生之前就采取补救措施的概率，或者是正确识别风险的概率、风险发生的概率、有能力应对风险的概率、改变风险后果的概率、增加其他风险的概率等。但是如果这样，模型会变得更加复杂，同时并不能有效地优化结果。

10.3 供应链风险管理的措施

在识别和分析供应链风险之后，关键问题是如何做出响应，也就是如何选择与应用最合适的管理措施来应对识别和分析出的供应链风险。供应链中存在无数的风险，同样我们也可以有很多的方法来响应这些风险。响应的策略取决于风险的影响力。对于轻微类风险，因为它发生的概率低，造成的影响小，所以一般管理者可以忽略它。对于中度重要类风险，管理者一般可以通过对正常运作流程的调整来响应，比如持有更多的库存、设置缓冲能力等。对于重大风险，管理者需要更严肃地对待，应对措施的选择和设计都要非常慎重。

需要强调的是，不同的风险应该用不同的管理策略和方法，而不能用统一的方法来响应和应对所有风险事件。因此，供应链风险管理的主要任务是建立起管理体系，用最合适的策略和方法去处理各种供应链风险，通过对供应链风险的管理，应能够保证供应链持续的正常运作，或者使得供应链中断的风险降到最低。它体现了企业对待风险的态度，以及有效处理各种供应链风险的策略。

10.3.1 供应链企业对风险的态度

不同的企业对风险的态度是不一样的，了解供应链企业对风险的态度，有助于制定恰当的风险管理措施。人们通过对众多企业的实例研究，并根据理论进一步归纳，最后提出了较为常用的三类对风险的态度：风险爱好、风险厌恶和风险中性。

（1）风险爱好。对这种供应链企业来说，它不顾可能发生的危险，仍然实施某项行为或进行某项决策活动。其效用函数是凸形的，期望效用必然小于概率事件的期望效用。风险爱好型企业获取随机收益比获取确定收益所承担的风险要大，而机会更小。

（2）风险厌恶，也叫风险规避。这种企业较保守，会回避可能发生的风险。其效用函数是凹形的，期望效用必然大于概率事件的期望效用。风险厌恶型企业宁愿获取确定收益，不愿获取随机收益或不确定收益，即尽可能地回避风险。

（3）风险中性。这种企业既不冒险也不保守，介于风险爱好与风险厌恶企业之间。

对风险的三种态度的效用函数如图 10-4 所示。

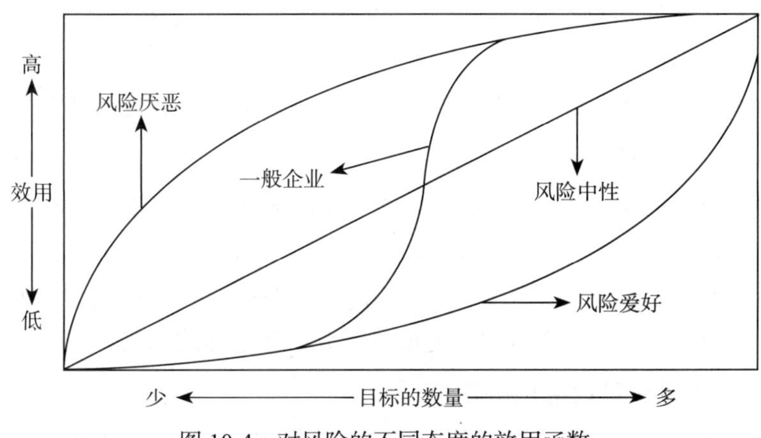

图 10-4　对风险的不同态度的效用函数

10.3.2　建立供应链风险管理机制的策略

人们通过大量的研究，通常将供应链企业面对的风险因素分为两类：未知的不确定性因素和可知的（可观测到的）不确定性因素。针对两种不同特性的风险事件，也有两种不同的风险管理机制，如图 10-5 所示。

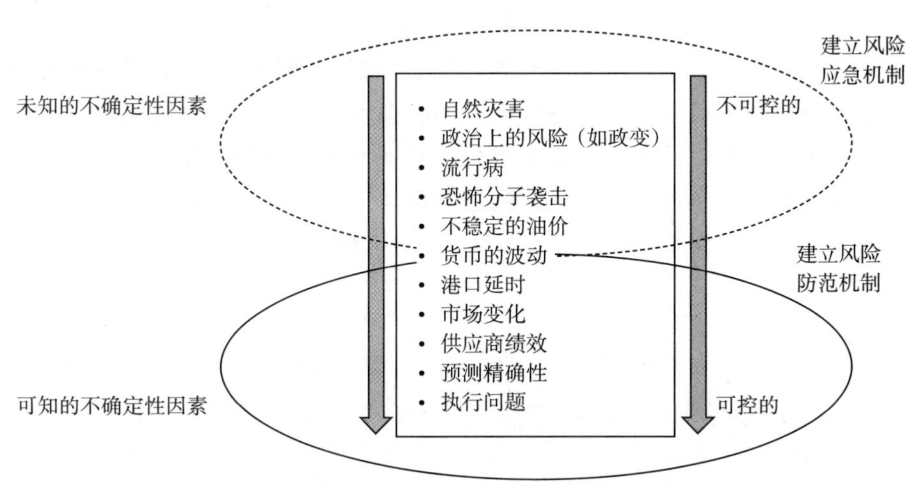

图 10-5　两种不同的风险管理机制

对于未知的不确定性因素，人们不可能观测到，无法预计什么时候将发生风险。针对这类风险事件，企业应建立起有效的供应链风险应急机制，也就是说，在风险爆发之后，企业能够做出快速响应，不至于因为没有应急机制而手足无措，错失风险处理良机。

对于可观测到的某些不确定性因素，可以建立风险防范机制，将可能发生的危机消除在萌芽状态之中。实际上最好的风险管理是不要让风险真的爆发，因为一旦形成风险，再有效的处理也无法避免损失，只是尽量减少损失而已。如果能够防范风险发生，则可以大大地减少不必要的损失。

10.3.3 构建供应链风险管理体系

根据企业对风险的不同态度，可以总结出企业进行供应链风险管理的一些基本措施，不同的企业可能会采取不同的措施，但是，不管采取何种措施，都无一例外地应该建立起一套有效的风险管理体系和运行机制，从组织上保证对风险管理的必要性。

1. 建立正式的风险管理组织机构

与供应链企业内其他管理职能部门一样，真正了解和重视供应链风险管理的组织，首先要做的就是在组织内建立一个专门负责风险管理的部门。有的企业建有风险管理小组这类临时性机构，虽然对风险管理有一定作用，但是缺乏长效机制。而最有效的风险管理机制，是在企业内建立一个专司供应链风险分析和管理的部门。

2. 确定供应链风险管理部门的职能

（1）制订风险应急计划，系统进行风险分析。供应链风险管理部门要对企业及供应链系统所处的内外部环境进行风险因素分析，要详细掌握各种风险因素的动态，然后定期或不定期地进行企业运营风险分析，并将分析报告及时提交给最高决策者。

（2）做好应对风险爆发后的“被害预测”。如前所述，有些风险事件是无法预测的，其爆发时无任何征兆。对这类风险引发的重大风险，供应链风险管理部门要事先制订预案，然后进行风险分级管理。一旦真的发生重大风险，要迅速做出“被害预测”，根据每一项风险的解决方案，明确责任人与任务完成时间。

（3）处理风险事件的模拟训练。根据“被害预测”，做出对应的预案和实施措施，另外还要不定期举行不同范围的风险爆发处理的模拟训练。不仅要对高层管理者进行应对风险的训练，更要对全体员工进行应对各种风险事件爆发后的训练。平时的训练非常重要，一是可以让企业员工都建立起风险防范意识，二是让他们知道一旦发生风险该如何应对。否则，风险爆发后将会给企业和个人造成巨大损失。

供应链聚焦

2013年6月3日6:06，位于吉林省德惠市米沙子镇的宝源丰禽业有限公司发生火灾，当班人员被困，大火共造成121人死亡、76人受伤，17 234平方米主厂房及主厂房内生产设备被损毁，直接经济损失达1.82亿元。造成如此严重的损失的原因很多，其中之一是宝源丰禽业有限公司未对员工进行安全培训，未组织应急疏散演练，员工缺乏逃生自救、互救知识和能力。据员工反映，从他们进厂工作以来，公司从未对他们进行过风险逃生训练，大火发生后，人们不知道该往哪里跑，很多遇难员工是因为撤离不及时而被大火夺去生命的。

资料来源：http://www.gov.cn/jrzg/2013-06/04/content_2418442.htm。

10.3.4　制定风险防范措施

针对供应链企业合作过程中存在的各种风险及其特征，应该采取不同的防范对策，制定出不同的风险防范措施。对风险的防范，可以从战略层和战术层分别考虑，主要措施包括以下几种。

（1）建立战略合作伙伴关系。要实现预期的战略目标，客观上要求供应链企业进行合作，形成共享利润、共担风险的双赢局面。因此，与供应链中的其他成员企业建立紧密的合作伙伴关系，成为供应链成功运作、防范风险的一个非常重要的先决条件。这不仅包括制造商与制造商之间的横向合作，也包括供应商与制造商之间的纵向合作，这两种合作都对降低供应链的脆弱性和减少风险起着举足轻重的作用。建立长期的战略合作伙伴关系，首先要求供应链的成员加强信任。其次，应该加强成员间信息的交流与共享。最后，应建立正式的合作机制，在供应链成员间实现利益分享和风险分担。

（2）加强信息交流与共享，优化决策过程。供应链企业之间应该通过相互的信息交流和沟通来消除信息扭曲，从而降低风险。

（3）加强对供应链企业的激励。对供应链企业之间出现的道德风险的防范，主要通过尽可能消除信息不对称性，减少出现败德行为的土壤。同时，要积极采用一定的激励手段和机制，使合作伙伴能获取的利益比采取败德行为能获得的利益更大，以消除道德风险。

（4）柔性设计。供应链合作中存在需求和供应方面的不确定性，这是客观存在的规律。供应链企业在合作过程中要通过在合同设计中互相提供柔性，部分消除外界环境不确定性的影响，传递供给和需求信息。柔性设计是消除由外界环境不确定性引起的变动因素的一种重要手段。

（5）风险的日常管理。竞争中的企业时刻面临着风险，因此对于风险的管理必须持之以恒，建立有效的风险防范体系。要建立一整套预警评价指标体系，当其中有一项以上的指标偏离正常水平并超过某一“临界值”时，该体系发出预警信号。其中，“临界值”的确定是个难点。临界值偏离正常值太大，会使预警系统在许多风险来临之前才发出预警信号；而临界值偏离正常值太小则会使预警系统发出太多的错误信号。企业必须根据各种指标的具体分布情况，选择能使该指标错误信号比例最小的临界值。

（6）建立应急处理机制。当预警系统发出警告后，应急系统及时对紧急、突发的事件进行应急处理，以避免给供应链企业带来严重后果。针对合作中可能发生的各种意外情况的应急工作是一项复杂的系统工程，必须从多方面、多层次考虑这个问题。通过应急系统，可以化解供应链合作中出现的各种意外情况以及出现的风险，减少由此带来的实际损失。

（7）资源配置到位。当对策制定好在风险爆发付诸实施时，公司内部资源的安排一定要保障硬件与软件的配合。

（8）确保对话渠道畅通。确保企业内外部对话渠道畅通，与外部世界建立良好的互动、协作关系，改善企业外部的生存环境。如果缺乏内外部的沟通，风险可能会放大百倍以上。

供应链聚焦

丰田公司在应对普锐斯追尾事件危机上显得十分被动，可以被看作一次很差的风险应对事件。首先，丰田公司危机防范体制存在缺陷。据丰田有关人士说，接到顾客投诉后，由于技术部门分工太细，不知该由谁负责，因而无法及时解决顾客提出的问题。

其次，公司内部信息沟通不畅，报警信号无法及时传达到决策层，从而坐失处理危机的良机。丰田共有32万名从业人员，信息逐级上报需要不少时间，甚至还存在关键信息漏报现象。例如2009年7月在日本的千叶县发生普锐斯追尾事件后，2010年1月丰田才对防抱死制动系统（ABS）进行修理，到2月3日日本国土交通省才得知此事，这使日本媒体一片哗然。

最后，丰田公司处理危机的“被害预测”失误。危机发生后，丰田内部认为此次事件不是很大，而且保护创业家族总裁的呼声很高，认为丰田章男不宜直接面对记者。因此，直到2010年2月丰田公司下面的人员已无法平息事件的影响时，人们才听到总裁的声音。其实事件发生后，消费者最想听到的就是丰田总裁的回应。但时过大半年公司最高领导才出来与消费者沟通，这个时候早已失去了沟通的价值。

此次事件使丰田的质量神话和品牌受到了极大的打击。

资料来源：https://finance.qq.com/a/20100223/002155.htm。

供应链风险防范除了要做好上述几项工作外，在日常的供应链运作过程中，还必须将对合作伙伴的风险防范和激励机制纳入体系化管理，这样才能在出现风险苗头时及时采取措施，将可能的风险损失消除在萌芽状态之中。合作过程中的风险防范与激励机制理论模型如图10-6所示。

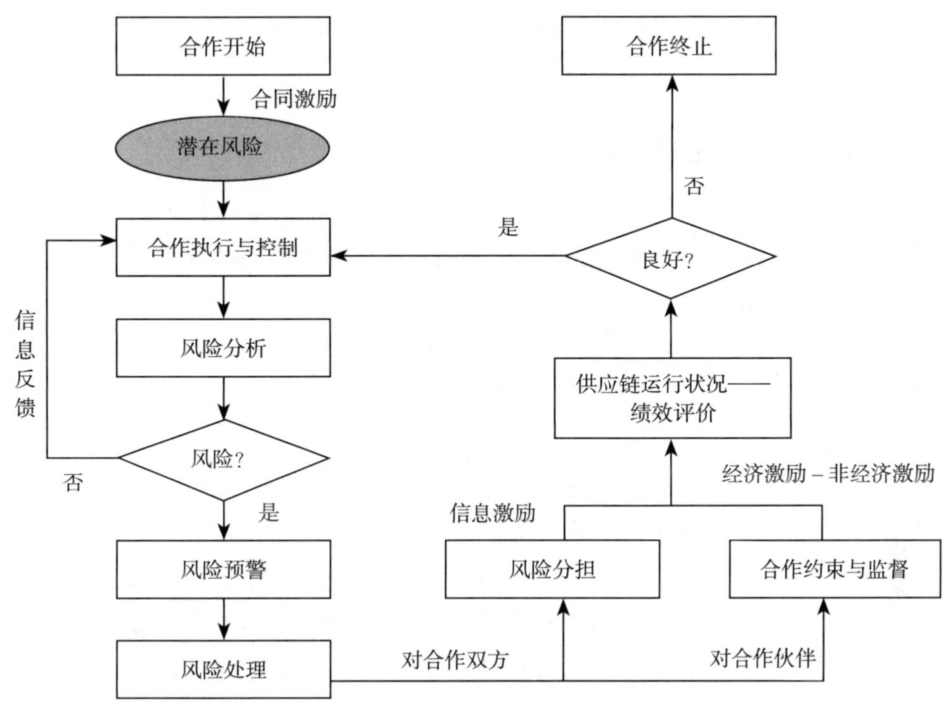

图 10-6 风险防范与激励机制理论模型

10.4 重构弹性供应链

当今企业处于不确定、动荡的市场环境中，供应链的脆弱性成为让企业头疼的大问题。随着供应链越来越庞大、复杂，供应链风险也就越来越威胁到企业的生存和供应链的正常运作。企业只有通过构建弹性供应链才能更好地管理和规避风险。

10.4.1 供应链弹性

自然灾害、事故、人为破坏毫无疑问都会严重地甚至长期地影响企业、整个供应链的正常运作。现有的技术不可能完全地预测和防范风险的发生，尤其是一些影响力大的风险，如 SARS 或口蹄疫、恐怖袭击等，没有足够的历史数据和经验可以用来有效地阻止这些风险的发生。

面对供应链风险，有的企业可以比别的企业做得更好，并不是因为它们有比其他企业更多的秘方或者诀窍，而是因为它们的供应链更具有弹性。

组织弹性并不是一个新的概念，它一般是指一个组织成功地处理非预期事件的能力，这已经成为企业成功的关键因素之一。随着供应链中越来越多、越来越大的风险的存在，弹性在获得供应链竞争优势的过程中扮演越来越重要的角色。

供应链弹性（supply chain resilience）不仅仅指管理风险的能力，本书界定的供应链弹性指的是，供应链作为一个复杂的系统，在风险发生后能快速恢复到初始状态或者进化到一个更有利于供应链运作的状态的能力，而且还涉及如何在供应链中断的环境下比竞争者更好地重新定位。

10.4.2 提高供应链企业弹性的途径

在材料力学中，弹性代表材料恢复到原始状态的能力。对企业而言，弹性体现了企业在大的供应链中断后快速反弹的能力，比如快速恢复到之前的绩效水平（产量、服务水平、客户满意度等）的能力。

企业可以通过以下几个方面来提高自己的弹性：增加冗余、提高柔性、树立正确的企业文化。

1. 增加冗余

理论上讲，供应链企业能够通过设置冗余产能来提高弹性。比如，企业可以保持一定备用库存量、维持设备的低利用率、选择多个供应商、设置备用的运输工具保证物流能力等，这些冗余资源都可以使得企业在供应链中断的过程中有足够的缓冲空间。显然，这是一种非常费钱的方法，多余的库存必然占用更多的资金和能力，导致总成本增加、利润下降等。所以，通过增加冗余提高弹性需要全面权衡企业的收益，再加以取舍。

2. 提高柔性

相对而言，如果企业提高供应链的柔性，不仅有助于企业在供应链中断时站稳脚跟，还可以使企业更有力地对需求波动做出快速响应。

要实现内在的柔性，企业可以从以下几个方面入手。

（1）采取标准化流程。企业需要在遍布全球的工厂之间实现产品部件的可替换性和可通用性，有的时候甚至需要实现全球产品的设计和生产流程统一，并且大多数时候需要多技能员工的支持。这些都可以帮助企业快速地对供应链做出响应。举例来说，英特尔公司在全球建设统一模式的生产工厂，包括车间布局和生产流程都实现全球统一，这种标准化的生产设计使得英特尔可以快速地在不同工厂之间进行产量的调整，以应对不同地区产生的供应链风险。

（2）采用并行流程。对生产、分销、配送过程采用并行流程的模式可以帮助企业加快供应链中断之后的恢复过程。朗讯科技公司通过集成化的供应链组织来实现这种并行性，而不同的组织职能部门分布在这个集中化的供应链中。这样，企业可以同时观测到不同职能部门的同步运作，快速地评估不同运作流程的状态，并且在紧急事件发生时通过协同快速地应对。

（3）采用延迟制造的生产组织方式。产品、流程以及决策的最大化延迟可以提高企业的运作柔性。产品处于半完成状态，可以实现产品在过多和不足市场之间的调拨，从而实现供应链的柔性。这不仅可以提高满足率和服务水平，还可以控制库存成本。意大利服装制造和零售巨头贝纳通，就是通过重新设计生产流程来保证企业能够达到最大限度的延迟，以满足客户的不同需求。

（4）加强供应商关系管理。如果企业依赖于少数的关键供应商，那么这些供应商发生的任何事故、风险都会给企业带来灾难性的影响。通过有效的供应商管理以及相互之间更多的沟通和了解，企业就可以更好地掌握供应商的内部运作情况，并且对产生的各种风险做出快速的响应。即使企业不是依赖于少数的关键供应商，对于庞大的供应商网络而言，也需要企业对自己的供应商伙伴有足够的了解，通过紧密的合作关系来化解各种风险。路虎公司就是因为它唯一的车身底盘供应商 UPF-Thompson 在 2001 年突然宣布破产，于是不得不支付大量的资金来确保车身底盘的供应。

3. 树立正确的企业文化

从诺基亚、丰田、UPS、戴尔、美国西南航空公司的成功中，我们可以发现，在供应链中断之后能够快速应对、快速恢复的企业，往往在企业文化方面具有特殊之处。这些企业在企业文化方面具备一些共性。

（1）保持高效的员工之间的信息沟通。高效的消息沟通，可以使企业所有员工清楚理解企业的战略目标，掌握企业日常运作甚至每分每秒的进展。例如，戴尔公司的员工可以获得产品生产和运输方面的大量信息，因此，当供应链风险发生的时候，员工可以很清楚地掌握当前状况，他们可以快速地运用掌握的信息做出快速的判断，制定准确的应对措施。

（2）员工授权。这样可以保证在供应链风险发生的时候有适当的员工可以快速地做出响应。丰田公司的总装线就是一个典型的例子。总装线的任何一个员工都可以按下一个特定的警报按钮，以快速地解决装配过程中出现的故障。在这些风险一层层上报给高层管理人员之前，风险已经被员工处理了。这样的权力分散机制，保证了企业在风险发生或者供应链中断的早期就可以快速做出响应。

（3）工作激情。成功的企业往往取决于它们的员工。美国西南航空公司的 CEO 认为，要使自己的员工意识到自己是在搭建房子，而不仅仅是在堆积砖块。激励措施可以保证企业员工的工作激情，从而避免风险的发生或者能够对产生的风险做出快速的响应。

10.4.3 构建弹性供应链的工作重点

根据 Christopher 和 Peck（2004）的研究，可以从以下四个方面抓住构建弹性供应链的工作重点，如图 10-7 所示。

1. 供应链设计（重构）

传统的供应链更多地侧重优化成本和客户服务，很少在目标函数中把弹性作为考虑因素。现代供应链则更加强调供应链弹性。越来越多的学者和企业人士强调，要在供应链设计过程中考虑弹性。

（1）供应链理解。这是改进供应链、提高弹性的前提。更好地理解供应链网络结构，更好地理解供应商以及供应商的供应商，或客户及客户的客户，都是进行有效的供应链设计和重构的基础。因果图法和关键路径法都有助于识别供应链中的关键点与关键路径。一般认为关键点是供应链的瓶颈所在，能力的约束可能导致整个供应链风险的产生。在一个供应链中，可以有一条或多条关键路径。关键路径一般具有以下特征：提前期长、

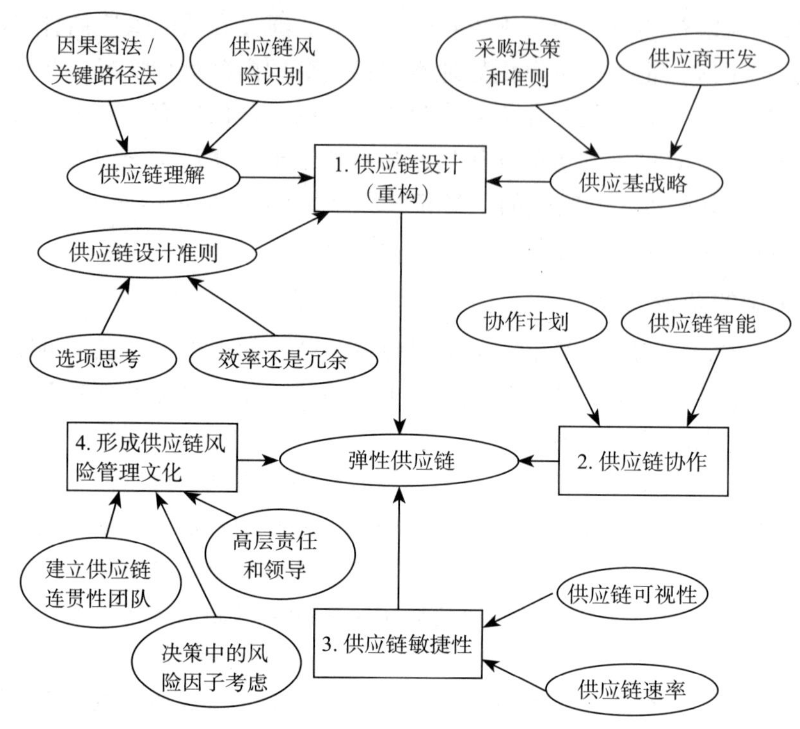

图 10-7 构建弹性供应链

资料来源：Christopher 和 Peck（2004）。

单源供应、可视性差、风险高。供应链风险识别的结果一般与关键点和关键路径相关，因此能够监控关键点和关键路径就成为风险管理的重点。

（2）供应基战略。本书前面提到供应基的发展趋势：减少供应商，实现单源供应。但是，这同时带来相应的风险。单源供应的好处在于质量和服务的保证，但降低了供应链的弹性。因此，企业在确定采购策略和进行供应商选择时，就应该将潜在的风险考虑进去。供应商是否具有风险监控和应对机制成为供应商选择的一个标准。同时，企业应该与供应商紧密合作，对上下游的潜在风险进行监控和防范。

（3）供应链设计准则。在供应链风险激增的市场环境下，产生了一些新的供应链设计准则。比如，选择供应链战略时确保有其他后备可选项；重新思考效率和冗余之间的权衡，尤其对于关键点和关键路径。

2. 供应链协作

供应链脆弱性（supply chain vulnerability）是一个网络范围的概念，因此，供应链风险管理也从企业范围扩展到整个网络的范围。毫无疑问，高水平的供应链协作有助于控制和减缓风险。传统的供应链还是偏重自身企业的管理，但是，越来越多的行业开始展开企业和企业之间的合作，尤其是快速消费品行业。制造商和零售商之间在合作计划、预测与补货方面都实现了很高层次的供应链协作。

供应链协作的关键之一就是通过信息共享来降低供应链的不确定性。供应链共同体的形成就是为了在成员企业之间更好地实现信息共享，从而降低供应链风险。同时，它的目标也是达到更高水平的供应链智能。所谓的供应链智能，是指供应链形成的与成员之间分享知识的过程，这些知识可以是战略层次的，也可以是运作层次的。

3. 供应链敏捷性

供应链敏捷性可以定义为快速响应不可预知的需求或者供应变化的能力。企业存在风险很多时候是因为不能够快速对变化做出响应。敏捷性有很多维度，并且与供应链网络结构密切相关，而不仅仅与单个企业相关。敏捷性的两个主要维度是供应链可视性和供应链速率。

（1）供应链可视性。这里的可视性可以简单定义为一个渠道从头到尾的能见度，包含对库存、需求、供应状况、生产计划、采购计划等信息的清晰掌握。可视性的实现依赖于企业和上下游合作伙伴之间的紧密协作。与客户的协作计划是确保需求可视的关键，与供应商之间的协作计划和时间管理逻辑是确保供应不会中断的关键。一个明显的可视性障碍来自核心企业内部组织结构，职能化的组织结构容易导致部门之间缺乏沟通，相应地导致其与企业外部合作伙伴之间沟通困难。跨职能部门的流程团队是一个很好的解决途径。

（2）供应链速率。速率一般定义为距离和时间的比，因此，为了提高速率，时间必须被缩短。与敏捷性相关的不仅仅是从源头到终点的总时间，更重要的是加速度。也就是说，供应链有多快的速度响应需求的变化。流水线流程、缩短上游提前期、缩短非增值时间是三个主要的提高速率和加速度的方法。流水线流程是最基本的，流程的重构和并行设计可以减少活动的数量，在小批量的基础上可以更好地提高柔性和经济批量效应。选择具有快速响应能力的供应商是保证缩短上游提前期的关键，并且相互之间基于共享信息的同步计划也可以确保供应商具有更高的敏捷性，而不必通过库存来实现快速响应。从客户的角度而言，在供应链中缩短非增值活动的时间可以大大提高供应链的速率。

4. 形成供应链风险管理文化

众所周知，全面质量管理的实施有赖于企业文化的培养。同样，供应链风险管理的实现，也需要在企业中形成相应的供应链风险管理文化：这样一种文化应该是跨企业的，而不仅仅局限于企业内部，从而形成整个供应链的连贯性管理。与所有的文化变革一样，没有来自企业高层的支持，任何文化变革都是不可能的。同时，每一层次的决策过程都应该考虑供应链风险评估。供应链风险管理团队的设置也是非常必要的，而且这个团队应该是跨职能部门的。

本章小结

本章主要分析了供应链风险的含义、特性及其存在的客观性。根据不同的分类方法，本章界定了供应链风险的类型，并总结了供应链风险识别的程序和方法。通过定性或定量方法识别出风险，本章分析了这些风险可能造成的影响，并根据影响程度制定了相应的对策。在识别和分析供应链风险之后，根据供应链企业对风险的不同态度和策略，企业就可以选择和应用最合适的措施以应对供应链风险，并从组织结构的层面建立供应链风险管理机制。为了更好地应对供应链风险，降低供应链脆弱性对企业生存和供应链正常运作的影响，构建弹性供应链成为企业管理和规避风险的主要措施。

关键术语

风险（risk）
供应链风险（supply chain risk）
风险识别（risk identification）
风险分析（risk analysis）
供应链弹性（supply chain resilience）
供应链脆弱性（supply chain vulnerability）
供应链风险管理（supply chain risk management）

思考与练习

1. 如何理解供应链风险的含义及其存在的原因？
2. 供应链风险识别的一般程序是什么？
3. 比较定性和定量分析这两种风险分析方法的优劣势。
4. 分析导致供应链脆弱性的原因。
5. 如何选择合适的供应链风险应对策略和措施？
6. 举例说明如何构建弹性供应链。
7. 为什么说建立有效的风险管理组织机构是供应链风险管理的基础？
8. 建立风险应急机制和风险防范机制各有何作用？
9. 如何理解常规风险事件对供应链风险的影响？为什么说常规风险事件才是供应链风险管理真正要重点关注的对象？
10. 分析当前全球贸易变化的不确定性给供应链管理带来的风险，并给出风险防范的措施。

讨论案例　大洋专用汽车制造有限公司

史密斯先生是印度环保公司的采购经理，该公司最近准备从中国市场购买12辆洒水车，史密斯先生的商业合作伙伴向他推荐了位于中国中部的大洋专用汽车制造有限公司。过去几天史密斯先生带领的采购小组对大洋专用汽车制造有限公司进行了详细的调研。紧张的调研工作终于结束了，面对小组收集整理的资料，史密斯先生陷入了深深的思考之中。

大洋专用汽车制造有限公司简介

大洋专用汽车制造有限公司（以下简称“大洋公司”）是中国政府认可的汽车改装企业之一，是一家后来居上的新兴民营企业。该公司下设汽车销售公司、生产管理中心和30多个国内分支机构，是集研发、制造、销售、服务为一体的专用车制造企业，年生产能力超过5 000辆车，2008年该公司的收入和净利润达到企业的高峰。

组织结构

大洋公司为民营企业，董事会由3人组成，公司管理由总经理全面领导。公司下设生产总经理、销售总经理、财务总监、质量总监、公司办主任，分别负责相关部门管理工作。

公司现有员工320人，其中行政管理

人员、销售人员及后勤人员共120多人，生产工人192人。

公司现阶段组织结构如图10-8所示。

主要产品 / 业务

公司主导业务专用车类型分为：罐式车系列、厢式车系列、工程车系列、环卫车系列、半挂车系列、消防车系列等250多个品种，具备产品自营进出口资质。

主要产品包括：油罐车、洒水车、散装水泥车、搅拌车、消防车、液化气体运输车、吸污车、粉粒物料运输车、垃圾车、高空作业车等。

公司追求在安全、环保、高效、节能、自动化方面的技术研究和应用，强调产品的美观性、经济性和功能性。为了提高企业竞争力，公司不断开发新产品。

技术设备

大洋公司拥有一流的技术和一流的设备，拥有数控大型拼板焊机、锻压机、水下等离子切割机、大型罐体成型卷板机、无尘水旋式涂装等国内尖端和水平先进的专用车制造设备。大洋公司凭借在行业中雄厚的积累，以及技术、品质和服务优势，其产品在国内同类产品中确立了领先地位。目前大洋公司正进行设备更新工程，引进先进的焊机，力求设备在全国范围内达到领先水平。

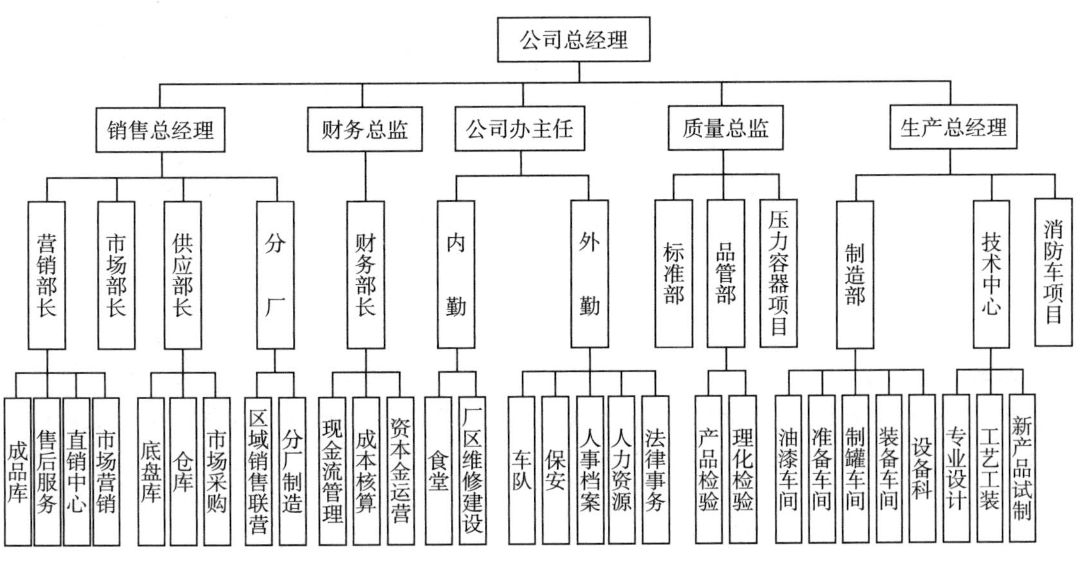

图10-8　大洋公司组织结构图

重点业务现状分析

大洋公司各部门运作完全由客户订单驱动，是典型的MTO生产模式。公司销售部不断开拓客户类型，现有客户包括政府部门等大客户以及由分销商承揽的分散小客户。

总体业务流程

一般产品的流程描述如下。

销售部接到客户订单后，与生产部门协商，确定交货时间并与客户签订销售合同；销售部将销售合同转化为生产计划单，编制贯穿整个流程的生产单号，生产计划单一式六份分别送采购部、制造部、技术部、品管部、存根和生产总经理。技术部根据生产计划单编制生产图纸，并制定物料清单。采购部依据生产计划单和物料清单制订采购计划。物料清单交仓库完成领料业务后返回采购部做财务统计。制造部依据生产计划单制订生产计划，生成生产通知单，并将生产图纸和物料清单交各生产车间。制造部核算员根据物料清单开具领料单。

生产车间经过下料、焊接、制罐、油漆、装配、面漆、装配检验（品管部）等过程，将成品交成品库。生产车间根据领料单到仓库领取零部件等物料。

销售部在办理合格证、说明书、标牌、3C等后，将产品交付客户。

大洋公司运作流程如图10-9所示。

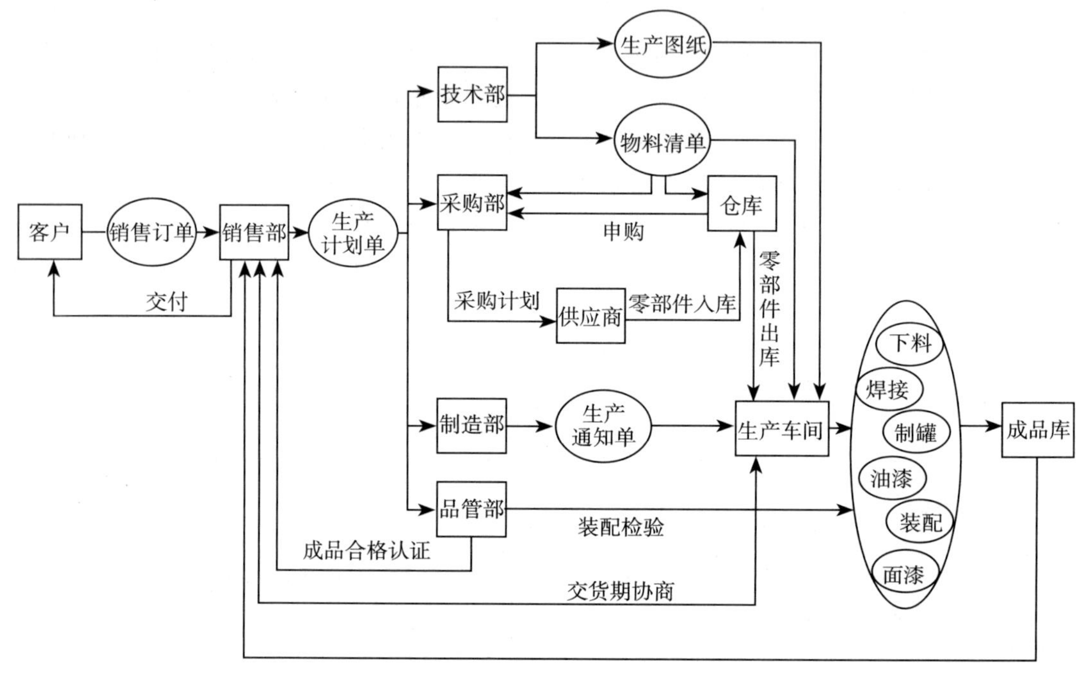

图10-9 大洋公司运作流程

采购

采购部负责零部件、金属材料、辅助材料的采购工作，负责部分办公用品采购，以及外委外协零件和产品的管理工作。由于大部分常规零部件都可以从本地快速获得（1～2小时），一般不超过1天，因此没有严格的采购计划。特殊物资采购，例如空压机，最长的采购周期需要1周；资金占用量较大的，如对钢板、油漆等物料根据安全库存进行集中采购。

供应商由品管部、技术部、采购部根据价格、质量、服务、物流、交货时间联合确定，采购部提供供应商名单，提交给技术部评定，技术部出具评估报告。每年评审一次，未采用招投标管理。

采购不是依据每笔客户订单的需求确定的，而是根据各仓库的临时缺料情况或根据安全库存来申请采购，而且采购的数量和所需要的时间没有明确的规定，这样形成大量的库存积压，有时又因为缺料而满足不了生产需要。外购、加工组装存在不同步的问题，延长了生产周期。

领料单由车间根据图纸填制，车间主任审核，这样领料随意性大，没有根据生产订单领料，成本无法控制，同时仓库备料也没有依据。采购管理流程和岗位职责较为混乱，存在多个部门采购物资问题。采购管理人员素质较低，人员流动性较大。

库存

仓库由采购部管理。仓库管理不规范，取料流程不严格。由于工人可用小单领料，因此经常出现多领的情况；当车间加班，而仓库未通知加班时，车间工人会直接取料，不进行任何登记。未使用的零部件到处乱放，造成严重浪费。没有仓库存放钢板，在准备区堆放，工人根据需要下料，无人进行管理。无完善的仓库设施，仓库面积小，安全性差。仓库与生产车间没有明显的界线，造成工人随意进出，领取物料管理混乱。货架无分类，所有零部件使用相同的货架。分车型存放零配件。对物料没有定期检查，对库存没有定期盘点。

生产

（1）生产与销售的矛盾。销售部经常在未与生产部门商量的情况下直接接受顾客交货期短的订单；销售订单经常变更；增加零部件、改动订单时常发生；销售部改单，导致生产成本上升；销售部将压力转给生产部门，出现问题不承担责任。

（2）生产与采购的矛盾。底盘无法按期到达。无底盘时生产停工，有底盘时晚上加班，导致费用提高。底盘不能维持较高库存，因为每个客户的需求都不同，若维持底盘库存，成本太高，占用资金。采购底盘需要与供应商保持信息共享，但底盘生产周期长，难以实现JIT供货。

（3）生产与技术的矛盾。出图时间不及时，耽误交货期。有图纸反而比没图纸效率低，没图纸时质量和交货期还要好一些；图纸有错误，生产不协调。工人明知图纸有误，但不愿指出；图纸不全，生产过程中才发现需要某种原料，再采购耽误交货期；图纸不一致，相同的产品，不同的设计师设计的格式不一样，导致生产不便；技术部无法估计客户需要的零部件规格，等到生产的时候才意识到。

（4）生产与生产调度的矛盾。调度太粗略，作业时间按天而非小时；工序快慢不一致，有些工序忙，有些闲；订单排序随机，或者按EDD规则排序。

（5）生产管理层变动较大；车间布置不合理，导致工艺流程浪费时间；设备陈旧，效率不高；缺乏手段考核工人绩效。

（6）员工薪酬实行计件工资，在随州同行业中工资较低，员工懈怠，出工不出力。同时有能力的员工流失严重，造成产品质量下降，工作效率降低。

（7）车间主任的权力过大，经常架空生产经理，不同班组接到生产计划后按照自己的想法分配工作，使得工人的岗位职责不明确，无法划分责任到人。

（8）近期质量下滑严重，导致损失。原因有三：工人责任心不强，技术不高，质量不能保证；设备陈旧，也难以控制质量；品管部虽设专人监督产品生产过程，但涉及处罚生产工人，执行难度较大。

销售

销售部设销售总经理全面负责工作。现有的整个公司运作均靠销售部拉动，签订合同、接订单、下给生产部门（如果是常规订单，直接下订单；如果有特殊要求，需组织评审）。

交货期根据客户的要求、生产状况调整。一般交货期为水泥车15天、油车7天、消防车22天、洒水车7天。销售部下达给生产部门的交货期比实际交货期稍提前，如客户的交货期是15天，则生产部门的交货期为13天。海外客户主要集中在东南亚，企业刚刚开始有出口业务，对进出口贸易、报关流程等处于学习过程，经常因为一些文件问题导致发货推迟。另外，第三方物流公司不能很好地和公司协调，经常出现车生产出来了但无法发送到出口港的问题。

付款方式、付款地点分为两种方式：一是客户到厂里来提货，款付清，则提货；二是送货上门。物流部车队独立核算，同时对外经营物流业务。

经调研发现销售过程存在以下问题。

（1）交货期长，流失了很多客户。30%的订单不能按时交货。大订单造成零散订单延期。产品质量问题多，质量不稳定，产品质量急剧滑坡。品管部在质量控制中没有尽职尽责。生产过程中，质量问题多。

（2）3%～5%的改单率。产品设计有问题，没有为客户考虑，因此客户改单率高。改单给生产和技术部门带来了负担。

（3）客户满意度非常低。其原因为各部门之间协调性差，沟通脱节，各部门从自身利益出发，各自为营；销售部追求市场，盲目接单，生产部无法提高出车准时率，技术部在企业不受重视而闭门造车，产品无创新；采购部因为底盘供应商的选择缺乏弹性而影响产品交货期；没有工艺部门，生产车间现场制作效率低、质量低下；品管部监督无力等。

技术

技术部负责图纸和物料清单制作。技术部人员时间浪费多：花很多时间答复销售人员、客户，参与订单洽谈，占工作时间的40%，兼做工艺和现场指导。一般出图时间为1小时，新产品出图时间大于2.5天。公司没有单独的产品开发部，对新产品设计开发也没有投入。新产品如半挂车的设计需要10天，技术部按照工序步骤出图，时间上可以与生产部衔接；一般情况下不会产品整套出图后再发放，这样做的缺点是：不利于车间排程；总装图的尺寸也会使前面的设计产生变更，除非是新产品试制。

很多产品出不了装配图，只能出一些大的简单的尺寸。每台车每张装配图都不一样，主要原因是人手不够与人员水平有限。其他的只在物料清单上反映与现场指导，对于批量生产的车，为了保证一致性会有装配图。

品管

品管部负责零部件质量检测、生产过程质量控制、产成品质量检测以及合格证发放工作。产品质量问题多，质量不稳定，并且急剧滑坡。品管部在质量检验中没有尽责，对生产过程中的检验也没有严格控制，有问题的产品也能得到合格证。

信息化建设现状

大洋公司已建成内部局域网，企业内部网主干带宽100M，采用企业内部专线，覆盖范围包括开发、设计、产、供、销等部门。已建成企业对外网站，可以实现发布企业新闻、产品信息、收集客户信息和接收订单等功能。企业已接入互联网，采用数据专线方式。目前有20台计算机接入网络，占总计算机数的67%。企业信息技术专业人员3人，占企业总人数的1%。技术力量薄弱。

大洋公司拥有一套财务软件、人力资源管理信息系统及CAD系统。企业已认识到信息化建设的重要性，但是存在IT人才力量薄弱、软硬件缺乏、信息化建设力度不够等问题。企业信息化“整体规划、分步实施”的主要难点在于流程、组织变化太快，缺乏规范的基础信息。企业希望通过企业诊断、信息化战略设计、投资项目评估等专业咨询，逐步实现业务流程重构，实施ERP和电子商务。

面对大洋公司的现状，史密斯先生有些束手无策。一方面，因为公司急需一批洒水车提高公司服务质量，公司总经理要求他尽快做出供应商的选择；另一方面，虽然大洋公司迫切地想与印度环保公司合作，并且提出了非常优惠的价格，但他对大洋公司存在的隐患还是心有余悸。

资料来源：根据企业咨询报告改编，为了保护企业隐私，所以使用大洋公司这一公司化名。

提示问题：

1. 如果与大洋公司合作，史密斯先生该预期到哪些潜在的风险呢？

2. 作为一个国际客户，有哪些风险最值得引起重视呢？

3. 对于潜在的风险，史密斯先生该采取什么措施防止这些风险的发生呢？又该向大洋公司提出哪些改进措施呢？

参考文献与延伸阅读

[1] CHOPRA S, SODHI M S. Managing Risk to Avoid Supply Chain Breakdown[J]. MIT Sloan Management Review, 2004.

[2] CHRISTOPHER M, LEE H. Mitigating Supply Chain Risk through Improved Confidence[J]. International Journal of Physical Distribution & Logistics Management, 2004, 34(5): 388-396.

[3] DELOITTE. Disarming the Value Killers: A Risk Management Study [R]. Deloitte Development, 2005.

[4] GHANEM S, LOUNNAS R, BRENNAND G.Global energy outlook: an oil price scenario analysis [R]. OPEC Review, 2002.

[5] GHADGE A S, DANI S, CHESTER M, et al. A systems approach for modelling supply chain risks[J].Supply Chain Management: An International Journal, 2013.

[6] GHADGE A S, DANI S, CHESTER M, et al. Supply Chain Risk Management: Present and Future Scope[J]. International Journal of Logistics Management, 2012, 23(3): 313-339.

[7] HEIJDEN K.The Art of Strategic Conversation[R].John Wiley & Sons Ltd, 1996.

[8] JÜTTNER U. Supply Chain Risk Management: Understanding the Business Requirements from a Practitioner Perspective[J]. International Journal of Logistics Management, 2005.

[9] JÜTTNER U, PECK H, CHRISTO-PHER M. Supply Chain Risk Management: Outlining and Agenda for Future Research [C]// GRIFFITHS J, HEWWITT F, IRELAND P. Proce-edings of the Logistics Research Network 7th Annual Conference, 2002.

[10] JÜTTNER U, PECK H, CHRISTO-PHER M. Supply Chain Risk Management: Outlining an Agenda for Future Research [J].International Journal of Logistics: Research and Applications, 2003.

[11] JÜTTNER U.Supply Chain Risk Management[J].International Journal of Logistics Management, 2005.

[12] CHRISTOPHER M, PECK H. Building the Resilient Supply Chain [J]. International Journal of Logistics Management, 2004.

[13] MASONJ R, TOWILL D R. Shrinking the Supply Chain Uncertainty Cycle [J]. Institute of Operations Management Control Journal, 1998, 24(7):17-23.

[14] MITCHELL V W. Organizational Risk Perception and Reduction: A Literature Review[J].British Journal of Management, 1995, 6(2): 115-133.

[15] SVENSSON G. Key Areas, Cause and

Contingency Planning of Corporate Vulnerability in Supply Chains[J]. International of Physical Distribution & Logistics Management, 2004.

[16] SHEFFI Y. Building a Resilient Supply Chain[J].Harvard Business Review: Supply Chain Strategy, A newsletter from Harvard Business School Publishing and the MIT Center for Transportation & Logistics, October, 2005.

[17] ZSIDISIN G A. A Grounded Definition of supply Risk[J]. Journal of purchasing & Supply Management, 2003.

[18] 谢菲 . 柔韧：麻省理工学院供应链管理精髓 [M]. 杨晓雯，等译 . 上海：上海三联书店，2008.

[19] 中华人民共和国国家质量监督检验检疫总局，中国国家标准化管理委员会 . 供应链风险管理指南（GB/T 24420—2009）[S]. 北京：中国标准出版社，2009.

[20] RAVINDRAN A R, WARSING D P. Supply Chain Engineering: Models and Applications [M]. Boca Raton: CRC Press, 2013.